Wort Gottes und Erfahrung

Zum 22. III. 2003
in geistlicher Verbundenheit

Sebastian [illegible]

Beiträge zur Theologischen Urteilsbildung

Herausgegeben von Gerhard Sauter

Band 6

PETER LANG

Frankfurt am Main · Berlin · Bern · New York · Paris · Wien

Sebastian Degkwitz

Wort Gottes und Erfahrung

Luthers Erfahrungsbegriff und seine Rezeption im 20. Jahrhundert

PETER LANG
Europäischer Verlag der Wissenschaften

Die Deutsche Bibliothek - CIP-Einheitsaufnahme

Degkwitz, Sebastian:

Wort Gottes und Erfahrung : Luthers Erfahrungsbegriff und seine Rezeption im 20. Jahrhundert / Sebastian Degkwitz. - Frankfurt am Main ; Berlin ; Bern ; New York ; Paris ; Wien : Lang, 1998

(Beiträge zur theologischen Urteilsbildung ; Bd. 6)
Zugl.: Bonn, Univ., Diss., 1996
ISBN 3-631-33932-1

Gedruckt auf alterungsbeständigem,
säurefreiem Papier.

D 5
ISSN 0948-0277
ISBN 3-631-33932-1

Printed in Germany 1 2 3 4 6 7

Diese Arbeit lag der Evangelisch–Theologischen Fakultät in Bonn 1995 als Dissertation vor und wurde von ihr angenommen. Für den Druck habe ich sie stellenweise überarbeitet. Zu danken habe ich Herrn Professor Dr. Gerhard Sauter, der mir in Gesprächen und Lehrveranstaltungen entscheidende theologische Orientierungen vermittelt hat. Er hat mich zu dieser Arbeit angeregt und dann bei ihr wohlwollend und urteilskräftig beraten. Zu danken habe ich auch dem Zweitkorrektor, Herrn Professor Dr. Karl–Heinz zur Mühlen, dessen konstruktive Kritik mir geholfen hat, manche Dinge differenzierter und präziser darzustellen. Mein Dank richtet sich auch an verschiedene Institutionen, die mich unterstützt haben: Der Direktor des „Instituts für Spätmittelalter und Reformation" in Tübingen, Herr Professor Dr. Ulrich Köpf, hat mir das Manuskript zum Indexeintrag „Erfahrung / experientia" für die Weimarer Ausgabe der Werke Luthers zur Verfügung gestellt. Nur so konnte ich Luthers Äußerungen breit berücksichtigen. Die „Studienstiftung des deutschen Volkes" hat mich während meines Studiums und der Promotion vielfältig und großzügig gefördert. Die „Evangelisch–Lutherische Kirche in Bayern" hat mir für einen Monat mit einem Stipendium ausgeholfen und einen Druckkostenzuschuß gewährt. In Freiburg arbeitete ich als Gast in der Bibliothek der Katholischen Fakultät. Meiner Frau danke ich, daß sie mir die Freiheit ließ, so lange meinem wissenschaftlichen Interesse nachzugehen. Und unserem Freund Peter Waslowski habe ich zu danken für die unzähligen Stunden, die er am Computer saß, um dem entstehenden Buch ein Äußeres zu geben, das das Lesen leichter macht.

Inhaltsverzeichnis

Teil A

HINFÜHRUNG

I Die Rezeption von Luthers Erfahrungsbegriff im 20. Jahrhundert

Wie die Theologie von ‚Erfahrung' reden soll, wird immer wieder fraglich. Um sich hier ein Urteil bilden zu können, ist es hilfreich, einen Schritt zurückzutreten und eine bereits erfolgte Urteilsbildung zu untersuchen. In dieser Arbeit wird dafür Luthers Reden von Erfahrung ausgewählt. Denn seine Theologie hat grundlegende Bedeutung. Hat sie doch dazu geführt, die Kirche zu erneuern und Bekenntnisse zu bilden, die auf seine Einsichten zurückgehen. Einige Schriften Luthers haben selbst Bekenntnisrang gewonnen. Die Frage, wie Luther theologisch von Erfahrung spricht, wird deshalb in der Absicht gestellt, grundlegende Kriterien für das theologische Reden von Erfahrung zu gewinnen.

Nun wird das hier nicht zum erstenmal unternommen. Luthers Erfahrungsbegriff ist immer wieder zum Gegenstand der Besinnung und in je neuer Situation zur Geltung gebracht worden, gerade in diesem Jahrhundert. Das ist das Zweite, das in dieser Arbeit eigens untersucht werden soll. Denn um sich zum Reden von Erfahrung ein Urteil zu bilden, forschen Theologen offensichtlich bevorzugt bei Luther, wie er von Erfahrung redet. Doch im Vergleich ihrer Ergebnisse entsteht der Eindruck: Je nachdem, welches Verständnis von ‚Erfahrung' ein Theologe voraussetzt, scheint auch der Erfahrungsbegriff, den er bei Luther erhebt, eine andere Kontur zu gewinnen (worauf noch näher einzugehen ist). Und deshalb soll in dieser Arbeit Luthers Erfahrungsbegriff schließlich mit ausgewählten Rezeptionen kritisch verglichen werden.

§ 1 Hintergründe der Diskussion um Luthers Erfahrungsbegriff

1.1 Erfahrung als neuzeitliches Programm der Weltaneignung

Das Interesse an Luthers Erfahrungsbegriff gehört in eine weitreichende theologische Diskussion um den Erfahrungsbegriff, deren Ausgangspunkt knapp zu skizzieren ist. Diese Diskussion ist davon geprägt, daß in der Neuzeit ‚Erfahrung' zu einer Schlüsselkategorie wird. Insbesondere Philosophen und Naturwissenschaftler sind Schrittmacher dieser Entwicklung.

Deren Begriffsbildung setzt bei der Umgangssprache ein. Da in dieser aber ‚Erfahrung' Verschiedenes bedeutet, entsteht auch kein einheitlicher Erfahrungsbegriff.

Francis Bacon etwa, dessen Begriffsbildung die Naturwissenschaft und ihr Verständnis des „Experiments" geprägt hat, versteht unter Erfahrung den methodischen Prozeß, generelle Sätze und Regeln durch Induktion aus Einzelfällen zu gewinnen. John Locke hingegen, auf den sich der Empirismus beruft, versteht unter Erfahrung nicht das Ergebnis eines Kenntniserwerbs, sondern die unmittelbare Sinneswahrnehmung, die der rationalen Begriffsbildung vorausgeht, sie hervorruft und verifiziert. Immanuel Kant teilt Locke's Ansatz und korrigiert ihn zugleich: Die Möglichkeit von Erfahrung ist nach Kant durch die Verstandesbegriffe bedingt. Indem sie mit den Sinneswahrnehmungen verbunden werden, bildet sich ein Erfahrungsurteil. Hegel beschäftigt sich dann mit dem Problem, wie die Begriffe durch unmittelbare Erfahrung des von ihnen Bezeichneten verifizierbar sind. Da die Gegenstandswelt mit dem Begriff von ihr zusammenfällt, ist Erfahrung für ihn nur so denkbar, daß in der Anwendung des Begriffes dieser durch einen neuen Begriff modifiziert werden muß. Dieser ist dann gegenüber dem gescheiterten der „wahre Gegenstand" (Kambartel 1972:Sp. 609–617). Otto F. Bollnow (1974:19–29, v.a. 21) setzt Erfahrung von empirischer, methodisch kontrollierter Forschung ab. Er versteht unter Erfahrung im Gegensatz zu Forschung eine Enttäuschung: Ein zufälliges Widerfahrnis enttäuscht eine bereits gefestigte Erwartung und provoziert dazu, die Enttäuschung abzuarbeiten: die Wirklichkeit sinnhaft zu rekonstruieren und das Widerfahrnis dabei zu integrieren.

Unterscheiden sich auch die Akzente und Problemstellungen, so ist doch allen gemeinsam, daß sie in der Erfahrung eine Methode sehen, sich die Welt anzueignen. Damit wird ‚Erfahrung' in der Neuzeit zu einer Schlüsselkategorie. Nun verbindet sich mit ihr der Anspruch, sich die Welt aneignen zu können, diese Weltaneignung kontrollierbar, aber auch individuell authentisch zu halten und deren Wahrheit und Gewißheit zu verbürgen (Korsch 1988:298). ‚Erfahrung' tendiert nun dazu, die einzige Methode von Erkenntnis zu sein. Sie enthält als solche ein skeptisches Moment. Sie wird zum Kriterium überkommener Aussagen und richtet sich gegen das „bloß Gedachte, also gegen alle Weisen von Illusion, Dogmatismus und Ideologie, anderseits gegen das nicht selbst Gedachte, das bloß Überlieferte, das Ungeprüfte" (Ebeling 1978:112).

Auf das theologische Interesse an Erfahrung nimmt bis heute Einfluß, daß sich dieser skeptische Zug der Erfahrung vor allem gegen die Theologie richtete und sie herausforderte. In Wissenschaft und Praxis wandte man sich der sinnlich faßbaren Welt und den Erkenntnisbedingungen im Subjekt der Erfahrung zu, um damit die Welt tiefgreifend zu verändern. Für diesen Vorgang schien die Theologie keine Motive zu bieten, schien vielmehr dafür bedeutungslos oder gar davon widerlegt zu sein. So sah die Theologie sich vor die Frage gestellt: Läßt sich Gott, von dem die Theologie redet, durch Erfahrung verifizieren? Welche Bedeutung hat das Reden von Gott für die Konstitution des Erfahrungssubjekts und seiner Welt?

1.2 Der Erfahrungsbegriff in der Theologie seit Schleiermacher

Einen historisch–systematischen Überblick darüber zu geben, wie die Theologie diese Fragen beantwortet oder sich zu ihnen verhalten hat, ist hier nicht der Ort. Es sollen nur einige markante Orientierungen gegeben werden.[1]

Im 19. Jh. hat vor allem Friedrich Schleiermachers Reformulierung christlicher Glaubensaussagen epochal gewirkt und viele Theologen in Rezeption und Kritik geprägt. Schleiermacher rekurriert auf den kritischen Erfahrungsbegriff der Philosophie Kants. Er entwickelt das Reden von Gott aus der Selbstreflexion des menschlichen Bewußtseins heraus, das sich durch Kant und Hegel seiner konstitutiven Rolle für die Erfahrung bewußt geworden ist: Alles Fühlen, Denken und Handeln, worin sich das Selbst- und Gegenstandsbewußtsein vollzieht, impliziert nach Schleiermacher ein unmittelbares Selbstbewußtsein: Ich fühle mich immer und in allem schlechthin abhängig. Bei der Frage nach dem Woher dieser Abhängigkeit stößt der Mensch auf „Gott“. Mit dem Gottesgedanken kommt das menschliche Selbstbewußtsein zur Vollendung seiner selbst.[2]

Diese Auseinandersetzung wird auch im 20. Jh. weitergeführt. Doch hat in ihm Karl Barths dogmatische Arbeit neue Maßstäbe gesetzt. Barth geht nicht wie Schleiermacher von den Prämissen und Problemen neuzeitlicher Erfahrungstheorie aus, um theologische Aussagen zu ihr in Beziehung zu setzen. Vielmehr setzt er im Rekurs auf die Bibel und das reformatorische Bekenntnis bei Gottes Offenbarung in seinem Wort ein. Dieses will er als orientierende Mitte von Methode und Inhalt der Theologie wiedergewinnen. Die Frage nach der ‚Erfahrung‘ kommt für ihn in den Blick als Frage nach der Erkenntnis und Erfahrung des Wortes Gottes (1932:206–239). Die Erfahrung ist nicht durch transzendentale Reflexion oder ein psychologisch faßbares Vermögen möglich. Denn das Wort Gottes ist nur in und durch

[1] Vergleiche hierzu den Überblick von Track (1982:116–128).

[2] Vgl. *Der christliche Glaube — nach den Grundsätzen der evangelischen Kirche im Zusammenhange dargestellt*, 2. Aufl. 1830/31 (neu hg. von Martin Redeker), §§ 3–5.

sich selber wirklich. Deshalb kann die Erkenntnis des Menschen nur so an dieser Wirklichkeit teilhaben, daß sie „Anerkennung" des Wortes Gottes ist (1932:194). In der Anerkennung besteht die Erfahrung des Wortes Gottes (213). Dabei wird sie aber nicht zu einer Möglichkeit des Menschen, da er sie als Sünder vollzieht und deshalb das Wort als ihm jenseitig anerkennt (219.230ff.). Daß er als Sünder das vermag, ist das Wunder des Glaubens (234). Deshalb besteht der Glaube darin, das wirkliche Sprechen des Wortes Gottes zu uns vor sich zu haben und zu erwarten (235f.).

Der Methode Barths wurde und wird widersprochen. Seit den 60er Jahren ist ihr prägender Einfluß mehr und mehr umstritten. Dabei fällt auf, daß bei vielen Kritikern die Erfahrungsthematik sowohl in der Kritik an Barth als auch für das eigene theologische Programm eine entscheidende Rolle spielt. Trotz aller Unterschiede gibt es doch eine Gemeinsamkeit: Sie lassen sich von Schleiermacher inspirieren, wenn sie theologische Aussagen auf allgemeine existentielle Erfahrungen oder Erkenntnisse der empirischen Wissenschaften beziehen. Jene sollen sich an diesen bewähren, indem sie die Reflexion auf Erfahrung und Empirie (kritisch) vollenden oder eine Erfahrung mit der Erfahrung erschließen, in der die Probleme existentieller Erfahrung und einer empirischen Weltsicht zu einer Lösung kommen:

Paul Tillich beharrt gegen die „neu-orthodoxe Theologie" auf Schleiermachers „Methode der Erfahrung" (1955:52) und ihrer Analyse des Gefühls schlechthinniger Abhängigkeit. Er nimmt es allerdings nur im Sinne der Frage oder „letzten Sorge um Grund und Sinn unseres Seins" auf (53). Der heutige Mensch erfahre, daß „seine Situation ... Selbstzerstörung, Sinnlosigkeit und Verzweiflung in allen Lebensbereichen" sei. Dieser Erfahrung liege die Frage nach dem Sinn zugrunde (61). Die Offenbarung des Neuen Seins in Jesus von Nazareth beantworte diese Frage und komme im Medium der Erfahrung, die diese Erfahrung verändert, zur Wirkung (51.61f.; vgl. Track 1982:125). Ähnlich sieht Gerhard Ebeling im Glauben eine „Erfahrung mit der Erfahrung", die die vorgängige Erfahrung des neuzeitlichen Menschen klärt und verändert. Ihm geht es darum zu zeigen, wie der Glaube den empiristischen Zeitgeist kritisiere.[3]

Wolfhart Pannenberg will sich nicht damit begnügen, die Theologie auf die individuelle ‚Erfahrung' und auf deren Frage nach dem Sinn menschlicher Existenz zu beziehen. Er meint vielmehr, auf die Frage nach dem Sinn zu stoßen, wenn man empirische historische Fakten in Zusammenhang miteinander bringe und als „Geschichte" ansehe, die auf ein Ziel zulaufe. Die Frage nach dem Sinn der Geschichte impliziert für Pannenberg die Notwendigkeit, Gott zu denken. Dogmatische Aus-

[3]Zu den Einzelheiten bei Ebeling s.u. § 6.

sagen haben diesen Gottesgedanken zu verifizieren und zu konkretisieren. Pannenberg möchte sie mit Blick auf empirische historische Beobachtungen begründen, zu denen er insbesondere das Ereignis der Auferstehung Jesu zählt (1972:39–52; 1963:91–95.98–102).

Trutz Rendtorff führt die erfahrbaren Strukturen der Neuzeit auf christliche Impulse zurück, insbesondere das Selbstverständnis liberaler Demokratie auf den biblisch–reformatorischen Freiheitsgedanken. Das erlaubt es ihm, die neuzeitliche Welt als Welt des Christentums darzustellen (s. dazu Lange 1984:IX).

Eilert Herms meint, die Theologie sei — vergleichbar den empirischen Wissenschaften — eine „Erfahrungswissenschaft". Sie solle eine auf das „gegenwärtige erfahrbare christlich-fromme Leben gerichtete Theorie" für den theologischen Praktiker sein, „deren Funktionalität sich in ihrer handlungsorientierenden Kraft beweist" (1978:65). Der Bezug auf die erfahrbare christliche Kommunikation sei nicht positivistisch (68), da diese Kommunikation sich als notwendig erweisen lasse: In ihr vollziehe sich die unumgehbare Reflexion auf die „existenzmäßige Angewiesenheit [des Erfahrbaren] auf Transzendenz" (75).[4]

Die genannten Positionen können im Rahmen dieser Arbeit nicht diskutiert werden. Es sollte an ihnen nur deutlich werden, wie sich die Theologie zu der neuzeitlichen Entwicklung der Erfahrung verhält: wie sie ‚Erfahrung' als defizitär zu begreifen und theologisch zu vollenden sucht; wie sie sie kritisch vertiefen will; wie sie ihr widerspricht und wie sie sich auf ihrem Boden selbst zu verstehen sucht.

1.3 Luther und die theologische Diskussion um den Erfahrungsbegriff

Innerhalb dieser theologischen Auseinandersetzung hat sich nun auch eine Berufung auf Luther etabliert, die in Luther den Wegbereiter oder Gegenspieler, den herausragenden Vertreter neuzeitlicher Erfahrung oder eines ganz anderen, aber vergessenen Erfahrungsverständnisses sieht. Diese Berufung soll in dieser Arbeit untersucht werden. Sie ist insbesondere bei Karl Holl, Karl Barth, Hans Michael Müller, Walther von Loewenich und Gerhard Ebeling von Belang. Bei diesen Theologen fällt der Rekurs auf Luthers Erfahrungsbegriff quantitativ auf und (bzw. oder) er verbindet sich mit einer markanten Position, die auch andere Theologen beeinflußt hat.[5]

[4] Vergleiche außerdem Track 1982:125–127, Gelder 1992:1–14.

[5] Paul Althaus, Werner Elert oder Friedrich Gogarten, aber auch Rudolf Hermann und Hans Joachim Iwand wären sachlich von Interesse. Doch haben sie sich kaum zum Begriff der Erfahrung selbst bei Luther geäußert.

§ 1 Hintergründe der Diskussion um Luthers Erfahrungsbegriff

Karl Holl, der Begründer der „Lutherrenaissance", hat der Lutherforschung in diesem Jahrhundert und ihrem Anspruch, zeitgenössische Theologie zu sein, entscheidende Impulse gegeben. Er sieht in Luther ein Genie der Gewissenserfahrung. In Holls Sicht war Luther seiner Zeit voraus und kann nun zu Beginn des 20. Jahrhunderts dazu anregen, die in der Neuzeit maßgeblich gewordene individuelle Erfahrung in ihrer religiösen Tiefe wahrzunehmen und auszuhalten.

Karl Barth wendet sich mit Berufung auf biblische und reformatorische Aussagen von den Versuchen ab, theologisch den Anschluß an die neuzeitliche Theorie der Erfahrung zu suchen. Für ihn ist Luther ein Gewährsmann dafür, daß und wie die Erfahrung des Wortes Gottes analogielos ist und alle überkommenen Standpunkte zur Beschreibung von Erfahrung in die Krisis stellt. Barths Position ist eine Vorgabe für die zweite Generation der Dialektischen Theologie, wie sie Hans Michael Müller und Walther von Loewenich vertreten.

Hans Michael Müller bringt Luther als Kritiker aller Versuche zur Geltung, Gott und Welt begrifflich festzulegen. Luther weise auf die Erfahrung hin, die den Menschen radikal in Frage stelle, sofern er sich durch seine Begriffe zum Herren des Begriffenen machen will und so letztlich von ihm isoliert. Allein in der kontingenten, die Begriffe vernichtenden Erfahrung sei Gott zugänglich. Diese Erfahrung sei begrifflich nicht faßbar, sondern nur anzuzeigen.

Walther von Loewenich sieht die Erfahrungsthematik bei Luther im Zusammenhang der *theologia crucis*. Das Kreuz verneine den natürlichen Menschen, der über die Erfahrung den Zugang zu Gott suche. Erst wenn dieses Ansinnen vom Kreuz durchkreuzt ist, kann der Mensch offen werden für die Glaubenserfahrung, die nicht aus dem Menschen selbst, sondern nur im Heiligen Geist möglich wird.

Gerhard Ebeling will in der Besinnung auf Luther das Erfahrungsverständnis des empirischen Zeitalters kritisch vertiefen. Er versteht die Folgen des Empirismus als Erfahrungen des Gesetzes, die durch das Evangelium als solche zur Erkenntnis kommen und zugleich jenseits ihrer selbst geklärt werden. Luthers Reden von Erfahrung erscheint bei ihm in kritischer Solidarität mit der Neuzeit.

Diese Rezeptionen sollen zunächst in ihren Absichten und Konsequenzen gewürdigt werden. Dann will ich mich insbesondere auf Luthers Sprachgebrauch konzentrieren und fragen, ob sich bei ihm eine durchgehende systematische Struktur nachweisen läßt. In einem Vergleich mit den Rezeptionen soll dann erkennbar werden, wo die neuere Theologie in ihrer Sprache Luther aufnimmt und weiterführt; wo aber auch neuere Problemstellungen den Erfahrungsbegriff beeinflussen, der bei Luther erhoben wird; und wo Luther Anregungen geben kann, aus möglichen Engführungen der neueren Diskussion herauszukommen.

§ 2 Karl Holl: Luther als Genie der Gewissenserfahrung

2.1 Das Interesse von Holls Lutherdeutung

2.1.1 Wie Karl Barth, so hat sich auch der Kirchenhistoriker Karl Holl aus der Schule Albrecht Ritschls im Ersten Weltkrieg vom theologischen und politischen Liberalismus abgewandt. Er empfand es als charakterlos, daß Adolf von Harnack, Ernst Troeltsch, Otto Baumgarten und andere Liberale, die zu Kriegsbeginn den deutschen Sieg gepredigt hatten, mitten im Krieg ihre Meinung änderten und den Verständigungsfrieden forderten. Ihre „wechselnde Haltung" machte es ihm zur „sittlichen Unerträglichkeit", mit ihnen theologisch und kirchenpolitisch verbündet zu sein (s. Wallmann 1978:26). Als er 1918 endgültig mit den Liberalen brach, schrieb er an Martin Rade über den „Verein der Freunde der Christlichen Welt", er sehe „eine solche Verwirrung der sittlichen und religiösen Begriffe ... daß ich dem Vaterland und dem Christentum zu dienen meine, wenn ich mich hier zurückziehe" (ebd.). Diese Aussage steckt den Horizont ab, vor dem er sich der reformatorischen Theologie und Luther widmet, vor und während des Krieges: Sittlichkeit und Religion bilden einen unlösbaren Zusammenhang und nehmen im Vaterland und im Christentum konkrete Gestalt an. Holl will mit seiner theologischen Professur dem deutschen Vaterland dienen und dessen Kultur zu sittlicher Reife fördern.

2.1.2 Der hervorstechendste Gegenstand seines Lehrens wird nun Luther. Dessen Theologie versteht Holl als einen Ausdruck seiner Persönlichkeit. Das zeigt etwa der Schluß des Aufsatzes „Die Rechtfertigungslehre in Luthers Vorlesung über den Römerbrief ..." nach der Fassung der *Gesammelten Aufsätze* (^{1}1921). Holl meint, die frühe

> „Römervorlesung zeigt Luther ... noch in seiner vollen Kraft; ihre Rechtfertigungslehre atmet die ganze Heldenhaftigkeit, die Luther bewähren durfte, solange er für sich allein stand und die Rücksicht auf andere, auf die Durchschnittsmenschen noch nicht hinderte, auch Aeußerstes zu fordern" ($^{2.3}$1923:153f.).

So spricht jemand, der selbst von den Äußerungen eines Genies begeistert ist und die theologische Jugend mitreißen will (vgl. Wallmann 1978:30). Die sittlich–religiöse Genialität Luthers kann Holl aber auch bedächtiger, nicht in der Hitze des Sturm und Drang darlegen, wenn er zu der „hochansehnlichen Versammlung" ($^{2.3}$1923:1) der Universität Berlin spricht, die am 31. Oktober 1917 der Reformation gedenkt. Hier konfrontiert Holl Luther mit der Skepsis, die die „Nachdenklichen von heute“ der Religion gegenüber hegen (2):

> „Bedeutet [die Religion] ein Verhältnis des Menschen zu einem außer ihm und über ihm stehenden Unbedingten oder ist sie in Wahrheit nur eine Beziehung des Menschen zu sich selbst ...? Ist die Religion ... ein zäh festgehaltener Rest des vorwissenschaftlichen Denkens, oder ist sie das aller bloßen Vernünftigkeit Ueberlegene und die verborgene Hebelkraft für alle Höherentwicklung der Menschheit?“ (Ebd.)

Es ist deutlich, wie Holl hier entscheidet, wenn er einen Vortrag unter dem Titel „Was verstand Luther unter Religion?“ (1–110) hält. Die Frage nach der Wahrheit der Religion beantwortet er durch den Verweis auf Luther als religiöses Genie. Religion kann es nur ganz persönlich geben. Sie ist das Gütesiegel einer Elite von einzelnen und einsamen Persönlichkeiten, die durch ihre sittlich–religiöse Empfindungstiefe ihre Zeitgenossen überragen und befruchten, aber auch in der Gefahr stehen, von ihnen unverstanden zu bleiben. Die von Holl an den Eingang seines Vortrags gestellten Fragen kehren sich also um: Nicht Luthers Theologie wird durch die zeitgenössische Skepsis an der Religion zweifelhaft, sondern er konfrontiert umgekehrt die versammelten Nachdenklichen mit der Religion. Mit seiner Predigt ist er „der große Gewissenswecker für seine Zeit geworden, und mit ihr steht er dem heutigen Geschlecht noch ebenso nahe wie dem damaligen“ (109).

2.2 Gewissenserfahrung

Holl untersucht den Erfahrungsbegriff Luthers nicht explizit, zitiert aber eine Reihe von einschlägigen Lutheraussagen. Vor allem stellt er Luthers Theologie als Deutung und Ausdruck einer Erfahrung dar. Deshalb ist davon auszugehen, daß er Luthers Sprachgebrauch in seiner Interpretation aufgreift. Wenn Holl Luthers Theologie wie selbstverständlich als Ausdruck einer Erfahrung deutet, so folgt er dem 1909 von ihm formulierten Postulat,

> der Grundsatz, der allen heute Lebenden gemeinsam und „die Richtschnur ihrer Religiosität“ bildet, laute, „nichts als religiös giltig zu anerkennen, als was in der uns gegenwärtigen Wirklichkeit angetroffen und aus dem eigenen unmittelbaren Empfinden heraus wieder erzeugt werden kann“ (zit. bei Barth 1932:203).

Die Frage, ob es ein glücklicher Zufall ist, daß Luthers Theologie diesem Grundsatz folgt oder ob Holl sie anhand dieses Grundsatzes rekonstruiert hat, scheint für Holl im erstgenannten Sinn entschieden zu sein. Sie soll in dieser Untersuchung aber explizit gestellt und schließlich in einem Vergleich von Luther und Holl beantwortet werden.

Von diesem Grundsatz her zeigen sich deutlicher die Konturen der Erfahrung, die nach Holls Meinung Luther auszeichnet. Es geht, wie oben skizziert wurde, um die Erfahrung eines Genies, weshalb der Erfahrungsbegriff den rein persönlichen Vorgang bezeichnet, daß etwas nicht radikal von außen her, sondern ganz unabhängig davon aus dem Innern der Person selbst hervorbricht und für sie aktuell wird. Holl nennt diesen Vorgang ‚Gewissen': „Luthers Religion ist Gewissensreligion ... mit all der Eindringlichkeit und persönlichen Bedingtheit, die einer solchen zukommt" (35). Gewissen hat jeder „persönlich", in unvertretbarer Weise, oder er hat es nicht. Und wo das Gewissen sich meldet, da ist es „eindringlich", da drängt es sich unleugbar auf und wird zu der Wirklichkeit, mit der sich der Betroffene befassen muß. Alle Äußerungen Luthers sprechen seine „persönliche Erfahrung" (576) in diesem Sinn: seine „Gewissenserfahrung" (37.39) aus. (Holl spricht synonym auch von „Empfinden" und „Erlebnis".) Luthers Theologie ist von grundlegender Bedeutung, weil hier einer spricht, der das Gewissen erfahren hat, das sittliche Bewußtsein in absoluter, von aller Selbstliebe freien Form.

2.3 Die Pflicht zur Religion

Die Passage des genannten Vortrags, die für diese Arbeit von Interesse ist, überschreibt Holl mit „Luthers innere Entwicklung" ($^{2.3}$1923:III). In ihr stellt Holl dar, welche Gefühle und Empfindungen in Luthers Gewissen wach wurden und wodurch sie ausgelöst wurden. Darauf folgt dann der Abschnitt „Luthers Auffassung der Religion; die Religion als Gewissensreligion" (ebd.), in dem er Luthers Gottesgedanken und das religiöse Leben als Deutung der Gewissenserfahrung bzw. als Realisierung des neuen Bewußtseins rekonstruiert.

Um Luthers innere Entwicklung zu erfassen, setzt Holl beim Gerichtsgedanken ein und stellt zunächst dar, wie er sich von der alten Kirche bis in Luthers Gegenwart hinein entwickelt habe (2–18). Daran profiliert er Luthers Neufassung dieses Gedankens. „Von ihm ist seine ganze innere Entwicklung ausgegangen" (18). Luthers Neugewinnung des Christlichen beginnt nach Holl damit, das ‚Gesetz' rein zu erfassen. Luther habe schon als Mönch, vor 1509 (19), den Gerichtsgedanken „tiefer, persönlicher und reiner" erfaßt als seine Zeitgenossen. Denn das Gericht habe ihn nicht im

Sinne körperlich schmerzhafter Strafen geschreckt, sondern wegen „der vor Gott abzulegenden Rechenschaft". Mit dem Wissen, vor Gott „allein sein" zu werden, habe er das „strenge Bewußtsein der Selbstverantwortung" entwickelt (18). Daran habe sich als zweites ein Nachdenken über den „Sinn der göttlichen Forderung" geknüpft, in dessen Verlauf Luther die „eindeutige Größe des göttlichen Gebots" entdeckt habe. In dieser Entdeckung identifiziert Holl die umstürzende reformatorische Erkenntnis Luthers: Im Gebot gebe sich Gottes Wille kund als einer, der „keine Abweichung oder Minderung" dulde. Die „Gottesliebe aus ganzem Herzen und von ganzer Seele" sei eine absolute „Pflicht".

> „Gott verlangt immer vom Menschen ein Ganzes, ein Ungeteiltes. Denn ihm genügt nur das Vollkommene. So *muß* es sein, wenn Gott wirklich der Heilige ist" (19).

In der unvollkommenen Gottesliebe aus „knechtischer Furcht" oder aus „eigennützigem Begehren" sehe Luther deshalb nicht nur etwas Unvollkommenes, sondern das „Gegenteil des Gottgewollten", die „Sünde". Diese Erkenntnis habe ihn in schwere Kämpfe geführt (20) um die „Durchführbarkeit eines aufs Unbedingte gerichteten sittlichen Strebens überhaupt. Luther erfährt wieder an sich selbst, was Paulus die Unmöglichkeit des Gesetzes genannt hatte" (25). In dieser Erfahrung steigere das Gesetz die Sünde und treibe letztendlich in Gotteshaß und Verzweiflung (25–27).

2.4 Gottes vergebende Liebe als Implikat der Pflicht

Nach Holl bedeutet also, das Gesetz zu erfahren: Das Gefühl des Gewissens, in einem absoluten Sinn zum sittlichen Handeln verpflichtet zu sein, setzt sich gegen oberflächlichere, nicht so weit entwickelte Empfindungen durch. Es nötigt den Gewissenhaften, an ihm zu messen, wie er tatsächlich verfaßt ist, und sich im Sinne dieser Gewissensstimme selbst zu verurteilen.

2.4.1 Wie es für Luther zu einer „Lösung" der Gewissenspein, die die Selbstverurteilung verursacht hat, gekommen sei, stellt Holl als Fortschritt seiner Erfahrung und Reflexion des Gewissens dar. Ein bestimmtes Moment, das im Phänomen des Gesetzes bereits enthalten ist, kommt in Luthers Entwicklung zur Entfaltung. Anders ausgedrückt: Luther wertet dieses Moment für seinen Kampf aus und erkundet damit das Gewissen nach seinen verborgenen Potenzen. Die Lösung seiner Pein habe nämlich darin bestanden, daß „wie eine Überraschung, wie eine plötzliche Erleuchtung" die paulinische

Erkenntnis über ihn gekommen sei, daß nicht er Gott zuerst suche, „sondern Gott vielmehr ihn. Gott will den Menschen haben trotz seiner Sünde. Er selbst schlägt ihm die Brücke, auf die er treten kann, indem er vergibt“ (28). Dabei habe nicht einfach „die Auktorität des äußeren Bibelworts“ Luther aus seinen Ängsten gerissen. Seine Überzeugung, Gott wolle den gewinnen, den er im Gewissen strafe, gebe vielmehr zu erkennen:

> „Das kann Luther nur in persönlichster Erfahrung gelernt haben. Es muß einen Augenblick gegeben haben, wo ihn inmitten seiner Qual die Ahnung durchzuckte, daß Gott durch eben diese Pein ihn sucht und zu sich heranzieht. Dieser Gedanke wurde seine Rettung“ (29).

In diesen unterschiedlichen Formulierungen zeigt sich, welche Bedeutung der Erfahrungsbegriff nach Holl im Zusammenhang des Evangeliums hat: Er bezeichnet etwas, das sich kontingent einstellt, aber das Gewissen ganz und gar erfaßt, ja: das von Grund auf eine selbständige Empfindung des Gewissens ist. Daß sie sich als Erfahrung, also überraschend, plötzlich einstellt, zeigt, daß sie nicht mit Notwendigkeit aus dem folgt, worauf sie sich bezieht. Die Vernunft und das Gewissen „können es nie zu einer anderen Gottesanschauung bringen, als zu der, daß Gott den vor ihm *gerecht* Wandelnden anerkennt“. Daß Gott mit dem Sünder Umgang haben wolle, müsse diesen beiden „als eine Zerstörung aller Sittlichkeit erscheinen“ (77).

2.4.2 Die Erfahrung der vergebenden Liebe Gottes ist nach Holl ein im Gewissen hervortretendes Moment derselben Pflichtempfindung, die es in die Verzweiflung treibt. Holl betont, daß sich Luther dabei „ganz unmittelbar und allein Gott gegenüber“ fühle (73), und daß dies dann eintrete, wenn Christus aus dem Blick geraten sei, wenn Taufe und Abendmahl als Stützen des Glaubens zerbrochen seien (72, Anm. 1). Dann werde das Innerste seiner Frömmigkeit erkennbar:

> „Was Luther in solcher äußersten Bedrängnis aufrecht erhielt, war etwas überraschend Einfaches. Es war *das erste Gebot*. An dessen Anfangsworte, an das: ‚Ich bin der Herr dein Gott‘, hat er sich immer in der Todesnot geklammert“ (73).

Aus demselben Gebot, das Luther richte, vernehme er „das Wort, das ihn aufrichtet“. Es werde ihm die Seite des Gebots bewußt, daß es „bestehen bleibt“ (74) und also „Gott trotz des Gerichts *seinerseits* die Gemeinschaft mit dem Menschen *festhält*“ (75). Darin sieht Holl eine letzte Steigerung des Pflichtgefühls. Gott befehle auch jetzt noch, ja gerade jetzt im Scheitern.

Er berufe damit aufs neue in seinen Dienst. Dies sei für das Gewissen neu und unerwartet, „weil daneben das vorhergehende *Gericht* in seiner ganzen Schärfe *erhalten bleibt*".

Die geforderte Gottesliebe habe Luther nun nicht mehr selbst in sich erwecken müssen. Indem er sich vielmehr dem Eindruck der zuvorkommenden und unerschütterlichen Liebe Gottes hingegeben habe, sei eine „freie freudige Gottesliebe" von selbst entsprungen und Röm 5,5 für Luther „zur lebensvollen Erfahrung" geworden. Mit ihr sei der Heilige Geist nicht länger etwas „aller Erfahrung Entrücktes", sondern ein „im eigenen Herzen Spürbares und Wirkliches" gewesen (30). Da die Vergebung ein neues Verhältnis zwischen Gott und Mensch stifte und also ein Wunder sei, stoße sie auf Mißtrauen. Luther habe dieses mit dem Hinweis überwunden, daß es Gott seine Ehre raube. Der Glaube aber nehme Gott ernst und anerkenne seine Wahrhaftigkeit in seinem Verwerfungsurteil und in seinem Evangelium (33). Weil er Gott die Ehre gebe, sei der Glaube der „eigentliche Erweis der Religion" (34), das, worin die Pflicht, Gott zu ehren, gipfele.

2.5 Rechtfertigung: ein Vorgang in der Erfahrung

2.5.1 Für Holl ist die dargestellte Erfahrungsfolge im Gewissen die Art und Weise, wie Gott den Menschen gerecht macht. Er nennt ihn auch den „Rechtfertigungsvorgang" (75). Diesen kennzeichnen also drei Erfahrungen, die aufeinander aufbauen:

a. Zuerst vernimmt der Mensch in seinem Gewissen Gottes absolute sittliche Forderung und verzweifelt, wenn er sich nach ihr beurteilt.

b. Ihn rettet dann der Gedanke, daß das Gebot trotz seines Versagens bestehen bleibt, Gott also dem Unwürdigen vergibt und ihn neu in Dienst nimmt. Im Rückblick wird ihm klar, daß Gott aus Liebe ihn in Verzweiflung stürzte, um ihm durch die Vergebung die Größe des Gebots zu offenbaren und ihn zu sich heranzuziehen. Luther habe zuletzt verstanden, daß Gott Liebe sei, sehe darin aber das erste (38). So seien in Gott Zorn und Liebe als uneigentliches und eigentliches Werk vereint, und im nachhinein lasse sich erkennen, daß der erfahrene Zorn ein „Zorn des Erbarmens" sei, den Menschen zu läutern. „Ihn erfährt *der* Mensch an sich, den Gott im Gewissensgericht heimsucht" und nicht sofort auslöscht. Gott zerbreche den Menschen, um ein Besseres aus ihm zu machen (42). Gott reinige ihn von allem „selbstsüchtigen Ichwillen" (64).

c. Unter dem Eindruck der Liebe Gottes stellt sich zuletzt die geforderte selbstlose Liebe von allein ein.

2.5.2 In dem Aufsatz „Die Rechtfertigungslehre in Luthers Vorlesung über den Römerbrief ...", der erstmals 1910 erschien, wird deutlich, daß für Holl in diesem Erfahrungsvorgang nicht eine Erfahrung von der anderen abgelöst wird. Er ist ein sittlicher Reifeprozeß, bei dem das sittliche Bewußtsein neue Einsichten integriert, auch wenn sie zu den schon gewonnenen in Gegensatz stehen, und ohne diesen Abbruch zu tun.

So meint Holl, der Mensch sei vermöge der Rechtfertigung gegen sich selbst gewiß, daß Gott ihn sittlich vollenden werde. Aus dieser Gewißheit entsprängen in ihm neue Kräfte der Lebensgestaltung ([2.3]1923:134f.). Doch Gott führe den Menschen dabei absichtlich ins Dunkel, „er bringt ihn in immer neue Lagen, wo seine bisherige Gotteserfahrung nicht ausreicht. Das Haben Gottes wird zum immer erneuten Suchen". Holl bezieht dies darauf, daß die neue Gewißheit ununterbrochen „in Spannung gerät" mit dem „bleibenden Widerstand", den die Selbstsucht dem neuen Leben entgegensetze (136f.). Das Selbstgefühl vor Gott werde also durch das beginnende neue Leben nicht gestützt. Luther rechne zwar mit ihm, verneine aber, es bei sich selbst feststellen zu können. Es sei kein Gegenstand der Erfahrung. So müsse sich der seiner Gerechtigkeit Gewisse „immer wieder" das totale „Selbstverwerfungsurteil" aussprechen. Er sei immer alter und neuer Mensch, Fleisch und Geist zugleich und bilde in diesem Sinn eine „sittliche Einheit" (141). Dabei könne er die Gerechtigkeit, auf die er sich verläßt, nie in sich selbst, sondern „immer nur im Gnadenwillen Gottes, in Christus finden, und die *tatsächliche* Gerechtigkeit muß ihm stets als eine erst noch zu erwerbende gelten" (141f.). Der Mensch komme nicht darüber hinaus, die beiden gegensätzlichen Urteile Gottes „ständig zusammenzudenken" (144).

2.6 Die Bedeutung Christi und der Schrift für die Erfahrung

Das Profil der Gewissenserfahrung, wie sie Holl bei Luther findet, wird noch schärfer, wenn er von der Rolle Christi und des Schriftwortes für diese Erfahrung spricht.

2.6.1 Wenn Holl meint, Luther erfahre an sich selbst, was Paulus die Unmöglichkeit des Gesetzes genannt habe (§ 2.3), ist deutlich, daß er die Erfahrung für von der Schrift unabhängig hält. In ihr erweist sich die Kongenialität Luthers, seine Verwandtschaft mit den „Großen in der Religion", zu denen etwa Paulus zu zählen ist (67). Paulus habe Luther die Erkenntnis „vermittelt“ und ihm „die Augen darüber geöffnet“, daß nicht er Gott zuerst suche, sondern Gott vielmehr ihn, welche Erkenntnis überraschend und wie eine plötzliche Erleuchtung über ihn gekommen sei (28, § 2.4). Immer ist entscheidend: Die Erfahrung ist von Grund auf meine Erfahrung. In ihr ist das enthalten, was die Theologie begreift und deutet. Theologie kann nur Reflexion auf die persönliche Erfahrung sein, auf das, was in der Tiefe des eigenen Gewissens schlummert und nur eines Anlasses bedarf, um hervorzubrechen und die Person zu bestimmen.

Das wird noch deutlicher, wenn Holl schreibt, „nicht nur die Auktorität des äußeren Bibelworts“ habe Luther aus seinen Ängsten gerissen, die rettende Erkenntnis könne Luther „nur in persönlichster Erfahrung gelernt haben“ (29, § 2.4). Das Wort ist äußerlich und dringt nicht in das Innere, in die Persönlichkeit, vor. Sobald in Luthers Gewissen die persönliche Erfahrung eingetreten ist, hat die Bibel keine nennenswerte Bedeutung mehr für ihn. Nun hat er als religiöses Genie an seiner eigenen Erfahrung genug Reflexionsmaterial. Dem Blick der folgenden Generationen stellt es sich dann so dar, daß er zu den Großen in der Religion gehöre, ebenbürtig denen, die sich in der Bibel aussprechen. Indem er wieder die mächtigen Antriebe aus dem Urchristentum hervorhole (109), also in „ursprünglicher Schöpferkraft“ (1) das Christentum neu erstehen lasse, reiht er sich ein in die Ahnengalerie der Schöpfer des Christentums.

2.6.2 Wie bereits gezeigt (s. § 2.4.2), trägt nicht Christus, sondern das erste Gebot letztlich das Bewußtsein von der Sündenvergebung. Dem entspricht, daß Holl in seinem Vortrag erst nachträglich und nur anmerkungsweise die Bedeutung Christi für das Evangelium verhandelt (38–40.69–72). Dabei zeigt sich, daß er Christus in dem selben Verhältnis zur Erfahrung stehen sieht wie die Schrift: Christus gestalte zum einen das Gewissen des Menschen, indem er dem natürlichen Gefühl für ein Sollen bestimmten Inhalt gebe. Zum zweiten aber offenbare er die Vergebung Gottes, nicht nur im Sinne der Verkündigung, sondern auch des Wirkens. Dieses sei „etwas in der Gegenwart von jedem Erfahrbares“, nämlich die „schöpferische Wirkung, die Christus durch sein Gnadenwort am Menschenherzen übt“ (39). Holl stellt dies jedoch unter einen Vorbehalt. Führe Christus doch nicht zu sich, sondern zum Vater (39f.). Sein Dienst am Gläubigen bestehe nicht darin, daß, wie die Schule Ritschls meine, seine „Autorität“ alle Zweifel besiege und der Gottesglaube auf dieser Autorität gründe (38.40). Denn weil Christus auch das Gesetz verkündige, sei er nicht eindeutig. Daß seine Gnadenpredigt sein eigentliches Werk sei, begründe sich „aus einer letzten, *unmittelbaren* Gewißheit". Christi Gnadenpredigt gewinne volle Überzeugungskraft erst „durch das aus dem eigenen tiefsten Innern quellende ... Gefühl, daß der Gott, der vergeben kann ..., *größer* ... ist, als einer, der nur richtet" (40). Holl schränkt die Bedeutung Christi in gleicher Weise wie die der Schrift ein: Christi Wort weist auf Gottes Vergebung hin und findet an deren Erfahrung, wie sie innen aus dem Gewissen als zwingendes Gefühl aufsteigt, seine Grenze. Weder die Schrift noch Christus reichen bis zum Ich und seinem Selbstgefühl vor Gott.

2.7 Die zu überprüfenden Thesen

a. An diesem letzten Abschnitt läßt sich zeigen, an welchem Punkt Holls Interpretation nicht befriedigt, ja scheitert. Die Schrift und Christus finden in ihr keinen rechten Platz. Oberflächlich gesteht er ihnen eine vermittelnde Rolle für die Erfahrung zu. Aber gleich darauf schränkt er sie ein, ja bringt sie zum Verschwinden, wenn er meint, die Erfahrung müsse sich unabhängig von ihnen konstituieren. Hat sich einmal die Erfahrung aus dem Innern heraus eingestellt, erscheinen Christus und die Schrift nur noch als äußere Autorität, die als unerheblich oder lediglich vorläufig abzuqualifizieren ist. Es bleibt offen, warum der Gedanke der Sündenvergebung durch Christus und Paulus nahe gebracht werden muß, wenn ihre Erfahrung sich doch aus der Tatsache des Gefühls, zur Religion verpflichtet zu sein, ergibt. Wie verhalten sich bei Luther Christus, die Schrift und die Erfahrung? Was bedeuten Christus und die Schrift für die Entstehung und den Inhalt der Erfahrung?

b. Wegen dieser Frage wird auch zweifelhaft, ob Holls These von der Gewissensreligion Luthers zutrifft. Holl versteht die Erfahrung als Aktivierung des Gewissens, des Bewußtseins eines Höheren, das unverlierbar und ursprünglich in der Seele wohnt. Er sieht Luther damit an die mittelalterliche Lehre von der *syntheresis* anknüpfen (61) — einen Hinweis, den sein Schüler Emanuel Hirsch aufgenommen und in den *Lutherstudien* nachzuweisen versucht hat —. Das hat zur Folge, daß die Theologie eine Reflexion auf Erfahrungen ist. Was bedeutet bei Luther Gewissenserfahrung? Ist ein ursprüngliches sittliches Bewußtsein ihr Gegenstand? Wie steht sie in Verbindung mit Christus und der Schrift?

§ 3 Karl Barth: Erfahrung, die aufhört, Erfahrung zu sein

Karl Barth hat sich für seine Auffassung von der Erfahrung des Wortes Gottes auf Luther (und Calvin) berufen (1932:230.232.236.238f.) und mit diesem Rekurs auf die Reformation zugleich die von Schleiermacher inspirierte Theologie kritisiert, ungeprüft einen religionsphilosophischen Erfahrungsbegriff zur Grundlage der Theologie gemacht zu haben.[6]

Allerdings ist schwer zu beurteilen, welche Rolle Luther in der Genese der *Kirchlichen Dogmatik* gespielt hat.[7] Deren Aufbau und Sprache sind eigenständig. Die Lutherzitate werden (wie andere auch) nicht als Quellen benutzt, sondern dazwischengeschaltet. Barth zitiert eklektisch, vor allem Predigten, und nicht ausgewählte Hauptwerke, die sich womöglich fortlaufend heranziehen ließen. Doch es sind auffällig viele Aussagen, die ausführlich und an neuralgischen Punkten der „Lehre vom Wort Gottes" zitiert

---

[6] Barth referiert kritisch die Argumentationen von Georg Wobbermin und Erich Schaeder in dieser Frage und hält dann mit Luther als Zeugen eines theologischen Erfahrungsbegriffs dagegen (206–228).
Jörg Zengel (1981) analysiert Barths Umgang mit dem Erfahrungsbegriff genetisch von den Anfängen an bis zur zweiten Auflage des *Römerbrief*. Er führt Barths Theologie auf die Operationen des logisch denkenden Subjekts zurück und stellt sie aus der Perspektive einer Vernunft dar, die den Anspruch hat, die Theologie umfassend logisch und empirisch zu begründen. Zengel geht also kritisch vor und von einem anderen Standpunkt aus als Barth. Das kann und soll hier nicht diskutiert werden. Nur ist auf einige Punkte hinzuweisen, die er m.E. nicht berücksichtigt. Gewiß ist es hilfreich, wenn er Äußerungen Barths und seiner Schüler, die seinen Neuansatz auf eine *subita conversio* zurückführen möchten, nicht für bare Münze nimmt (62ff.148) und sein Ringen um die Autonomie der Theologie zu den Bemühungen seines Lehrers Wilhelm Herrmann in Beziehung setzt. Aber ob letztlich hier und da dasselbe Problem bearbeitet wird, scheint mir zweifelhaft. Des weiteren, wenn Zengel Barth als Konstrukteur eines gänzlich subjektiven theologischen Erkennens darstellt (145f.), abstrahiert er davon, daß Barth den Römerbrief kommentiert. Er liest die Bibel und entdeckt dabei die reformatorische Theologie wieder. Gehört nicht auch das zur Genese seiner Theologie? Was ‚Erfahrung' betrifft, ist jedenfalls von *KD* I/1 her festzustellen, daß Barth ‚Erfahrung' und unanschauliche ‚Gnade' nicht starr im Sinne eines Entweder–Oder voneinander abgrenzt (so Zengel 1981:150–153). Wie unten zu zeigen sein wird, kommt es zu einer Erfahrung des Wortes Gottes, doch durch das Wort wird diese Erfahrung zugleich verneint. In dieser schwebenden, dialektisch bewegten Weise kann und muß Barth von der Erfahrung reden — unter Verzicht auf klare Letztbegründungen. Im übrigen entdeckt er diesen Erfahrungsbegriff bei Luther (und Calvin) wieder.

[7] Zu den folgenden Beobachtungen vgl. Ebeling 1985:454– 459. Ebeling registriert in *KD* I/1 eine „Hinwendung zu Luther" (457), hält es aber für voreilig, „auf einen Gleichklang zu schließen" (459).

werden. Was immer sie für die Genese der *Kirchlichen Dogmatik* bedeuten: Sie sollen einen Konsens belegen. Dies impliziert den Anspruch, Luther zu interpretieren und zu aktualisieren, weshalb es angebracht ist, Barths Rekurs auf Luther zu überprüfen.

3.1 Ein Summar

Barths Ausführungen zum Erfahrungsbegriff und sein Rekurs auf Luther sind u.a. gegen Georg Wobbermins „religionspsychologische Methode", ihre Grundstruktur (211.218ff.) und ihre Konkretion in der Lutherdeutung (244ff.), gerichtet. Dazu faßt Barth seine Interpretation des Lutherschen Erfahrungsbegriffs zusammen:

> „Wenn Luther von Wort und Glauben redet, dann sagt er freilich, daß wo kein Glaube ist, auch das Wort nicht sein ... kann, er sagt aber vor allem, ... daß der Glaube, wo er ist, seinen Grund und seine Wahrheit ... nicht in sich selbst als menschliche Tat und Erfahrung, sondern, obwohl er menschliche Tat und Erfahrung ist, jenseits seiner selbst in seinem Gegenstand, in Christus oder im Worte Gottes habe" (246).

Was Barth hier als Luthers Erfahrungsbegriff skizziert, ist — wie im nächsten Absatz belegt wird — auch seine eigene Auffassung von Erfahrung. Deren Elemente lassen sich in dieser Zusammenfassung benennen: Erfahrung steht im Kontext von „Wort und Glaube". Sie ist der Glaube, insofern er die Existenz des Gläubigen bestimmt (dazu § 3.2). Da der Glaube allein in der Relation zum Wort betrachtet werden kann, gilt das auch für die Erfahrung. Sie ist also Erfahrung vom Wort Gottes und in der Kraft des Wortes. So kann der Glaube, der als „menschliche Tat und Erfahrung" im Wort Gottes seinen Grund hat, als Tat und Erfahrung betrachtet nichts über seine Wahrheit aussagen. Wie Barth diese Position begründet und dafür einen Konsens mit Luther behauptet, ist nun zu entfalten.

3.2 Anerkennung des Wortes Gottes: eine dialektische Erfahrung

Barth sieht einen Konsens mit Luther für seine Auffassung, das Wort Gottes sei der Gegenstand der Erfahrung und gebe ihr eine analogielose Gestalt. Denn es schaffe eine Situation, die zwar mit dem Erfahrungsbegriff beschrieben werden könne, in der er aber auch zugleich zurückgenommen werden müsse. Barth hat seine Theologie schon früh auf diese Situation eingestellt, wie der Vortrag „Das Wort Gottes als Aufgabe der Theologie“ (1929:156–178) von 1922 zeigt:

> „Wir sollen als Theologen von Gott reden. Wir sind aber Menschen und können als solche nicht von Gott reden. Wir sollen Beides, unser Sollen und unser Nicht–Können, wissen und eben damit Gott die Ehre geben“ (158).

Die Unterscheidung von Gott und Mensch, „Erlöser der Menschlichkeit“ und „Menschlichkeit, die als solche ... Getrenntheit von Gott bedeutet“ (160), macht es unmöglich, das „Sollen“ einzulösen. Der Widerspruch zwischen Sollen und Können ist die „Bedrängnis“ (158) der Theologie. Ihm in einem dialektischen Denken Rechnung zu tragen, ist aber auch die Bedingung, die rechtes Reden von Gott erfüllen muß. Schon damals beruft sich Barth für diese Form von Theologie neben Kierkegaard, Calvin, Paulus und Jeremia auch auf Luther (164).

Die *Kirchliche Dogmatik* ist in dieser Weise dialektisch aufgebaut. Das zeigt auch der Absatz „Das Wort Gottes und die Erfahrung“ (1932:206–239), der dritte Absatz des § 6 „Die Erkennbarkeit des Wortes Gottes“. „Erkenntnis des Wortes Gottes“ faßt Barth als Erfahrung. Denn Erkenntnis sei „diejenige Bewährung menschlichen Wissens um einen Gegenstand, durch den[8] sein Wahrsein zu einer Bestimmung der Existenz des erkennenden Menschen“ werde. Und diese Bestimmung nennten wir „Erfahrung“ (206).

Barth definiert „Erkenntnis“ und „Erfahrung“ zunächst allgemein und gibt ihnen ihre spezifische Kontur, sobald er sie mit dem „Wort Gottes“ zusammendenkt: Gelte für die Erfahrung vom Wort Gottes wie für alle Erfahrung, daß sie ein „Akt menschlicher Selbstbestimmung“ sei, so sei sie doch „nicht als dieser Akt“ Erfahrung vom Wort Gottes (207). Denn in ihm müsse sich die „Bestimmung durch Gott“ ereignen, damit er Erfahrung vom Wort Gottes sei (208). Barth wählt den Begriff „Anerkennung“, um die Erfahrung vom Wort Gottes in ihrer Dialektik zu bezeichnen (214). Er zählt neun Prädikate auf, die denen des Wortes Gottes entsprechen (vgl. § 5): „Anerkennung“ soll erfassen, daß die Erfahrung vom Wort Gottes „Erkenntnis“ sei; daß es sich in ihr um das Verhältnis der „Person“ des Menschen zu der Gottes handle; daß der Mensch das Wort Gottes „gutheiße“ (214), der „Gegenwart“ des Wortes inne werde, das in Jesus Christus und der Heiligen Schrift gesprochen sei, und sich ihm gehorsam „unterwerfe“.

[8] Das Pronomen bezieht sich auf „Bewährung“, weshalb es korrekt „die“ heißen muß.

Die dann erläuterten Prädikate entsprechen den Eigenschaften des Wortes, die den Erfahrungsbegriff zurückzunehmen zwingen, weil wegen ihnen die Erfahrung das Wort Gottes nicht erfassen kann und über sich hinausgeführt werden muß: In ihr falle die „Entscheidung über den Menschen", daß Gott ihn frei erwählt habe (215). Des weiteren gebe sie sich zufrieden mit einer „ungeklärten Situation". Denn sie empfange das Wort Gottes in einer „welthaften" Gestalt, die obendrein dem Wort widerspreche, so daß Gott sich „doppelt indirekt" mitteile. Damit gerate die Anerkennung aber in eine „Bewegung" von der Verhüllung des Wortes in der widersprechenden Gestalt zu seiner Enthüllung in dieser Verhüllung und umgekehrt. Das Wort Gottes begegne nämlich einseitig entweder verhüllt oder enthüllt, wolle aber dennoch als das eine Wort gehört sein (216). Anerkennung bedeute deshalb: „immer wieder in der Bewegung sein von der einen jeweils gemachten Erfahrung, von dem einen jeweils gefaßten Gedanken, zu dem entgegengesetzten Erfahren und Denken" (216f.). Schließlich und endlich weiche der Mensch mit der Anerkennung der Autorität eines „Anderen" und gewinne seinen Grund, wiewohl er sich selbst dazu bestimme, außerhalb seiner im Anerkannten. Die Anerkennung könne nur darauf antworten, daß der Mensch jenseits seines Tuns und Vermögens bereits anerkannt sei. Dies sei die Geistlichkeit des Wortes (217). Das Wort ‚Erfahrung' kann hinsichtlich des Wortes Gottes also nur bis zu einem gewissen Punkt aussagekräftig sein, um dann zu versagen (wie sich schon bei dem Moment der ‚Entscheidung' andeutet): „Diese Erfahrung hört, indem sie als Erfahrung stattfindet, auf, Erfahrung zu sein." In der Frage nach der Möglichkeit, das *Wort Gottes* zu erfahren, durchschreitet Barth gewissermaßen den Begriff der Erfahrung, um ihn in den Kategorien „Heiliger Geist" und „Glaube" aufzuheben (218). Die Absage an eine religionspsychologische oder -philosophische Methode könnte nicht schärfer sein: Was ihr als Gewähr gewisser Erkenntnis gilt, gerät angesichts des Wortes Gottes in Bewegung: Wer in die Erfahrung kommt, gewinnt nicht durch sie Gewißheit, sondern unterscheidet sie von Gottes Wort, das alleine und in sich gewiß ist.

3.3 Luther als Gewährsmann

Die vier letzten Prädikate der Anerkennung bringen zum Ausdruck, daß die Erfahrung des Wortes Gottes an diesem auf ihre Grenze stößt und in ihre Verneinung umschlägt. Für diese dialektische Bewegung beruft sich Barth in dem eingangs zitierten Summar auf Luther. Näheres zu dessen Aussage findet sich in zwei Absätzen der *Kirchlichen Dogmatik*, in denen Barth mit Verweis auf Luther die Dialektik des Wortes Gottes und der entsprechenden Erfahrung darstellt und begründet.

3.3.1 In § 5.4 „Die Rede Gottes als Geheimnis Gottes“ (168–194) faßt Barth die drei letzten Prädikate als „Geheimnis“ des Wortes Gottes zusammen. In § 6.3, wo er diese Prädikate als solche der Anerkennung darstellt, sind seine Ausführungen knapp, weil er auf diesen Absatz zurückverweist (214).

a. Gottes Rede sei „welthaft“. Sie geschehe in einer Gestalt, die dem Wort Gottes widerspreche. Diese „verhülle“ es, weil sie die geschöpfliche Wirklichkeit des gefallenen Menschen sei (171f.). Gott teile sich „doppelt indirekt“ mit: nicht nur in der Kreatur, sondern in der sündhaften Kreatur (173f.). Barth verweist für dieses Verständnis von Offenbarung zustimmend auf Luthers *theologia crucis*, die er im Anschluß an von Loewenich für das „Prinzip seiner ganzen Theologie“ hält (173). Barth meint also im Konsens mit Luther, Gottes Offenbarung sperre sich dem verstehenden Zugriff. Sie sei wegen der Sünde ein Geheimnis.

b. Die indirekte Selbstmitteilung Gottes bringe es mit sich, daß das Wort Gottes einmal so und das andre Mal so geredet werde. Es begegne immer „einseitig“, „entweder verhüllt oder enthüllt“ (180f.), und sei dann jedesmal dennoch das eine Wort Gottes. Mit den beiden Polen Verhüllung und Enthüllung will Barth die auf Luthers Theologie bezogenen Formeln Gesetz und Evangelium, Forderung und Verheißung, Zorn und Gnade (186) zur Geltung bringen. Sie bezeichnen für ihn eine dialektische Erfahrung, ein Hin und Her zwischen sich ausschließenden Erfahrungen, ohne daß diese Bewegung die Einheit des Wortes Gottes erreichte: Der Glaube durchbreche die Verhüllung Gottes in Christus als seine Enthüllung (184), aber auch umgekehrt müsse er erkennen, daß Gott sich in seiner Enthüllung verhülle. Auch der im Nein zum Ja durchbrechende Glaube sei, als menschliches Erfahren, Tun und Denken betrachtet, der Korrektur bedürftig: Er müsse wieder zurückgeführt werden und vom Haben zum Bitten, vom Triumph der Erfahrung und des Denkens wieder in die geistliche Armut umkehren (185). Z.B. erfahre der Mensch entweder Verzweiflung oder Freude und wolle im jeweils Erfahrenen „geradlinig weitergehen“. Doch dies verwehre ihm das Wort und verweise ihn auf die jeweils gegensätzliche Erfahrung. „Das heißt *theologia crucis*“ (186). Sonst wäre seine Erfahrung von der Enthüllung Gottes *superbia*, sein Denken in dieser Erfahrung *theologia gloriae* und *speculatio Maiestatis* (185).

3.3.2 Aber nicht nur im Sinne sich widersprechender Erfahrungen ist die Erfahrung des Wortes Gottes eine von diesem selbst verneinte Erfahrung. Die eine Erfahrung verweist auf die andere. Weil diese Bewegung unmöglich ist, wird der Mensch in ihr auf den Heiligen Geist verwiesen. Dieser stehe dafür, daß das Wort Gottes dort, wo es gehört und geglaubt werde, „letztlich selber der Grund dieses Ereignisses" sei (189). Wie schon erwähnt, bringt Barth dieses Prädikat in § 6.3 auch als dasjenige der Erfahrung zur Geltung: Die Anerkennung beuge sich vor der Autorität eines Anderen und sei ein Akt, der im Anerkanntsein wurzle und letztlich diese Anerkennung durch Gott selbst sei.

a. In diesem Zusammenhang rekurriert Barth erneut auf Luther. Er konstatiert zunächst, Luther habe von der Erfahrung des Wortes Gottes gesprochen. Er habe mit „fühlen", „empfinden", „erfahren", „spüren" hervorgehoben,

> „daß die biblischen Begriffe der Erneuerung und Heiligung, des Glaubens, Erkennens, Gehorchens, der Buße, der Liebe, der Demut, des Dankes usw. ausnahmslos auch auf ein ganz konkretes, erfahrbares und psychologisch feststellbares Geschehen und Tun hinweisen" (230).

Es handelt sich dabei sowohl um Erfahrungen mit dem verhüllten Wort Gottes, dem Gesetz, als auch dem enthüllten, dem Evangelium. Mit seinem eigenen Begriff „Anerkennung des Wortes Gottes" will Barth das bezeichnen, was in diesen unterschiedlichen Weisen der „Begegnung des Menschen mit Gott" (ebd.) geschieht.

b. Aber er findet (wie auch Müller und von Loewenich) eine zweite Aussagelinie bei Luther, nach der der Glaube im Gegensatz zur Erfahrung steht (232). Nach Barths Interpretation will Luther damit sagen, daß in der erfahrbaren Seite der Gottesbegegnung die Erfahrung des Wortes Gottes nicht zu greifen sei. Sei auch etwa im „Fühlen" die ganze Existenz des Menschen vom Wort aufgerufen, so blicke gerade der darin begriffene, der „fromme" Mensch nicht auf sein existentielles „Dabeisein". Denn

> „über sein Dabeisein ergeht doch ... das Gericht des göttlichen Wortes ... Welche erfahrbare Anerkennung des Wortes Gottes würde nicht ... eben durch das Wort Gottes aufgedeckt und überwiesen ... ihrer gänzlichen Verkehrtheit und Nichtigkeit, so gewiß sie wie alles andere, was wir tun können, das Werk des menschlichen Herzens ist, dessen Dichten und Trachten böse ist von Jugend an [Gen 8,21], dem nur durch Vergebung geholfen werden kann? In welcher erfahrbaren Anerkennung des Wortes Gottes als solcher

> könnte also ... eine notwendige und gewisse Entsprechung zum Worte Gottes vorliegen? Liegt sie wirklich vor, dann gewiß auf Grund der Anerkennung, die der Mensch nicht vollzieht und darum auch nicht feststellen kann, sondern die seinem durch die Sünde verdorbenen und toten Werk aus Gnade widerfährt, um Christi willen, nicht um seiner inneren Beschaffenheit willen“ (231).

Die Sünde ist also der Grund, weshalb nicht nur der Gegenstand der Erfahrung, sondern auch ihr Akt dialektisch bleibt. Die Anerkennung als Akt des Sünders setzt das „Anerkanntsein aus Gnade“ voraus, das hat Barth in Punkt 9 schon gesagt. Daran erinnert er hier und wiederholt in diesem Sinn:

> „Gerade diese wirkliche Erfahrung des vom Worte Gottes angesprochenen Menschen entscheidet und beweist, daß ihre Ermöglichung jenseits ihrer selbst stattfindet“ (231).

Die Erfahrung des Wortes Gottes vollzieht sich so, daß sich der Anerkennende nicht auf seinen Akt stützt, sondern allein auf das Wort, in dem er anerkannt ist. Denn er selbst erkennt sich und seinen Akt des Glaubens am Wort als Sünde. Die Sünde ist der Grund, warum die Erfahrung dialektisch bleibt.

3.4 Die zu überprüfenden Thesen

a. Barths Hauptthese lautet, Erfahrung sei bei Luther ausschließlich von Gottes Wort als ihrem Grund und Gegenstand her und deshalb dialektisch zu verstehen. Er belegt dies mit nur wenigen Stellen bei Luther und verbindet sie außerdem auf eine Art und Weise, die ihnen selbst vordergründig nicht zu entnehmen ist. Schon diese Beobachtung legt es nahe, Barths These durch eine breiter angelegte Untersuchung des Wortfeldes bei Luther zu überprüfen.

b. Des weiteren fällt auf, daß Barth Luthers Erfahrungsbegriff gegen bewußtseinstheologische Ansätze seiner Zeit zur Geltung bringt. Wird die Erfahrung bei Luther so streng allein im Wort Gottes begründet und als Akt des Geistes verstanden, so daß eine psychologische oder philosophische Erforschung menschlichen Erkennens theologisch irrelevant ist?

c. Was den Gegenstand der Erfahrung betrifft, beschränkt sich Barth auf das Wort Gottes. Beschränkt er damit das theologische Reden von Erfahrung nicht auf Bewußtseinsvorgänge? Im vorgreifenden Vergleich mit den Beobachtungen bei Luther zeigt sich, daß Barth (m.E. zutreffend) sieht, daß die Glaubenserfahrung durch das Wort Gottes konstituiert wird. Dennoch scheint mir Luther mit dem Erfahrungsbegriff auch Widerfahrnisse etwa des persönlichen und geschichtlichen Lebens zu erfassen, die der Ort von Glaubenserfahrungen sind. So spricht z.B. Maria das Magnificat „ausz eygner erfarung“ (WA 7,546,22, s. § 15.1.7.a), womit Luther u.a. meint, daß sie als unbedeutende Frau aus dem Volk mit dem Sohn Gottes schwanger wird (s. § 17.2.2). Analog kann die Anfechtung die Erfahrung sein, in Krankheit, Tod und Verzweiflung der eigenen Gottesferne inne zu werden.

Der Erfahrungsbegriff gibt also auf, nach dem Verhältnis von Wort Gottes und Wirklichkeit zu fragen: Welche Tragweite und Bedeutung hat das Wort Gottes? Wie kommt unter seiner Perspektive „Wirklichkeit“ in den Blick? Inwiefern anerkennt also der Glaube auch diese Wirklichkeit?

d. Im Vergleich mit Holl zeigt sich, daß Barth Gesetz und Evangelium in ihrem Verhältnis anders bestimmt. Einig sind sich beide, daß sie dialektisch zu unterscheiden sind: als das „Zugleich“ zweier gegensätzlicher Erfahrungen. Doch Holl betont, daß das Ich dieses Zugleich herzustellen und die beiden Erfahrungen in sich als einer sittlichen Einheit zu integrieren vermag. Das sittliche Streben wird dadurch nicht außer Kraft gesetzt, sondern durch eine radikale Krise hindurch zur Reife gebracht. Barth hingegen setzt nicht beim Gewissen als dem Innersten der Person und als der Quelle der Theologie ein. Er fragt nicht danach, wie eine Person so Gegensätzliches erfahren und integrieren kann. Gesetz und Evangelium sind für ihn eins nur als Gottes Wort, außerhalb des Menschen. Dieser kann sie nicht integrieren, sondern wird durch die Abfolge ihrer Erfahrung eben an einer solchen Integration gehindert. Diese Abfolge macht deutlich, daß die Gerechtigkeit *unüberholbar und unanschaulich* Sache der Gnade Gottes ist. Der Unterschied zwischen Barth und Holl nötigt zu der Frage, ob und wie Luther den zeitlichen Fortschritt des Gleichzeitigen denkt und welche Bedeutung dieses Fortschreiten hat.

§ 4 Hans Michael Müller: Die Kontingenz der Erfahrung

Hans Michael Müller, ein „der Schule Gogartens entlaufener Theologe" (Busch 1976:205), veröffentlicht 1929 seine Habilitationsschrift *Erfahrung und Glaube bei Luther*, in der er sich unter dem Eindruck der ‚Kritischen Philosophie' Eberhard Grisebachs auf Luthers Erfahrungsbegriff besinnt (Barth 1932:192).

Eberhard Grisebach (1880–1945) geht von der Beobachtung aus, daß die wissenschaftliche Suche nach Wahrheit die Wirklichkeit verfehlt. Die Philosophie hat ihren kritischen Beruf in der „Kenntnisnahme einer Begrenzung der Erkenntnis in der Erfahrung" (1928a:84, zit. bei Knittermeyer 1928:216). Erfahrung ist, daß „ein Anderes von außen als Begrenzung ... auftritt" und die „Geschlossenheit des erkennenden Wesens stört". Damit erst und nicht schon im wissenschaftlichen Fragen stellt sich „das Problem der Existenz in der Gegenwart" (39. Knittermeyer,216). Die Gegenwart ist die Krisis der Erkenntnis (140.149. Knittermeyer,217). Bezeichnend für Grisebach ist, daß er die Erkenntnis von vornherein ethisch betrachtet: als Selbstbehauptung (Løgstrup 1958:1879) aus dem „Ausweitungsbedürfnis der Egoität" heraus (1928a:469. Knittermeyer,220). Die Erfahrung ist die „Begrenzung jeder Entfaltungstendenz durch ein Transzendentes, ... durch ein den Zirkel des Ich von außen störendes und widersprechendes Wort". Der „Nächste" ist es, der das Ich begrenzt und wahrhaft vor das Problem der Existenz stellt (480f. Knittermeyer,220).

Grisebach hat von hier aus die dialektische Theologie konstruktiv kritisieren wollen und sie dazu aufgerufen, nicht der „Begriff" der „ethischen Wirklichkeit = Glaubenswirklichkeit" werden zu wollen, sondern analog zur Philosophie „kritische systematische Theologie" zu sein. „Wissen und Glauben bleiben völlig geschieden" (1928b:223). Die „Beziehung von Mensch zu Gott" könne nicht in eine „Relation der Erkenntnis verwandelt werden" (224).

Müller nun interpretiert den Erfahrungsbegriff Grisebachs von Luther her theologisch und bringt ihn als Krise der zeitgenössischen Theologie zur Geltung.

4.1 Der Glaube als Problem der Erfahrung

4.1.1 Müller rekonstruiert Luthers Theologie als Antwort auf die Frage: Wie kommt es zu der Erfahrung des Glaubens?[9] Luthers Theologie *fragt* also nach dem Glauben; sie redet nicht verfügend aus ihm, sondern auf ihn

[9] „Was und wie ist die Erfahrung eines festen Glaubens, wie kommt man zu ihr?" (1929:5; vgl. 7.30.34).

hin. Denn der Glaube sei ein ungelöstes „Problem“ (7f.) angesichts der „Erfahrung der Sünde“ (1), die die „Erfahrung wider den Glauben“ sei (5). Sie sei der „Inbegriff“ dessen, was „natürlicherweise an uns herantritt, und wie wir von uns aus im Erleiden und Entscheiden ebenso ‚natürlich‘ ... darauf reagieren“ (28). Die Erfahrung der Sünde macht diejenige des Glaubens einmal zu einem logischen Problem „bei Luther“ (5 u.ö.). Denn er müsse davon reden, „daß Erfahrung und Glaube gegeneinander stehen“ (3)[10], dann aber „widersprechende Aussagen“ (3f.) machen „von der Erfahrung als Fühlen des Glaubens“ (5). Das Problem, wie diese beiden Aussagereihen zu vereinbaren sind, sei bei Luther leicht lösbar (wie, darauf ist zurückzukommen). Doch diese theologische Lehre leiste keine Hilfe in den Zufällen des Lebens (37). In der „praktischen Kontingenz“ der Erfahrung (8) zeige sich das Problem der Erfahrung als unlösbar „für Luther selbst“ (5 u.ö.). Mit dem Kontingenzbegriff betont Müller den „Geschehenscharakter“ der Erfahrung bei und für Luther (5, Anm.3). Sie ereigne sich, sie widerfahre, werde also nicht methodisch durch Reflexion erschlossen. Müller urteilt, daß bei Luther die Lehre nicht ihre „Wirklichkeit“ in der Erfahrung „vermittelt“ (37). Sie sei eine „Abstraktion“ gegenüber der „konkreten Wirklichkeit“, der sie nachgeordnet sei.

Mit dieser vielfach variierten Auskunft wendet er sich gegen die anderen maßgeblichen Lutheradaptionen seiner Zeit in der Dialektischen Theologie und durch Karl Holl und seinen Schüler Emanuel Hirsch.[11] Er referiert Emil Brunners Urteil, für Luther sei die Erfahrung „als psychologische Tatsächlichkeit unwichtig und für den Glauben unwesentlich“, und macht dagegen geltend, es komme „alles“ in dem dargestellten Sinn „auf die Erfahrung des einzelnen an“ (5f.). Doch diese Replik gilt nicht allein Brunner, sondern allen Theologen, die nach Müllers Urteil den Glauben aus einem Existenz- gleich Gesetzesbegriff (111) heraus reflexiv erschließen — statt auf den Glauben als unlösbares existenzielles Problem hinzuweisen.

4.1.2 Ein weiteres prägt Müllers Rekurs auf Luther: Er geht davon aus, daß sich das Problem des Glaubens wegen eines „Wandels der Geisteslage“ (2) inzwischen anders stellt:

> „Können wir uns Luthers Lage überhaupt vergegenwärtigen? Schon sein Ausgangspunkt in Glaubensdingen, der Zweifel, ob er dem zürnenden Gott

[10] Müller zitiert Aussagen, die Emil Brunner in *Die Mystik und das Wort*, ²1928, aufgelistet hat.

[11] S. das Vorwort und neben den Anmerkungen die Exkurse (111–120).

> je mit Werken Genüge geleistet habe, ist der unsere nicht mehr. Noch viel größer ist die Kluft da, wo es gilt, das Zerfallensein ... mit Gott, die ... Sünde ... zu bestimmen. Für Luther und seine Zeit ist sie ausgelöst durch das ‚Gesetz' als Inbegriff der Forderungen des Dekalogs. Im Haß gegen den Gesetzgeber des Dekalogs bricht die Rebellion hervor ... Würden wir nicht beachten, daß nach Luther alles außer Christus ... zum Gesetz werden kann und muß, so hätten uns seine Ausführungen überhaupt nichts mehr zu sagen. Wenn heute die Menschen im Reichtum oder Elend des Lebens an seinem Sinn verzweifeln, so ist ihnen offenbar der Drang, solchen Sinn zu erschließen oder herbeizuzwingen, zum Gesetz geworden" (55).

Der Glaube werde nicht mehr im Ringen um Gerechtigkeit aus guten Werken zum Problem, sondern an der „Frage von Ungewißheit und Gewißheit über den Sinn des Lebens" (7). Sei Luther an der Forderung verzweifelt, aus Werken des Gesetzes gerecht zu werden, sieht Müller seine Zeitgenossen in ihrem „Drang" verzweifeln, „Sinn zu erschließen". Der Forderung damals und dem Drang heute ist nach Müllers Urteil gemeinsam, „unbedingt, absolut" das Gewissen zu treffen. So interpretiert Müller ‚Gesetz' bei Luther (15).

Trotz des geistigen Wandels kann er sich auf die bei Luther entdeckte Problemstellung berufen, weil er den Nerv seiner Theologie darin erblickt, offen zu sein für das, was „ausschließlich Sache der eigenen, unübertragbaren, niemals zutreffend zu beschreibenden, sondern ... kontingenten Erfahrung bleibt" (30). Im Zentrum der Theologie Luthers steht also der Begriff der Erfahrung, der ein kontingentes Ereignis bezeichnet, das alle theologischen Begriffe in die Krise führt — außer den der Erfahrung. In der in § 4.1.2 zitierten Passage z.B. ist mit ‚Gesetz' der Dekalog gemeint, darüber hinaus aber eine formale Struktur, die sich auf kontingente Erfahrungen bezieht und so auch Müllers Gegenwart umfaßt: ‚Gesetz' bezeichnet den Maßstab, an dem Menschen sich selbst messen und dann erfahren, daß sie in die Krise geraten (sie „verzweifeln") angesichts der Kluft zwischen Sollen und Sein. Müller sieht in diesem Gesetzesverständnis die Kontinuität seiner Zeitgenossen mit Luther. So kann er Luther als Kritiker zeitgenössischer Theologie aktualisieren, weil er im Unterschied zu dieser die Krisenerfahrungen achte und nur darauf die Erfahrung des Glaubens beziehe:

> „Die Menschen siechen dahin und quälen sich ab; sie wissen nicht warum und wozu. Gewiß gehen wir heute ... davon aus, daß Gott die Liebe sei, während Luther Zeit seines Lebens gegen das ‚falsche' Gottesbild des zürnenden Richters predigen mußte. Aber die Wirklichkeit straft diese unsere Gottesanschauung ... Lügen. Das tatsächliche Los der Menschen ist das

gleiche geblieben. — Luther sah hier sehr scharf. Vor allem Theologisieren ... lagen die Schatten jener düsteren Erfahrung des Gesetzes schon auf ihm" (55).

4.1.3 Wie kommt es in der Erfahrung der Sünde zu derjenigen des Glaubens? Das Problem so zu formulieren impliziert die Annahme, die Erfahrung des Glaubens folge derjenigen der Sünde, „überwinde" sie (30.158.170 u.ö.) und löse sie ab. Müller interpretiert ‚Gesetz und Evangelium' als ein „zeitliches Nacheinander" der Erfahrungen von Sünde und Glaube (68). Er faßt dabei Gesetz und Sünde, Evangelium und Glaube analog auf: Der ‚Lehre' ist jeweils das ‚Leben', der ‚Abstraktion' die ‚Konkretion' in der kontingenten Erfahrung vorgeordnet.

Mit dem Nacheinander von Gesetz und Evangelium sieht Müller auch das logische Problem gelöst, wie denn die Aussagen, der Glaube sei ‚wider die Erfahrung', zu vereinbaren seien mit den anderen, die vom Glauben ‚als einer Erfahrung' sprechen: Einmal gehe es um die Erfahrung von „Sünde, Gewissensangst, Werkheiligkeit", dann um diejenige von „Verheißung, Vergebung, Zuversicht" (30). Entsprechend diesem zeitlichen Nacheinander ordnet Müller seine Beobachtungen bei Luther in drei Teile: „Die Sünde", „Die Verheißung" und „Die Entscheidung". Das soll nun der Reihe nach dargestellt werden.

4.2 Die Erfahrung der Sünde

4.2.1 Bevor die Sünde erfahren werde, werde sie vollzogen als „Kleingläubigkeit ... Gottes väterlicher Liebe gegenüber" (28). Da allen Menschen das „natürliche Gesetz" ins Herz geschrieben sei und sie über die Schöpfungsordnung Gottes Liebe kennten, sündigten auch alle. Und zwar träten die Klugheitsregeln, die durch Erfahrung und Vernunft erschlossen würden und in denen man auf die „Schöpfungsordnung" stoße, mit einem Mal als „Gesetzespredigt": als absolute Forderung des Liebesgebots (oder der Sinnerschließung), auf, um das Gewissen zu treffen und niederzuwerfen. Der Mensch aber erweise sich als ungläubig, indem sich „Natur, Vernunft und Gewissen" als der „selbstverantwortliche Eigenwille" gebärdeten, sich selbst von Sünden zu reinigen (19f.), und indem er auch dann, wenn die Forderung nicht erfüllt werde, in seiner Gewissenhaftigkeit verharre:

> „Wir wollen stets in eigener Kraft und Verantwortung — das heißt, sich ein Gewissen machen — ‚active' Genüge leisten, aber uns nicht in das ‚passivum' finden ... [und] an Gottes Liebe ... glauben" (22).

Das gelte auch für die Theologie:

> „Das Wesen des Menschen ist der leidenschaftliche Wille, im Namen des Absoluten sich selbst zu behaupten. Im Bemühen um den Glauben als systematische Gewißheit stimmen die Gegner und die falschen Verteidiger des Dogmas ... stets überein" (108).

Erkenne der Mensch die Sünde darin, daß er die unbedingte Forderung nicht erfülle, bleibe diese „natürliche Erfahrung" (34) doch begrenzt, weil er aus eigener Kraft Genüge leisten wolle (20).

4.2.2 Müller folgert, daß die Offenbarung der Sünde nicht in ihrer „Wesensbeschreibung" bestehe. Sie geschehe vielmehr „nur als kontingente Erfahrung, im wirklichen Ende unserer Existenz" (34). Diese „wirkliche Zertrümmerung der Selbstgerechtigkeit" (49), die sich als das „Ende der existenziellen Möglichkeiten" ereigne, sei die „Buße des Glaubens" (47). Die Erfahrung der Sünde ist also nach Müller die Erfahrung des „Scheiterns mit sich selbst" (51). Sie sei nur im Glauben und nicht aus der Existenz, aus Natur, Vernunft und Gewissen, möglich.

Wie ‚Gesetz' so bestimmt Müller auch ‚Sünde' allgemein und offen als etwas, das in unterschiedlicher Gestalt konkret wird und nur kontingent erfahren werden kann. Auch wenn Müller die bei Luther entdeckte Erfahrungstheologie nicht detailliert auf die Frage nach dem Sinn des Lebens bezieht, zeigen doch die zitierten Formulierungen, daß ihn dieses Interesse leitet.

4.2.3 Luthers Begriff der ‚Anfechtung' interpretiert Müller als die Sündenerfahrung des gläubigen Christen: ‚Anfechtung' bezeichne den Augenblick, wo „in der Verzweiflung ... die christliche Lehre nicht mehr hilft, weil Gott verzieht". Gottes Verheißung werde in ihr bezweifelt, ja mehr noch: sie sei das Ende „unseres Gottesbegriffes, unserer Begriffe von Heil und Unheil" (so wie die Offenbarung der Sünde die begrenzte Sündenerkenntnis von Heiden und Juden aus Natur, Vernunft und Gewissen beende). Die Anfechtung sei deshalb „von der Lehre her unüberwindbar". Denn „alle systematischen und existenziellen, aus dem Wesen des Menschen ursprünglichen Möglichkeiten werden ja angefochten" (61f.). Erst wenn der Gläubige „an seinem eignen Welt- und Gottesbild irre" werde, werde er frei für den Glauben: „Dann fällt die Glaubensentscheidung" (64).

4.2.4 Der Glaube löse die Sünde als sein Gegenteil ab. Nun erweise sich, daß die Erfahrung der Sünde, des Niedergeworfenseins durch die absolute Forderung, „nichts als Sichverstellen, nichts als väterliche Züchtigung" gewesen sei. Der Zorn sei „nur eine vorübergehende, eine notwendige ‚Täuschung‘ “ (21). Luther predige „gegen das ‚falsche‘ Gottesbild des zürnenden Richters“ (55, § 4.1.2) Gott als die Liebe, wenn er auch die Zornerfahrung als Problematisierung des Glaubens zum Ausgangspunkt seiner Theologie mache. Der Zorn ist für Müller identisch mit der Wirksamkeit von „Natur, Vernunft, Gewissen“. Denn diese seien es, die „den Menschen von Gottes Gnade zurück[schrecken] und [ihn täuschen], als habe er Gottes Zorn verdient“ (23). Fälschlicherweise meine der Mensch, aus Werken gerecht werden zu müssen, wo er doch „heilig heißen“ solle „um der Lehre willen“, jedoch nicht, was seinen Lebenswandel betreffe (34f.). Wo das Evangelium und die Gnade auf den Plan träten, seien Gesetz und Evangelium zu unterscheiden. „Fordern und Gebieten [ist] etwas anderes ... als Geben und Schenken. Die Gesetzesgläubigen ... sagen: tuet dies und das, so gewinnt ihr das Leben. Sie halten also von der Gnade ab“ (41).

4.3 Die Erfahrung des Glaubens

4.3.1 Die Sünde zu erfahren, sei dem Sünder nicht aus seiner Natur heraus möglich. Die Buße sei „Buße des Glaubens“. Sünde werde nur mit dem Glauben zusammen erfahren und umgekehrt. Und diese eine „Erfahrung von Sünde und Glaube“ sei kontingent:

> „Offenbarung der Sünde und christlicher Glaube [sind] das vom Menschen her unzugängliche Versagen seiner existenziellen Möglichkeiten und das Leben in diesem Tode; also nicht aus der Existenz, sondern aus Gott“ (97).

Grund der Erfahrung und ihrer Kontingenz sei Jesus Christus:

> „Christus starb am Kreuz und empfing im wirklichen Tode die Kraft des Lebens aus Gott als Verheißung für uns, für unsere Sünde und unseren Tod. Das eine Ärgernis unserer wirklichen Begrenzung und ihrer Verheißung wird in Christus verkündet ... Weil das Evangelium aus Christi Leiden und nicht etwa aus dem Ende unserer eigenen Existenz stammt, ist die ... Vergebung in Christus nur der wirklichen Ungewißheit dieser Existenz verheißen“ (80).

Wegen des „wirklichen Todes“ Christi gelte die Verheißung auch nur der Erfahrung, der „wirklichen Ungewißheit [der] Existenz“. Und weil die Verheißung im Tod Jesu begründet sei, müsse die Erfahrung kontingent sein.

4.3.2 Der Glaube und das Leben im Tod seien nicht schon mit der Verheißung gewonnen. Die Verheißung sei nur der „Begriff der Offenbarung“ (82). Der Glaube könne durch seinen „Begriff ... nicht vermittelt werden.“ Er wäre dann „Werk des Menschen“ (77) und hätte seinen Grund nicht in Jesu Tod. Richte sich die Botschaft vom Opfertod Christi gegen die Werke, dann auch „gegen jede theologische Methode als Vermittlung ... des Glaubens“ (78). Die Verheißung als Lehre sei „unwirklich“ und gewinne Konkretheit nur in der kontingenten Erfahrung des Glaubens. Aber sie sei in „Gläubigkeit tradierbar“ (92). Die Gläubigkeit kenne die Verheißung als „Begriff der Offenbarung“, halte sie für wahr und sei damit offen dafür, ihre Offenbarung in der Anfechtung zu erfahren und erst so wirklich zu erfassen: „Der paränetische Hinweis auf die Notwendigkeit der eigenen Erfahrung stellt in die Erwartung des kontingenten Handelns von Gott selbst“ (100). Der „Sinn der reinen Lehre“ sei es, in der „Anfechtung auf die Offenbarung dieser Verheißung zu harren“ (123). So ist die Verheißung nach Müllers Interpretation Paränese.

4.3.3 „Wirklich“ sei der Glaube erst dann, wenn „man sich in wirklicher Not dessen ‚annimmt‘ und gewiß ist: Christus ist jetzt und hier ganz unser, diese Sünde hat er auf seinen Hals genommen“ (92). Aber im Ende der Existenz dies „von sich aus glauben zu können“, sei „keinem Menschen möglich“ (93), allein Gottes kontingentes Handeln könne hier helfen und den „Riß zwischen Gehörthaben und Nicht-glaubenkönnen ... überwinden“ (94). Mit der „kontingenten Entscheidung des Glaubens“ weiche „die Verheißung der Offenbarung“ (95).

Den Inhalt der Erfahrung bestimmt Müller synonym als „Verheißung in Christus“ (7), „Gottes Güte“ (5), „Sündenvergebung und ewiges Leben“ (3), aber auch „verheißene Zuversicht“ oder „Gewißheit“ (6.124), ja: All dies sei die „Erfahrung eines festen Glaubens“ (5) selbst: Der Glaube ist „die Erfahrung alles dessen, was Gottes Verheißung uns zusagt: Vergebung der Sünde und Beistand in den Fährnissen des Lebens“ (132).

Die Erfahrung des Glaubens erweise sich an der ihr vorangehenden „Erfahrung der Sünde“ als „Befreiung aus ihrer Not“ (2). Bezogen auf die Sündenerfahrung: die Erfahrung des „Endes unserer Existenz“ in deren „wirklicher Ungewißheit“ (80), haben ‚Zuversicht‘, ‚Gewißheit‘ und ‚fester Glaube‘ nach Müller die Bedeutung einer geistigen Verfassung und Grundstimmung, in der der Mensch den Widrigkeiten und Krisen des Lebens so begegnet, daß er in ihnen nicht verzweifelt. Müller interpretiert Luthers Formel ‚Gesetz und Evangelium‘ in dem Sinn, daß auf den „Augenblick der absoluten

Haltlosigkeit“ ein solcher „des wirklichen Haltes“ folgt (43f.), oder daß auf die Meinung, der Sinn des Lebens sei ungewiß, die Gewißheit folgt, es habe einen Sinn. Die Erfahrung des Glaubens und der Gewißheit sei Gottes gnädiges Handeln:

> „Gott versöhnt und erlöst den Menschen da und dann, wenn uns der Stachel des Gewissens genommen und ein frohes, freies Herz gegeben wird“ (26).

„Christi fremde Gerechtigkeit“ sei das „Kriterium“ der Erfahrung. „Christus selbst, seine Person und sein Werk ist je und je unsere wirkliche Gewißheit, wie er in Gläubigkeit unsere grundsätzliche ist.“

4.4 Die zu überprüfenden Thesen

Im Vergleich mit dem Rekurs auf Luthers Erfahrungsbegriff bei Barth und Holl wird erkennbar, was Müllers Interpretation zu überprüfen aufgibt:
a. Wie nach Barth die Erfahrung dem Menschen nicht möglich ist, sondern davon abhängt, daß Gott sein Wort spricht, so betont Müller, daß an der Erfahrung in ihrer Kontingenz die existenziellen Möglichkeiten ihr Ende finden. Müller betont wie Barth, daß die Erfahrung den Menschen an sein Ende bringt und auf Gottes Handeln bzw. Wort ausrichtet. Allerdings meint Müller, daß ‚Erfahrung‘ bei Luther auf kontingente Erfahrungen in einem umfassenden existentiellen Sinn verweist: Alles, was auf mich zukommt und mir meine „Gewißheit“ raubt, ist eine solche Erfahrung. Diese rein formale Begriffsbestimmung ist theologisch sachhaltig, weil sie als ‚Gesetz‘ zu begreifen ist. Alle Erfahrung impliziert gewissermaßen *a priori* die Schöpfungsordnung. Das erlaubt es Müller, ‚Erfahrung‘ bei Luther existentiell zu verstehen. So ist also zu fragen, wie sich bei Luther Lehre und Leben zueinander verhalten. Ist das Leben in seiner Kontingenz der Lehre vorgeordnet, um sie in die Krise zu führen? Welche Rolle spielt die Lehre für die Erfahrung?
b. Mit Holls Sicht von Luthers Gewissenserfahrung berührt sich Müllers Verständnis der Gesetzeserfahrung: Das ins Herz geschriebene Gesetz begegnet mit einem Mal als unbedingte Forderung und treibt in die Verzweiflung. Danach wird das Evangelium erfahren und dadurch die Verzweiflung überwunden. Müller betont also — wie übrigens auch Holl — das zeitliche Nacheinander zweier Erfahrungen. Aus dieser Erfahrungsfolge leitet er die Formel ‚Gesetz und Evangelium‘ ab, bezeichnet mit ihr also einen Erfahrungstyp. Holl sieht in dieser Formel den Ausdruck eines Fortschritts

von einer beschränkten sittlichen Erkenntnis zu einer vollkommenen, den Ausdruck einer sittliche Krise, an deren Ende die sittliche Forderung sich durchgesetzt und den an ihr Gescheiterten zu sich erhoben hat. Müller hingegen sieht in dieser Formel den Ausdruck einer existentiellen Krise: Die Gewißheit als der Grund der Existenz bricht zusammen und es kommt für den Verzweifelten zu einem Durchbruch, der ihm an sich unmöglich ist: Er gewinnt nicht aus dem Gesetz, aus seinem gelingenden Umgang mit der Welt, sondern aus dem Evangelium Gewißheit, um das Leben zu bestehen. Im Vergleich mit Barth zeigt sich, daß dieser in Gesetz und Evangelium nicht den Ausdruck einer Erfahrungsfolge, sondern der Dialektik des Wortes Gottes sieht. Es soll versucht werden, von Luther her diesen Streitpunkt zu entscheiden. Bezeichnet ‚Gesetz und Evangelium' die Folge zweier Erfahrungen oder die Dialektik des Wortes Gottes, die entsprechend die Erfahrung in eine Dialektik versetzt? Welche Bedeutung hat das Nacheinander in der Zeit für die Erfahrung bzw. die Erfahrungen?

§ 5 Walther von Loewenich: Natürliche und Glaubenserfahrung

5.1 Das Kreuz und das Problem der Glaubenserfahrung

5.1.1 Von Loewenichs Buch *Luthers theologia crucis* erschien wie dasjenige Hans Michael Müllers 1929. Manches verbindet sie: Wie Müller bei Friedrich Gogarten, so hat von Loewenich bei Karl Barth gelernt. Die Herkunft aus der Dialektischen Theologie verrät sich bei beiden darin, daß sie die Krise betonen, in die der Mensch durch die Begegnung mit Gott gerät: Wenn Gott uns begegnet, werden all unsere Versuche, Gott zu erfassen, verneint. Nur vor diesem Hintergrund läßt sich entfalten, daß und wie Gott in Gemeinschaft mit dem Menschen tritt. Dieses Vorgehen hängt nun bei beiden eng mit dem Rekurs auf Luther und seinen Erfahrungsbegriff zusammen. Bei Luther wollen sie sich einer neuen Grundlegung der Theologie vergewissern und damit den theologischen Neuanfang nach dem Ersten Weltkrieg durch Einsichten Luthers vertiefen bzw. korrigieren.

Von Loewenich setzt mit der Prämisse der Dialektischen Theologie ein, „nur auf Grund der in Jesus Christus geschehenen Offenbarung" zu reden. Der Theologie sei nicht nur „das ‚Daß' der Offenbarung, sondern auch ihr ‚Was' und ihr ‚Wie' " vorgegeben. Er entdeckt diese Einsicht bei Luther wieder: Das „Wort vom Kreuz" (^{4}1954:2), die „*theologia crucis*", sei das „Prinzip der gesamten Theologie Luthers" (7), nicht nur inhaltlich, sondern auch als ein „Erkenntnisprinzip". Dies will von Loewenich darstellen, um so „eine Lücke in der bisherigen Lutherforschung" zu schließen (9), allerdings in der Annahme, daß Luther der „lebendigen Auseinandersetzung in der Gegenwart" etwas zu sagen habe (10).

5.1.2 Sieht Müller in der kontingenten Erfahrung den Kern der Offenbarung und versteht er Luthers Theologie als Abstraktion von der Erfahrung, so versteht von Loewenich das Kreuz Jesu Christi und das Wort vom Kreuz als der Erfahrung vorgängig. Das Kreuz erweist sich als ein Geschehen, das die Erfahrung in die Krise bringt. Aufgrund des Kreuzes — und nicht, wie Müller meint, aufgrund der Kontingenz der Erfahrung — wird nach von Loewenichs Auffassung die Erfahrung des Glaubens bei Luther zum Problem. Er meint, daß dies bis *dato*, solange die Theologie empirisch, am religiösen Bewußtsein und seiner „religiösen Erfahrung", einsetzte, in der Lutherforschung nicht erkannt wurde, auch von Seeberg nicht (142).

Reinhold Seeberg sieht in seinem *Lehrbuch der Dogmengeschichte* ([4]1933) zwar, daß *experientia* und *sentire* im religiösen Zusammenhang sich von der natürlichen Erfahrung unterscheiden. Aber dennoch versteht er das Glaubensgut als ein Ensemble „transzendenter" Realitäten (272f.), zu dessen „unmittelbarer Wahrnehmung" (272), also zur Erfahrung, — Seeberg spricht auch von „mystischer Unmittelbarkeit" (279) — der Glaube das „Mittel" ist (274).

Von Loewenich moniert, Seeberg übersehe das Problem, das in der Unterscheidung der Glaubenserfahrung von aller natürlichen Erfahrung liege (142, Anm. 126). Er macht im Gegensatz dazu die grundsätzliche Spannung in Luthers Verwendung des Erfahrungsbegriffs (die auch Barth [s. § 3.3.2] und Müller [s. § 4.1.1] betonen) zum Gegenstand der Interpretation. Der Gang seiner Untersuchung zeigt, wie er Luthers Erfahrungsbegriff als ein durch das Kreuz gestelltes Problem systematisch erschließt.

5.1.3 Zunächst stellt er „Luthers Lehre vom Deus absconditus" (21–54) als den „Gottesgedanken der theologia crucis" dar, woraus sich die Frage ergibt (56): „Womit antwortet der Mensch auf die Offenbarung des verborgenen Gottes?" Hier stellt sich nun das Problem (55):

> „Wie ist es möglich, dem Glauben noch Wirklichkeitscharakter zuzusprechen, wenn der *Deus crucifixus* das große Nein zur Wirklichkeit bedeutet?"

Wie Müller behauptet also auch von Loewenich, daß für Luther die Erfahrung des Glaubens ein Problem sei und dieses Problem seine Theologie präge. Doch faßt er es radikaler und fragt, ob überhaupt und wie denn der Glaube zu erfahren sei. Darauf geht er in dem umfangreichen zweiten Kapitel ein, in dem er Luthers Glaubensbegriff analysiert. Er hält es für sachlich geboten, zunächst die „kritische Abgrenzung des Glaubensbegriffes" (56–115) zu beschreiben gegenüber der *synteresis* (56–67), dem *intellectus* (67–78), der *ratio* (78–95) und schließlich als „Gegensatz zur Erfahrung" (96–111). Dann kommt er auf die „positive Erfüllung des Glaubensbegriffes" zu sprechen (116–138). Sie bestehe darin, daß nun doch der „Glaube als Erfahrung" (118–129) und nur von seiner „inhaltlichen Bestimmung" her (129–138) zu betrachten sei. Abschließend ermittelt er „die Einheit der beiden Bestimmungen des Glaubensbegriffes" (139–147). Dies ist nun im einzelnen darzustellen.

5.2 Glaube im Gegensatz zur Erfahrung

Weil der Glaube auf Gottes Offenbarung im Kreuz antworte, stehe er in Gegensatz zur „Erfahrung" (96) und allen „anderen Erkenntnismethoden" (99):

Er stütze sich auf keine „fromme Erfahrung", kein „seliges Gefühl". Vielmehr beginne er als „*abnegatio nostri*", als Verzicht im Angesichte Gottes auf allen Eigenwert (96). Damit interpretiert von Loewenich Luthers Aussagen, „sich selbst als schuldig zu bekennen". Nicht mit der „beseligenden Erfahrung der Gottesnähe", sondern mit dem „Schrecken über die Gottesferne" beginne der Glaube (98).

Im Gegensatz zur Erfahrung stehe der Glaube, weil er nicht die „sichtbaren", sondern die unsichtbaren oder „zukünftigen" Dinge zum Gegenstand habe. Luther habe dies in Hebr 11,1 auf klassische Weise definiert gefunden. Der Glaube habe es nicht mit einer *res* zu tun, sondern nur mit einem *argumentum rerum non apparentium*. *Experientia* und *sensus* erhielten erst in der *vita futura* ihre Berechtigung (99). Von Anfang an seien bei Luther „Glaube und Wort" korreliert. „Indem der Glaube sich ... an das Wort hängt, sagt er sich los von dem gegenständlich Gegebenen, bekennt er sich zu den invisibilia" (109). Doch zunächst, in den Jahren 1513–16, habe Luther den Glauben mehr formal als Gegensatz zur Erfahrung bestimmt. Später, etwa ab dem *Galaterkommentar* von 1519, wende er sich stärker dem Inhalt zu (107f.). „Man kann sagen, das eschatologische Moment ist gegenüber dem soteriologischen zurückgetreten" (106), an die Stelle des „*adhaerere invisibilibus*" sei das „*confidere promissioni*" gerückt. Wobei von Loewenich hinzufügt: „Aber es handelt sich doch nur um ein mehr oder weniger" (108). Und so bringt er Luthers Bestreben seiner frühen wie seiner reifen Jahre auf den Begriff, den Glauben „gegen eine Vergegenständlichung" abzugrenzen (100). Der Glaube sei bezüglich seines Objekts „blind" (101).

5.3 Glaube als Erfahrung

Doch neben der beschriebenen Linie der „Negation" macht von Loewenich eine zweite Linie aus:

> „Es ist durchaus nicht so, als ob der Glaube jegliche Art von Erfahrung ausschlösse ... *Ich glaube*, nur in dieser Subjektsbeziehung kann man von Glauben sprechen. Das setzt aber voraus irgend eine Art von Erfahrung. Der Glaube kann nicht etwas rein Transsubjektives sein, wenn er sich als Akt im Subjekt vollziehen soll" (118).

5.3.1 Im Glauben als subjektivem Akt sieht von Loewenich die Erfahrung des Glaubens, den Glauben, soweit er sich „in der Erfahrung durchsetzt" (119 u.ö.). Das gelte etwa für den „*dulcissimus affectus cordis*" der

Liebe (119) oder des Vertrauens (121). Von Loewenich stellt zunächst nur fest, daß diese „Erfahrungslinie" (119 u.ö.) neben der zuerst dargestellten „Paradoxlinie" (146, Anm. 130) herläuft. Er rechnet zu ihr — ohne allerdings dafür begrifflich einschlägige Aussagen zu zitieren — auch die unterschiedlichen „Grade des Glaubens" (122); die Konsequenz, daß der Glaube als Erfahrung zu einem „geistigen Besitz" werde; daß er sich als eine „Macht" über das eigene Leben (123) erweise und als „Grundhaltung", aus der alle Äußerungen christlicher Frömmigkeit hervorgehen (123f.). Spreche Luther vom Glauben als Erfahrung, komme „das existenzielle Moment des Glaubens zum Ausdruck ... gegenüber einem intellektualistisch mißverstandenen Glaubensbegriff" (146, vgl. 141). Erfahrung bedeute, „daß der ganze Mensch in Mitleidenschaft gezogen" sei (119f.). Das sieht von Loewenich durch Luthers Affektbegriff ausgedrückt. In seinem Sinne spricht er von einer „Affizierung des Ich ... Jede Affizierung ruft aber einen Affekt hervor. Indem die *fides specialis* affektbetont ist, trägt sie ein Erfahrungsmoment an sich." Von Loewenich präzisiert aber:

> „Diese Erfahrung ist Glaubenserfahrung" in „Spannung zur natürlichen Erfahrung. Das Erfahrungsmoment an der *fides specialis* macht diese nicht leichter, sondern schwerer. Denn gerade dadurch wird der Mensch in die Entscheidung gestellt, wird er aus seiner betrachtenden Haltung herausgerissen" (130).

Von Loewenich behält, wenn er den Glaubensakt als Erfahrung des Glaubens beschreibt, im Auge, daß der „Glaube im Gegensatz zur Erfahrung" stehe. So bestimmt er das Verhältnis von Glaube und Erfahrung parallel zu demjenigen von Glaube und Werk (124–126): „Der Glaube *ist* nicht Erfahrung, aber er *wird* erfahren" — analog zu den Werken, die zwar aus dem Glauben hervorgingen, ihn aber nicht bewiesen. Wie Glaube und Werke nicht „direkt identisch" seien, gebe es „keine ungebrochene Erfahrung des Glaubens", umgekehrt aber auch „keinen Glauben, der nicht erfahrungsbezogen wäre" (124). Der Glaube wolle sich in der Erfahrung erwahren, hänge aber nicht von ihr ab (125f.). Er als solcher entziehe sich der „gegenständlichen Erfahrung", aber er setze sich durch in „Akten, die der Erfahrung zugänglich sind" (124).

5.3.2 Diese dialektischen Formulierungen sieht von Loewenich in der „inhaltlichen Bestimmung des Glaubens" (129–139) begründet. Wenn er hier auf das „Wort" (129–132) und „Christus" (132–139) zu sprechen kommt, nimmt er die anfängliche Beobachtung auf, daß die „Definition des Glaubens als *argumentum invisibilium* den Gedanken der Bezogenheit aufs Wort“ nicht ausschließe, sondern vielmehr mit ihm zusammenhänge (129). Das Verhältnis von „Glaube und Wort“ sei „doppelseitig“. Denn „an der Erfahrung des Wortes“ gewinne Luther „die Kraft, wider seine Erfahrung zu glauben“. Am Wort entstehe Erfahrung, es könne aber auch „als Moment der Nichterfahrbarkeit“ aufgefaßt werden (130f.). Das wiederholt sich für von Loewenich auch in der Korrelation von Glaube und Christus, die das Zentrum des Glaubens sei: „Christus ist Grund und Inhalt des Glaubens“ (132). Der Glaube „geht heraus aus aller Erfahrung und erfährt Christus“ (137), aber es gelte auch: „Bezogenheit auf Christus heißt Abgezogenheit von aller gegenständlichen Erfahrung“ (138).

5.4 Die Einheit der beiden Bestimmungen des Glaubensbegriffes

Die ‚Paradoxlinie‘ und die ‚Erfahrungslinie‘ verhalten sich nach von Loewenich nicht wie Thesis und Antithesis. Denn der Glaube sei (wie die zuletzt referierten Beobachtungen zeigen) in seinem Verhältnis zum Wort bzw. Christus nicht nur Verneinung der Erfahrung oder nur Erfahrung. „In welcher Weise ist die Einheit der beiden Linien zu denken? Läßt sich eine übergeordnete Kategorie ... finden?“ (139) Von Loewenich präzisiert die Frage zunächst dahingehend, daß ‚Erfahrung‘ hier und da nicht dasselbe bedeute: Im ersten Fall sei es der „Sammelbegriff für geistige und sinnliche Wahrnehmung“, im zweiten Fall aber „eine durch den Glauben qualifizierte Erfahrung“ (140). Es handle sich einmal also um „natürliche Erfahrung“, das andere Mal um „Glaubenserfahrung“. An diese stellt er nun modifiziert die zitierte Frage: „Was für eine Art von Erfahrung muß das sein, die ... den Glauben nicht in Schauen verwandelt?“ Sie müsse zum einen „wirkliche Erfahrung“ sein, die „im Subjekt psychologisch festgestellt werden“ könne, dürfe aber „keinen Augenblick vom Glauben isoliert werden“ (141).

Die übergeordnete Kategorie, die beide Bedingungen erfülle, findet von Loewenich im „heiligen Geist“:

> „Der heilige Geist ist Lehrmeister gewesen überall da, wo wir etwas von Gottes Güte und Liebe erfahren haben, wo eine heilige Freude unser Herz erfüllt hat. Damit ist deutlich der ‚übernatürliche‘ Charakter dieser Erfahrung ausgedrückt. Denn ... eben damit, daß etwas als Werk des heiligen Geistes angesehen wird, [ist] es der rein empirischen Ursächlichkeit entzogen“ (142f.).

> „Die *experientia*, der *dulcis affectus* sind nicht religiöse Gefühle als höchste Stufe des menschlichen Selbstbewußtseins, sondern Gnadenwirkungen des heiligen Geistes. Das ist zweierlei. Das ‚von anderswoher' im Gegensatz zum Gegebenen ist gemeint, wenn etwas als Wirkung des heiligen Geistes bezeichnet wird. Der Begriff des heiligen Geistes ist der laute Protest gegen eine psychologische Deduktion des Glaubens" (146).

Der heilige Geist als „Schöpfer der *nova vita*" stimme überein mit der Glaubenserfahrung, die die „Durchsetzung des Glaubens in der Wirklichkeit" sei (143f.). „Glaubenserfahrung ist Erfahrung im heiligen Geist. Das heißt, diese Erfahrung ist in keiner Weise empirisch abzuleiten und macht doch den Anspruch wirkliche Erfahrung zu sein" (144).

5.5 Die zu überprüfenden Thesen

a. Von Loewenich faßt „die *theologia crucis* als einen Einschlag in Luthers Gesamttheologie" auf (150), als ein Erkenntnisprinzip. Er habe mit seinem Buch nicht detailliert dessen Bedeutung für die einzelnen Lehrstücke nachweisen wollen (247). Für den Erfahrungsbegriff ist also zunächst entscheidend, daß er nach von Loewenich im Rahmen der *theologia crucis* steht. Dieser These ist zuzustimmen, wie in Teil B im einzelnen belegt werden soll. Aber von Loewenich hat dies nur umrissen, nicht entfaltet. Es fällt z.B. auf, daß er für die Glaubenserfahrung als eines Geistgeschehens nur spärlich begrifflich signifikante Aussagen zitiert. Darüber hinaus begnügt er sich damit, den Heiligen Geist als das unverrechenbare Woher des Affiziertseins zu bestimmen. Den konkreten Gehalt dieses Affekts deutet er nur an. Dabei wäre auch von Interesse, ob die Geistgewirktheit im Affekt selbst erkennbar wird.

b. Mit diesem Problem hat auch die Frage zu tun, die sich aus dem Vergleich mit Karl Barths Interpretation ergibt: Indem von Loewenich das Kreuz als Kritik der Erfahrung begreift, steht er Barth nahe bzw. umgekehrt Barth ihm (vgl. § 3.3.1.a). Allerdings bestimmt er die Dialektik des Erfahrungsbegriffs anders als Barth. Er versteht die Glaubenserfahrung als eine von der natürlichen zu unterscheidende Erfahrung. Zwar bin ‚ich' es, der — hier wie dort — erfährt und existentiell betroffen ist. Aber ich bin nicht durch empirische Gegebenheiten, sondern von anderswoher, von Gottes Geist affiziert. Bei Barth betrifft die Dialektik die Erfahrung des Glaubens selbst: Der erfahrbare Glaubensakt wird durch das Wort, auf das er sich bezieht, verneint, weil er ein Akt des Sünders ist. Die Erfahrung ist rein passiv. Sie ist die Anerkennung des Wortes Gottes — und hört damit auf, Erfahrung zu sein. Wie verhalten sich bei Luther die Aussagen zueinander, der Glaube stehe im Gegensatz zur Erfahrung und der Glaube sei selbst eine Erfahrung? Ob nun anhand dieser Aussagen oder unabhängig von ihnen: Zu fragen ist, wie sich bei Luther das Ich des Sünders und der Heilige Geist im Glaubensakt zueinander verhalten.

c. Holl und Müller sind der Ansicht, Luther rede von einer Erfahrung des Gesetzes, auf die als Lösung die Erfahrung des Evangeliums folge. Von Loewenich setzt dagegen mit dem Kreuz Christi als Offenbarung Gottes ein. Das Kreuz bringt die Erfahrung als einen Weg, Gott zu begegnen, in die Krise und konstituiert diesen Weg neu. Von Loewenich kommt dabei ohne den Begriff des Gesetzes aus und spricht folglich nicht von der Erfahrung des Gesetzes. An deren Stelle tritt die Aussage, daß der Glaube nicht aus der natürlichen Erfahrung hervorgeht, sondern im Gegensatz zu ihr steht. Was ist dazu von Luther her zu sagen?

d. Von Loewenich verhandelt den Erfahrungsbegriff Luthers nur, sofern er sich auf den Glauben als subjektiven Akt bezieht. Er behandelt nicht die Frage, ob und wie sich bei Luther die Erfahrung auch auf weltliche Ereignisse bezieht, welche Bedeutung also die Welt für den Glauben und seine Erfahrung hat. Hat von Loewenich hier Luthers Erfahrungsbegriff verkürzt, oder wollte er, gemäß der Absicht seiner Studie, nur die eine Struktur aller erfahrbaren Affekte des Glaubens skizzieren? Man kann hier fragen, ob von Loewenich damit recht hat, daß der Glaube die Welt preisgebe, da doch seine Erfahrung im Gegensatz zu aller sinnlichen und rationalen, auf die Welt bezogenen Wahrnehmung stehe. Doch um dies beurteilen zu können, muß bei Luther untersucht werden, wie die Welt als Erfahrungsgegenstand in den Blick kommt und inwiefern dies eine Glaubenserfahrung ist.

§ 6 Gerhard Ebeling: Erfahrung mit der Erfahrung

Für Gerhard Ebeling ist kennzeichnend, daß er die Theologie als ein relationales Gefüge begreift. Gott, Welt und Mensch können nicht isoliert begriffen werden, sondern nur anhand der Beziehungen, in denen sie untereinander stehen. Zu diesem Programm läßt sich Ebeling von Luther anregen und begründet es in der Besinnung auf ihn. Ebelings Theologie konzentriert sich auf den Ort, an dem beobachtet werden kann, wie Gott, Welt und Mensch untereinander in Beziehung stehen. Ebeling findet bei Luther diesen Ort in der „Erfahrung". Erfahrung ist zwar nicht der Grund der Theologie (wie bei Holl), wohl aber (wie in anderer Weise für Müller) ihr „Ziel" (1942:392). Sie ist der Bezugspunkt, an dem sich die Theologie zu bewähren hat. In dem Vortrag „Die Klage über das Erfahrungsdefizit in der Theologie als Frage nach ihrer Sache" (1975:3–28) von 1974 ruft Ebeling dazu auf, sich Martin Luther darin anzuschließen, Erfahrung „auf ihre konstitutive Bedeutung für die Theologie" hin zum Gegenstand der Besinnung zu machen (7).

Ebeling will Luthers Erfahrungsbegriff aus zwei Perspektiven wiedergewinnen, die er auf die Formeln ‚Erfahrung mit der Erfahrung' und ‚Schrift und Erfahrung' bringt. Es soll nun schrittweise und als Frucht seiner Lutherinterpretation entfaltet werden, was Ebeling mit diesen Formeln meint.

6.1 Erfahrung mit der Erfahrung

6.1.1 In seinem Erstlingswerk zu Luthers Hermeneutik fragt Ebeling (u.a.) danach, welche Rolle ‚Erfahrung' für das Verstehen der Schrift spielt. Er findet bei Luther die Unterscheidung von „geistlicher", spezieller Erfahrung des Glaubens und der „natürlichen Erfahrung". Ebeling wertet diese Unterscheidung anders aus als Walther von Loewenich, der die geistliche Erfahrung von der natürlichen absetzt und so profiliert. Ebeling hingegen sieht im Unterschied der beiden Erfahrungen eine Beziehung. Für Luther sei die Schrift dann verstanden, wenn es zur „Einheit von Gewissen und Schrift" in der „Gewißheit" komme. Anlaß und Probe dieser Gewißheit sei nun aber die natürliche Erfahrung: die Anfechtungserfahrung, gegen die jene standzuhalten habe (1942:390f.). Die erste „Beziehung zwischen Verstehen und Erfahrung" sei also darin zu sehen, daß „Hören und Tun, Wissen und Leben auseinanderfallen". Das Wort Gottes selbst treibe in diese Erfahrung (391). Sie sei eine „geistliche" (399), für die Vernunft „paradoxe Erfahrung", weil es in ihr um das Wort Gottes gehe, das aller natürlichen Erfahrung widerspreche (400). Nicht die „Gottesnähe“, sondern „Anfechtungen, Widerfahrnisse des Kreuzes“ seien das erste, was der Glaube erfahre. Ebeling faßt dies pointiert zusammen:

> „Glaubenserfahrung ist die Erfahrung des Widerspruchs zwischen Glaube und Erfahrung und das Festhalten am Glauben in diesem Widerspruch. Es ist also eine verborgene Erfahrung. Man könnte sagen: die eigentliche Erfahrung des Christen liegt immer ein Stockwerk unter den Oberflächenerscheinungen seines Lebens“ (401).

6.1.2 Hebt Ebeling anfangs den Gegensatz von natürlicher und Glaubenserfahrung hervor (vgl. [5]1985:164f.), so legt er mehr und mehr den Akzent auf die Erfahrung selbst (ähnlich Gelder 1992:100, Anm. 75). Deshalb geht es ihm je länger je mehr nicht um den Gegensatz, sondern um die Beziehung zwischen natürlicher und Glaubenserfahrung — so wie es auch Luther um diese Beziehung in seinem Reden von Erfahrung gehe. Zu dieser Auffassung veranlaßt Ebeling der Begriff „Erfahrung“ selbst. Er greift den allgemeinen Gebrauch des Wortes „Erfahrung“ auf und bezieht darauf die theologische Wortbedeutung. Das bedeutet, daß er ganz allgemein von „der Erfahrung“ ausgeht und die Glaubenserfahrung als klärende Erfahrung darauf beziehen will. Dieses Vorgehen ist bezeichnend für Ebeling. Die Theologie sieht er umfassend auf das Leben und seine wissenschaftliche und existentielle Erfahrung bezogen. Das heißt aber auch umgekehrt, daß die Erfahrung prinzipielle Bedeutung für die Theologie gewinnt. Sie hält die Theologie unabgeschlossen und offen (1975:26).

Diese Beziehung von natürlicher und geistlicher Erfahrung verdeutlicht Ebeling in dem schon erwähnten Vortrag von 1974:

a. Anstelle von natürlicher Erfahrung spricht er hier von der „Fülle menschlicher Lebenserfahrung“ (6.13), auf die der Glaube bezogen sei. Ihm eigne ein „umfassender Lebensbezug“ (14). In diesem Sinn nimmt Ebeling Luthers Losung „*Sola experientia facit theologum*“ auf. Er stellt sie den anderen reformatorischen Losungen zur Seite und meint, sie habe für diese maßgebliche Bedeutung:

> „Der Erfahrungsbezug [muß] den rechten theologischen Gebrauch jener Exklusivaussagen sicherstellen. Das ‚sola experientia‘ erweist sich als das notwendige Interpretament des ‚sola scriptura‘, ‚solus Christus‘, ‚solo verbo‘ und ‚sola fide‘“ (12).

1942 hatte Ebeling die Glaubenserfahrung als eigentliche, unter der Oberfläche der Lebenserfahrung verborgene Erfahrung (s.o. § 6.1.1) bezeichnet.

Analog spricht er nun von „Gotteserfahrung" (1975:10.25) und „profaner Welterfahrung" (22). Er betont, es sei für die Gotteserfahrung konstitutiv, sich auf die Welterfahrung zu beziehen. Was er mit den Metaphern ‚Oberfläche' und ‚Verborgenheit' sagen wollte, bringt er nun durch die Aussage zum Ausdruck, die „gewöhnlichen, alltäglichen Erfahrungen" würden für Luther ihrer „Tiefendimension" nach zur Gotteserfahrung (10). „In, mit und unter der profanen Erfahrung" komme „die religiöse Erfahrung zur Geltung" (24). Allerdings geschehe dies nicht geradlinig und ohne Veränderung der Erfahrung: Habe es der Glaube doch „mit dem Unsichtbaren, mit Offenbarung und Wunder zu tun", also mit dem, was nach dem gängigen Erfahrungsurteil nicht mehr als Erfahrung zu gelten habe (6). Die religiöse „Erfahrung *mit* der profanen Erfahrung" (22.25) vertieft also die profane Erfahrung; sie stößt zu ihrem Grund und Ziel vor — dies aber in Kritik an dem, was allgemein unter Erfahrung verstanden wird. Zu kritisieren ist an der profanen Erfahrung, daß sie bei sich stehen bleibt und ihre Grenzen nicht entdeckt und überschreitet.

b. Ebeling führt dies nun in seinem Vortrag skizzenhaft durch. Unter dem Eindruck, die Theologie leide an einem „Erfahrungsdefizit" und vermöge dem „Ansturm der Erfahrungswissenschaften" in der Neuzeit (3) nichts entgegenzusetzen, reklamiert er, die Theologie steigere die neuzeitliche Erfahrung. Diese als profane Erfahrung werde im Glauben gründlich erfahren: Sie werde zur „fundamentalen Lebenserfahrung" (21.24). Der „Gottesbezug" richte die profane Erfahrung „konzentrisch" aus, so daß sich das Weltverhältnis des Menschen „auf Gewissenserfahrung hin" zentriere: auf die „Selbsterfahrung" im „Gottesbezug". Und zwar komme es in der Beziehung zu Gott zu dem „Gegensatzgeschehen", daß das „Urteil Gottes als Gericht und Verheißung im Widerspruch zur menschlichen Welt- und Selbsterfahrung" erfahren werde (25). Mit diesem Urteil komme zur Sprache, „was über das Leben letztlich entscheidet": was wahrhaft unbedingt angehe und in Anspruch nehme (20) — im Gegensatz zu allen Ansprüchen, denen der Mensch fälschlich Letztgültigkeit zubilligt.

In diesen letzten Sätzen deutet Ebeling an, daß er die ‚Erfahrung mit der Erfahrung' in der aktuellen Situation als Kritik an der Übermacht der empirischen Wissenschaft und ihres Erfahrungsbegriffs durchführen will. Er geht davon aus, daß unter ihrem Einfluß die Gotteserfahrung auf eine isolierte innere Erfahrung abgedrängt worden sei (22). Doch der Erfahrungsbezug der „empirischen Wissenschaften" sei nur „distanziert und partiell" (21). Dieses Erfahrungsdefizit solle die Theologie wettmachen und die durch die empirische Wissenschaft geprägte Welt zur Erfahrung mit der Erfahrung führen (22). Sie solle die inneren „Grenzen des Machbaren" — nicht nur die äußeren wie die Umwelt- und Energiekrise, die Grenzen der Wohlstandsgesellschaft und des Wachstums, die den Machbarkeitswahn noch nicht wirklich an seine Grenze führten — deutlich machen:

> „Normen und Werte, Bindungen und Ziele sowie Freiheit, Verantwortung, Wahrhaftigkeit oder Vertrauen [sind] nicht nur der Machbarkeit entzogen, sondern [werden] sogar in dem Maße zerstört, wie man sie ihr zu unterwerfen versucht" (23).

In der profanen Welterfahrung stoße man also auf Grenzen, das Leben als Ganzes zu erfassen, wodurch man über sie selbst hinausgeführt werde (23f.). Das sei die religiöse Erfahrung, die in, mit und unter der profanen Erfahrung zur Geltung komme. Sache der christlichen Theologie sei es, „den Zusammenhang von Wissenschaft und Leben zur Geltung zu bringen und der Einseitigkeit des erfahrungswissenschaftlichen Erfahrungsverständnisses entgegenzuwirken" (27).

6.2 Lebenserfahrung ist Gesetzeserfahrung

Ebeling meint also, Luther setze unmittelbar und umfassend an der natürlichen Erfahrung an und beziehe die Glaubenserfahrung als Kritik und Vertiefung auf sie. Er will genauso vorgehen und betreibt deshalb die Theologie als Kritik einer vom Empirismus geprägten Kultur. Die Theologie soll die „gegebene Wirklichkeit" aussprechen in Abgrenzung „gegen den ... Empirismus" und die „theoretischen Konstruktionen der Realität, die den Blick auf die vorgängige Gesamtheit der Lebensgrundlagen zu verstellen drohen" (Sauter 1988:145f.).

Die Theologie als Kulturkritik durchzuführen: dazu sieht sich Ebeling durch Luthers Gesetzesbegriff herausgefordert. Das Gesetz sei immer schon in aller Erfahrung als natürliches Gesetz wirksam und werde in der Begegnung mit dem Evangelium klar und gründlich erkannt. Wie andere lutherische Theologen, etwa Werner Elert, Paul Althaus und Friedrich Gogarten, ist Ebeling deshalb bestrebt, die allgemeine Lebenserfahrung als Gesetzeserfahrung in die Theologie zu integrieren.[12]

[12] Vergleiche auch Hans Michael Müllers Deutung der Welterfahrung als Gesetzeserfahrung (§ 4.2). Ebeling selbst hat Müllers Deutung des Lutherschen Erfahrungsbegriffes als „anregend" gewürdigt (1975:12, Anm. 18).

6.2.1 Dies bringt er auf die bündige Formel: Die „Lebenswirklichkeit" *ist* die „Gesetzeserfahrung" (^{2}1982c:268–270). ‚Erfahrung', wie sie die empirische Wissenschaft und in ihrem Gefolge der moderne Mensch für sich reklamieren, sei also letztlich als ‚Erfahrung des Gesetzes' durchsichtig zu machen.

a. Dazu finden sich etwa in dem Buch *Luther — Einführung in sein Denken* aufschlußreiche Äußerungen. Ebeling umschreibt hier das Gesetz als den „Inbegriff des Sprachgeschehens", in dem der Mensch stehe. Das Gesetz sei die den Menschen „fordernde, herausfordernde, antreibende, umtreibende Macht seiner Lebenswirklichkeit selbst". Nicht nur das, was es sagt, mache das Gesetz aus, sondern vor allem das, was es wirkt (1964:151). Bezeichnend ist wiederum, daß Ebeling bei etwas Universalem und Allgemeinem ansetzt: dem „Sprachgeschehen". Sprache und Wirklichkeit faßt er darin zu einem Einzigen zusammen. Die Wirklichkeit fordere den Menschen so heraus, daß er diese Bedrängnis zur Sprache bringen und ihr so entsprechen muß. Das heißt aber auch, daß die Wirklichkeit den Menschen nun in der Sprache angeht. Dieses Sprachgeschehen hat im ‚Gesetz' seinen Inbegriff. Da die Theologie das Sprachgeschehen schlechthin aufnimmt, läßt sie sich auf alles außertheologische Reden von ‚Gesetz' ein (138–143). Der theologische Gesetzesbegriff will dem, was dort erkannt wird, auf den letztgültigen und eindeutigen Grund gehen und die anklagende Funktion des Gesetzes beim Namen nennen (153f.). Die Theologie des Gesetzes sage also nichts Neues, sondern kläre das schon Vorhandene und Erfahrene. Ebeling meint, das Gesetz sei zwar in den zehn Geboten elementar und treffend formuliert (149), trete aber nicht erst in der Verkündigung an den Menschen heran, sondern gehe den Menschen als Menschen immer schon an. Die Predigt des Gesetzes decke nur auf, was in der menschlichen Natur schon da sei (150).

b. Entsprechend formuliert Ebeling in der *Dogmatik des christlichen Glaubens*, daß es im Gesetz um etwas „allgemein Menschliches" (^{2}1982c 275f.) gehe. Jeder Mensch erfahre immer schon Gott und die Sünde — wenn auch verworren und unerkannt. Indem das Evangelium „dem Gesetz seine klare und scharfe Interpretation" gebe, werde daraus eine Gottes- und Sündenerkenntnis (^{2}1982a:366).[13] Das erlaubt es Ebeling, von der Gesetzeserfahrung in zwei Schritten zu sprechen: einmal allgemein und indirekt ohne theolo-

[13] Die Folge von natürlicher Erfahrung der Sünde und ihrer evangelischen Erkenntnis findet Ebeling bei Luther in den Thesen 21–33 der vierten Thesenreihe zu Röm 3,28 von 1538 (1985:295ff.) und in den Thesen 4–6 bzw. 7–9 aus der *Disputatio de homine* von 1539 (1982d:278).

gische Begriffe und dann ausdrücklich mit den paulinisch–lutherischen Begriffen von Gesetz, Sünde und Zorn. „Ansatzweise“ vollziehe sich die Sündenerkenntnis durch das Gesetz also allgemein, nämlich überall da,

> „wo es unter dem Druck der Lebenswirklichkeit zur Erfahrung dessen kommt, ihr nicht zu genügen. Mit aller Klarheit wird es freilich erst dort erfaßt, wo der Glaube selbst zum Durchbruch kommt“ (^{2}1982c:285f.).

So liegen der ausdrücklichen Sündenerkenntnis noch allgemeine, unerkannte Erfahrungen zuvor. Der Gottesbezug ist die „Tiefendimension des Gesetzes“ (279). Er nennt den wahren Grund dafür, daß die Lebenswirklichkeit herausfordert und umtreibt, beim Namen. So definiert Ebeling als Gesetz,

> „daß den Menschen ein unbedingt gebietender Wille als ... Forderung trifft, dessen überzeugende Kraft darin liegt, daß das Gebot auf eine immer schon vorausliegende Gabe Bezug nimmt, aber zugleich als Erinnerung an sie auch dies in Erinnerung bringt, daß die Gabe ... mißachtet und mißbraucht ist“ (^{2}1982a:366, vgl. Gelder 1992:57f.).

Das Gesetz, also die zu letztgültiger Sprache gebrachte Lebenswirklichkeit, ist somit „Gefordertsein und Schuldiggesprochensein“ (^{2}1982c:272f.). Das Gesetz erhebe einen totalen „Anspruch“ auf den Menschen. Gott allein habe das Recht zur Hingabe „von ganzem Herzen“. Alle anderen Forderungen und Ansprüche würden dadurch „relativiert“ und auf „das ihnen zukommende begrenzte Gewicht reduziert, möglicherweise sogar entschieden negiert“. Was also in der Lebenswirklichkeit noch verworren und unentschieden ist, kommt durch die theologische Rede vom Gesetz zu letzter Klarheit. Solche theologische Rede ist erst in der Begegnung mit dem Evangelium möglich.

6.2.2 Ebeling hat seine Auffassung auch kritisch gegen Karl Barths Lutherdeutung gewendet.[14] Barth hebe den Gegensatz von Gesetz und Evangelium, Gnade und Zorn im Versöhnungswerk Christi auf und spreche in der Folge von Welt und Mensch nur noch in Analogie zu Christus. Sie kämen nur noch als das in den Blick, was sie in Christus seien und sein sollen (1985:482). In der Folge betone Barth mehr die Einheit statt das Gegenüber von Gesetz und Evangelium und meine, daß das Evangelium ethisch in Gestalt des Gesetzes wirksam werde (551). Ebeling macht dagegen geltend, daß Luther von Christus und seinem Werk nur im Gegensatz von Gesetz und Evangelium, Lebenserfahrung und Zuspruch der Vergebung rede (543–546. 558–572). Das Christusgeschehen beziehe sich auf den

[14] S. dazu „Karl Barths Ringen mit Luther“, *Lutherstudien III*, 428–573.

in *coram*-Relationen lebenden Menschen, den „Menschen in der Welt vor Gott“ (544f.). Der Mensch erfahre, daß das, was er im Glauben an Christus geschenkt bekomme, durch das Leben angefochten bleibe (560). Wenn von Christus gesprochen werde, komme auch das zur Erfahrung, was ihm in der Welt widerspreche (570). Christus beziehe sich auf die allgemein menschliche Wirklichkeitserfahrung (565) — also die Sündenerfahrung (501).

Ebeling meint also, Barth lasse sich nicht auf Luthers Gesetzesverständnis ein, das von einem allgemeinen Vorgang der Sünde und ihrer Überführung durch die Macht des Gesetzes ausgehe, und berücksichtige so auch nicht den Erfahrungsbezug des Wortes Gottes. Darauf ist sowohl im Vergleich von Barth mit Luther (§ 19.2) als auch im Vergleich von Ebeling mit Luther (§ 22.2.2) zurückzukommen.

6.2.3 In der Lebenserfahrung immer schon vom Gesetz bedrängt zu sein, das nennt Ebeling die ‚Grundsituation‘ des Menschen. In diesem Ausdruck verdichtet er zweierlei: Alle Erfahrung läßt sich auf das Gesetz als ihren Grund hin vertiefen. Denn immer ist in ihr das Moment der Bedrängnis und Herausforderung spürbar, das einer Antwort und Klärung heischt. Aber dieser Grund wird immer nur situativ faßbar, in Abhängigkeit von situativer Erfahrung. Darauf ist zurückzukommen.

6.3 Schrift und Erfahrung

So von der Gesetzeserfahrung zu reden stellt sich nicht von selbst ein. Es gehört bereits zur ‚Erfahrung mit der Erfahrung‘, die möglich wird, sobald das Evangelium zu Gehör kommt und das Gesetz in seine Grenzen weist. Die ‚Erfahrung mit der Erfahrung‘ wird also durch das Evangelium, die Schrift ausgelöst (und nicht schon durch das Empfinden, die allgemeine Erfahrung sei defizitär). Es soll zunächst dargestellt werden, was das für Ebelings Schriftverständnis heißt. Danach läßt sich auch sagen, wie sich das Evangelium am Gesetz auswirkt, was es also für die Erfahrung austrägt.

6.3.1 Ebeling sieht bei Luther ein Gefälle der Schrift zur Erfahrung, das in der Formel ‚Schrift und Erfahrung‘ zusammengefaßt sei. Schon in seinem Erstlingswerk *Evangelische Evangelienauslegung* meint Ebeling, das Wort habe nach Luther sein „Ziel“ darin, „zum Leben und zur Tat“ zu werden. Die Schrift sei „nicht lesewort, ... Sondern eitel lebewort“ (1942:392).

Vergleichbar äußert sich Ebeling in der Studie „ ‚Sola scriptura‘ und das Problem der Tradition“: Die Schrift enthalte als Sache das Wort Gottes (1964:125). Mit „Wort Gottes“ sei Jesus Christus gemeint, der in der Weise des mündlichen Wortes gegenwärtig werden und Glauben wecken will (130).

Die Schrift gehe also aus einem „Verkündigungsgeschehen" hervor, in das sie auch wieder eingehen will (102). Indem sich die Kirche für ihre Verkündigung stets neu an das in der Schrift enthaltene ursprüngliche Zeugnis von Jesus Christus hält, bleibt sie „dem Geschehen ausgesetzt ..., das Kirche zur Kirche macht" (132): daß es von der äußeren Klarheit des *verbum externum* her zu einer Erleuchtung und inneren Klarheit des Herzens kommt (126). In dieser Erleuchtung also wird die Schrift zum „lebewort". Anders ausgedrückt: Sie kommt zur Erfahrung, wenn ein Mensch ihre Worte, bedrängt von seiner Lebenswirklichkeit, von Herzen selbst ausspricht.

In dem Vortrag von 1974 faßt Ebeling das Verhältnis von Schrift, Christus, Wort und Glaube einerseits und Erfahrung anderseits bei Luther in der Formel ‚Schrift und Erfahrung' zusammen (1975:12f.). Weil er diese Formel mit der Losung „*Sola experientia facit theologum*" (10.12) kombiniert, legt er in ihr den Zielpunkt auf die Erfahrung.[15] Denn die Schrift sei „überlieferte Erfahrung". Sie sei „ursprüngliches Glaubenszeugnis", indem sie „Erfahrungsaussage" sei. Deshalb sei sie nur so vernehmbar, daß sie zu eigener Erfahrung herausfordere (1975:25, vgl. 1978:110f.).

Diese Interpretation der Schrift im Verhältnis zur Erfahrung hat Zustimmung gefunden. Nach Ulrich Köpf faßt Luther die Schrift als „Niederschlag von Erfahrungen" auf (1982:115,1f.), als einen „Schatz interpretierter Erfahrungen", der uns zu eigenen Erfahrungen anrege und sie auszulegen helfe (1980b:163). Ähnlich urteilt Albrecht Beutel wie Ebeling mit Bezug unter anderem auf WA 30/II,672f. (1992:336f.), für Luther sei die Bibel ein „erfahrenes Buch", „randvoll mit Erfahrung gefüllt" (333). Sie sei die „Quelle einer ihr entsprechenden ... Erfahrung" (339). Vergleichbar mit Ebeling ist auch Oswald Bayer der Meinung, Luther achte auf die von der Heiligen Schrift gewirkte und erlittene Geschichte. Denn in ihr erweise sich die Bibel als „unerschöpfliches Erfahrungsbuch" (1988:16). „Die Bibel ... ist das Buch, das erlittene und gemachte Erfahrungen aufbewahrt, mit denen man neue Erfahrungen erleiden und machen kann" (16, Anm. 54). Und auch Hans Martin Barth nimmt Luthers Erfahrungsbegriff so auf, daß er nach den Erfahrungen fragt, die „hinter den biblischen Aussagen" stehen. Das Wort der Bibel deute die „Selbst- und Seinserfahrung" kritisch „als entfremdet" und verheiße „ein Selbst und ein Sein, das neue Selbst- und Seinserfahrung freisetzt und zugleich den Bereich des Erfahrbaren transzendiert" (1980:572.575).

---

[15] Diese Kombination prägt Ebelings Rekurs auf Luthers Erfahrungsbegriff. Sie darf als Rückgrat seiner Argumentation gelten. Vgl. 1971:300f., implizit 1978:108–111, ^{2}1982a:41f., 1982d:278.459 und 1989:73–75.

Ebeling spitzt die Bewegung des Wortes Gottes zur Erfahrung so zu, daß er an der Schrift betont, sie sei menschliche Überlieferung menschlicher Erfahrung. Das galt implizit bereits für die Studie zu *Sola scriptura*. Aber wie aus dieser ersichtlich ist, bleibt entscheidend, daß die Überlieferung auf Jesus Christus zurückgeht und ihn zum Inhalt hat. Nur so kommt es zur Erfahrung mit der Erfahrung: zu dem „Verkündigungsgeschehen", das extern begründet und im Glauben passiv aufzunehmen ist. Nur so kann die Klarheit der Schrift das Gewissen klar und gewiß machen. Darauf scheint sich Ebeling 1974 zu beziehen, wenn er meint, der Glaube (also die Erfahrung mit der Erfahrung) habe es „mit dem Unsichtbaren, mit Offenbarung und Wunder zu tun" (1975:6).

Die Schrift ist also gleichursprünglich Gottes und des Menschen Wort. Denn sie ist Gottes Wort gerade darin, daß sie in der Bedrängnis durch die natürliche Erfahrung deren Klärung und Kritik zu erfahren gibt und als so erfahrenes Wort weiterüberliefert wird. So enthält die Schrift „theologische Aussagen", die Erfahrungen mit der Erfahrung darstellen. Doch solche Erfahrungen vermag die Schrift erst dann zu überliefern, wenn sie „Quelle theologischer Aussagen" (1978:102) und eine aus ihr geschöpfte Aussage „nicht eine fremde, sondern eine eigene Aussage" werde (103). Das „Verstehen" sei ein „Einverständnis", in dem sich die „Entstehung der betreffenden Aussage" wiederhole. Dabei werde „das vermittelnde Gegenüber des äußeren Wortes" nicht überflüssig, sondern erweise sich „als das bleibend notwendige Mittel, das zu dem Ausgesagten Zugang eröffnet", indem es die „Bewegung" in sein „Ursprungsereignis" vermittle (105).

Ebeling beruft sich für diese Verhältnisbestimmung von Schrift und Erfahrung, auf ihre Unterscheidung bei innerer Gleichartigkeit, auf Luthers Entwurf zu der Schrift *De loco Iustificationis* von 1530 (s. § 17.1.5) und die Predigt vom 11. August 1532 über 1. Kor 15 (s. § 16.3.8). Welchen Stellenwert diese beiden Texte für ihn haben, zeigt der häufige Verweis auf sie.[16] In diesen Aussagen ziehe Luther Schrift und Erfahrung als zwei Zeugen seiner Lehre heran (108) und verbinde sie „zur Einheit eines unteilbaren Geschehenszusammenhanges, indem er beides durch den Begriff des Zeugnisses verklammert". Dabei sei die Erfahrung „Gewissenserfahrung, die durch das Zeugnis der Schrift ausgelöst" werde. Die Schrift sei keine „für sich selbst feststehende ... Lehre", auf die gemäß eines „Nacheinanders" die Erfahrung

[16] Vgl. außer der eingehenderen Interpretation in 1978:108–111 die Erwähnung in 1971:300, Anm. 37; 1975:12, Anm. 19 und 1985:41, Anm. 120; 111, Anm. 10.

als „Anwendung" folge. Vielmehr könne sie nur im „Miteinander von Schrift und Erfahrung" sachgemäß verstanden werden (110). Die Schrift selbst enthalte schon die „Zweiheit von Schrift und Erfahrung", die weiterhin von ihr ausgehe. Deshalb gehe es „bei der eigenen Erfahrung, die zum Schriftzeugnis hinzukommt, nicht bloß um eine nachträgliche Bestätigung ... der Schrift, sondern um den Fortgang des durch sie Bezeugten" (111).

6.4 Die Konkretion der ‚Erfahrung mit der Erfahrung'

Die Erfahrung, die die Schrift auslöst, ist die Erfahrung mit der Erfahrung. Diese ist nun konkret darzustellen — zwischen der Schrift als ihrer Quelle und der Lebenserfahrung als ihrem Bewährungsfeld.

a. In dem Vortrag „Schrift und Erfahrung als Quelle theologischer Aussagen" von 1977 (1978:99–116) erläutert Ebeling die ‚Erfahrung mit der Erfahrung' als das Geschehen, daß die „Grundsituation", nämlich „in der Welt vor Gott" zu sein, „zur Sprache gebracht und dadurch zurechtgebracht" werde. Dies sei notwendig, damit der Mensch „überhaupt in die Situation gelange, in der er sich doch befindet", und „dadurch allererst wahr werde" (1978:102). Erfahrung mit der Erfahrung bedeutet also, selbst aussprechen zu können, wie es um einen in der Welt wirklich steht. Es geht darum, in der Erkenntnis dem frei gegenüberzutreten, das bisher unerkannt und unausgesprochen das Leben beherrscht hat.

In der *Dogmatik des christlichen Glaubens* stellt Ebeling die Grundsituation als „Sprachsituation" dar: Der Mensch lebe in „Externrelationen", angegangen von Ansprüchen, Versprechen, Widersprüchen ... Es gelte, diese „verantwortlich" wahrzunehmen, nämlich herausgefordert „durch ein letztinstanzliches Angegangensein" (^{2}1982a:189). Faktisch sei dies immer eine „strittige und darum bedrängte Situation" (190). Diese werde dadurch „zurechtgebracht" (191), daß die Einzelsituation in die „letztlich bestimmenden Zusammenhänge" transzendiert werde.

b. Dieses Zurechtbringen ist das Werk des Evangeliums. Es bringt Gott zur Sprache. Das bedeutet ein Doppeltes: Einmal ist Gott die Letztinstanz aller Wirklichkeit. Alle anderen Instanzen, die dem Menschen Letztes abfordern, sind dadurch relativiert (s. § 6.2.1.b). Und an Gott scheitert nun der „Wahn, ... mit dem Gesetz in der ganzen Wucht seiner den Menschen in Frage stellenden Kraft allein fertig zu werden", also, „daß man letztlich nicht angewiesen sein will auf Gott" in seiner Antwort auf die Herausforderungen der Wirklichkeit (1964:152).

Durch das Evangelium wird nun ausgesprochen, was immer schon wirklich war, aber nur unwahr und verworren zur Sprache kam: ‚Gott'. Wenn Gott nun auf die Gesetzeserfahrung bezogen wird,

> „wird zwar einerseits zum Menschsein etwas hinzugefügt, was es aus sich selbst heraus nicht hat ...; anderseits aber wird dadurch das Menschsein bei dem behaftet, was immer schon zu ihm gehört ... In diesem Sinne wird in theologischer Sicht von der menschlichen Grundsituation als Sprachsituation behauptet, daß sich in ihr Strukturen der Gebetssituation erkennen lassen" (([2]1982a:204).

Das Gebet ist also die Erfahrung mit der Erfahrung. In ihm „fügt der Beter Gott und seine Lebenswirklichkeit in einen und denselben Satz zusammen". Die „Sprache der Welt" (deren Inbegriff das Gesetz ist) werde in ihm mit Gott konfrontiert (dem Inhalt des Evangeliums) und dabei „zur Sprache des Glaubens verarbeitet" (210). Dies geschieht so, daß Gott als Wort zur Wirkung kommt, das das „Moment der Sprachlichkeit" mit dem „des Letztgültigen" oder „Eschatologischen" verbindet und so „auf eine Situationsbestimmung in bezug auf das Menschsein zielt" (187). Im Gegenüber zu Gott kann der Mensch also aussprechen, daß alles, was von ihm die völlige Hingabe seines Herzens fordert, nun entmachtet ist und Gott allein diese Hingabe gebührt. Zu beten bedeutet, frei zu werden von dem Sprachgeschehen, an dem man sich beteiligt und das einen gefangenhält. Zu beten bedeutet zu erkennen, daß Gott in diesem Sprachgeschehen den Sünder gefangen hielt, um ihn scheitern zu lassen und dann durch das Evangelium wahrhaft auf Gott auszurichten.

Ebeling nennt diese Erfahrung mit Rekurs auf Luther „Gewissenserfahrung" (s. § 6.1.2.b). Diese bedeutet, daß der Mensch seine „Situation in der Welt vor Gott" (1978:113) in einem entscheidenden Sinn erfahre. Gewissenserfahrung ist Welt- und Gotteserfahrung zugleich. In der Begegnung mit der Welt werde der Mensch „seiner eigenen Wirklichkeit inne" — jedoch „indem er dem Unableitbaren, Unverrechenbaren, Widersprüchlichen, Geheimnisvollen" begegne (112), das mit dem Wort ‚Gott' zur Sprache und im Gewissen zur Erfahrung gebracht werde. „Gott ist das Geheimnis der Wirklichkeit" ([2]1982a:187), das in ihr immer schon das eigentlich Wirkliche ist und den Menschen umtreibt. Mit ‚Gott' ist das benannt, dessen der Mensch in der Wirklichkeit ständig habhaft werden will, an dem aber sein Machbarkeitswahn scheitert (vgl. § 6.1.2.b). Denn der Mensch wird der Wirklichkeit im Glauben gerecht, nicht durch seine Werke. Indem er dies im

Gebet vollzieht, gewinnt er die wahre „Identität des Ich“. Diese Erfahrung ist das „Kriterium“ (187ff.) der Theologie, an dem sie „verifiziert“ werde (194).

6.5 Die zu überprüfenden Thesen

a. Ebeling meint, bei Luther sei die Glaubenserfahrung stets auf allgemeine Welt- und Selbsterfahrung bezogen. Diesen Bezug darzustellen, darin sieht er eine prinzipielle theologische Aufgabe. Von Gott kann also nur in der Erfahrung mit profaner Erfahrung geredet werden. Umgekehrt kommt die Welterfahrung erst dadurch zu sich selbst. Ebeling verdichtet dies in der Aussage, Gott sei das Geheimnis der Wirklichkeit.

Dies ist bei Luther nachzuprüfen: Bezieht sich ‚Erfahrung‘ auf mein Dasein in der Welt vor Gott, so daß meine vorgängigen Welterfahrungen und in ihnen ich selbst das Thema sind, wenn ich vor Gott stehe? Hat bei Luther die Gotteserfahrung das Ziel, daß das Ich seine Identität in der Welt gewinnt? Oder anders gefragt: Welche Bedeutung hat bei Luther die Welt- und Selbsterfahrung für die Glaubenserfahrung?

b. Ebeling sieht in der Schrift überlieferte Sprache, deren Ziel es ist, eine bestimmte Erfahrung zu vermitteln und auszulösen. Das erinnert an Karl Holl (vgl. § 2.6.1) — wobei Ebeling nicht von einer unmittelbaren Erfahrung spricht, sondern diese Erfahrung als Sprachermächtigung von außen begreift. Es ist bei Luther zu überprüfen, welche Bedeutung die Schrift für die Erfahrung und umgekehrt die Erfahrung für die Schrift hat. Was meint Luther damit, daß Schrift und Erfahrung zwei Zeugen der Lehre seien?

II Vorbemerkungen zu einer neuen Analyse

§ 7 Ein Prospekt auf Luthers Erfahrungsbegriff

Es ist dargestellt worden, welche Fragehorizonte an Luthers Erfahrungsbegriff herangetragen werden und zu welchen Antworten die Interpreten kommen. Zudem ist erkennbar geworden, daß diese Interpretationen aus je verschiedenen Gründen zu überprüfen und weiterzuführen sind. Das soll in dieser Arbeit nicht theologie- und traditionsgeschichtlich geschehen, sondern durch eine immanente Analyse des Sprachgebrauchs bei Luther. Dazu sind seine Aussagen möglichst umfassend zu sichten, wofür das Register zur *Weimarer Ausgabe* zu Hilfe kam, das am „Institut für Spätmittelalter und Reformation“ in Tübingen erstellt wird. Auch wenn es nicht vollständig ist, ist es doch repräsentativ. Mit seiner Hilfe wurden wiederum aussagekräftige oder bereits diskutierte Aussagen ausgewählt. Weiterhin beschränkt sich diese Arbeit auf die Wortfamilie ‚Erfahrung‘ und berücksichtigt das Wortfeld nur, soweit es im Kontext signifikant ist.

7.1 „In Christus ist Erfahrungserkenntnis“

Sollen Luthers Aussagen dargestellt werden, dann sind sie unter dem Aspekt zu sichten und zu ordnen, der Luther dazu nötigt, von ‚Erfahrung‘ zu reden. Dieser Aspekt ist nun aufzuzeigen.

In seiner ersten Vorlesung als Professor für Biblische Theologie legt Luther die Psalmen aus. Noch ist er erst auf dem Weg, sich von der scholastischen Gnadenlehre zu lösen und die Theologie neu zu begründen; noch denkt er aus monastischer Praxis und Theologie heraus. Aber der Grund ist bereits gelegt, von dem aus er neue Akzente setzt und setzen wird: Er betreibt Theologie allein als Auslegung der Schrift, des Wortes Gottes. Dabei führt der eigentümliche vierfache Schriftsinn, nach dem er sie auslegt, zu einer Konzentration auf Person und Werk Jesu Christi.[1] Luther legt die Psalmen nach ihrem Litteralsinn aus, der für ihn der prophetische Sinn auf Christus ist. So deutet er die Psalmen als Prophetien auf Gebete und Reden Christi, die insbesondere in seiner Passion situiert sind. Tropologisch deutet Luther die Psalmen nicht auf das moralische Handeln, sondern auf den Glauben und seine Teilhabe an Christi Gebet hin. In diesem Rahmen erschließt

[1] Vgl. zum Folgenden Ebeling 1951:226–230; zur Mühlen 1972:26; Schwarz 1986:27.

sich die grundsätzliche Aussage zur Erfahrung in der Interlinearglosse zu Ps 40 (41):

> „[V. 11] *Du aber, Herr erbarme dich meiner* des Leidenden und Sterbenden, *und erwecke mich* von den Toten: *und ich werde ihnen vergelten* ich werde als Verherrlichter die Strafe und das Gericht in Empfang nehmen. [V. 12] *Daran ... habe ich erkannt* ich habe erfahren und werde bewirken, daß andere erkennen, denn in Christus ist Erfahrungserkenntnis,[2] *daß du Verlangen nach mir gehabt hast* du hast an mir Wohlgefallen gehabt, wenn du auch zugelassen hast, daß ich getötet wurde".[3]

Christus selbst erfährt Gottes aus dem Tod erweckendes Handeln an sich. ‚Erfahrung' bezeichnet umfassend das ihm widerfahrende Ereignis und die Erkenntnis Gottes, die er darin gewinnt, daß Gott zuvorkommend, ohne sein Mitwirken und Mitwissen, an ihm handelt. Diese Erkenntnis artikuliert sich als Gebet. Zu dieser Erfahrungserkenntnis will Christus auch andere führen — durch die Schrift, die seine Erfahrungserkenntnis mitteilt, wozu es der tropologischen Auslegung bedarf. Diese Auslegung geschieht „in Christus": in der Kirche als dem *corpus Christi mysticum*. Die, die bereits in der Erkenntnis der Schrift erfahren sind, unterweisen selbst wieder andere, noch Unerfahrene. Hier hat Luther das klösterliche Leben vor Augen: das Verhältnis des Novizen zu seinem Meister, des Mönches zu seinem Abt, der ihn im geistlichen Leben anleitet. Aber auch er selbst als Ausleger der Schrift übernimmt im Hörsaal die Rolle des Seelenführers. Er schränkt jedoch seine Kunst immer wieder durch den Hinweis ein, er habe selbst noch nicht erfahren, was er in der Auslegung sage.

Die zitierte Glosse enthält im Kern den Erfahrungsbegriff der *theologia crucis*. In all seinen Äußerungen als Professor, Prediger, seelsorgerlicher Schriftsteller und gelehrter Disputator legt Luther die Schrift aus, weil sie das Kreuz Christi mitteilt. Diese Mitteilung ereignet sich als Erfahrung. In ihr wird die Schrift verstanden.

7.2 Ein Durchgang durch die Quellen

Das gilt auch für die Schriften und Vorlesungen, denen in der Aufbauphase dieser Arbeit erhöhte Aufmerksamkeit zuteil wurde, weil in ihnen geballt und betont von Erfahrung die Rede ist.

---

[2] WA 3,230,14f.: „*In hoc ... cognovi* expertus sum et noscere alios faciam, quia est experientialis cognitio in Christo".

[3] WA 3,230,7–17 (*Dictata super Psalterium*, 1513–16).

a. In seiner zweiten Psalmenvorlesung, den *Operationes in Psalmos* (1519– 21), legt Luther wie in den *Dictata* die Psalmen als Prophetien auf Christus aus. Christus macht die Glaubenden sich selbst gleich, indem diese erfahren, was er am Kreuz erfahren hat: von Gott verlassen und verdammt zu sein.[4] Diese Erfahrung des Kreuzes, die Anfechtung (s. § 11.2.2 u.ö.), unterweist in Gottes Worten (s. §§ 10.2.3 und 13.2.7): Der Angefochtene hört in ihr die Verheißung der Barmherzigkeit und wird durch sie in die Erfahrung der Seufzer (s. § 13.1.3) und des Jubels des Geistes (s. §§ 15.1.6 und 16.3.1) versetzt.

b. Ein Zeugnis der *theologia crucis* und ihres Erfahrungsbegriffs ist auch die Schrift *Das Magnificat verdeutschet und ausgelegt*, die Luther 1521 dem sächsischen Kurprinzen Herzog Johann Friedrich widmete: Wie Christus in Kreuz und Auferstehung die Schöpfung aus dem Nichts „furtreflich erfarn" hat, so ergeht es allen Glaubenden, denen Gott das Kreuz auferlegt (s. § 12.1.3). Maria etwa erfährt Gottes Werk darin, daß er sein Wort in ihr Mensch werden läßt und sie, die nichts ist, so zu etwas vor ihm macht (s. §§ 15.1.7 und 17.2.2). Gottes Werk ist sowohl die Mutterschaft als auch die Erhebung in das Lob Gottes. Durch den Heiligen Geist in das Lob versetzt zu werden, das heißt, das Wort Gottes aus Erfahrung und Heiligem Geist verstehen (s. § 15.1.7). Um dieses Werk zu erfahren, muß Maria zuerst die Niedrigkeit erfahren (s. § 13.2.8). Durch das Wort Gottes, um seinetwillen kommt es also zu zwei Erfahrungen, die zeitlich aufeinander folgen.

c. Im *Großen Katechismus* von 1529 legt Luther die zehn Gebote im Sinne seiner Lehre vom Gesetz aus und benennt in diesem Zusammenhang Erfahrungen des Zorns (s. § 10.5.2). Mehrere Gebote legt er zunächst auf ihren Wortsinn hin aus. Dann weist er darauf hin, daß Gott demjenigen Zorn androht, der sie nicht hält. Den Ernst dieser Drohung beweist er schließlich mit der Erfahrung. Ausgehend vom Wortlaut der Gebote sichtet er also die Erfahrung, die in dieser Folge den Zweck hat, das Wort zu bestätigen und zur Geltung zu bringen. Mit ‚Erfahrung' meint Luther einmal Beobachtungen an anderen, dann aber auch das, was dem Glaubenden selbst im Umgang mit den Geboten widerfährt. Diese Widerfahrnisse sind das Kreuz, das dem Glaubenden auferlegt wird (s. § 13.2.10).

d. Auch die Auslegung von Ps 127 in der *Vorlesung über die Stufenpsalmen* von 1532f. (s. § 10.5.3) befaßt sich mit der Erfahrung des Zorns. Luther

[4] Zu Christi Erfahrung am Kreuz s.u. §§ 10.1.1, 12.1.1, 12.1.2 und 12.2.1; und dazu, mit Christus gleichgestaltet und gekreuzigt zu werden s. §§ 10.1.1, 13.2.5 und 13.2.7.

führt die historische Beobachtung an, daß heidnische Staatsleute erfahren haben, wie all ihre vernünftige Staatskunst vergeblich gewesen ist. Sowohl die kreuzestheologische als auch die paulinische Terminologie von Gesetz und Evangelium, Sünde und Gerechtigkeit, Zorn und Gnade tritt zurück, weil Luther in seiner Auslegung die weisheitliche Sprache des Psalms beibehält. Aber sachlich geht es um die Erfahrung von Zorn und Anfechtung in den Ständen des weltlichen Lebens. Luthers Argumentation hat die gleiche Struktur wie im *Großen Katechismus*: Die Erfahrung ist die Glosse des Psalms (s. § 10.5.3.c). Sie kann auf die Erkenntnis der Gebote hin als Erfahrung des Zorns namhaft gemacht werden.

e. Die *Vorlesung über den Galaterbrief* von 1531 befaßt sich mit der Rechtfertigungslehre und ihrer Unterscheidung von Gesetz und Evangelium, Werk- und Glaubensgerechtigkeit. Die Kreuzestheologie ist abgelöst. Luther spricht nicht von der Erfahrung des Leidens, in der auf Gottes Barmherzigkeit zu hoffen ist. Statt dessen spricht er von der Erfahrung, daß das Gewissen durch das Gesetz angefochten wird (s. §§ 10.4.1 und 10.4.2), und nun auf den Freispruch des Evangeliums zu hören hat, um außerhalb seiner der Gerechtigkeit gewiß zu werden. Neben der zeitlichen Vorordung des Gesetzes und seiner Erfahrung ist zugleich deutlich, daß diese Erfahrung die „Frommen“ machen, die im Hören des Evangeliums gerecht sein wollen. Sie erfahren gegen diesen Willen denjenigen ihrer „Glieder“, aus Werken gerecht zu werden (s. § 9.1.5). Dies belegt, daß die Unterscheidung von Gesetz und Evangelium das ganze Christenleben über in je neuen Erfahrungen ihres Verlustes wiederzugewinnen ist.

f. Die verstreuten Belege im Werk Luthers stimmen (was kaum überrascht) im argumentativen Gefälle mit den extensiven Belegen überein, sind teilweise fast bis aufs Wort mit ihnen identisch, differenzieren aber den gewonnenen Eindruck. Die Darstellung kann also nicht von einem oder mehreren Textkomplexen Luthers als Nukleus ausgehen. Sie widmet sich den einzelnen Belegen, die thematisch gruppiert sind, um ein differenziertes Bild des jeweiligen Themas zu erhalten. Allerdings soll dabei die Einheit der Äußerungen Luthers im Blick bleiben.

7.3 Anzeichen einer Systematik bei Luther

Nach diesem ersten Durchgang deutet sich an, worin die Einheit der Äußerungen Luthers zu suchen ist. Trotz unterschiedlicher Terminologie und thematischer Gewichtung wird der Erfahrungsbegriff strukturell gleich verwendet: Luther verweist als Ausleger der Schrift auf Erfahrung. Immer gibt diese dem Wort Gottes recht, das Wort bringt sich in ihr zur Geltung. Die Methode dieser Arbeit wird es sein, Luthers Aussagen miteinander zu vergleichen und dabei diese strukturelle Einheit des Erfahrungsbegriffs zu erheben.

Ein Weiteres kommt hinzu: In mehreren Schriften läßt sich beobachten, daß Luther von zwei Erfahrungen spricht. In *Das Magnificat* hat der Glaube, indem ihm das Kreuz Christi auferlegt wird, in der Niedrigkeit und im Lob teil an Christi Kreuz und Auferstehung. Das gilt auch für die *Operationes*. In der *Vorlesung über den Galaterbrief* ist die Kreuzestheologie nicht begrifflich faßbar. Statt dessen unterscheidet Luther mit Paulus Gottes Wort in Gesetz und Evangelium und entsprechend zwei Erfahrungen. Wie soll nun die Darstellung gegliedert werden? Es gäbe gute Gründe, mit der Erfahrung Jesu Christi einzusetzen und dann die Erfahrung des Glaubens als Teilhabe daran einsichtig zu machen, aber ebenso gute Gründe, mit der Unterscheidung von Gesetz und Evangelium zu gliedern. Auch Holl, Müller und Ebeling gehen ja so vor.

Diese Arbeit folgt diesem Weg, verschränkt ihn allerdings mit dem anderen. Denn wo man auch einsetzt: Es sind doch ständig Themen anzuschneiden, die an einem anderen Ort ausführlich verhandelt werden. So wird die Frage nach dem Anfang aporetisch. Die Darstellung, so wie sie jetzt gegliedert ist, entspricht deshalb keinem zeitlichen Fortschritt, sondern nimmt an einer Bewegung teil: nämlich von verschiedenen Standorten aus ein Geschehen in den Blick zu bekommen, wofür dann neue, weitere Standorte eingenommen werden müssen, die wechselseitig aufeinander verweisen.

§ 8 Zur Herkunft des Erfahrungsbegriffes

Die folgenden Notizen zur Traditionsgeschichte sind knapp gehalten. Sie können noch fehlenden Forschungen zum Erfahrungsbegriff in der Theologie vor Luther und insbesondere zu seiner Bedeutung für Luther nicht ersetzen.[5] Doch bestimmte Vorgaben lassen sich mit gutem Grund vermuten. Es soll nicht unterschlagen werden, daß Luther geprägten Sprachgebrauch aufnimmt. Wieweit die Tradition in diesem Prozeß modifiziert wird oder nicht, darüber können hier keine differenzierten Urteile gewonnen werden.

8.1 Der Volksmund

Luther verweist oft auf Erfahrung im Sinne alltäglicher Beobachtung, die jedem offensteht und regelmäßig wiederkehrt. Diese Erfahrung ist die „Mutter der Sprichwörter“ (s. § 11.2.4), umgekehrt sprechen diese die Regeln aus, die aus vielen Beobachtungen induziert werden. Sie sind „Erfahrung“ im Sinne der „Induktion aus vielen Einzelfällen“ (WATR 3,13,3f.). Luther hat diese Volksweisheit geschätzt und eine eigene Sprichwörtersammlung angelegt (vgl. dazu Müller 1929:9–13). Aus ihr zitiert er immer wieder und setzt sie als Beleg für die Schrift ein (s. §§ 11.2.4, 10.5). Allerdings induziert er aus ihr nicht das Gesetz, wie Müller meint, sondern beruft sich von der Schrift her auf die einfachen und schon längst ausgesprochenen Erfahrungen. Damit demonstriert er, wie blind die Sünder für das Gesetz sind. Luther baut also die Theologie nicht ausgehend von der Volksweisheit auf, sondern bedient sich ihrer in der Schriftauslegung.

8.2 Aristoteles

Wie die Volksweisheit vieler Beobachtung bedarf, so erwirbt etwa ein Handwerker Erfahrung durch Übung und Praxis. An diesen Alltagssprachgebrauch, nach dem die ‚Erfahrung‘ eine „erworbene Fähigkeit“, ein „Vertrautsein mit“ etwas ist, hat Aristoteles angeknüpft (Kambartel 1972: Sp. 609). Luther hat diesen Sprachgebrauch aufgenommen. In den *Dictata super Psalterium* (1513–16) zu Ps 118 (119),105 legt er den Parallelismus von Leuchte und Licht aus als die Unterscheidung zweier Stufen im Gebrauch des Wortes Gottes:

[5] Siehe aber Ulrich Köpfs Monographie *Religiöse Erfahrung in der Theologie Bernhards von Clairvaux* (1980a) und seinen Artikel zum Erfahrungsbegriff der mittelalterlichen Theologie in der *TRE*, der auch auf weitere Literatur verweist (1982:109–116).

> „Solange du glaubst, hast du das Licht eingeschlossen im Affekt. Aber sobald du handelst, wirst du wie mit einem herausgeführten Licht durch Erfahrung auf den rechten Weg geführt. Denn viel erleuchteter sind die, die im Glauben praktizieren als die, die in ihm spekulieren, wie auch der Philosoph in der Metaphysik sagt, daß der Erfahrene sicherer handelt" (WA 4,356,35–38).

In dieser frühen Aussage ist Luthers Terminologie noch nicht ausgereift. Später hat er Spekulation und Praxis nicht wie Stufen, sondern als den Gegensatz von falscher und wahrer Theologie unterschieden (vgl. Ebeling 1985:25). Er sagt dann nicht mehr, der Glaube sei die spekulative Vorstufe des Werks als der Praxis des Glaubens. Statt dessen faßt er die Praxis des Glaubens mit „Anfechtung" zusammen, die den Glauben erprobt, so daß er durch sie „geübt, erfaren und starck" (s. § 11.4.3) wird.

Für diesen Erfahrungsbegriff im Sinne der Übung und des Erlernens von etwas beruft sich Luther nun auf Aristoteles. Allerdings hat er diesen Erfahrungsbegriff radikalisiert oder gar durchbrochen. Denn was den Glauben betrifft heißt Erfahrensein nun gerade nicht, ihn als eine Tüchtigkeit im aristotelischen Sinn erworben zu haben. Diese Begriffsbildung verwendete die Theologie in der Gnadenlehre, als sie im 13. Jh. begann, Aristoteles zu rezipieren.[6] Luthers Theologie hat dagegen ihre Spitze darin, die Gnade als externe und nicht habituelle zu verstehen (zur Mühlen 1972:131). Das bringt der Erfahrungsbegriff zum Ausdruck, der Sünde und Anfechtung, also das Gegenteil der Gnade zum Inhalt hat. Und Erfahrensein im Glauben bedeutet dann, diese Erfahrungen um des Glaubens willen zu erleiden.

Wie die Übung und das Erfahrensein im Glauben ihren Sinn ändern, zeigt *Der 111. Psalm ausgelegt* von 1530 (s. § 13.2.1): Nicht der Glaubende ist der Handwerker, sondern Gott. Erfahren ist er deshalb in dem Sinn, daß er vor Gott nichts kann und hat, sondern Gottes Werk erleidet und sich auf Gottes Werk verläßt (vgl. außerdem die Zitate in § 16.3.9 und § 16.3.10).

8.3 Die Bibel

Für Luthers Erfahrungsbegriff ist entscheidend, daß er biblische Begriffe des Erkennens als ‚Erfahrung' interpretiert.

---

[6] Schmidt 1982:616ff. Zur Gnadenlehre etwa bei Thomas und bei Ockham und den Begriff des *habitus* s. 664–675 und 709–713.

8.3.1 So etwa in den *Operationes in Psalmos* von 1519–21 *sakal*, ein hebräisches Wort für ‚einsichtig, verständig, klug sein‘:

> „Ich meine, daß mit dieser ... Vokabel ‚Mascil‘ die Weisheit oder Einsicht bezeichnet wird, die nicht nur durch Offenbarung oder Spekulation, sondern durch den Geschmack der Dinge selbst und die Erfahrung erworben wird ... [Die Lehre oder Unterweisung in der Frömmigkeit] kann aber durch den Geschmack selbst nicht gefühlt werden ..., wenn sie nicht durch den Gebrauch des Lebens in dieser Übung den Menschen erfahren, gewiß und standhaft in allen Wegen macht“ (WA 5,410,36–411,9).

Erfahrung ist der Geschmack der Dinge, Spekulation hingegen nur ein äußerlicher Umgang mit ihnen. Die Lehre ist von jedermann leicht zu sagen, zu schreiben und zu denken (411,4). Aber es geht darum, sie im Leben zu gebrauchen und zu üben. Das begrifflich geordnete Wissen betrachtet von ferne, in der Erfahrung hat der Erkennende selbst Umgang mit dem Erkannten. In der Bevorzugung der Erfahrung vor der begrifflichen Spekulation des Verstandes kommt Luthers nominalistische Schulung zum Tragen.

Nach der auf Wilhelm Ockham zurückgehenden Erkenntnistheorie beruht alle Erkenntnis auf der sinnlichen Erscheinung. Aufgrund der Ähnlichkeit der Dinge bildet der Verstand abstrakte Gemeinbegriffe, die subjektive Aussagen sind, aber an der empirischen Ähnlichkeit der Dinge untereinander eine reale Grundlage haben. Durch die logische Ordnung der Begriffe kommt es zur Wissenschaft. Indem sich der Verstand dabei der Kategorie der Kausalität bedient, dringt er zu der Annahme einer allbestimmenden Ursache vor, die Ockham als freien Willen denkt. Das hat zur Folge, daß die Welt kontingent ist und auch anders sein könnte. Spekulativ die Vernunftnotwendigkeit der Welt erweisen zu wollen ist also unmöglich, sichere Erkenntnis gibt es nur in der empirischen Beobachtung (Seeberg 1931:9f.). Dem entspricht in Ockhams Theologie, daß der Glaube auf die Heilige Schrift allein verwiesen wird, näherhin auf ihre vernünftig nicht zu erweisende Autorität, deren Einzelweisungen als freien Setzungen Gottes er sich beugt (10f.15).

Luther wendet die nominalistische Erkenntnistheorie auf die Bibel als das reale Datum des Glaubens an. Nur die Erfahrung des menschgewordenen Gottes und seines Wortes erlaubt gewisse Erkenntnis, nicht aber die Spekulation, die an dieser Wirklichkeit Gottes und des Menschen vorbeigeht.[7] In der Bibel selbst findet er ‚Erfahrung‘ als die ihr angemessene Erkenntnis. Allerdings ist die biblische Lehre, da es um Gottes Weisheit geht, nicht ein

[7] Vgl. z.B. die *Vorlesung über den Galaterbrief* (s. § 10.3.5) und die *Vorlesung über die Stufenpsalmen* von 1532f. (s. § 16.2.2).

Begriff, den sich der Verstand aus vielen Erfahrungen macht. Die Gleichsetzung von ‚Erfahrung' und ‚Gebrauch der Lehre' zeigt vielmehr, daß die Lehre der Erfahrung vorgegeben ist. Deshalb ist die Spekulation, die zur Offenbarung gehört, bei der Erfahrung vorausgesetzt und steht nur dann im Gegensatz zu ihr, wenn es „nur" bei ihr bleibt.

8.3.2 Genauso interpretiert Luther das hebräische Wort *jada*.

a. Das belegt etwa folgende Aussage aus der *Vorlesung über 1. Mose* von 1535-45:

> „Das Wort *jada* bedeutet mehr als unser Wort ‚erkennen'. Denn es bedeutet nicht nur spekulative Erkenntnis, sondern Gefühl und Erfahrung ... So in Ps 51[,5]: ‚Weil ich meine Sünde erkenne', d.h. fühle und erfahre ... So Lk [1,34]: ‚Denn ich kenne keinen Mann.' Maria hat nämlich viele Männer gekannt, aber keinen Mann erfahren und gefühlt. Auf diese Weise hat [Adam] nach dieser Stelle Eva als Frau erkannt: nicht gegenständlich oder spekulativ, sondern er hat wirklich erfahren, daß seine Eva eine Frau ist" (WA 42,179,15-24).

In den *Operationes* akzentuiert Luther die Erfahrung im Sinne eines inneren Affekts und Gefühls, das zum Ausdruck bringt, daß ‚ich' Umgang mit etwas habe. Das hängt mit dem Gegenstand dieser Erfahrung, dem Wort Gottes, zusammen. Hier nun akzentuiert er die materiale Sinnlichkeit an der Erfahrung, wendet aber denselben Erfahrungsbegriff auch auf geistliche Sachverhalte wie die Sündenerkenntnis an. Bezieht Luther hier das hebräische *jada* auf alle möglichen Gegenstände, so wird der Vorzug dieser Erkenntnis vor der begrifflichen besonders relevant, sobald es darum geht, daß in der Bibel „der Heilige Geist spricht" und zwar „wegen uns" (179,3.10).

b. Auch in der *Vorlesung über den Prediger Salomo* von 1526 zu Qoh 1,17 grenzt Luther das von *jada* abgeleitete Substantiv *daat* als Einsicht aus Erfahrung von einem Wissen aus Spekulation ab. Er bezieht hier ‚Erfahrung' auf das Erkennen Gottes, das sinnlich manifest wird im geschichtlichen Ereignis des Auszugs aus Ägypten:

> „ ‚Ich richtete mein Herz darauf, daß ich lernte Weisheit und Einsicht.' ‚Einsicht' [*scientia*] bedeutet ungefähr das, was wir ‚Erfahrung' nennen, wie in: ‚Man muß einsehen, daß ich der Herr bin' [Ex 7,5], damit es nicht spekulatives Wissen sei. Auch die Ägypter werden einsehen, daß ich der Herr bin: im Exodus. Einsicht ist ein Denken aus Erfahrung [*cogitatio experimentalis*]. Im Psalm [119,66] [heißt es]: ‚Lehre mich deine Güte und Einsicht' als Einsicht aus Erfahrung" (WA 20,33,6-10).

8.3.3 Welche Kontur ‚Erfahrung‘ im Zusammenhang geistlicher Sachverhalte bekommt, zeigt etwa die *Enarratio* des Ps 51,5 von 1532. (Luther führt diesen Vers auch in der *Vorlesung über 1. Mose* als Beleg an):

> „‚Ich erkenne‘ bedeutet eigentlich ‚Fühlen‘. Nicht daß du die Sünde so betrachtest, daß du sie getan hast, sondern daß sie dich bedrückt und du sie nicht aus den Augen tun kannst! Denn ‚erkennen‘ bedeutet, sich als Sünder zu erkennen ... Die Theologie ... bringt dem Menschen bei, daß ... er sich als Sünder erkenne ..., so daß er nicht entlaufen kann. Das erzeugt Verzweiflung, wenn ich fühle, daß Vernunft, Wille, Worte und Taten vor Gott nichts vermögen.“
>
> „Die Erkenntnis Gottes und des Menschen bezieht sich schließlich auf den rechtfertigenden Gott und den sündigen Menschen, so daß der eigentliche Gegenstand der Theologie der angeklagte und verlorene Mensch und der rechtfertigende und rettende Gott ist ... Daher ist es notwendig, daß der Mensch sich erkenne und durch Erfahrung fühle, daß er so beschaffen ist: verdorben und angeklagt in den Sünden.“[8]

Wiederum übersetzt Luther das hebräische *jada* mit *cognoscere* im Sinne von *sentire* und *experiri*. Erkenntnis der Sünde ist Erfahrung, weil die erkennende Person nicht in der Distanz verbleibt, sondern über die Affekte von dem Erkannten betroffen ist (vgl. Ebeling 1971:259). Dabei will Luther das affektive Erkennen in Gefühl und Erfahrung nicht einem distanzierten Betrachten gegenüberstellen. Dieses ist ja, da David das „Gesetz“ zu hören bekommt, in jenem vorausgesetzt und kommt in ihm zum Ziel. Für die mit ‚Fühlen‘ und ‚Erfahren‘ bezeichnete Erkenntnis des „Herzens“ (327,4) ist also die Verbindung dieser beiden Momente kennzeichnend.

Die prinzipielle Bedeutung der Erfahrung ergibt sich daraus, daß Luther in Ps 51,5 den Gegenstand (*subiectum*) der Theologie angegeben sieht: die „Erkenntnis Gottes und des Menschen“, näherhin des „angeklagten und verlorenen Menschen“ und des „rechtfertigenden und rettenden Gottes“. Diese Erkenntnis stellt sich als Erfahrung ein. ‚Erfahrung‘ aber bekommt „vor Gott“ (327,1) eine bestimmte Kontur:

Sie ist affektiv. Im Affekt erkennt der Mensch sich selbst. Das, was in ihm ist, ist ihm unmittelbar gegenwärtig (vgl. Ebeling, ebd.). Als Affekt überwältigt es ihn, so daß er ihm „nicht entlaufen“ kann. Es beherrscht

[8] WA 40/II,326,11–327,1; 327,12–328,2.11–13. Die Zeilenangabe bezieht sich auf die Handschrift, die die WA jeweils oben auf der Seite wiedergibt, und nicht auf den daruntergesetzten Druck. Das gilt im folgenden jedesmal bei Angaben über eine Seite, wenn das der WA entlehnte Kürzel „Hs“ vermerkt ist.

das „Gefühl“, das primär rezeptiv, passiv zu verstehen ist. Der Affekt tritt überwältigend und unabweisbar ein — und wird nicht ausgedacht oder herbeigeführt.

Die in Ps 51,5 artikulierte Erfahrung ist mit einem äußeren Ereignis verbunden. Das innere Ereignis, die Sünde im Gebet zu bekennen, wird ausgelöst durch das äußere, daß David mit Batseba die Ehe gebrochen hat: ‚Ich habe Sünde getan‘. Vor dem Gesetz, das ihm der Prophet Nathan verkündigt, kommt er sich selbst in dieser Tat als Sünder ans Licht, ja mehr noch: als einer, der in allen Vermögen seiner Person zu Gottes Willen unfähig ist. Nur als Erfahrung, nur indem die Sünde Gelegenheit bekommt und dann aktuell an den Tag kommt, vermag ihre Erkenntnis zum Sünder durch seine Blindheit hindurch vorzudringen.

Beide Momente zeigen, daß Erfahrung von außen kommt. Letztlich kommt sie von Gottes Gesetz her. Sie ist die Art und Weise, wie Gott die Wahrheit Gottes und des Menschen offenbart.

An Müllers Interpretation dieser Stelle ist zu bemängeln, daß er „von Verzweiflung bedroht“ zu werden mit der „Erfahrung der Sünde“ gleichsetzt. Sünde werde immer dann erfahren, wenn „der Mensch an sich zu verzweifeln beginnt“. Dann sei „das Gesetz am Werke“ (1929:50f.). Damit wird die Erfahrung der Sünde, auf die dann diejenige der Verzweiflung folgt, übersprungen und zur Erfahrung von Verzweiflung verallgemeinert, ganz gleich, worin diese begründet liegt. Dabei bleibt einmal die erwähnte Unterscheidung von Sünde und Verzweiflung unberücksichtigt und zum andern, daß das Gesetz diese Erfahrung herbeiführt: Die „Theologie“ (die in Davids Fall der Prophet Nathan vertritt) „lehrt“ die Sündenerfahrung. Die Erfahrung ist also kein unmittelbares, dem Gesetz vorgängiges Phänomen und ‚Gesetz‘ nicht lediglich ein Indikator für Verzweiflungserfahrungen aller Art.

Für Ebeling ist bemerkenswert, daß Luther hier die fundamentale theologische Erkenntnis in der Auslegung eines Psalmverses „mit historischer Situationsangabe“ verortet (1971:255). Luther gehe es um „die Beziehung des Schriftwortes zur Situation und damit zur Erfahrung“ (257). Nur so komme es (im Gewissen) zur „Erfahrung des Menschen als Menschen“ (258) bzw. „der Situation des eigenen Selbst“ (259), also der „Grundsituation“ (257). Zu Recht hebt Ebeling das Situative der Erfahrung und dessen fundamentale Bedeutung für die theologische Erkenntnis hervor. Was er ‚Situation‘ nennt, wird hier ‚äußeres Ereignis‘ genannt. Allerdings ist der Akzent etwas anders gesetzt. Ebeling folgert aus der situativen Verortung der Erkenntnis, Luther wolle grundsätzlich *alle* Lebenserfahrung dem Worte Gottes konfrontieren (262). Diese Situationsbezogenheit oder „Wortsituation“ sei das „Kriterium des Wortes“ (266). Doch der Situationsbezug ist wohl von dem Zweck her zu verstehen, den er für die Sündenerkenntnis hat: Eine bestimmte

Situation wird für die Sünde zur Gelegenheit, an den Tag zu treten. Diese Gelegenheit ist notwendig, weil der Sünder von sich aus seine Sünde nicht erkennt. So muß er von außen, passiv überführt werden — in der Erfahrung.

8.3.4 Ps 51,5 versteht Luther als Ausdruck der Sündenerfahrung — vom Neuen Testament her, wo er in der Interpretation von Röm 3,20 und 7,7 meint, es gehe hier um „erkentniß odder erfarung der sund“[9] und also auch das griechische Wort für ‚Erkennen‘ ($\gamma\iota\gamma\nu\omega\sigma\kappa\varepsilon\iota\nu$) mit „Erfahrung“ übersetzt.

8.4 Die mystische Theologie

8.4.1 Das Scholion zu Hebr 5,12 aus der *Vorlesung über den Hebräerbrief* von 1517f. gibt zu erkennen, daß der mystische Erfahrungsbegriff Einfluß auf Luther hat:

> „Der Apostel unterscheidet hier offensichtlich die Worte Gottes in vollkommene und anfängliche und folglich auch in fortgeschrittene. Diese Differenz ist am einfachsten im Sinne der dreifachen Theologie zu verstehen ..., nämlich symbolische, eigentliche und mystische, oder: sinnliche, rationale und geistliche. Die letztgenannte nennt Dionysios $\alpha\lambda o\gamma o\nu$, d.h. irrationale, nämlich daß sie weder durch Wort oder Verstand vermittelt und begriffen werden kann, sondern allein durch Erfahrung“ (WA 57/III,179,5-11).

Die hier vorgenommene Diastase von Wort und Verstand einerseits und außerrationaler Erfahrung anderseits entspricht in Luthers Rezeption derjenigen von Spekulation und Erfahrung. Luther referiert an dieser Stelle die dreistufige Einteilung der Theologie, wie sie Dionysios Areopagita und im Anschluß an ihn Johannes Gerson vorgenommen haben: Die symbolische Theologie überträgt körperliche Bilder auf Gott, um Analogien für das Reden von Gott zu gewinnen. Auf der nächsten Stufe stellt die eigentliche Theologie anstelle von Bildern affirmative Behauptungen über Gott selbst auf. Beide Weisen der Theologie übertrifft nach Gerson die mystische Theologie, in der Gott durch die Verneinung aller affirmativen Aussagen über ihn und durch innere Entrückungen in seinem göttlichen Dunkel gesehen wird.[10]

---

[9] WA 10/I/1,338,21 („Epistel am Sonntag nach dem Christtage, Gal 4,1–7“, *Kirchenpostille* [1522]).

[10] Zur Mühlen 1972:110. Zu Dionysios Areopagita s. *De mystica theologia*, cap. III, MPG III,1032 D–1033 D. Gerson beruft sich auf Dionysios Areopagita in *De mystica theologia* I,1,1f.(1–23) [ed. Combes, 7f.].

Wenn Luther die mystische Vorordnung der Erfahrung vor Wort und Verstand im Sinne der Unterscheidung von Spekulation und Erfahrung rezipiert, so hat das an Gersons theologischem Programm Anhalt, das vom Nominalismus geprägt ist.[11] Gerson setzt die wissenschaftliche Theologie mit Spekulation gleich, während die mystische Theologie sich als innere Erhebung zu Gott hin vollzieht. Hier findet die eigentliche Erkenntnis Gottes statt als *cognitio experimentalis*. Sie ist affekthaft und nicht worthaft (Ebeling 1985:23–29). Luther spricht von der *cognitio Dei experimentalis* aber in einem anderen Kontext, wie die *Dictata* zu Ps 40 (41) zeigen (s. § § 7): die Erkenntnis des Handelns Gottes durch Jesus Christus. Auf diesem Weg ist er fortgeschritten und beruft sich zwar noch 1534f. auf Dionysios' Unterscheidung der affirmativen von der negativen, allein durch Erfahrung erkennbaren Theologie, legt sie aber im Sinne der *theologia crucis* aus (s. § 13.1.4 und Oberman 1967:41).

8.4.2 Wie Luther die mystische Erfahrung rezipiert, zeigen die *Dictata* im Scholion zu Ps 115 (116),11:

> „Weil ich ... herausgegangen und ein geistlicher Mensch geworden bin durch den Glauben, ... sehe ich, daß jeder, der nicht in diesem Ausgang [*excessus*] ist und nicht glaubt, ein Lügner ist. Das habe ich ... gepredigt: Deshalb erniedrigen sie mich und greifen mich an ... ‚Ausgang' bedeutet hier Schrecken und Verwirrung, die durch Verfolgungen und Drohungen geschehen. So ist der Sinn bei dem seligen Augustin: Als ich um des Wortes Gottes willen niedergeworfen wurde, da habe ich erfahren, daß weder auf mich noch irgendeinen Menschen zu vertrauen sei, weil jeder Mensch ein Lügner, Gott aber wahrhaftig ist ... In diesem Ausgang, in dieser Verwirrung, habe ich gesagt und erfahren, daß der Mensch allein nicht besteht, sondern zum Lügner wird, wenn er nicht unter der Hilfe von oben wahrhaftig im Bekenntnis des Glaubens bliebe" (WA 4,267,18–33).

Erfahren wird der „Ausgang". Luther teilt diesen Begriff mit der sogenannten mystischen Exegese, legt ihn aber in einem neuen Zusammenhang aus (zur Mühlen 1972:63–65; Oberman 1967:45–53): Nach Gerson, Tauler und Dionysios Areopagita wird der Mensch im *excessus* über sich erhoben und verliert sich in der *unio mystica* in dem transzendenten Seinsgrund, der nicht rational und sprachlich, sondern nur affekthaft zu begreifen ist. Prinzip dieses ekstatischen Affekts ist der *amor extaticus*, zu dem die Seele

[11] Vgl. das Referat der Diskussion zum Verhältnis von Mystik und Nominalismus bei Grosse (1994:71–75).

das Vermögen in sich trägt. Für Luther entscheidend ist an dieser Erfahrung, außerhalb seiner versetzt zu werden. Doch anstelle des *amor extaticus* spricht er vom Heiligen Geist und vom Glauben. Und er versteht den Ausgang in dem doppelten Sinn, daß der lügnerische Mensch zum wahren Menschen wird, indem er in seine eigene Nichtigkeit vor Gott versetzt wird und zugleich in Gottes Wort seine Wahrheit erkennt, aus der er leben kann (Oberman 1967:49f.).

Die ekstatische Erfahrung ist also nicht allein affektiv, sondern ebenso kognitiv verstanden. Der Mensch verliert sich nicht unsprachlich und außerrational in seinem Seinsgrund, sondern geht mit dem Ausgang in das Wort in sich, um sich selbst zu erkennen (zur Mühlen 1972:65): Er spricht den auszulegenden Psalmvers. Entscheidend für diese Erkenntnis ist, daß sie von außen durch die Verfolgung um des Wortes willen veranlaßt wird. ‚Erfahrung' umfaßt also auch die leibhaftigen Angriffe des Propheten. Da sie um des Wortes willen geschehen, sind sie selbst eine Gestalt des Wortes. Gott greift durch das Wort den Propheten an, um ihn als Lügner zu „erniedrigen". Die Wahrheit kann nur durch Erfahrung erkannt werden, durch ein Widerfahrnis, das etwas Neues zu „lernen" (267,32) nötigt. Denn von sich aus ist der Prophet ein Lügner. Was den Erfahrenden betrifft, bedeutet der *excessus* entsprechend der mystischen Auffassung, sich selbst zu verlieren, daß die Sünde stirbt, indem der Sünder aus sich heraus in den Glauben versetzt wird.

8.4.3 Auch in einer Randbemerkung zu Taulers zweiter Predigt wird erkennbar, was Luther dem Erfahrungsbegriff der *theologia mystica* verdankt:

> „Wahr ist, daß Gott in uns ... geboren wird im Zustand des kontemplativen Lebens und durch geistliche Anagogie. Aber moralisch wird er nicht in der Ruhe, sondern im Wirksamwerden der Tugenden im Zustand des aktiven Lebens geboren. Dies bezieht sich auf Martha, jenes auf Maria. Dies ist leicht, jenes schwer ... Martha verstehen alle leicht, Maria aber nur die Erfahrenen. Deshalb geht diese Predigt aus der mystischen Theologie hervor, die eine Erfahrungs- und keine Lehrweisheit ist. Denn nur der versteht sie, der dieses verborgene Geschäft auf sich nimmt. Sie spricht nämlich von der geistlichen Geburt des ungeschaffenen Wortes. Die eigentliche Theologie aber hat in der geistlichen Geburt des inkarnierten Wortes das eine, was not ist" (WA 9,98,14–25).

Luther referiert den mystischen Topos der Gottesgeburt in der Seele. Diese ereigne sich in der *vita contemplativa* anders als in der *vita activa*. Während Martha den zweiten, durch moralisches Handeln geprägten Weg versinnbildlicht, steht Maria für den kontemplativen Weg des Schweigens. Hier ereignet sich die Gottesgeburt „geistlich", „mystisch" und „verborgen". Luther erläutert dies durch die Auskunft, die Gottesgeburt könne nicht durch Worte „gelehrt", sondern nur „erfahren" werden. Nach mystischer Anschauung ist das „ungeschaffene Wort" nicht sprachlich, sondern allein in einem ekstatischen Gefühl zu erfassen (vgl. § 8.4.1). Wenn die Predigt von dieser Erfahrung spricht, dann nur so, daß sie sie voraussetzt oder erwartet, nicht aber abbildet und vermittelt.

Auch in dieser Randnotiz ist der Unterschied Luthers zur *theologia mystica* erkennbar, wenn er ihr — anders als in der Hebräerbriefvorlesung (s. § 8.4.1) — die *theologia propria* vorordnet, ohne allerdings jene vollständig abzulehnen: Seine Einstellung zur mystischen Erfahrung ist noch ambivalent (zur Mühlen 1972:170). Doch nennt er mit dem fleischgewordenen Wort bereits den für ihn entscheidenden Grund und Inhalt der ekstatischen Erfahrung. Und er wird in Zukunft immer deutlicher die Sprache der *theologia mystica* auf die Erfahrung des fleischgewordenen Wortes übertragen. Dennoch beruft er sich auf ihren Erfahrungsbegriff, weil er etwas bezeichnet, das sich dem Zugriff des Betroffenen sperrt: Es läßt sich nicht in der Sprache und im Wissen repräsentieren. Es ist etwas Neues und anderes, ohne durch Erfahrung angeeignet zu werden. Weil es Luther um etwas geht, das nur zu empfangen und zu erleiden ist, bedient er sich z.B. hier und in den *Dictata* (s. § 8.4.2) des Erfahrungsbegriffs der *theologia mystica*.

8.4.4 Wie Luther sich von der *theologia mystica* des Dionysios abwendet, aber ihren Erfahrungsbegriff in einem neuen Zusammenhang gebraucht, demonstriert auch die *Enarratio Psalmi XC* von 1534f. Luther schildert als „Anfechtung der Heiligen", im Herzen „Gedanken der Lästerung und des Murrens" zu „fühlen" (WA 40/III,539,4f.; 541,1f.) und meint dann:

> „So sind dies gewiß schreckliche und traurige Gedanken, aber sie sind das Allerbeste, und es sind [da] ‚unaussprechliche Seufzer' [Röm 8,26]. Und einer, der so betet, dessen Seufzer ... bewegen Gott. Sie können nicht ausgesprochen und behandelt, sondern allein durch Gefühl wahrgenommen werden. Da muß Erfahrung anwesend sein. Dionysius hat über die negative und die affirmative [Theologie] geschrieben, er treibt Spielerei: Gott ist etwas Seiendes und er ist nichts Seiendes. Die negative Theologie, das ist das Heilige Kreuz, daß nichts als Zorn und nur jene Seufzer da sind."

Luther übernimmt von Dionysios, daß die geistliche Erkenntnis nur als Erfahrung möglich ist, die nicht sprachlich zu fassen ist, sondern sich im Gefühl ereignet. Aber an die Stelle der Vereinigung mit dem Urgrund allen Seins, jenseits der sinnlich und begrifflich faßbaren Welt, tritt das Seufzen des Geistes in der Situation des „Heiligen Kreuzes". Gott und Mensch bleiben unterschieden, und die Erfahrung ist eine Situation in der von der Sünde geprägten Welt. Im Kreuz erfährt der Sünder zum einen Sünde und Zorn im eigenen Herzen als das Wechselspiel des Murrens und der Verzweiflung darüber, Gottes Zorn zu verfallen; zum andern aber — und darauf bezieht Luther den mystischen Erfahrungsbegriff — die Seufzer des Geistes, womit das Gebet gemeint ist. Das Gebet im Sinne der Seufzer des Geistes ist die affektive, willentliche Hinwendung zu Christus und seinem Wort. Der mystische Erfahrungsbegriff unterstreicht dabei, daß sich dies ereignet und nicht immer vorhanden und verfügbar ist und sich auch nicht herbeiführen läßt; zum andern, daß dies nicht im Aussprechen erfaßt, sondern nur mit dem Herzen gefühlt werden kann. Der Mensch ist beteiligt, aber nicht selbstkontrolliert, sondern mitgenommen. Er ist passiv. Ereignis und Passivität im Gefühl sind im mystischen Erfahrungsbegriff verbunden mit dem Moment der Ekstase: Zwar betet der Mensch selbst, aber so, daß er vom Zorn vernichtet ist und der Geist an seiner Stelle seufzt. Sein Gefühl existiert nicht als letzter Rest des alten Menschen, sondern koexistiert allein mit dem Seufzen des Geistes außerhalb seiner und an seiner statt. Dieses Seufzen ist begründet im Wort von Christus, ist also das eschatologische, das neugeschaffene und außerhalb seiner in Christus beschlossene Sein des Menschen.

8.5 Schlußbemerkung

Luther greift, um die Erkenntnis des Glaubens aus der Schrift zu bezeichnen, auf den Erfahrungsbegriff zurück, wie er bereits in verschiedenen Kontexten geprägt ist. Er entlehnt allerdings nur bestimmte Momente und läßt ansonsten die Erfahrung durch ihren Inhalt bilden. Dieser Inhalt läßt sich nicht von dem Erkenntnisvorgang trennen, durch den er vermittelt wird. D.h. die Erfahrung wird im Zusammenhang der Schriftauslegung vollzogen und erhält dadurch eine eigene Kontur. Diese Kontur zu beschreiben, dazu soll diese Arbeit in ihrem Fortgang dienen.

Teil B

LUTHERS ERFAHRUNGSBEGRIFF

III Erfahrung des Gesetzes

In Christus herrscht Erfahrungserkenntnis. Schon in den *Dictata* erläutert Luther dies als ekstatische Selbsterfahrung des Sünders (s. § 8.4.2). Dies setzt er in der *Vorlesung über den Römerbrief* von 1515f. fort. Daher soll mit diesem Thema und nicht bei Christi eigener Erfahrung eingesetzt werden. Weil Luther insbesondere durch den Römerbrief die Erfahrung der Sünde wahrzunehmen gelernt hat, ist das Gesetz in diesem Zusammenhang entscheidend. Seine Bedeutung erschöpft sich nicht im Aufweis der Sünde, sondern ist umfassend. Vor ihm kommt es mit der Erfahrung der Sünde auch zu der von Zorn und Anfechtung. Im folgenden wird die eine Erfahrung des Gesetzes aufgegliedert, um das jeweils Besondere und die Verhältnisse untereinander erkennen zu können.

§ 9 Die Erfahrung der Sünde

9.1 Gesetz und Begierde (Röm 7)

Wie schon erwähnt, ist für die Sündenerfahrung die Bibel, verdichtet im Römerbrief, entscheidend. Von Röm 3,20 her spricht Luther von „erkentniß odder erfarung der sund" (s. § 8.3.4), die sich am Gesetz als dessen Übertretung konstituiert. Erfahrung des Gesetzes und Erfahrung der Sünde sind dasselbe. In *De servo arbitrio* von 1525 sagt Luther dafür, es müsse „das Amt des Gesetzes erfahren" werden, und erläutert diese Erfahrung mit „die Sünde erkennen und den Tod fühlen" (WA 18,684,30–32; vgl. 683,9ff.; 683,28– 684,13). Röm 7 ist das ausgeführte Paradigma dieser Sündenerfahrung. Neben dem Bezug auf das Gesetz ist für sie also entscheidend, daß das Ich des geistlichen Menschen spricht. Sünde wird im Glauben und primär in einem selbst erfahren.

9.1.1 In den *Dictata super Psalterium* (1513–16) deutet Luther zu Ps 106 (107),10 die Gefangenschaft, in die Gott sein Volk geführt hat, von Röm 7,23 her als das „Gesetz der Sünde" (WA 4,207,2–6.22–31). Das veranschaulicht er in der Interlinear- und Randglosse zu Vers 12:

> „*[Ihr Herz] ist erniedrigt worden*, ... es ist zur Erkenntnis seines Gottes und zur Niedrigkeit geführt worden, ... *Und sie sind schwach geworden* d.h. sie haben erkannt, daß sie schwach sind, die von sich meinten, stark zu

> sein, *und es war keiner da, der zu Hilfe gekommen wäre*, weil sie sich selbst überlassen worden sind, damit sie ihre Schwäche erfahren."
>
> „Daß er schwach und nichts ist, erkennt der Mensch nämlich dann, wenn er sich anschickt tun zu wollen, ... was er sich zu tun vermessen hat, sobald er es erkannt hatte. Dabei wird nämlich die Leidenschaft des Zorns, des Hochmuts und der Ausschweifung — die leicht ist, wenn sie abwesend ist — im Lebenswandel von den Unerfahrenen unterschätzt. Aber wenn sie anwesend ist, wird gefühlt, daß sie äußerst schwer ist, vielmehr unbezwingbar, wie die Erfahrung lehrt" (207,7–11.31–35).

Auf Luthers Sündenverständnis wirkt hier seine Erfahrung als Mönch ein: Die Schwäche, das vom Gesetz geforderte Gute zu tun (207,4.11f.), manifestiert sich in den „Leidenschaften", den niederen Regungen des Willens (Schwarz 1962:185). Statt „geistlicher Dinge" begehrt die Seele in ihnen „zeitliche" (207,1). Doch Luther verläßt das scholastische Denken, das die Leidenschaften, das fleischliche Verlangen für das indifferente Material der Erbsünde hält und meint, es werde erst dann zur Sünde, wenn der Mensch ihm nachgibt und es nicht durch den gnadenhaften Tugendhabitus beherrscht (Schwarz, ebd.). Er veranschaulicht von Röm 7 her mit diesen Leidenschaften, wie der Mensch aus eigener Schuld (207,5f.) sein fleischliches, gegen den Geist gerichtetes Verlangen zu seinem Gesetz hat.[1] Im „Lebenswandel" als dem Umgang mit dem Gesetz „erfährt" er an seinen Leidenschaften, daß er nicht geistlich lebt, sondern durch das Gesetz das Fleisch erwacht.

Weil die Sünde radikal ist, versteht Luther die *humilitas* in Treue zum Psalmtext nicht als verdienstliche Demut, sondern als Erfahrung: ‚Mir' widerfährt etwas, das meiner Selbsteinschätzung zuwiderläuft. Wider Erwarten und wider Willen stoße ich darauf. Dies unterstreichen die passiven Formen. Sie qualifizieren die Erfahrung als Handeln Gottes. Aber dieses Widerfahrnis eröffnet Erkenntnis: Durch das Scheitern des Intellekts am Affekt erkennt sich der Mensch als von Grund auf „schwach" und „nichtig". Diese Erkenntnis reflektiert sich in der „Verzweiflung über sich selbst" und in der „Hoffnung auf Gott", daß er „aus reiner Gnade und Barmherzigkeit" aus der Sünde befreie (207,11–18).

Erfahrung im Sinne der Erkenntnis aus dem, das sich unverhofft einstellt, ist der einzige Weg, seine Sünde zu erkennen: Nur so kann der „Vermessene"

[1] S. Schwarz 1962:185.103, Anm. 80. Luther löst sich von seiner ockamistischen Herkunft, wenn er in den *Dictata* die Begierde mit der Erbsünde gleichsetzt (s. zur Mühlen 1972:45–49).

ernüchtert und „erniedrigt“ werden. Die Funktion der Erfahrung ist es also, daß der Sünder sich selbst erkenne in einer Weise, die ihm als gefallenem Geschöpf adäquat ist.

9.1.2 In der *Vorlesung über den Römerbrief* von 1515f. legt Luther abermals die Erkenntnis der Sünde als ‚Erfahrung‘ aus.

Leif Grane hat zu verstehen gelehrt, daß der Inhalt der Vorlesung nur im Zusammenhang mit seiner Form zu interpretieren ist: Luther legt die Schrift aus und läßt dabei andere theologische Lehrmeinungen nur insoweit gelten, als sie zur Auslegung des Paulus geeignet sind. Als dieser Prozeß stellt sich Luthers *Modus loquendi theologicus* dar, den er kritisch gegen die philosophische Redeweise der Scholastik wendet (1975:63–65.94ff.).

Der Erfahrungsbegriff erweist sich als angemessen, um die paulinische ‚Erkenntnis der Sünde‘ zu erläutern.

a. Luther führt dies im Scholion zu Röm 3,20 aus:

> „Diese Erkenntnis durch das Gesetz geschieht zweifach. Zuerst spekulativ ... [Luther zitiert Röm 7,7.] Zum zweiten in der Erfahrung, nämlich durch das Werk des Gesetzes oder durch das Gesetz, das zugleich mit dem Werk genommen wird. Denn so wird das Gesetz zur Gelegenheit für die Sünde ... Wenn er durch das Gesetz Erzwungenes wirkt und Unfreiwilliges tut, dann erkennt der Mensch, wie tief die Sünde und das Böse in ihm verwurzelt ist, was er nicht erkannt hätte, wenn er ... nicht begonnen hätte, nach ihm zu handeln“ (WA 56,253,22–31).

Die Spekulation ist nicht menschliche Begriffsbildung, sondern Offenbarung: Gott teilt sich in der Anrede mit und ermöglicht so auch dem Menschen, sich in diesem Verhältnis zu erkennen. „Du sollst nicht begehren!“ ist Gottes Wille über den menschlichen Willen. Der Satz sagt sowohl, was Gott von mir will, als auch, daß mein Wille dem entgegensteht und ich begehre. Das Gesetz hat den Sinn, für mich die Begierde beim Namen zu nennen. Aber nicht genug damit: Es will sie nicht nur definieren, sondern mich sie erfahren lassen. Erfahrung bedeutet, daß etwas Unerkanntes die „Gelegenheit“ bekommt, sich so zu ereignen, daß ‚ich‘ es wahrnehme. Diese Gelegenheit ist das Werk, verbunden mit dem Gesetz. In ihm kommt die Begierde zum Vorschein: daß ich dem Gesetz willentlich abgeneigt und nicht zugeneigt bin. Die Erfahrung erstreckt sich nur auf den konkreten Fall der Sünde. Aber weil der Glaube Gott und seinem Gesetz recht gibt, vor und zugleich mit der Erfahrung, stellt diese den ganzen Menschen vor Gott. Die Erfahrung hat also teil an der Offenbarung. In ihr wird der Sünder sich selbst als der erkennbar, der er vor Gott ist, und stimmt Gottes Urteil über sich zu.

An dem Verhältnis von Spekulation und Erfahrung wird auch deutlich, wie sich betreffs der Begierde der Luthersche *Modus loquendi theologicus* von dem scholastischen unterscheidet. Dieser bestimmt die Begierde psychologisch als niederes Seelenvermögen, das zur kreatürlichen Ausstattung gehört, aber im Lebensvollzug durch das höhere Seelenvermögen der Vernunft beherrscht werden muß (Vgl. Schwarz 1962:8–10.185; zur Mühlen 1972:8–12). In diese Anthropologie wird dann die biblische Lehre von Sünde und Gnade eingezeichnet. Luther dagegen hört den Begriff der Begierde in Gottes Anrede durch die Schrift. Im Gehorsam gegen sie erfährt er immer neu die Begierde umfassend als Streben gegen und über Gottes Gebot „Du sollst nicht begehren!" hinaus (312,6–313,10). Und weil die Begierde das Gesetz übertritt, kann er in ihr nichts als Sünde erkennen.

Indem Luther ‚Begierde' von der Schrift her versteht, zeichnet er sie in seine neue Auffassung von Gnade und Rechtfertigung ein. Zum einen hat er „zur Linken" das Streben nach Reichtum, Ehre, Genuß und Macht vor Augen. Aber neben denen, die nach leiblichen Gütern streben, sieht er „zur Rechten" die, die nach geistlichen streben: „die nach eigener Gerechtigkeit, Tugend und Weisheit streben und, indem sie die Gerechtigkeit und den Gehorsam Gottes aufgeben, in geistlichem Hochmut die Niedrigkeit der Wahrheit bekämpfen" (240,20–26). Dagegen soll Gottes Willen ohne Rücksicht auf einen selbst, nicht aus Furcht vor Strafe oder aus Eigenliebe, frei und heiter allein um Gottes willen getan werden (235,21–25; 241,15–25).

b. Dieses Verständnis setzt Luther voraus, wenn er zu Röm 7,18.21.23 die Erkenntnis der Sünde als ‚Erfahrung' auslegt. Zu Vers 21 erläutert er das ‚Ich finde' mit „durch Erfahrung" (72,2) und hebt damit am Erfahrungsbegriff hervor, daß die Selbsterkenntnis sich unerwartet einstellt. Dies entspricht dem Zusammenhang von ‚Erfahrung' und ‚Gelegenheit' im Scholion zu Röm 3,20. Zu ‚Ich weiß' in Vers 18 erläutert Luther: „durch den Geist und die Erfahrung seines Widersachers [= des Fleisches]" (70,15f.). Der Sünder kann sich nicht aus sich heraus erkennen, sondern nur durch den Geist, sofern er also seinen Willen in Gottes Gesetz hat und das Gute will, das es gebietet (70,8f.). Durch den Geist hat der Mensch seinen Willen außerhalb seines Willens im Gesetz. Das geistliche Wollen impliziert die Erfahrung der Begierde in einem selbst. Sie wird erfahren, sobald der geistliche Mensch doch das tut, was er nicht will (Röm 7,15f.).

Genauso ist zu Röm 7,21.23 das Verhältnis von Geist und Fleisch gesehen. Luther will damit sagen, daß der geistliche Mensch im Leben mit dem Gesetz nicht darüber hinauskommt, in sich zu gehen, sich als fleischlich zu erkennen und dies vorbehaltlos anzuerkennen. Nur im Geist ist er zu dieser Erfahrung der Sünde fähig, also nur, indem er das, was er erfährt, auch anerkennt. Dies heißt nun allerdings auch umgekehrt, daß der sich als fleischlich Erfahrende bereits im Geist außer sich ist und durch die Erfahrung in dieser Orientierung bestärkt wird: Er will nicht selbst das Gesetz erfüllen, sondern an Christi Erfüllung durch den Glauben teilhaben; nur in diesem Glauben besteht seine eigene Liebe. In diesem Sinne ist die Randglosse zu Röm 7,22 gemeint: „ ‚Die Gerechtigkeit zu lieben und die Ungerechtigkeit zu hassen' [Ps 44,7] kommt allein Christus zu ... und durch Christi Geist auch all den Seinen“ (72,26–28).

Das Leben mit dem Gesetz ist die ständige Bewegung vom Geist zum Fleisch, von Gottes offenbarender Anrede zur Selbsterfahrung, und umgekehrt. Luther denkt kein Fortschreiten aus dem Fleisch in den Geist, sondern nur ein Beständigwerden in der Gleichzeitigkeit des sich Ausschließenden. So, im Sinn des Glaubens an Gottes Anrechnung der Gerechtigkeit Christi, interpretiert er die scholastische Terminologie vom Neuwerden des Willens durch die Gnade, von der Überwindung der Begierde durch die Liebe.[2]

9.1.3 Luthers Gleichsetzung von Begierde und Sünde, zu der er durch die Auslegung von Röm 7 vorgedrungen ist, ist ihm von altgläubiger Seite aus bestritten worden. Er hat sie durch Schrift und Erfahrung verteidigt. In der *Assertio omnium articulorum* von 1520, in der er die von der Bannandrohungsbulle *Exsurge Domine* verworfenen 41 Artikel verteidigt, argumentiert er zum ersten Artikel „*scripturis et rationibus*“. Selbst so belehrt zu werden, hat er im Streit mit Rom seit 1518 gefordert (Schwarz 1986:100).

a. Dem entspricht zum zweiten Artikel der Verweis auf die „Erfahrung“. Dafür, daß nach der Taufe die Sünde bleibt, führt er zunächst die Schrift an und setzt hinzu, daß dies „durch das Bekenntnis aller Heiligen ... bestätigt“ werde (WA 7,105,10–12). Er denkt an die Kämpfe der Heiligen mit dem Fleisch, in denen er die „Autoritäten“ Gal 5,17 und Röm 7,23f. wiedererkennt (105,17–19), und verweist auf Hieronymus:

> „Diese ... mühevollsten Kämpfe sind Sache der Frommen — und wir teilen sie den Gottlosen zu, die sich freiwillig ... in die Begierde stürzen ...? Wie

[2] Zur Mühlen (1972:127f.) und Grane (1975:80–82) haben gezeigt, daß Luther nicht mehr die Position vertritt, die sich mit diesen Begriffen in der scholastischen Theologie bzw. bei Augustin verbindet, wenn er sich auch ihrer bedient.

> oft ... ist der Hl.Hieronymus von der Glut der Lüste bezwungen worden, auch dann, wenn er mit vielem Fasten und Mühen gegen sie kämpfte ... Ein jeder mag selbst erfahren und berichten, ... ob er keine Begierde habe, auch wenn er sich zu Tode fastet und müht“ (105,23–29).

Den *Dictata* (s. § 9.1.1) vergleichbar, illustriert Luther die Begierde mit einem Beispiel aus dem mönchischen Leben: mit dem Aufflammen sexueller Lust, wogegen der Mönch vergeblich mit „Fasten und Mühen“ kämpft. Das Beispiel ist geschickt gewählt, weil Hieronymus bei Luthers Gegnern in Ansehen steht. Luther teilt aber nicht das Gelübde der Keuschheit. Für ihn zeigt sich in Hieronymus' Kämpfen die sündhafte Unkeuschheit aller Menschen. Zu beachten ist, daß die Unkeuschheit für ihn die Schrift und ihren umfassenden Begriff der Begierde bestätigt und illustriert, nicht aber begründet. So ist Hieronymus ein Beispiel dafür, daß gerade die Frommen an sich selbst erfahren, wie das Gesetz die Sünde weckt, von der die Schrift spricht.

b. Ausgehend von der Schrift lokalisiert Luther die Sünde nicht im Zusammenspiel der rezeptiven Sinne mit den triebhaften Willenskräften, sondern illustriert damit, daß der Mensch unüberwindlich gegen das Gesetz begehrt. Das wird im sechsten Abschnitt deutlich. Luther verteidigt seine Meinung, daß die traditionell geübte Reue, die aus der vollständigen Aufzählung der Sünden und entsprechender Genügeleistung besteht, in der Sünde befestigt (113,32–37). Denn wie die Schrift sage, fordere Gott, „aus ganzem Herzen“ und „aus Liebe zu Gott“ seine Gebote zu halten (114,4–15). Faktisch aber vermehre das Gesetz die Sünde, wie Paulus sagt (Luther verweist hier auf seine Argumente zum zweiten Artikel, s.o.). Eine „natürliche Liebe zum Gesetz“, an der die Reue anknüpfen könnte, gebe es also nicht (114,25–115,4). Nach Röm 7 gelte das nicht für den „Gottlosen“, sondern für den, „der Lust am Gesetz Gottes“ habe. Die Argumentation aus der Schrift gipfelt in der Gewissensfrage:

> „Warum geht nicht jeder einzelne in sein Herz, belügt sich nicht selbst und antwortet mir, ob er sein Herz so vorfindet, daß es lieber kein Gesetz wolle, ob es die Strafe für die Sünden haßt, ob es fühlt, daß es Gefallen an der Lust, an Ruhm, Reichtum und Wissen usw. hat? Wer wird davon nicht erregt? Will der Affekt etwa nicht, daß es nichts Verbotenes gebe? ... Was erfinden wir also gegen die eigene Wahrnehmung und den lebendigen Eindruck der Erfahrung eine natürliche Liebe zum Gesetz und Haß gegen die Sünde?“ (115,21–29.)

Was die Schrift sagt, zielt also auf die Selbsterfahrung (s. § 9.1.3.a). Deshalb stellt Luther auch Fragen, die jeder selbst beantworten muß. Ohne diese Erfahrung ist es fruchtlos, die Schrift zu erörtern. Sie besteht darin, daß die Schrift im Herzen negative Affekte weckt, die ohne sie verborgen sind und durch sie offenbar werden: Sie weckt sie und benennt sie — als Begierde.

9.1.4 Die gleiche Situation wie in der *Assertio* liegt auch in der *Rationis Latomianae ... Confutatio* von 1521 vor: Der Löwener Theologe Latomus hatte die Bulle verteidigt und mit Schriftgründen Luthers Lehre, daß die Sünde nach der Taufe bleibe, widerlegen wollen.

a. Wieder argumentiert Luther mit Schrift und Erfahrung: Er meint, viele Schriftstellen

> „bezeugen, daß Sünde und Begierde nach der Taufe zurückbleiben und benennen sie auch offen [Kol 3,5–8]: Zorn, Lust, Geiz, Unkeuschheit ... [Da] wenden diese ihr Herz ab, nur damit dies ihr menschliches Wort in allen Ohren klinge, ... daß nämlich allein Strafe und Schwachheit nach der Taufe zurückbleiben. Davor müssen die göttlichen Aussprüche schweigen, dem muß Paulus [Röm 6,13], dem muß auch unsre und aller Heiligen tägliche Erfahrung weichen."[3]

Die „tägliche Erfahrung aller Heiligen" nennt Luther nach den Schriftzeugnissen.[4] Nur wenn ‚ich' die Autorität des Wortes Gottes über mich anerkenne und nicht „menschliche Worte" dagegensetze, kann ich das, was ich in mir erfahre, mit dem identifizieren, was die Schrift Begierde nennt. Nur in diesem Kontext verdient die Selbsterfahrung, Erfahrung genannt zu werden, in der ich auf Gottes Wort stoße. Die Sünde erfährt der Sünder nicht von sich aus, sondern nur im Hören auf die Schrift. Die Erfahrung ist deshalb eine Wirkung der Schrift.

b. Luther veranschaulicht sie in der Exegese von Röm 7,23 (122,25–27) wie früher: Der geistliche Mensch erfährt, daß die Sünde dem Gesetz ‚widerstreitet' und den Menschen ‚gefangennimmt':

> „Wer fühlt nicht zuzeiten das Rasen der Lust und die Gedanken und Bewegungen des Zornes [Kol 3,5–8], wenn auch ungern und widerwillig? ... In den Gottlosen tobt dieses Rasen nicht so, denn sie halten seinem Ansturm nicht stand, sie weichen und sind ihm hörig, daher erfahren sie niemals, was für eine Mühsal ... es ist, mit der Sünde zu kämpfen und über sie Herr zu

[3] WA 8,98,8–16. Zur Übersetzung vgl. Frick ^{3}1984:92f.
[4] Vgl. §§ 9.1.7, 9.2.3 und 9.3.2.

werden ... Die bösen Gedanken sind bei den Frommen mächtiger als bei den Gottlosen".[5]

Nur die „Frommen" erfahren die Sünde. Denn nur sie hören auf die Schrift und haben Lust an Gottes Gesetz, weshalb sie dann auch die Begierde, das Aufbegehren gegen das Gesetz, erfahren. Indem sie dem Gesetz recht geben, stellen sie sich auch der Erfahrung, nennen die Begierde beim Namen und bekennen, sich ihr nicht entziehen zu können. Anders die „Gottlosen": Sie sind ihr „hörig" und „stürzen sich freiwillig" in sie.

Wie in der *Vorlesung über den Römerbrief* gibt die Schrift den Ausschlag, Begierde zum einen umfassend zu verstehen. Gedanke, Wille und Affekt sind in gleicher Weise ihr Ausdruck. Zum andern ist bereits mit ihr über das Sündersein entschieden, und nicht erst mit ihrem „bösen Gebrauch". Sie ist der „wurzelhafte Sauerteig" und damit die eigentliche Sünde, „die schlechten Werke und Worte" aber ihre „Frucht" (104,5–7). Redet Luther auch nicht psychologisch, sondern als Hörer der Schrift von der Begierde, erfährt er doch in den Leidenschaften die Sünde. Wenn Sünde das ist, „was gegen Gottes Gesetz ist".[6], dann demonstrieren sie dem Sünder, wie urgewaltig und unbeherrschbar er in der Sünde ist und das Gebot keine Macht über sie hat. In diesem Sinn verweist Luther mit Berufung auf Röm 6,12 und 7,7[7] auf die „Begierde", die in Lust oder Zorn wirksam ist und etwa zu Hurerei, Ehebruch und Unzucht bzw. zu Verleumdung und Mord führt (104,1–7).

Weil aber Luther ‚Begierde' umfassend versteht und das Gesetz in den Zusammenhang mit dem Evangelium der fremden Gerechtigkeit stellt, umfaßt die Begierde auch die Werkgerechtigkeit. Daß die Gottlosen ihr hörig sind, wird an Latomus deutlich, der die Begierden kennt, aber nicht als Sünde bekennt. Der Werkgerechte hält um jeden Preis an seinem Stolz fest, und so hält Luther Latomus vor, er setze die Barmherzigkeit hintan und wolle, daß keine Sünde beim Menschen sei, worin er gegen Gott frevle (93,15–17). Er lästere die Gnade und traue der Sünde das zu, was Sache der Gnade sei (116,1–3). Die Werkgerechtigkeit ist dem Aufbrausen der Leidenschaften gleich. Denn in beidem übertritt der Mensch das Gesetz und will nicht Gott gefallen, sondern leibliche bzw. geistliche Güter an seiner Stelle erstreben. Deshalb kann Luther statt der begehrenden Leidenschaften auch das Ver-

---

[5] 122,42–123,9 (Frick [3]1984:129f.).
[6] 83,28f. Er belegt dies mit Röm 7,7. Vgl. 88,4f. die ähnlich lautende Definition.
[7] 83,5f.29; 92,21–29; 94,3f.11; 103,40f.

trauen auf die Werke als die „tief verborgene Wurzelsünde“ bezeichnen, die das Gesetz an den Tag bringt (105,13–15).

9.1.5 In der *Vorlesung über den Galaterbrief* von 1531 schildert Luther den Konflikt zwischen Fleisch und Geist, ohne die Begierde zu nennen. Statt dessen spricht er von dem Willen nach der eigenen Gerechtigkeit:

> „Allein dem Hören wird ... die Vergebung der Sünden gegeben, und wir sollen nicht darauf sehen, wie unwürdig wir sind ... Dann kann man sicher ... in Christus wandeln und gewiß die ... guten Werke wählen ..., weil sie Gott gefallen und von ihm geboten sind ... Den Gottlosen erscheint diese Lehre ganz leicht. Aber wie groß diese Sache des hörenden Glaubens sei, erfahren ich und die anderen Frommen ... Es soll nicht nur meine Stimme sein, sondern in dein Herz dringen. Dann hast du den Heiligen Geist, und bemühe dich dann, dein Fleisch zu töten. Die Frommen selbst erfahren, wie gern sie das mit ganzem Glauben festhalten und die Einbildung der Gerechtigkeit abstoßen wollen. Aber sie fühlen den Widerstand der Glieder ..., die auch tätig sein wollen“ (WA 40/I,344,10–345,11 [Hs]).

Geist ist der Mensch nicht, sondern empfängt ihn im Hören. Das Wort will in sein Herz dringen und das Fleisch töten. Wer sich im Hören nach außen an das Wort wendet, hat doch zugleich mit ihm in sich zu gehen. Aber er erfährt dabei seinen Widerstand gegen den hörenden Glauben, sein Fleisch: daß er durch Werke seine eigene Gerechtigkeit erwerben und nicht die fremde Gerechtigkeit in Christus haben will. Den Geist zu empfangen und das Fleisch zu töten geht also nicht darüber hinaus, sich als Fleisch zu erfahren und deshalb erneut das Evangelium zu hören. Aus Werken gerecht werden zu wollen, ist die fundamentale Erfahrung durch den Geist. In ihr erreicht der hörende Glaube seine Tiefe. Das wird daran deutlich, daß Luther zunächst von der Geisterfahrung gesprochen hat, in Christus alle Dinge freudig zu erkennen und mit Gewißheit zu beurteilen: zu erkennen, was Gott gebietet und daß es frei ohne den Zwang, gerecht zu werden, getan werden kann (342,2–4.11ff., s. § 17.1.4). Aber diese Erfahrung der Gewißheit wird vertieft und erprobt in der Erfahrung, daß das Herz nicht in dieser Gewißheit die Gebote halten will. ‚Ich‘ erfahre durch den Geist, daß ich Fleisch bin. Ich erfahre es, muß also erst in der Selbsterfahrung darauf stoßen, weil ich ohne sie „gottlos“ bin und mir Illusionen mache über meinen Glauben.

Müller (1929:41) meint zu dieser (zit. 38, Anm. 3) und anderen Aussagen der Galaterbriefvorlesung, in ihr werde „die begriffliche Unterscheidung von Gesetz und Evangelium eingeschärft und doch zugleich betont, daß die wirkliche *Ent*scheidung des Glaubens nicht in unserer Hand steht". Denn die Erfahrung bezeichne die „Diskrepanz von Hören und Glauben", den „Riß zwischen Lehre und Leben" (38). Daraus folgert Müller, daß die Lehre, die leicht zu sagen sei, durch die Erfahrung, die „konkrete Wirklichkeit" (35), zur „Abstraktion" (36 u.ö.), zu etwas „Unwirklichem" werde. Sie münde deshalb in die „Paränese", die nicht zur „Anwendung einer ... Definition" auffordere, sondern diese voraussetze und darauf aufmerksam mache, daß das „wirkliche Problem" von Gesetz und Evangelium, nämlich die „Gewissensangst" noch nicht „mitgelöst" sei (41), vielmehr seiner Lösung in der kontingenten Glaubensentscheidung harre. Auf diese Folgerung Müllers ist kritisch zurückzukommen, wenn dargestellt wird, wie Luther rücksichtlich dieser Erfahrung die Lehre in den Blick nimmt (s. § 14.6.2).

9.1.6 In der Predigt über Gal 4,1–7 aus der *Kirchenpostille* (s. § 8.3.4) hat die „erkentniß odder erfarung der sund" nach Röm 3,20 und Röm 7 (WA 10/I/1, 338,18–21) zwei Relationen: Glaub- und Lieblosigkeit.

a. Das Gesetz wird nicht erst in offenkundig bösen Werken übertreten. Luther akzentuiert den „mutt oder hertzen" (339,11) derer, die scheinbar das Gesetz halten. Sie tun es in dem „glawben, ... durch yhre werck frum und heylig tzu werden, und gott soll sie umb yhrer werck willen selig machen" (334,3–5). Dieser Werkglaube übertritt das Gesetz, denn er

> „bekennet ... frey, er glawbe nit, das er gottis kind und heylig sey ... [Er will] wartten, biß das er eyn solch kind durch seyne werck werde. Sihe, da sihestu offentlich, das die person nit ... rechtfertig ist ... [Da] das erste gepott ... gepeutt: Wyr sollen eynen gott ehren und haben, das ist: auff yhn trawen, ... wilchs ist eyn rechter glawbe, der gottis kinder macht. So sihestu und erkennist durch ditz gesetz klerlich die sund ynn dißem Cayn, nemlich seynen unglawben, desselben gleychen fulistu auch ynn dyr selb, ob du glewbist oder nit, wilchs on solch gesetz niemant fulen noch erkennen mocht" (338,23–339,19).

Die Erfahrung ist zweifach ausgerichtet: auf die Sünde der anderen und auf die eigene, wie sie im „mutt oder hertzen" (339,11) zum Ausdruck kommt. Das Herz ist hier (explizit) nicht Subjekt wie in der *Enarratio* von Ps 51,5 (s. § 8.3.3), sondern Objekt der Erfahrung. Es trägt die Absicht, die der Mensch verfolgt, wenn er die Werke des Gesetzes tut. An ihm kommt heraus, wer er „selb" (339,8) ist, und zwar vor Gott. Wie nach der *Enarratio Psalmi LI* das „Herz" als Erkenntnisorgan kognitiv und affektiv bestimmt ist, so hier als Lebens- und Wirkorgan.

Erfahren wird das Herz durch das Gesetz: Das Gesetz bringt es ans Licht und macht seine Sünde nicht nur für es selbst, sondern „offentlich" sichtbar: im „Bekenntnis“, sich der Gotteskindschaft ungewiß zu sein. Dieses Bekenntnis liegt der scholastischen Theologie zugrunde (vgl. zur Mühlen 1991:547,11–39), deren spätfranziskanische, ockhamistische Form Luther studiert hat. Mit der Predigt des Gesetzes wird die Sünde universal erfahren, öffentlich gemacht. Zu sich selbst zu kommen, sich zu erkennen (340,7), also die Sünde in sich zu fühlen ist wesentlicher Bestandteil dieses Vorgangs.[8] Luther betont das Gefühl und mit ihm die Erfahrung im Sinne seiner nominalistischen Prägung: Sünde wird erkannt, wenn sie erfahren wird, wenn die Leidenschaft der Werkheiligkeit empfunden und im aktuellen Vollzug erlebt wird. Gefühl und Erfahrung sind kein distanziertes begriffliches Erkennen (vgl. §§ 8.3.1 – 8.3.4).

Diese Erfahrung konstituiert sich dadurch, daß an die Stelle der Werkheiligkeit das im ersten Gebot und Glauben verankerte Gesetz tritt. Wegen des ersten Gebots fordert das Gesetz nicht das Werk, sondern vor ihm den Glauben, der allein Kinder macht (337,5f.), den Glauben an das Evangelium.[9] In diesem Glauben sind alle Werke geboten. Indem das Gesetz so veröffentlicht wird, gerät alles außer und in mir zu einer aktuellen Erfahrung der Sünde. Nun kann und muß man sie „betrachten“ (*Enarratio* zu Ps 51, s. § 8.3.3) oder, wie es hier heißt, „offentlich“ sehen. Entscheidend dafür ist, daß der Betrachter dem ersten Gebot recht gibt und so dahin kommt, die Kluft zwischen dem Gesetz und den Menschen samt seiner selbst zu sehen und zu fühlen. Wegen dieser unüberwindlichen Kluft „vortzagt“ er (340,8). Der Affekt des Verzagens gehört unmittelbar zur Erfahrung der Sünde hinzu. Er konstituiert sich sowohl aus der Zustimmung zu Gottes Gebot als auch der Erkenntnis, unüberwindlich Sünder zu sein. Mit diesem Affekt ist der Sünder angemessen zu seiner Sünde ins Verhältnis gesetzt worden.

b. Luther verhandelt den Unglauben „zum ersten“, weil es in ihm um die „Person“ vor Gott (339,4, s. § 9.1.6) geht, die in den „Werken“ und deren Motivation ihre Früchte bringt:

> „Zum andernn thutt eyn solch Cayn seyne werck nymmer mit willen ... Es sey denn, ... [man] geb yhm, was er begerdt ... Also sihestu abermal, das keyn hertz noch lust ynn yhn ist tzu dem gesetz, ßondernn tzu dem genieß, odder yhe eyn furcht fur der straff, das es klar ist, wie sie ym grund des hertzen dem gesetz feynd sind, wollten lieber, es were keyn gesetz ... Alßo

[8] Vgl. die *Enarratio* von Ps 51,5 (s. § 8.3.3).

[9] 331,18–21: „Wo er das nu glawbt, [daß ihm „gnade und barmhertzickeyt geben sey“,] ßo muß er frey von yhm selb sagen, er sey heylig, frum, gerecht und gottis kind, der selickeyt gewiß“.

leret das gesetz solchen unlustigen, unwilligen mutt erkennen und empfinden. Nu ist das allis sund fur gott; denn was ists fur eyn heylickeytt, wenn du das werck thuist mit der hand und bist doch ym hertzen dem gesetz und gesetzgeber nitt hollt? ... Sihe, das heysset hie S. Paulus die sund durchs gesetz erkennen, das der mensch sich dran stossen soll und solchen unlust ynn seynem hertzen fulen und erfaren" (340,17–341,21).

Erfahren, erkennen, empfinden und fühlen werden synonym verwendet. Luther argumentiert also nicht psychologisch differenziert, sondern umschreibt die Erkenntnis als einen überraschenden Offenbarungsmoment, in dem verborgene Tiefen in ‚mir' für mich ans Licht kommen und nicht nur kognitiv, sondern auch affektiv in Beschlag nehmen. Erfahren werden vor dem Gesetz die Unlust zu ihm und die Begierde über es hinaus.[10] Der Zusammenhang mit der Erfahrung des Unglaubens vor dem ersten Gebot zeigt, daß die Unlust und Begierde die Form des Unglaubens ist, die dieser im Umgang mit der Schöpfung annimmt. Der Werkgerechte geht mit den Geschöpfen nicht nach dem Gebot um. Er hält es nicht, weil es ihm „an yhm selb wolgefellet" und er dem „gesetz und gesetzgeber hollt" ist (341,20.13), sondern um seines „begehrs" und „genieß" willen und deshalb aus „furcht fur der straff". Gott und sein Wille ist ihm also etwas Zweites, sein Leitmotiv aber, daß sein Begehren nach Gütern befriedigt werde. Eigentlich will er ohne das Gesetz leben, fügt sich ihm aber, da er es nicht ignorieren kann, wie die „Furcht" zeigt. So ist das Gesetz für den Sünder „Knechtschaft"[11], und mit der Sünde wird zugleich der Zorn erfahren (dazu s. § 10.2). Die Meinung, Gott gewähre die Güter nicht aus Gnade, sondern dem, der aufgrund seiner Werke vor ihm bestehen könne, macht die Gebote also zweitrangig und zu einem Mittel, anstatt im Glauben mit ihnen eins zu sein und sie als das Erste zu wollen. Wer Gott nicht glaubt, ihm die Sorge für sich selbst abnimmt und das Gesetz um seiner selbst willen hält, übertritt die Gebote der ersten und folglich auch der zweiten Tafel.

9.1.7 Übereinstimmend mit den Ausführungen in der *Kirchenpostille* meint Luther in den *Enarrationes epistolarum et euangeliorum, quas postillas vocant* von 1521:

„[Das Gesetz] ist Wort des Zorns, Kraft der Sünde, Gesetz des Todes. Das ist so zu verstehen: Nachdem der Mensch durch die Sünde verdorben ist ...,

[10] Dieselbe Erfahrung am Gesetz wird in der *Kirchenpostille* noch öfter erwähnt (WA 10/I/1,156,3.9; 360,7; 461,1).

[11] Vgl. den Ausdruck „knechtisch volck" (338,17), der Gal 4,1.3.7 aufnimmt.

> kann er durch kein Gesetz daran gehindert ... werden, zu allem Übel geneigt zu sein. Deshalb: Wo und wann ihm ein Gesetz auferlegt wird, haßt er es sofort kraft seiner bereits verdorbenen Natur und will lieber, daß ... er freie Begierde habe, wie wir alle in uns selbst erfahren. Mögen wir auch wegen der äußeren Strafe des Gesetzes oder wegen der Androhung der Hölle, oder umgekehrt wegen des äußeren Versprechens des Gesetzes, des Versprechens des Himmelreichs, tun oder lassen, was das Gesetz befiehlt: Wir hätten es dennoch lieber, es gebe keine Strafe und die Güter würden umsonst gegeben" (WA 7,503,4–13).

Wiederum geht es um einen Werkgerechten, der das Gesetz (hier deutlicher als jeweils konkretes Gesetz) nicht zweckfrei hält, um Gott zu gefallen. Er würde es lieber loshaben und die Güter, auf die es ihm eigentlich ankommt, so bekommen. Wiederum trifft die Erfahrung „in uns" auf die „Begierde" (*concupiscentia*). Deren Affekthaftigkeit kommt hier durch stärkere Begriffe als in der *Kirchenpostille* zum Ausdruck. Statt von „Unlust" spricht Luther von „Haß", also von offensiver Ablehnung des Gesetzes. Deutlich ist, daß dieser Grundaffekt durch das Gesetz provoziert wird, ohne beherrscht werden zu können. Positiv gewendet ist die Begierde Genußstreben, und im Haß gegen das Gesetz als ihrer Kehrseite kommt zutage, wie der Mensch in ihr seine Heilsvorstellungen gegen Gott behauptet. Die Begierde richtet sich auf Güter, und der Werkgerechte hält das Gesetz nur, um jene von Gott zu erhalten.

Der Verweis auf die Erfahrung wirkt in Luthers Argumentation wie eine Illustration, die das Dargelegte bekräftigt oder gar beweist. Aber die Erfahrung ist nicht der Beweis einer Behauptung. Ist doch das, worum es geht: daß der Mensch durch die Sünde verdorben ist, keine vernünftige Behauptung, durch Erfahrung und Schlußfolgerung gewonnen. Luther geht vielmehr von der „Schrift", nämlich der Gottesrede Gen 6,3 (und implizit der Erzählung vom Sündenfall) aus (503,6). Er bezieht sich also auf Gottes Wissen vom Menschen. Das bedeutet für die Erfahrung, daß in ihr die Schrift den Menschen einholt, so daß er das, was Gott von ihm weiß, in sich selbst antrifft. Zu dieser Erfahrung kommt es durch Gott, der das Gesetz auferlegt. Das von außen kommende Wort offenbart, was in mir ist.

9.1.8 In *Das Magnificat verdeutschet und ausgelegt* von 1521 stellt Luther die Folge von Glaub- und Lieblosigkeit, Übertretung der ersten und der zweiten Tafel, anders dar. Er spricht nicht von Gesetz und Begierde, sondern (er legt ja das Magnificat aus) von Gottes Sehen in die Tiefe (Lk 1,48) im Sinne der Schöpfung aus dem Nichts (WA 7,547,1–16), das das Gebot Röm 12,16 begründet:

> „Aber die welt und menschen augen thun widdersinnisch, die sehen nur uber sich ... [Es folgt das Schriftzitat Spr 30,13.] Das erfaren wir teglich, wie yderman nur vber sich zur ehre, zur gewalt, zum reichtumb, zur kunst, zu gutem leben, und allem, was grosz unnd hoch ist, sich bemuhet ... Widderumb ynn die tieffe wil niemant sehen, wo armut, schmach, not, jamer und angst ist ... Und denckt niemant yhnen zu helffen ... und machen, das sie auch etwas sein ... Es ist hie kein schepffer unter den menschen, der ausz dem nicht wolle etwas machen, wie doch sanct Paulus Ro. xij. [V. 16] leret ...: ‚lieben bruder achtet nit die hohen dinge, szondernn fugt euch zu den nidrigenn'" (547,17–32).

Das menschliche „Sehen" wird am Gebot Röm 12,16 als dessen Übertretung erfahren. Der Mensch will das „gute Leben", verhält sich dabei aber „widdersinnisch" gegen Gottes Handeln, weil er das Niedrige verachtet. Deshalb ist sein Sichbemühen um das gute Leben Sünde. Gottes Schöpfungshandeln betrifft die leiblichen Belange, und zwar so, daß es das Niedrige achtet und zu etwas machen will. Ohne daß es explizit gesagt würde, hat auch das Gebot Röm 12,16 seinen Grund im ersten Gebot: Gott verheißt, aus dem Nichts etwas zu machen. Das Interesse am guten Leben, das das Niedrige scheut, verrät sich als Unglaube, der weder für sich noch für den Nächsten der Verheißung traut und deshalb nicht frei ist, sich in die niedrigen Dinge zu fügen und die gebotene Liebe zu üben.

9.2 Erfahrung der Sündenblindheit

9.2.1 Nach dem letzten Zitat ist die Sünde das, was das Gebot an anderen erfahrbar, mit einem Mal offenbar und beobachtbar macht. Diese selbst sind in Unkenntnis des Gebots für ihre Sünde blind. Entsprechend wird nach der *Kirchenpostille* die Sünde „offentlich" gesehen, wenn der Werkgerechte bekennt, er sei der Gotteskindschaft ungewiß (s. § 9.1.6). Der Sünder kann nicht selbst seine Sünde erkennen, weil er wesenhaft „vermessen", für seine Sünde blind ist (WA 10/I/1,340,7).

Diese von außen zu erfahren hat wie die Selbsterfahrung sein Kriterium am Gesetz, das vom ersten Gebot und vom Evangelium her verstanden wird. Sünde zu erfahren ist nicht in ihr selbst, sondern nur außerhalb ihrer im Glauben möglich: Nur indem der Sünder, wie es in den *Dictata* heißt, durch den Geist aus sich „herausgeht" und in das Wort Gottes versetzt wird, kann er sich selbst und andere als Lügner erfahren (s. § 8.4.2). Die Sünde zu erfahren gehört nach der *Enarratio* von Ps 51 zu der Erkenntnis Gottes und des Menschen, die der Heilige Geist dem, der das von sich aus nicht wissen kann, „lehrt“.[12]

Die Erfahrung ist ein Moment der Offenbarung: Zu den Menschen, die vor Augen sind, tritt das Gesetz, sie anredend, hinzu und macht sie mit einem Mal so erkennbar, wie sie vor Gott sind. Das Gesetz gibt Luther etwas zu erfahren, es erschließt etwas, das der Beobachtung zugänglich ist: sich selbst und die Frömmigkeit und Theologie seiner Zeit, und zwar als „ein blind, unvorstendig, erbeyttsam, knechtisch volck“ (WA 10/I/1,338,17). Er erfährt, findet vor, wie die Menschen sind, nicht, wie sie es geworden sind. Erfahrung bedeutet diesen Moment, durch das Gesetz gestellt zu sein, ohne Rücksicht auf andere Relationen, aus denen der Mensch begreifbar sein könnte. Das macht die *cognitio experimentalis* aus.

9.2.2 Daß der Sünder für seine Sünde blind ist, daß er (wie Luther Gal 3,1 auslegt) durch Lügenapostel verzaubert wird, hat Luther durch die Schrift an den oberdeutschen Reformatoren Zwingli und Ökolampad erfahren:

> „Wir bemühen uns durch Predigen, daß wir die von den Lügenaposteln geknüpfte Verzauberung lösen und, wer durch sie gefangen wurde, durch uns befreit werde ... Denn wie sich der Mensch nicht selbst in seiner Wahrnehmung befreien kann, ... so befreit sich Zwingli, Ökolampad, [ja] niemand, er werde denn durch uns erleuchtet. Sonst bleiben sie dabei, die allergewisseste Wahrheit zu haben. Wenn ich die Heilige Schrift angeführt habe, hat er hundert Glossen, sind sie präpariert, um den Schriften auszuweichen und sie nicht heranzulassen. Ich habe es nicht glauben können, wenn ich nicht durch Erfahrung belehrt worden wäre, daß der Teufel seine Sache so ganz annehmbar machen kann. Er verwandelt sich in Christi Gestalt ..., daß es dem Menschen unmöglich ist, das zu bemerken.“[13]

Luther hat Zwingli und Ökolampad im Abendmahlsstreit, der im Marburger Religionsgespräch von 1529 gipfelte, als Pseudoapostel erfahren. Sie setzen „hundert Glossen“ an die Stelle der einen, einfältigen „Heiligen Schrift“. Ihre Auslegung setzt menschliche Meinungen an die Stelle von Gottes Wort. Luther spielt, wie etwa aus *Vom Abendmahl Christi — Bekenntnis* (1528)

---

[12] S. § 8.3.3. Luther führt im Kontext aus (326,6–9): David „überliefert die Lehre der geistlichen Religion, damit wir in wahrer Erkenntnis Gott, die Sünde, uns selbst, die Gnade, die Reue und die Rechtfertigung erkennen ...; der Heilige Geist spricht durch David und unterweist uns in der Erkenntnis unserer selbst und Gottes“.

[13] WA 40/I,319,8–320,4 (*Vorlesung über den Galaterbrief* [Hs], 1531).

ersichtlich ist (WA 26,262,26–280,3), darauf an, daß Zwingli das ‚ist' in den Einsetzungsworten als ‚bedeuten' auslegt, ohne dies aus der Schrift zu beweisen (268,32f.). Luther mißt aber jede Auslegung daran, ob sie andere klare Schriftaussagen heranzieht und damit die auszulegende Stelle „gewis" macht (266,26ff.; 268,32ff.). Diese „Methode" zeigt nämlich an, daß sich der Glaube auf die Schrift als Gottes Wort verläßt, ohne die *ratio* an ihre Stelle zu setzen und damit Gottes Verheißung durch menschliche Meinungen zu ersetzen.

Da Zwingli seine Lehre als Paraphrase der Einsetzungsworte präsentiert, erfährt Luther, daß sich der Teufel in die Gestalt Christi verwandle, daß sich also die Sünde des Menschen vollständig bemächtige, gerade dadurch, daß sie so „annehmbar" daherkommt und nicht überwältigt, sondern „verzaubert". Deshalb kann der Sünder, der voller Überzeugung seine Lehre treibt, diese nicht entlarven. Die „Verzauberung" kann nur von außen, durch die Predigt, gelöst werden. Luther hätte sich keinen Begriff davon gemacht, er hätte nicht damit gerechnet, wenn ihn nicht die Erfahrung unerwartet damit konfrontiert hätte. Nur die Erfahrung lehrt ihn die unfaßbare Tragweite der Sünde — und damit die Notwendigkeit, die Predigt als von außen freimachendes Wort einzuschärfen.

9.2.3 Dieselbe Erfahrung der Selbstgewißheit des Sünders macht Luther nach *De servo arbitrio* von 1525 an den Werkgerechten und ihrer Lehre vom freien Willen. Luther wendet dagegen Röm 3,20 ein und folgert: „Der freie Wille ist in sich allein derart blind, daß er nicht einmal um die Sünde weiß, sondern das Gesetz als Lehrer nötig hat." Und dann steigert er diese Einsicht in die Sündenblindheit des freien Willens:

> „Was mag wohl der, der die Sünde nicht kennt, unternehmen, um sie zu beseitigen? Begreiflicherweise, daß er Sünde für Nicht–Sünde und Nicht–Sünde für Sünde halten wird. Das gibt die Erfahrung genügend klar zu erkennen, wie die Welt durch die, die sie bezüglich der Gerechtigkeit und Frömmigkeit für die Besten und Eifrigsten hält, die Gerechtigkeit haßt und verfolgt, die durch das Evangelium gepredigt wird, und sie als Abfall und Irrtum ... verleumdet, jedoch ihre eigenen Werke und Pläne, die in Wahrheit Sünde und Irrtum sind, als Gerechtigkeit und Weisheit preist" (766,8–17).

Luther spricht aus zwei Perspektiven die von ihm anvisierte „Erfahrung" an: Von außen, von Gesetz und Evangelium her erfährt er das Treiben der „Welt" als einen unerschütterlichen „Irrtum", eine totale Blindheit. Die Menschen sind mit ihren „besten" Kräften aufrichtig und leidenschaftlich in der Sünde engagiert: Sie streben nach der Gerechtigkeit aus Werken, verbunden mit dem Haß gegen die Predigt von der Gerechtigkeit des Evangeliums. Wenn diese „Erfahrung" auch (primär) keine Selbsterfahrung, sondern Beobachtung an anderen ist, hat sie dennoch den Affekt der Sünde zum Gegenstand. Und Luther ist kein neutraler Beobachter. Er könnte, allein was ihn betrifft, die seit der Publikation der 95 Thesen eingetretenen Kontroversen anführen — und darüber hinaus die Anfeindungen bis hin zu der Gefährdung seines Lebens durch den Ketzerprozeß Roms und die kaiserliche Acht.

Diese nur im Glauben erschlossene Erfahrung spielt in der Argumentation Luthers eine polemische Rolle: Er ist ja dabei, Erasmus' Meinung zu destruieren, daß der Mensch aus seinem freien Willen das Gute will und wollen soll. Dafür argumentiert er einmal aus der Schrift und dann aus der Erfahrung und verbindet diese Sequenz mit dem Schema, eine Behauptung (nach Darlegung ihrer Konsistenz) durch erfahrbare Tatsachen zu beweisen.[14] Deshalb führt er die Erfahrung der Sündenblindheit als eine öffentliche, vor aller Augen liegende an. Nicht nur die Schrift, nein auch die Erfahrung, an der doch Erasmus selbst längst teilhat, widerlegt das Theorem vom freien Willen. Ist der polemische, ja ironische Unterton nicht zu überhören, so liegt ihm doch ein bitterer, von Luther selbst erlittener Ernst zugrunde: Die Sünde liegt vor aller Augen, sie ist universal, sie ist die Dynamik der Welt in ihren leidenschaftlichsten und besten Kräften. Und gerade deshalb wird sie nicht erkannt.

9.2.4 Weil sie sich den Platz des Glaubens anmaßt, beschreibt Luther die werkgerechte Vermessenheit in der *Vorlesung über die Stufenpsalmen* zu Ps 130,4 (1532f.) als Selbstvergötzung:

> „Die Versöhnung tut es ganz und gar. Das weiß ich aus Erfahrung ... Öffne die Augen und sieh: Wo jene Lehre fehlt, geht der größere Teil in reiner Vermessenheit einher ... Weil es denn nicht anders sein kann, als daß Gott wegen der Werke seine ... Furcht und Majestät verliert, ist es besser, daß er sagt: ‚Ich will Gott bleiben, will geliebt, geehrt, gefürchtet sein. Und ich werde sagen: Ihr sollt umsonst gerechtfertigt sein, damit ihr mich nicht verachtet und stolz werdet' ... ‚Daß man Gott fürchte'. Was [ist das]? Anbeten, anerkennen, ... Ehrfurcht haben vor Gott, ihn vor Augen haben. Wird das weggenommen, hast du nichts von Gott. Ich will gern meine Erfahrung anbringen ... Ich kann nicht nur mit dem Wort, sondern tatsächlich lehren, daß es kein Heil gibt, auch nicht durch alle Gesetzeswerke, als vielmehr Verzweiflung (was seltener ist) oder Vermessenheit (was verbreiteter

[14] Vgl. WA 40/III,354ff., s. § 9.2.4, WA 7,503, s. § 9.1.7, WA 7,547, s. § 9.1.8.

ist) ... Die Werkgerechten können nicht davon lassen, daß sie sich ... in der Erfüllung des Gesetzes vermessen“ (WA 40/III,354,14–358,7 [Hs]).

Der Werkgerechte will aufgrund seines Werkes von Gott „angesehen“ werden und so die „Gerechtigkeit“ erlangen, statt Gottes „Majestät“ anzuerkennen, in der Gott alles, auch das Heil, vollbringt. Von dorther betrachtet ist der Unglaube „Vermessenheit“: Er maßt sich an, was Sache der Allmacht Gottes ist, macht also sich selbst zu Gott. Doch Gott will in seiner Allwirksamkeit „geliebt, geehrt und gefürchtet“ sein. So will er Gott „bleiben“ und seine „Gottheit“ nicht „verlieren“. Die Furcht erfüllt also wie der „glawbe“ nach der *Kirchenpostille* (s. § 9.1.6) das erste Gebot.

Daß es dazu, „daß man Gott fürchte“, allein durch die „Vergebung“ kommt, weiß Luther „nicht nur mit dem Wort“ Ps 130,4, sondern auch „aus Erfahrung“. Die Schrift erhellt die Situation und macht offenbar, was ohne sie verborgen bleibt: die Sünde. Ps 130,4 veranlaßt Luther spontan, an sich selbst und an anderen zu entdecken, wie die Werkgerechtigkeit „vermessen“ ist und Gottes allwirksame Gnade mißachtet. Angesichts des vergebenden Gottes erfährt Luther an sich selbst (und anderen) die unentrinnbare Leidenschaft und Blindheit der Sünde.

9.3 Die Erfahrung der Übertretung als Zweck des Gesetzes

9.3.1 Erfahrung der Sünde und Erfahrung des Gesetzes sind eins (vgl. § 9.1). Wer seine Sünde erfährt, erfährt zugleich Gottes Gesetz auf bestimmte Art und Weise. Schon in den *Dictata* (s. § 9.1.1) identifiziert Luther Röm 7,23 mit der Erfahrung der Schwäche, wodurch diese das Gewicht des Endgültigen und Unüberwindlichen gewinnt. So sehr sie als eigene erfahren wird, wird doch in ihr das Gesetz als Tyrann und Gefängnis erfahren (WA 4,207,2.23.26 u.ö.). Diese Erfahrung ist der Zweck des Gesetzes. Um ihretwillen überläßt Gott dem Sünder das Gesetz und läßt ihn an ihm zum Vermessenen werden. Das *Passivum divinum* bringt den Zorn zum Ausdruck, der aber, weil das Gesetz seine Gestalt ist, auf die Erkenntnis in Gestalt der Erfahrung zielt.

9.3.2 Auch nach der *Vorlesung über den Römerbrief* ist die Erfahrung der Sünde der Zweck des Gesetzes. Im Scholion zu Röm 3,20 meint Luther, das Gesetz schaffe, wo es mit dem Werk verbunden wird, der Sünde eine Gelegenheit (s. § 9.1.2.a). Er spricht hier ganz aus der Perspektive des Gesetzes und nicht des Sünders, der seine Sünde noch zu erfahren hat. Aber die Sünde wird nur so radikal erfahren, daß das Ich dem Gesetz gegen sich recht gibt und seine Perspektive einnimmt. In den Glossen zu Röm 7 geht es ebenfalls darum. Die Tyrannei des Gesetzes, sein Charakter als Gesetz der Sünde kommt darin zum Ausdruck, daß der geistliche Mensch durch das Gesetz ausschließlich seine Begierde erfährt. In der *Rationis Latomianae Confutatio* spricht Luther an dieser Stelle von der „täglichen" Erfahrung der Begierde (s. § 9.1.4.a). Sie setzt sich unüberwindlich fort und ist damit zugleich die Erfahrung der „Tyrannei der Sünde".[15]

9.3.3 In *De servo arbitrio* von 1525 verteidigt Luther ebenfalls die Erfahrung der Sünde als den Zweck des Gesetzes. Darum geht es schon in der Aussage, das „Amt des Gesetzes" werde darin erfahren, „die Sünde zu erkennen und den Tod zu fühlen" (s. die Eingangsbemerkung zu § 9.1).

a. Während Erasmus logisch deduktiv vorgeht und den Schluß zieht, daß ein Gebot, soll es nicht absurd sein, voraussetze, gehalten werden zu können, verweist Luther auf die Pragmatik von Aussagen im Alltag. Gibt es doch Aussagen, die in der Erfahrung das Gegenteil von dem erreichen und erreichen sollen, als ihr Wortlaut nahelegt:

> „Wie oft befiehlt ein treusorgender Arzt einem stolzen Kranken, etwas zu tun oder zu lassen, was diesem unmöglich oder schädlich ist, damit er ihn zur Einsicht in seine Krankheit oder Unfähigkeit durch eigene Erfahrung bringe, wohin er ihn bisher durch keine andere Methode führen konnte?" (WA 18,673,23–26)

Die Selbsterfahrung mit dem Wort Gottes ist ein Beispiel für solch eine Erfahrung.

b. Das wird deutlich, wenn Luther Sir 15,14ff. auslegt und an dieser Stelle klar macht, welche Funktion biblische Gebote haben:

> „Die Schrift definiert den Menschen, daß er verderbt und gefangen sei, sodann daß er im Stolz seine Verderbtheit und Gefangenschaft mißachte und nicht erkenne. Daher zupft sie ihn mit diesen Worten und weckt ihn auf, damit er durch gewisse Erfahrung erkennt, wie er nichts von diesen Dingen vermag" (674,9–12).

Die Schrift, also Gott selbst, tut ein Doppeltes: Sie definiert den Menschen. Sie legt ihn darauf fest, daß er Sünder und in seiner Sünde unentrinnbar gefangen ist. Luther wahrt damit, daß die Sünde sowohl die Schuld des

[15] Vgl. die *Vorrede zu Spalatin* ... von 1544, wo Luther zu der „Tyrannei und [dem] Gesetz der Sünde [Röm 7,19f.]" meint, sie sei das, „was wir aus den Schriften gelernt haben und durch tägliche Erfahrung in uns erkennen" (WA 54,114,8.5f.).

Sünders ist, als auch durch Gottes Erkenntnis und Urteil in Kraft steht. Diese Erkenntnis Gottes stellt sich nun beim Sünder selbst durch Erfahrung ein. Die Worte — des Gesetzes —, mit denen ihn Gott als Sünder definiert, sind Gebote, die ihn zum Tun auffordern. Erst im Verlauf des Tuns und im Ereignis des Scheiterns erfährt er sich selbst so, wie Gott ihn sieht, und erkennt also auf diesem Weg auch das Gesetz als Definition: als Gefängnis seiner Sünde.

An diesem Zitat wird exemplarisch deutlich, welche Bedeutung die Sequenz ‚Schrift und Erfahrung' bei Luther hat. Die Schrift ist konstitutiv. Sie kommt der Erfahrung zuvor, weil sie Gottes Erkenntnis des Menschen ist. Erfahrung folgt der Schrift, durch sie wird der Ahnungslose von Gottes Erkenntnis eingeholt. Weder ist die Schrift ohne Erfahrung, noch die Erfahrung ohne die Schrift. Eine Methode ist aus dieser Sequenz also nicht herauszulesen. Der Gesetzestäter ahnt ja nichts von Gottes Erkenntnis. Doch auch seine Erfahrung ist nicht originell die seinige. Denn sie konstituiert sich dadurch, zugleich mit dem Scheitern die Schrift anzuerkennen als Gottes Erkenntnis, die der Selbsterkenntnis zuvorkommt. Erst so wird das Scheitern endgültig, nur so holt Gottes gefangennehmende Definition den Definierten ein. Die Erfahrung ist also das Ereignis, im Scheitern an den Geboten die werkgerechte Selbstperspektive aufzugeben und Gottes Erkenntnis gegen das eigene Selbstbild recht zu geben.

9.3.4 Was zur Sequenz ‚Schrift und Erfahrung' bemerkt worden ist, gilt grundsätzlich. Das wird sich im folgenden immer wieder zeigen. In der *Zusammenfassung* dieses Paragraphen sollen die grundsätzlichen Bemerkungen auf die Erfahrung der Sünde zugespitzt werden:

a. Erfahrung ist der Erkenntnisbegriff der Schrift, also des Heiligen Geistes. Erfahrung bezieht sich auf deren Gegenstände. Die Schrift nötigt dazu, bewegt dazu, die von ihr angesprochene Welt zu betrachten und das, was dort erkannt wird, mit ihren Begriffen zu bezeichnen, also in Gottes Erkenntnis der Welt einzustimmen. Weil das Wort Gottes öffentlich bekannt gemacht wird, ist an ihm die Sünde ein öffentliches, vor Augen liegendes Geschehen. Erfahrung hat die Sünde in dieser Öffentlichkeit zum Gegenstand. Dabei ist sie eine je einzelne, situative Erkenntnisbewegung. Aber weil sie die Begriffe der Schrift zur Voraussetzung hat, hat sie die eine Sünde, die eine Begierde zum Gegenstand. Denn Gott redet als der immer eine und treue, so daß wir dabei als die uns ständig Treuen ans Licht kommen.

b. Erfahrung steht in Relation zur Schrift als dem Wort Gottes, das der Mensch nicht kennt. Deshalb bezeichnet ‚Erfahrung' ein Ereignis, das sich überraschend einstellt. Sie wird von dem Erfahrenden nicht für möglich gehalten, weil sie genau das Gegenteil dessen ist, was er erwartet. Sie erlaubt keine Ausflucht, sondern ist so klar und zwingend, daß er gegen seine Erwartungen ihr recht geben muß. Es ist also für die Erfahrung charakteristisch, sich auf die Erkenntnis und die Erwartungen zu beziehen, die der Mensch von seinem Verhältnis zu Gott hat. Die theologische Erkenntnis ist von dieser Erfahrung abhängig. Gott und sich selbst kann der Mensch nur in dieser Erfahrung, von außen und außerhalb seiner, erkennen. Das schließt die „spekulative", begriffliche Erkenntnis nicht aus. Doch diese kann auf die Erfahrung nur vorbereiten, nur auf sie hinweisen. Sie stellt aber umgekehrt die Erfahrung in einen Zusammenhang, den diese als sinnlich evidentes und situativ konkretes Ereignis der *ratio* nicht zu erkennen gibt.

c. Die Erfahrung ist in der Schrift konstituiert, also außerhalb von Vernunft, Wille und Sinnen. Doch so hat sie diese und ihren sündhaften Gebrauch zum Gegenstand. Zuerst und zuletzt ereignet sie sich „im" Erfahrenden selbst, in „Herz" oder „Willen". In ihnen wird die Sünde erfahrbar in Gestalt des Unglaubens gegen Gott und des Hasses gegen die gebotenen Werke und das auf sie bezogene Gericht, ferner als Begierde nach Gütern des irdischen Lebens, die allem Verhalten zu Gott vorgeordnet ist. Diese Grundaffekte, die allerdings auch die Gestalt eines bestimmten theologischen Denkens annehmen können, sind ursprünglich und unhintergehbar. Sie veranschaulichen schlaglichtartig, daß der Mensch in der Sünde ist, ohne ihr auf den Grund kommen und ihrer Herr werden zu können.

§ 10 Die Erfahrung des Zorns

10.1 Das Wesen der Zornerfahrung

10.1.1 Jesu Zornerfahrung am Kreuz ist paradigmatisch für das, was die Glaubenden erfahren.

a. Das zeigt Luther etwa in den *Operationes* zu Ps 22,3:

> „Weil aber Christus der Fürst und Anfang des Neuen Testaments und das Haupt jenes neuen Volkes ist, ... das niedergeworfen ... werden muß, ... hat er selbst als erster von allen das erfahren und leiden müssen, daß er verlassen und nicht erhört wurde, und hat so ... die neue Gestalt des Volkes der Welt gezeigt ... Denn bis dahin war es zurückgestellt, daß, indem der Heilige Geist in die Welt geschickt wurde, nicht nur er selbst sterbe, sondern er den Zustand seines ganzen Volkes ihm gleich mache und seine ganze Kirche ... völlig zu einer mit ihm sterbenden und mitbegrabenen mache."[16]

Christus hängt „am Kreuz" (610,18f.), den Tod vor Augen, und betet Psalm 22. Das ist das Paradigma der Zornerfahrung. Zorn heißt: Gott vernichtet Jesus ganz und gar, so daß er nichts vor Gott ist. Er erfährt im Tod, daß Gott ihn verlassen hat und hoffnungslos dem Tod preisgibt. Leiblicher Tod und vergebliches Gebet (also die Nichtigkeit vor Gott) machen aufeinander bezogen die eine Erfahrung des Zornes aus.

Dieser Zusammenhang ist auch nach den *Operationes* zu Ps 81,8 für die Erfahrung des Zorns konstitutiv: „ ‚Ich habe dich erhört in der Verborgenheit des Unwetters' ... Denn dieses Unwetter der Anfechtung verbirgt die Erhörung ..., so daß nichts weniger als das Heil und der erhörende Gott erscheint, der vielmehr lediglich als unwillig gefühlt wird. Wer das ... erfahren hätte, sähe zugleich ein, wie töricht ... von vielen gelehrt wird, daß der Mensch von Natur aus Gott über alle Dinge lieben könne, weil kein Mensch seiner Natur überlassen wird, der sich nicht vor dem Tod entsetzte ..., [geschweige denn] daß er den angedrohten Zorn ertrüge" (82,5–12).

Unrevidierbar wie der sinnfällige Tod ist die Verwerfung, die in ihm stattfindet. Mit dem Leben verlöscht auch der Glaube, der vor Gott steht. Der körperliche Schmerz und die Vereinsamung sind die Qual, verworfen zu sein von Gottes Angesicht. „Erfahrung" bedeutet hier neben ‚äußerlich und innerlich sinnfälliges Ereignis' des weiteren, daß es um etwas geht, das zu „erleiden" (*pati*) ist. Christus tut nichts dazu, weder dafür oder dagegen,

[16] WA 5,610,4–12 (*Operationes in Psalmos*, 1519–21).

sondern ist ihm ohnmächtig ausgeliefert. An diesem Leiden geht er zugrunde.

Darum daß der Tod erfahren und erlitten werde, wird der „Heilige Geist in die Welt geschickt". Nur im Geist wird der Zorn erfahren und erlitten: Christus stimmt im Erleiden Gott zu, ihn dem Zorn auszusetzen. Mit der Erfahrung geht der Glaube einher — und wird in ihr abgründig. Denn der Glaube hängt an Gottes Zuwendung in seinem Wort, die im Zorn gerade verneint ist. Gott ist nur noch als verlassender da. Sein Zorn ist „ewig" (610,28), ist definitiv und unendlich ausweglos.

b. Auch nach folgendem Summarium zu Ps 22 erfährt Jesus den Zorn in der Duplizität von Kreuzestod und vergeblichem Gebet:

> „Dieses Bild des Leidens Christi soll uns zuerst zur Buße mahnen ... Gottes Zorn über die Sünde ist so gewaltig; denn nur ein so großes Opfertier hat den göttlichen Zorn besänftigen können. Dann ist auch den Frommen ein Trost vorgehalten: Sowohl weil die Größe des Leidens Christi die Größe unserer Sünden bedeckt hat, als auch weil das Beispiel nützlich ist. Wir wissen, daß wir nicht verworfen sind und deshalb nicht verzweifeln müssen, auch wenn wir den Zorn Gottes erfahren. Denn weil Christus denselben Zorn erfahren hat, richten wir uns auf und vertrauen, daß wir befreit werden sollen, wie Christus befreit worden und emporgestiegen ist. Groß ist dieser Trost: zu erkennen, daß Christus diese größten Schmerzen und Schrecken gefühlt hat und sich unter alle Sünder gedemütigt hat."[17]

Statt „Verlassen" umschreibt hier „Verwerfen" den Zorn. Gott, an den Jesus glaubt, hat sich abgewandt und überläßt sein Geschöpf sich selbst. Er macht es zunichte. Das erfährt das Geschöpf im Tod. Wiederum ist deutlich: Die Erfahrung, daß Gott verläßt und zunichte macht, setzt den Glauben voraus. Aufgrund dieses Glaubens erfährt Jesus den Zorn, die Verwerfung. Diese Erfahrung ist „Leiden": Er „fühlt" „Schmerzen und Schrecken", „Gefühle", in denen das Ich den Tod, die Vernichtung durch Gott, reflektiert. Die Zornerfahrung umfaßt also das Ereignis des Todes in Wechselwirkung mit dem vergeblichen Gebet und das Involviertsein der Gefühle in dieses Ereignis. In ihnen erkennt Jesu Ich, daß es in seinem Glauben scheitert. Es weiß, daß zu glauben notwendig ist, und will von ganzem Herzen, was Gott will, muß aber nun hinnehmen, von ihm verworfen zu werden. Die Gefühle sind Ausdruck seines „Leidens". Leid bedeutet, daß das Ich in sich den Glauben und das Ereignis seines Scheiterns vereint, eine Antinomie, die es nicht auflösen

[17] WA 31/I,523,1–10 (*Kleinere Arbeiten über Psalmen*, 1530–32).

kann. Aber Jesus wird ganz und gar zum Leidenden: Er erfährt den Zorn, „demütigt" sich aber zugleich unter ihn. Er hält an Gott fest.

10.1.2 In der Wechselwirkung von Lebensbedrohung und Verwerfung wird der Zorn auch nach der Auslegung von Jona 1,4 in den *Praelectiones in prophetas minores* von 1524f. erfahren:

> „Gewiß ist es ... ein gefährliches Amt, daß ein einzelner Mensch gegen ein überaus mächtiges Reich ausgesandt wird. Daher verkleinert er, erschreckt von der Größe der Aufgabe, kleinmütig die Herrschaft des Herrn. Es ist eine ... große Sünde, wie auch die Strafe der Sünde groß gewesen ist: Abgesehen davon, daß er außen durch den Zorn Gottes erschreckt wurde, hat er auch im Gewissen den Zorn Gottes gefühlt. Aber dennoch verblieb er im Glauben, wie sehr auch ein größerer Sturm im Herzen oder Gewissen Jonas tobte und gleicherweise außen im Meer etc. Weil wir nur Betrachter von Tragödien dieser Art sind, erscheinen sie uns nicht so ... schrecklich, wie sie sind. Aber wenn wir es selbst in unserem Gewissen erfahren, dann erkennen wir, was es heißt, Gottes Zorn gegen sich zu fühlen, und was der Glaube sei, der auch mitten im Zorn den barmherzigen und milden Gott ergreift" (WA 13,245,18–28).

Der Zorn ist sowohl ein „äußeres", lebensbedrohliches Ereignis als auch eines „im Gewissen". ‚Gewissen' entspricht dem Gebet Jesu am Kreuz, sofern in ihm der Tod vor Gott als sein Zorn erfahren wird. Es geht nicht um zwei anthropologische Dimensionen, die zu summieren wären. Im Gewissen erkennt Jona den äußeren Sturm als Zorn, der ihn in seiner Sünde richtet. Umgekehrt fühlt er damit den Sturm „im Herzen". Sturm und Zorn sind außen und innen ein Ereignis. Diese beiden Aspekte kreuzen sich im Erfahrungsbegriff, der einmal das schicksalhafte Ereignis und dann den Affekt bezeichnet, in dem das Ereignis sowohl rezipiert als auch reflektiert wird. Zorn erfahren heißt, ihn im „Gewissen" „fühlen" als den Affekt des „Erschreckens". Auf diese typische Ausdrucksweise wird noch näher einzugehen sein.

Nicht für Jesus, aber für alle anderen Menschen gilt: Der Zorn ist „Zorn über die Sünde" (s. § 10.1.1.b), er entspricht ihrer Größe: Er ist die „Strafe" für sie. Als „äußeres" Ereignis des Sturms ist er nicht kausal abhängig von Jonas Sünde. Aber „im Gewissen" erkennt Jona: Der Sturm trifft die Sünde, sie macht er zunichte. Das tut er als Schicksal, das Jona in seinem von der Sünde beherrschten Leben bedroht und dem gegenüber er ohnmächtig ist. Der Sturm vernichtet Jona in seiner Täuschung, ohne Glaube an Gott leben zu können. Im Schicksal wird offenbar, daß Gott Herr der Sünde und diese selbst ohnmächtig ist.

10.2 Erfahrung im Gewissen

10.2.1 In den *Praelectiones* zu Jona 1,4 sind viele Merkmale der Zornerfahrung versammelt: Vorausgesetzt ist, daß Jona seine Sünde darin erkennt, daß er sein „Amt", seine „Aufgabe" mißachtet und damit „Gottes Herrschaft" „verkleinert". Jona bezieht das äußere Ereignis des Sturms auf seine Sünde und erfährt so im Gewissen Gottes Zorn im drohenden Tod. Diese das Gewissen betreffende Seite der Erfahrung ist näher gekennzeichnet als ein „Fühlen des Zorns", nämlich im „Erschrecken" vor ihm. Wie für die Sündenerfahrung der Affekt, das Fühlen, kennzeichnend ist, so auch für die Zornerfahrung. Sie unterscheiden sich allerdings. Der aus dem Zorn resultierende Gewissensaffekt setzt nämlich voraus, daß die Sünde vor dem Gesetz erkannt ist und folglich der Sünder weiß, nun dem Zorn ausgeliefert zu sein. Im Affekt reflektiert der Sünder dieses Wissen auf sich selbst. Gewissenserfahrung bedeutet nun: ‚Ich' erkenne mich in meinem Gefühl so, wie Gott mich sieht und an mir handelt.

10.2.2 Weil Sünden- und Zornerfahrung unmittelbar miteinander verknüpft sind, spricht Luther in der *Enarratio* von Ps 51,5 (s. § 8.3.3) von einer Erfahrung, einem „Gefühl" im „Herzen". Darin reflektiert David das Wissen, „verloren und angeklagt in den Sünden" zu sein, auf sich selbst und fühlt „Verzweiflung". Diese resultiert aus der Erkenntnis, daß die Situation der Sünde und damit des Zorns unentrinnbar ist.[18]

David erkennt die Sünde nicht schon damit, daß er sie betrachtet, sondern daß er umgekehrt von deren Erkenntnis bedrückt wird. Der Erfahrungsbegriff markiert die Umkehrung der Erkenntnisrichtung: Nicht ich betrachte die Sünde, sondern bin umgekehrt in ihrer Erkenntnis ihr Objekt. Denn in der Sünde „verloren" sein heißt zugleich, „angeklagt" sein. Ähnlich hält Luther in den *Praelectiones* nicht die Betrachtung des Zornes für entscheidend. Erst wenn ich ihn im Gewissen erfahre, habe ich ihn erkannt. In diesen Aussagen zeigt sich, daß die Erfahrung des Zorns passiv, daß sie ‚Leiden' ist. Sie steht für das Handeln Gottes in der Erkenntnis vor dem Gesetz.

10.2.3 In den *Operationes* zu Ps 6,11 fragt Luther, wie es denn zugehe, daß die „Feinde" des Psalmbeters „verwirrt werden" (*conturbantur*) und „umkehren" (*convertantur*), und zieht zur Antwort Röm 4,15 heran:

---

[18] Vgl. außerdem die Predigt aus der *Kirchenpostille* (s. § 9.1.6), die statt von „Verzweiflung" von „Vortzagen" spricht, die *Vorlesung* über Ps 130,4 (s. § 9.2.4) und das Summarium zu Ps 22 (s. § 10.1.1.b).

> „‚Das Gesetz wirkt Zorn'. Denn es offenbart die Sünde, wodurch das Gewissen verwirrt wird, das in der Verwirrung von Gottes Zorn und dem Tod beunruhigt wird. Indem das Gesetz [den Zorn] anzeigt, sieht das Gewissen, daß es ihn verdient hat. Dieser Ausgang nämlich kehrt die Leute plötzlich und mit Gewalt um, verwirrt und beunruhigt die Stolzen, die er in das Nichts zurückführt, und zwingt sie, den Hochmut ihrer Gerechtigkeit niederzulegen und die Barmherzigkeit Gottes zu suchen. Wenn sie nicht in solchem Affekt und eigener Erfahrung erprobt sind, lesen, hören und tun sie alles vergeblich. ‚Denn die Plage (wie Jes 28,19 sagt) allein gibt die Einsicht in das Gehörte'. D.h.: Das Wort Gottes wird den Verständnislosen einsichtig, wenn sie mit Leiden wohl geplagt sind. Das Kreuz Christi ist die einzige Unterweisung in Gottes Worten, die reinste Theologie" (WA 5,216,32–217,3).

Wie in der *Enarratio* zu Ps 51,5 kommt es auch hier vor dem Gesetz zu der einen Erfahrung von Sünde und Zorn. Durch das Gesetz wird den auf „ihre Gerechtigkeit" Bedachten genau dies als „Sünde offenbar", als „Hochmut" und „Stolz" gegen Gott. Nun sind sie „verwirrt", sind in ihrer Sünde verunsichert und gescheitert. Ihr Stolz ist „in das Nichts zurückgeführt", den Hochmut müssen sie „niederlegen". Die Verwirrung ist ein „Affekt" des „Gewissens", in dem der Sünder das, was er nun „sieht": nämlich den Zorn „verdient" zu haben, auf sich selbst zurückbezieht. Indem er in eins damit „die Barmherzigkeit sucht", ereignet sich in der Verwirrung der Tod des Sünders und zugleich seine „Umkehr": Im Gewissen gibt er dem Gesetz und dem Zorn recht. Verwirrt und beunruhigt (was hier für Erschrecken und Verzweiflung steht) ist ein solches Gewissen über die Sünde, weil diese den Willen des Gewissens, Gottes Gesetz zu erfüllen, vereitelt.

Für den Zusammenhang von Zorn und Erfahrung ist wie für den von Sünde und Erfahrung das Gesetz wesentlich. Denn durch dieses sollen Sünde und Zorn im Gewissen „erfahren" werden. Gottes Zorn vernichtet nicht einfach, sondern der Sünder soll ihn erkennen und anerkennen. Das ist in den „Affekten" seines Gewissens erreicht, im Erschrecken, in Verzweiflung und Verwirrung, in denen er den Zorn „leidend" erfährt. In ihnen nimmt er „Ausgang" von sich selbst und vollzieht die „Umkehr", in der er nicht sich selbst, sondern Gott gegen sich recht gibt. Den Begriff „Ausgang" (*excessus*) hat Luther, wie die *Dictata* zu Ps 115 (116),11 zeigen (s. § 8.4.2), in der Interpretation durch die *theologia mystica* übernommen und sich angeeignet. Er versteht deshalb den Ausgang als eine „Erfahrung", in der der „Geist" den Menschen aus der „Lüge" in die „Wahrheit" versetzt.

Unausgesprochen geht es auch hier um das Wirken des Geistes. Denn der Affekt des Erschreckens ist koordiniert mit der Suche nach der Barmherzigkeit.[19] Dieser sich zweifach ausprägende Affekt ist ein solcher des glaubenden Gewissens, das allein in Gottes Gesetz seinen Willen hat. Im Glauben ist es nicht über die eigene Vernichtung verzweifelt und verwirrt, sondern über die Sünde und den Zorn, sofern in ihnen Gottes Gesetz unerfüllt bleibt. Im Glauben den Zorn erfahren und also verzweifeln heißt, als Sünder sterben und zu Gott in seiner Barmherzigkeit umkehren.

Für die (hier als „Affekt" akzentuierte) Erfahrung ist entscheidend, daß sie das Verstehen des Wortes Gottes ist. An ihr entscheidet sich, ob das „Lesen" und „Hören" des Wortes Gottes „vergeblich" gewesen ist oder nicht. In der für Luther typischen Relation zur Schrift ist die Erfahrung wie folgt bestimmt: In ihr bleibt die Lehre der Schrift nicht länger dem Ich fremd, sondern dieses wird im Gewissen und seinen Affekten zum Adressaten und zum „Subjekt" der Lehre. Konstitutiv für diese Aneignung ist allerdings das Hören und Lesen des vorgegebenen Wortes. Die vom Ich übernommene Lehre ist vor ihm da, sie ist Gottes Erkenntnis des Menschen, die er diesem mitteilt. Nur als solche kann er sie sich zueigen machen: Er muß sie von seiner eigenen Unkenntnis dauernd unterscheiden und also Gottes Erkenntnis seiner selbst gegen sich selbst recht geben.

10.2.4 Auch in *Der Prophet Jona ausgelegt* von 1526 ist die Erfahrung des Zorns der Gewissensaffekt der Verzweiflung. Luther interpretiert den Walfisch, der Jona verschlingt, als den „tod und die helle" (WA 19,248,12). Der Tod sticht und haut, würgt und martert Jona, weil in seinem Gewissen durch das Gesetz bereits die Sünde ist (248,15–17). „Wie grewlich nu der walfissch mit seym rachen dem Jona gewest ist, so grewlich ist des tods drewen ynn eym sundigen, erschrockenem gewissen" (248,26–28). Die drei Tage im Bauch des Wales sind das Ringen des Sünders mit dem Tod, „bis er gar verzweyffelt" (248,29–31); sie sind das „geystliche sterben" (249,1). Luther fährt fort:

> „Darnach kompt ... das Euangelion ... und spricht zum fissche, das ist, es gepeut dem todte, das er den menschen lebendig lasse. Da gehet der glaube an und wird der mensch beyde von sunden und tod ledig ... und lebt also ynn gnaden und gerechtickeit mit Christo. Da lernt nu Jona das stücklin singen: ‚Ich wil mit danck opffern' [2,10] etc. und schilt die ienigen, so sich auff eytelkeyt verlassen und achten der gnaden nicht. Denn solche

[19] Das zeigen auch die *Praelectiones* über Jona 1,4 (s. § 10.1.2) und die Predigt aus der *Kirchenpostille* (s. § 9.1.6).

> leute erfaren, das werck und gesetz leben eytel unnütze ding sey und alleyne gotts gnade helffen mus ... [S]ie konnen recht leren ..., weyl sie es nicht alleyne aus den buechern odder worten sondern aus dem geyst und eygen erfarunge haben. Da schneyt denn und ist krefftig, was sie leren, wie Jona hie mit seyner predigt zu Nineve bedeutet“ (249,2–14).

Mit „Erfahrung“ ist zum einen das unverhoffte Ereignis des geistlichen Sterbens gemeint, zum andern aber der Affekt des Gewissens, das „Erschrecken“ und „Verzweifeln“ über den Tod als Sünder, welcher Affekt die Bedeutung des von außen andringenden Ereignisses richtig erfaßt. Vor dem Gesetz, das zum Evangelium führt, erkennt sich Jona wahrhaftig, nämlich daß sein „werck und gesetz leben eytel“ ist und keine „gerechtickeyt“ schafft. Jona hat nun „Gewissen“, d.h. er kann dieser Erkenntnis nicht ausweichen. Weil er aber der erkannten Sünde nicht entrinnen kann, nährt der drohende (und verdiente) Tod die Verzweiflung des Gewissens. Nur im „glauben“, der mit dem Evangelium „angehet“, nur im „geyst“ kann diese zeitlich vorgängige Erfahrung in ihrer Tiefe benannt werden. Der Geist macht den Sünder von sich los, versetzt ihn außer sich in das Wort Gottes, so daß er sich der Erfahrung seines Gewissens vor Gott stellen kann: Im Geist und Glauben erfährt er Sünde und Zorn als die Situation, in der „gotts gnade helffen mus“. Erst aufgrund der „Erfahrung“ kann Jonas Predigt in Ninive „krefftig“ sein. Denn nun predigt er das Gesetz nur so, daß die Sünde und mit ihr die Notwendigkeit der Gnade erkannt wird.

10.3 Der Teufelskreis aus Sünde und Zorn im Gewissen

Den Zitaten des vorausgehenden Absatzes ist gemeinsam, von der Erfahrung der Sünde und des Zorns im Gewissen zu handeln, die erst in der Umkehr zum Evangelium, also als eine Erfahrung im Glauben benannt wird. Doch zunächst erfährt der Mensch Sünde und Zorn als Sünder und ist in ihrem Teufelskreis gefangen. Das beobachtet Luther an den Werkgerechten, ja er hat es als Mönch selbst erfahren:

10.3.1 In der *Rationis Latomianae Confutatio* von 1521 verteidigt Luther seine These, daß „jedes gute Werk Sünde“ sei (WA 8,59,1f.), auch das des Getauften. Im Kontext des folgenden Zitats argumentiert er mit der Schrift, um zu belegen, daß „die Sünde in uns und in all unseren Werken zusammen mit dem Vertrauen ist, solange wir hier sind“ (110,22f.; zur Übersetzung vgl. Frick ^{3}1984:111f.). Dann verweist er auf die Erfahrung des von der scholastischen Theologie Belehrten:

> „Eines will ich noch hinzufügen, um diese Sache mit Vernunft und Erfahrung zu unterstützen. Ich disputiere mit Sophisten. So wollen wir von der Regel zum Beispiel kommen, damit wir nicht Kenntnisse wie die Stoiker haben, die einen Weisen definiert haben, den sie niemals gesehen haben ... Ich frage, ob sie es wagen, einen Menschen anzubringen, der von einem einzigen seiner guten Werk sagen kann, es sei ohne Sünde. Aber sie werden sagen, es sei ungewiß, wessen Werk ... ohne Sünde sei, dennoch zweifeln wir nicht, daß es ohne Sünde sei ... Ist das nicht unsinnig, in der Kirche Ungewisses zu lehren? Wann wird dann Friede in unseren Herzen sein?" (110,37–111,16; Frick ^{3}1984:111f.)

Das Argumentationsmuster „Schrift und Erfahrung" im Streit mit Latomus ist bereits erläutert worden (s. § 9.1.4). Mit Erfahrung ist etwas Unbestreitbares gemeint, das einen selbst betrifft und zugleich fremder Beobachtung zugänglich ist: Die „Sophisten" können kein „Beispiel" für ihre „Regel" anführen, daß jedes gute Werk ohne Sünde ist, weil sie nicht mit Gewißheit sagen können, wann ein Werk gut ist. Damit aber belassen sie den Werkgerechten in der Ungewißheit, ob er denn vor Gott gerecht sei. Luther beobachtet dies von außen. Er steht auf dem Boden *der* „Lehre in der Kirche", die „Friede in unseren Herzen" schafft, weil sie das Herz „gewiß" macht, vor Gott gerecht zu sein. Für ihn, der an Christus glaubt, ist die Erfahrung des ungewissen (und womöglich auch unfriedlichen) Herzens keine Kleinigkeit, sondern der Prüfstein der Lehre. Diejenige der Sophisten kommt an diesem Prüfstein zu Fall, weil sie das Herz in der Ungewißheit beläßt und ihm damit weder Sünde und Zorn noch Christus, weder das Gesetz noch das Evangelium zu erkennen gibt. Sowohl das ungewisse Herz als auch die sophistische Lehre sind das Handeln des Satans (113,5–7). Der Sünder ist an die Macht der Sünde unrettbar ausgeliefert.

10.3.2 Wozu sich die Erfahrung eines ungewissen Herzens entwickeln kann, beschreibt Luther 1525 in *De servo arbitrio*. Mit Erasmus streitet er um dasselbe Problem wie mit Latomus, nur daß nun wirklich der Kern des Problems zur Debatte steht: Ob der Mensch einen „freien Wille" Gott gegenüber habe, sich um das Heil zu bemühen:

> „Wenn es irgend geschehen könnte, wollte ich nicht, daß mir der freie Wille gegeben wird, ... wodurch ich mich um das Heil bemühen könnte ... Mein Gewissen würde, selbst wenn ich ewig lebte und Werke täte, niemals gewiß ... werden, wieviel es tun müßte, um Gott damit zu genügen. Denn bei jedem vollbrachten Werk bliebe die Ungewißheit zurück, ob es Gott wohl gefalle, oder ob noch etwas darüber hinaus anzustreben sei, wie es die Er-

> fahrung aller Werkgerechten beweist und auch ich zu meinem großen Übel so viele Jahre zur Genüge gelernt habe.“ [20]

Wie andernorts in *De servo arbitrio* (s. § 9.2.3) und wie gegen Latomus argumentiert Luther mit einer Erfahrung unter dem Gesetz, die noch unerleuchtet ist und erst vom Evangelium her erkannt wird. Daß der Sünder unerleuchtet in ihr ist, ist Teil des Handelns Gottes durch das Gesetz, mit dem er die Sünde beherrscht: Gott „versucht“ uns im Gesetz. Entweder erkennen wir durch es unsere Ohnmacht (vgl. § 9.3.3), oder Gott verlacht uns durch es in unserer Einbildung und unserem Hochmut (673,34–674,1) und hält uns in der Sünde gefangen. Beide Fälle implizieren die Erfahrung, ungewiß zu sein, ob ich mit meinen Werken „Gott genüge“ und vor ihm gerecht sei. Sie ist ein Element der Werkgerechtigkeit und bereits der Keim ihres Scheiterns. Denn je ungewisser desto furchtsamer und verzweifelter muß das Gewissen sein, da doch das Gesetz den, der es nicht erfüllt, zu verdammen androht. Als Mönch erkannte Luther nicht, daß das Gesetz die Werkgerechtigkeit anstachelt und in ihr Sünde und zugleich Zorn wirksam sind. Er erkannte nicht, daß das Gesetz der Sünde mit der Werkgerechtigkeit eine Gestalt gibt, die zum Scheitern verurteilt ist. Die Werkheiligkeit wurde zum Teufelskreis.

Wie gegen Latomus ermißt Luther das Gewicht dieser Erfahrung vom Glauben her: Nun, da Gott „mein Heil aus meinem Willen genommen und in seinen aufgenommen hat und ... mich durch seine Gnade ... zu retten verheißen hat, bin ich sicher und gewiß, daß er treu ist und nicht lügt“ (783,28–31). Als Werkgerechter „niemals gewiß“ sein zu können, wird nun als das erfahrbare Siegel dafür erkannt, in dem Teufelskreis aus Sünde und Zorn gefangen zu sein.

Nach Karl Holl ($^{2.3}$1923:21, Anm. 4) hat Luther in den hier erwähnten „Klosterkämpfen“ (20) die „Unmöglichkeit“ empfunden (21), der „schlechthinigen ... Pflicht“ zu genügen, Gott aus ganzem Herzen zu lieben und seine Gebote ohne „selbstsüchtige Hintergedanken“ zu erfüllen (19). Darin habe er „ein anderes Gewissen als seine katholische Umgebung“ gehabt (20), und dies sei seine reformatorische Entdeckung (19). Holl ignoriert jedoch, daß Luther seine Gewissenserfahrung derjenigen der „Werkgerechten“ seiner Zeit gleichstellt. Zu Recht nennt Holl das erste Gebot in den Worten von Dtn 6,5 als Kriterium der Sündenerfahrung. Doch die Sünde ist nicht in der Differenz zwischen Sollen und Sein erfaßt. Sie besteht vielmehr gerade im Willen zur Werkgerechtigkeit, der bei Holl zur reformatorischen Entdeckung wird. Das Gesetz ist infralapsarisch und von vornherein

---

[20] WA 18,783,17–19.24–33. Zur Übersetzung vgl. Jordahn ^{3}1986:243.

Zorn. Deshalb sind die Werkgerechtigkeit und die Ungewißheit, die sie mit sich bringt, die Erfahrung sowohl der Sünde als auch des Zorns, die vom Evangelium der fremden Gerechtigkeit Christi her benennbar wird.

10.3.3 Die Erfahrung, im Teufelskreis aus Sünde und Zorn gefangen zu sein, erwähnt Luther auch in der *Enarratio Psalmi LI* (vgl. § 8.3.3). Während David in den Versen 3f. nach der Vergebung und nach der Gabe der Reinigung verlange, nenne er in Vers 5 als Grund dafür die Sündenerkenntnis (WA 40/II,358,11–17): „‚Vor mir ist immer die Sünde', offenbar die Sünde gemäß dem ganzen Gesetz", was zugleich heiße, „Furcht, Verzweiflung und Schrecken" zu erkennen (359,2f.).

> „Die Sünde überschüttet mich, nicht nur die des Ehebruchs, sondern die umfassende. Wenn unser Herre Gott da nicht hülfe und unsere Genügeleistung erwartete, dann wäre es zum Verzweifeln. Wie wir bisher immer erfahren [haben]: Was wir auch getan haben, immer ist dasselbe erschrockene Gewissen geblieben" (359,7–11).

Zwischen der Erkenntnis Davids und „unserer Erfahrung" ist ein Unterschied. David erkennt, daß er das Gesetz nicht nur punktuell übertreten hat, sondern damit „ganz" und „umfassend" Sünder ist. Aus dieser radikalen Erkenntnis heraus spricht Luther im Irrealis von der Situation, daß Gott dem Sünder nicht zuhilfe komme und die Genügeleistung von ihm verlange, weshalb dieser dann verzweifeln müsse.

Das mittelalterliche Beichtwesen sieht als Bestandteile der Buße neben der Erkenntnis, der Reue und der Zerknirschung auch die Satisfaktion vor, die die Kränkung der Ehre Gottes wiedergutmachen und wenigstens zeitliche Sündenstrafen ersetzen soll. Luther hat als Mönch dieses Bußwesen geübt und in ihm die genannte Erfahrung gemacht: „Ich aber, der ich, obwohl ich als untadeliger Mönch lebte, mich vor Gott als Sünder mit einem äußerst unruhigen Gewissen fühlte und nicht darauf vertrauen konnte, er sei durch meine Genugtuung versöhnt, liebte nicht, sondern haßte den Gott, der gerecht ist und die Sünder bestraft."[21]

Bei „uns" hingegen fehlt diese vollkommene Sündenerkenntnis. Aber im Verhältnis zu ihr vermag Luther die Erfahrung des Werkgerechten zu erkennen: Weil er Sünde und Zorn nicht erkannte, erfuhr sein Gewissen, immer vor Gottes Zorn erschrocken zu bleiben und keine Ruhe in den Werken zu

---

[21] WA 54,185f. (*Vorrede* zum ersten Band der Gesamtausgabe der lateinischen Schriften, 1545). Übersetzt von Sauter (1989:33).

finden. Die Werkgerechtigkeit selbst war Sünde, weil sie Gottes Hilfe mißachtete. Deshalb mußte sie in der Verzweiflung scheitern. Und weil er Sünde und Zorn nicht erkannte, wurden Werkgerechtigkeit und Verzweiflung zum unentrinnbaren Teufelskreis für ihn.

Luther erkennt im Glauben eine Erfahrung außerhalb des Glaubens, die aber erst jetzt im Glauben zur Sprache zu bringen ist und nur so: im nachhinein vom Glauben thematisiert, von Interesse ist. Ist sie doch eine Gewissenserfahrung der Sünde und des Zorns, in der der Erfahrende der Sünde nicht erkennend gegenübertritt wie David, dessen Sünde „vor ihm" ist. Vielmehr nimmt er sein erschrockenes Gewissen als Aufforderung, es durch Werke abzuwenden. Er vollzieht also die Sünde gerade in dem, womit er sie abzuwenden gedenkt. Glaube und Erfahrung sind einander äußerlich. Die dem Glauben gemäße Erkenntnis der Sünde ist also nicht schon in der Erfahrung enthalten, um nur entdeckt zu werden. Sondern die Erkenntnis der Erfahrung geht einher mit der radikalen Erniedrigung und Entäußerung des Sünders, die dieser erleidet. Wo dies geschieht, gibt die Erfahrung dem Glauben indirekt recht, sofern sie zeigt, wie der Unglaube als das Gegenteil des Glaubens scheitert. Dieser Zusammenhang ist überall dort zu erkennen, wo Luther auf Erfahrung außerhalb des Glaubens verweist (vgl. § 9.2.4).

Müller (1929:33) erkennt, daß es hier um eine unvollständige Sündenerkenntnis geht, weil sie „den Wahn der Selbsthilfe [nicht] zu beseitigen" vermag. Doch offenbart sich die Sünde hier nicht — wie Müller meint — „als kontingente Erfahrung im wirklichen Ende unserer Existenz" im Unterschied zu einer lehrhaften „Wesensbeschreibung" und „Erkenntnis" der Sünde (34). Es geht umgekehrt vielmehr darum, daß der Sünder das Scheitern seiner Sünde bereits erfährt, wenn er seine Sünde noch nicht erkannt hat. Erst im nachhinein, von der Erkenntnis der Hilfe Gottes her, wird ihm auch die Erfahrung einsichtig.

10.3.4 Das Herz oder Gewissen des Werkgerechten ist unfriedlich und ruhelos nicht wegen der Werke allein. Schon sein theologisches Denken, das auf das Handeln vorbereitend und schlußfolgernd eingeht, erwächst aus diesem Unfrieden. So meint Luther in den *Operationes* zu Ps 16,4:

> „Das Trachten all derer, die außerhalb des Glaubens mit ihren Werken und Lehren Gott etwas bezahlen wollen, ist gottlos ... ‚Ihre Götzen werden sie vermehren', ... damit ist das ... unglückselige Trachten derer ausgedrückt, die immerdar lernen und doch nie zur Erkenntnis der Wahrheit kommen; die immer der Gerechtigkeit nachjagen und doch nie zum Gesetz der Gerechtigkeit gelangen, trotz all der zahllosen Lehren, Sekten und Werke, die sie

> erfinden, um Gott damit zu dienen, wie heute noch an den ... papistischen Christen zu sehen ist. Weil deren Gewissen nämlich nicht ruhig ist und keinen anderen Weg zum Frieden weiß als ihre Werke und Lehren, verwirrt es sich notwendig unendlich mit unterschiedlichen Fragen und Studien, wobei es in keiner von ihnen fest und zufrieden ist, wie ... die Erfahrung allerorten bezeugt“ (WA 5,449,4–23).

Vom „Glauben“ aus „sieht“ Luther auf die römische und jüdische (449,19) Theologie, die die Werkgerechtigkeit denkt. Weil dieses Denken Gott nicht mit den Aussagen ergreift, die gewiß sind, um das Herz gewiß, ruhig und friedlich zu machen, findet es nicht die „Ruhe“ und den „Frieden“ mit Gott. Luther verweist auf die „Kollegien und Klöster“ (449,23): Was an den Kollegien gelehrt wird, zeigt etwa der spitzfindige Satz, den Luther Latomus vermutungsweise unterstellt (s. § 10.3.1). Er spornt zu Werken an und läßt zugleich ungewiß, ob sie gut sind. Leicht vorstellbar, daß sich damit weder das Denken noch das Gewissen des Werkgerechten zufrieden geben kann. Am Glauben entpuppt sich die scholastische Theologie selbst als die Sünde. Ihre Dynamik aus Lösungsversuch und neuer Aporie ist „notwendig“ ein Teufelskreis. In ihm ist der Zorn wirksam. Er läßt die Sünde, „außerhalb des Glaubens“ zu denken und zu handeln, ihr selbst erfahrbar scheitern — wie der Glaube im nachhinein erkennt. In den „Klöstern“ gehen die Mönche „erfundenen“ Werken nach. Nur hier kann man gefahrlos Christ sein, unbehelligt durch die Versuchungen der Welt. Das Gegenteil ist richtig: Der Glaube tut in den Ständen die Werke bürgerlichen Lebens. Für ihn ist „keine Lebensweise zu verachten oder gefährlich“ (449,30f.).

10.3.5 Auf einen anderen Aspekt, wie Handeln und Denken im Streben nach der Gerechtigkeit aufeinander bezogen sind, geht Luther in der *Vorlesung über den Galaterbrief* von 1531 ein:

> „Du mußt nicht in den Himmel zu Gott aufsteigen, beginne vielmehr dort, wo er angefangen hat: Im Schoß der Mutter ist er Mensch geworden ..., und wehre den spekulativen Sinn ab. Wenn du sicher sein willst und ohne Gefährdung durch den Teufel und dein Gewissen, dann wisse ... keinen Gott außer diesem Menschen ... Laß in dieser Angelegenheit, auf welche Weise mit Gott und gegen ihn zu verkehren ist, die Spekulation über die Majestät fahren. Und im Prozeß gegen Sünde und Tod laß Gott fahren, weil der dort unerträglich ist. Und wenn du dich dazwischenschiebst mit deinen Kappen und Platten, dann sagt das Gewissen: Er selbst ist unermeßlich. Laß ihn fahren und sage: Wir verweilen bereits in einer anderen Angelegenheit, wir disputieren nämlich darüber, ... wie der Gott zu finden ist, der rechtfertigt

und annimmt; wo der zu finden ist, umfasse diese Menschlichkeit ... Ich habe diese zwei Dinge sehr erfahren" (WA 40/I,76,9–77,10 [Hs]).

Mit „Spekulation" ist hier (vgl. dagegen das Scholion zu Röm 3,20, s. § 9.1.2.a) ein Denken gemeint, das Gott verfehlt. Der Papst, der Türke, die Schwärmer, die Mönche und die Juden pflegen es, indem sie auf den „Gedanken" setzen ‚Wenn ich dies oder das tue, dann wird Gott auf mich schauen und mich bewahren' (76,2–6). Dieses Denken „entfernt Christus aus den Augen und setzt wieder Gott Vater hin" (76,2f.), den Luther auch „Gott selbst" nennt. Die Spekulation ist nicht einfach nicht wahr. Sie hat mit Gott zu tun. Aber sie verfehlt Gott, weil sie das Angenommen- und Gerechtsein verfehlt und damit auch die Gewißheit des Gewissens. Luther selbst hat erfahren, daß das Gewissen, wenn es mit Gott in seinem Gesetz abgesehen von Jesus Christus umgeht, nicht gewiß wird, von Gott angenommen und vor ihm gerecht zu sein. Vielmehr ist Gott dann „unermeßlich". Denn weder weiß der Werkgerechte, ob er schon genug getan habe und sein Werk gut sei, noch weiß er, ob ihn Gott annehmen wolle oder nicht vielmehr zur Verdammnis prädestiniert habe. Um diese Aporien der Werkgerechtigkeit geht es in den bisher behandelten Aussagen und in *De servo arbitrio*, wo Luther eingehend erläutert, daß „Gott selbst", der den Tod des Sünders will, von „Gott in seiner Menschlichkeit", an den allein sich der Glaube halten soll, zu unterscheiden ist. Wie an diesen Orten so ist auch hier die Werkgerechtigkeit die Gefangenschaft in der Sünde, in der Gott den Sünder durch das Gesetz hält. Aber der Sünder erfährt Sünde und Zorn, ohne zu erkennen, wie er ihnen entrinnen kann.

Luther pocht auf seine Erfahrung, um eindringlich vor dem genannten Gedanken und der auf ihn fußenden religiösen Praxis zu warnen. Daran wird deutlich, was für alle Aussagen dieses Absatzes gilt: ‚Erfahrung' ist die Realität, die ‚mir' schon längst gegenwärtig ist. Doch dem, der in ihr steht, kann sie nur als unerwartetes Ereignis deutlich werden, als die nichtbedachte Folge, die eine ahnungslose Theologie und Religiosität ereilt und zum Scheitern verurteilt. Sie entlarvt diese als haltlose „Spekulation" und Lebensweise und zwingt umzudenken und anders zu handeln. Erfahrung ist ein Widerfahrnis, das sich unabhängig vom Willen des Menschen einstellt, er ist ihr gegenüber ohnmächtig und kann sie nur erleiden. So wird sie nicht unbedingt von allen Betroffenen, sondern erst im Glauben erkannt und als Scheitern auf die Werkgerechtigkeit selbst zurückgeführt. Wo dies nicht geschieht, zeigt sie dem Glauben, wie umfassend der Sünder in Sünde und Zorn gefangen ist.

Die Erfahrung ist das Kriterium rechter Lehre. Denn sie ist die Art und Weise, wie Gott seine und des Menschen Wahrheit wirklich werden läßt im Sünder, der blind für seine Sünde ist. Darin, daß sie sich kontingent einstellt, schafft sich Gottes freie Macht über den Sünder Anerkennung.

10.4 Die christliche Erfahrung des Teufelskreises im Gewissen

Wie die Werkgerechten aus dem Teufelskreis von Sünde und Zorn nicht ausbrechen können, so auch die Christen. Unterscheidet sich ihre Erfahrung von der unerleuchteten Erfahrung der Werkgerechten?

10.4.1 In der *Vorlesung über den Galaterbrief* skizziert Luther, wie der Werkgerechte den Teufelskreis erfährt (s. § 10.3.5) und wie es der Christ tut. Darauf kommt er bereits in der Vorrede zu sprechen, in der er das „Argument“ des Briefes und der Auslegung zusammenfaßt: die „Unterscheidung der christlichen von allen anderen Gerechtigkeiten“ (40,18f.). Den Unterschied sieht Luther darin, daß wir für die christliche Gerechtigkeit „nichts tun, sondern einen anderen in uns handelnd erleiden, nämlich Gott“ (41,3–5).:

> „Nicht umsonst präge ich [die Unterscheidung von Gesetz und Evangelium] ein und wünsche allen ... die Sorge um diese zu ergreifenden Dinge. Wenn wir Doktoren sein wollen, dann müssen wir das auf das sorgfältigste wissen. Das ist leicht gesagt, in der Erfahrung aber ungemein schwer. Daher ist es in der Vorlesung zu behandeln und in der Anfechtung einzuüben, damit das Fleisch bezwungen wird und der Geist durch die Gnade regiert. Wenn das Gesetz Satan und den Tod entgegenhält, da bist du unter dem Gesetz; dann kommt der Teufel und nimmt die Schriftstellen ein, an denen Christus von den Werken spricht. Halte ich Christus dann für einen Gesetzgeber, so bin ich verloren. Dann muß ich erwägen: Fleisch, du willst zur Herrschaft des Gewissens aufsteigen ... und den Frieden des Herzens beseitigen ... Bleibe unter dem Gesetz der Werke, weil ich getauft und berufen bin zum Evangelium und der Herrschaft Christi. Dabei soll mein Gewissen bleiben. Dort ist kein Gesetz, sondern Ruhe, Frieden, Vergebung der Sünden. Da kannst du nicht hin“ (WA 40/I,49,8–50,9 [Hs]).

Die Unterscheidung der beiden Gerechtigkeiten, die mit der von „Gesetz“ und „Evangelium“ zusammenfällt, ist „leicht gesagt“, aber „in der Erfahrung ungemein schwer". Voraussetzung dieser Antithese ist, daß wohl die Lehre die Erfahrung überwindet, nicht aber derjenige, der in diese Erfahrung kommt, auch wenn er die Lehre „weiß". Er ist in der Erfahrung ohnmächtig — und gerade so ist diese für sein Verstehen der Lehre entscheidend. Er erfährt, daß er selbst trotz des Wissens radikal von der Lehre geschieden ist, sofern sein „Gewissen" als Ort dieser Erfahrung affektiv nicht von „Ruhe" und „Frieden" wegen der „Vergebung der Sünden" bestimmt ist, sondern vom Gegenteil. Diese Erfahrung sucht ihn heim: Sie ist Gottes „Anfechtung" zur „Übung" der Lehre.[22]

Wie der Adressatenkreis (repräsentiert durch das getaufte Ich) zeigt, geht es um eine Erfahrung des Glaubenden. Solange der Christ auf Erden lebt, geht er mit dem Gesetz um (s.u. § 17.1.4). Aber dieses Leben mit dem Gesetz gerät unversehens in die Krise, „wenn" (*quando*) er „unter das Gesetz" gerät [Gal 5,18]. Das ‚Wenn' unterstreicht, daß die Erfahrung kontingent ist und für Gottes freies Handeln steht. Plötzlich und unerwartet erfährt er, daß das „Fleisch" gegen den „Geist" aufbegehrt, wie Luther im Anschluß an Gal 5,17 formuliert (vgl. die Exegesen zu Röm 7 in § 9.1, insbesondere § 9.1.5).

Auf den Gegensatz von Fleisch und Geist, altem und neuem Leben geht Ebeling nicht näher ein, wenn er zur Stelle meint, die Erfahrung sei der „Ernstfall", an dem sich das Wort als „lebendiges" erweise, indem es „Glauben weckt und damit das Leben selbst zum Leben bringt" (1975:13). Gewiß wird im Glauben das Leben zum Leben gebracht. Aber in einem Geschehen, das wie das Gegenteil aussieht: Das Leben zerfällt in der Anfechtung durch das Wort in ‚dieses' gerichtete und in ‚jenes' verheißene Leben. Erfahren wird dabei das Gericht, das neue Leben hingegen nicht. Dieses existiert nur im Glauben und in der Hoffnung.

Nun hebt Ebeling andernorts diesen Gegensatz hervor (1989:494–500). Aber hier scheint es ihm in der „Erfahrung" darauf anzukommen, daß der Glaube ‚das Leben' und seine Erfahrung bis auf den Grund durchdringe und vollende. Luther aber spricht von Gottes Wort in seinem Gegensatz, von Gesetz und Evangelium. Wiewohl es dieses Leben betrifft, ist es doch nicht eins mit ihm oder vollständig als eine Erfahrung beschreibbar, die dieses Leben gründlich erfaßt. Gottes Wort bleibt vom Leben unterschieden.

Für Ebeling wird durch „Wort Gottes" ein Geschehen bezeichnet, in dem das Wort und die profane Erfahrung aufeinandertreffen. Deshalb ist nicht das bloße ‚Wort Gottes' Gegenstand der Erfahrung, sondern dieses in seinem Bezug auf profane Erfahrung. Das wird an seiner Übersetzung einer parallelen Sentenz aus

[22] Zu Müllers Interpretation des Verhältnisses von Lehre und Erfahrung in der *Vorlesung über den Galaterbrief* s. § 9.1.5, zur Kritik daran s.u. § 14.6.2.

der *Vorlesung* (WA 40/II,74,3f.) deutlich. Luther meint dort, die Theologie sei in Worten kurz und leicht, aber „in Wirklichkeit und im Gebrauch [*re, usu*]" sei sie breiter, länger, tiefer als die ganze Welt. Ebeling übersetzt: „auf die Wirklichkeit bezogen und [dort][23] in Brauch genommen" (1985:29). Der Wirklichkeitsbezug sei also konstitutiv für das Wort Gottes. Luther geht es aber um das Ereignis, in den Gegensatz von Gesetz und Evangelium versetzt zu werden und so auf den unbegreifbaren Gott zu stoßen.[24]

Wird das Fleisch vom Gesetz geweckt, das dafür „Satan und Tod entgegenhält", also die Verdammnis androht, dann schließt sich der Teufelskreis aus Sünde und Zorn: In der Erfahrung des Zorns hält das Gewissen nach seiner Gerechtigkeit aus Werken Ausschau und gibt die Herrschaft Christi preis:

> „Uns haftet dieses Übel in der Anfechtung so an, daß wir nur noch sehen: Ach, wäre ich nur fromm! ... Ach, wie habe ich meine Zeit zugebracht, wie verdorben habe ich gelebt! Die Natur kann sich nicht lösen von diesem Blickwinkel der eigenen Gerechtigkeit und sich der Betrachtung der christlichen Gerechtigkeit zuwenden" (41,9–42,5 [Hs]).

Darin ist der Teufel mächtig, der von Christus abtrünnig macht, in die Sünde treibt und darin festhält (vgl. § 10.3.5). Der Teufel ist — aus Gottes Zorn — die Macht der Sünde. Er übt diese aus, indem er etwa dem Gewissen Christus als Gesetzgeber und Ausleger des Gesetzes vorhält.

10.4.2 Den Teufelskreis zu erfahren entscheidet sich daran, wie sich das Gewissen zu Jesus Christus verhält: Es verliert Christi Versöhnungswerk aus dem Blick, so daß es sich nur noch an Christi Auslegung des Gesetzes gebunden fühlt. Ist Christus ausschließlich der Ausleger des Gesetzes, wird auch erfahren, daß er nur noch Richter ist:

> „Aber ergreife die Definition Christi: Er ist ganz eine Person, die nicht fordert, erschreckt ... Er nimmt vielmehr die Sünden weg ... und löscht sie aus, indem er selbst für unsere Sünden überliefert wird. Übe das Pronomen [„für" uns] gut ... Von dieser Definition laß dich nicht scheiden ... Obgleich er das Gesetz auslegt, ist es dennoch nicht sein eigentliches Amt. Sondern nach seiner Definition ist er Versöhner der Sünden, Geber der Gnade und gibt nicht für den Siegeskranz und die Herrlichkeit, sondern für meine Sünden. Das wissen wir, aber wenn es zum Treffen kommt; die Wörter sind leicht gesagt, aber im Ringkampf steckt der Teufel; wer dann noch Christus

[23] Ergänzung vom Verfasser.

[24] Auf das Verhältnis von Wort und Wirklichkeit bei Ebeling und Luther ist noch des öfteren einzugehen. Vgl. §§ 8.3.3, 11.1, 13.2.3 und 14.4.3.c.

> rühmen kann, nicht als strengen Richter, sondern als süßesten Mittler und Priester! Was ich sage, sage ich zum Teil aus Erfahrung" (91,1–92,8 [Hs]).

Wie in der Vorrede ist das Wissen der Lehre oder der „Definition" nicht das Problem, sondern sie zu „ergreifen" in der kontingent, plötzlich sich einstellenden — „wenn [*quando*] es zum Treffen kommt" — Erfahrung. Wiederum besteht der Teufelskreis, wie ihn der Christ erfährt, darin, daß Jesus Christus mit dem Gesetz in seinem fordernden, anklagenden und richtenden Amt identisch wird. Auch wenn er im Namen Gottes dieses Amt versieht und in die Erfahrung der unentrinnbaren Macht der Sünde und des Zorns versetzt, so ist darin dennoch der „Teufel" am Werk und betrügt den Menschen, weil er Jesus Christus nur noch als Gesetz vor das Gewissen stellt und dessen Verlangen nach der eigenen Gerechtigkeit anstachelt.[25]

Wiederum ist die Erfahrung das, was der Mensch nicht ahnt und sich nicht vorstellen kann. Wie sehr er in der Sünde gefangen liegt, kann keine Lehre zum Ausdruck bringen, sondern nur die Erfahrung. In ihr kommt die Macht der Sünde darin zum Ausdruck, daß es dann schwer möglich ist, Jesus Christus als „süßesten Mittler" zu rühmen. Denn das Gewissen liegt dann gefangen in gegenteiligen Affekten.

10.4.3 In der *Vorlesung über die Stufenpsalmen* von 1532f. kommt Luther in der Auslegung von Ps 130,1 auf einen weiteren Aspekt der Erfahrung des Teufelskreises zu sprechen:

> „Es sind [Davids] Erfahrungen. Der Heilige Geist hat jenes Herz in verschiedenen Anfechtungen [der Sünde, des Gesetzes und des Todes] geübt ... *[Aus der Tiefe] rufe ich* bedeutet ...: ‚Ich bin in einer Angst, die in der Hölle ist. Ich rufe aus der Hölle.' Es sind Anfechtungen nicht aus dem Haß der Welt, sondern wenn Gott den Menschen verläßt, das Gesetz zeigt und ihn vor seinen Richterstuhl stellt: ‚Wie stehst du mit Gott? Ist er dir gnädig, oder zürnt er dir?' Das sind die hohen Anfechtungen ... um ewigen Zorn oder Gnade ... Wenn der Mensch in diesem Gedanken bliebe, würde er verzweifeln ... Ein höllischer Gedanke, d.h. das Fühlen des Zorns, wo der Mensch fühlt, daß er verworfen und in Ewigkeit verdammt sei! Wie dieser, der über die Vorherbestimmung und Erwählung disputiert. Er bekennt sich zu seiner Erfahrung: ‚Du bist nicht der einzige, den das Gesetz plagt. Die heiligsten Menschen haben es alle erlitten.' Wie könnte er ‚aus der Tiefe' sagen: daß die Menschen auch in diesem Leben in der Hölle sein können, wenn nicht durch Erfahrung?" (WA 40/III,340,3– 341,12 [Hs]).

[25] Zu Müllers Interpretation der Kluft zwischen Evangelium und Erfahrung s. § 9.1.5, zu deren Kritik s.u. § 14.6.2.

„Tiefe“ interpretiert Luther mit „Zorn“ und ewiger „Verdammnis“. Auch hier ist diese Erfahrung kontingent, weil abhängig von Gottes Handeln: „Wenn [*ubi*] Gott den Menschen verläßt“. David erfährt diese Verdammnis des jüngsten Gerichts bereits „in diesem Leben“, indem er das Urteil des Gesetzes in seinem „Herzen“ „fühlt“. Dieses wird davon bedrückt, daß David vor dem Gesetz den „höllischen Gedanken“ hat, Gott habe ihn, den Sünder, zur ewigen Verdammnis prädestiniert. Unausgesprochen vorausgesetzt ist, daß er in seinen Werken am Gesetz scheitert. Er erfährt, daß ihm das Gesetz zu erfüllen unmöglich ist. Aber in dieser Erfahrung ist es nur ein kleiner Schritt zu dem Gedanken, Gott selbst handle darin zur Verdammnis des Sünders. Weder die eigenen Werke noch das Gesetz stellen etwas anderes in Aussicht. Diesen Gedanken denken heißt zugleich, im Herzen sein Gewicht empfinden und in der „Verzweiflung“ als „Not“ erleiden, so daß in diesem Gedanken und Affekt der „Zorn gefühlt“ oder erfahren wird.

All dies ist eine „Spekulation“ des Werkgerechten (335,12; 336,2). Anstatt sich im Glauben an Christus zu halten, will er mit Gott in seinem Gesetz umgehen (335,5–339,10). Die Spekulation ist ein „Gedanke“ des Sünders, der Gott in seiner Gnade außer acht läßt. Aus diesem Gedanken gibt es kein Entrinnen: Er führt in Verzweiflung, die mit Gott entzweit, bestätigt damit den Zorn und die Verzweiflung, und stößt so nur weiter in die Hölle. Luther betont, daß David als einer, der zu den „heiligsten Menschen“ gehört, sich zu dieser Erfahrung bekennt (*fatetur*) und sie geradezu als Zeichen der Heiligkeit versteht. Das zeigt wieder einmal, daß die Erfahrung wider Erwarten kommt und den Betroffenen vor Gott zunichte macht.

10.4.4 Einen weiteren Aspekt des Teufelskreises stellt Luther in der *Enarratio Psalmi XC* von 1534f. zu Vers 7 dar:

> „Die Anfechtung der Heiligen ist der Lästerung [der Heiden] ganz und gar ähnlich. So ist es bei Hiob [3,10] und Jeremia [20,15.17]: ‚Verflucht!‘ … So geht es den Christen … Ich habe es oft erfahren … [an] unschuldigen Mädchen und Mönchen … Wenn dieses Murren in einem frommen Herzen ist, meint es ganz und gar lästerlich zu sein … Aber der Heilige Geist soll anwesend sein: Nicht deshalb sündigst du …, daß du Gedanken der Lästerung und des Murrens fühlst … Da muß sich das Gewissen klug benehmen, daß wir diese Gedanken nicht billigen, wie es die Gottlosen tun: Sie verzweifeln. … Wir sollen Gott anrufen, weil diese Gedanken hereingelassen werden, … damit du lernst zu kämpfen … wider Sünde, Tod und göttlichen Zorn … Da sage: ‚Nein! Diese … Lästerungen greifen Gott nicht an. Er selbst kennt meine Ohnmacht und hat bei den Propheten und Mose gelehrt, daß

> das Gesetz uns so verwirren und erschrecken muß' … So sind dies gewiß schreckliche und traurige Gedanken, aber sie sind das Allerbeste, und es sind [da] ‚unaussprechliche Seufzer' [Röm 8,26]. Und ein solcher Seufzer, der so gebetet wird, ‚dringt durch die Wolken' [Sir 35,21] und bewegt Gott. Sie können nicht ausgesprochen und behandelt, sondern allein im Gefühl gefühlt werden. Da muß Erfahrung anwesend sein. Dionysius hat über die negative und die affirmative [Theologie] geschrieben, er treibt Spielerei: Gott ist etwas Seiendes und er ist nichts Seiendes. Die negative Theologie, das ist das Heilige Kreuz, daß nichts als Zorn und nur jene Seufzer da sind. Das sage ich [denen], die in Zukunft das selbst erfahren oder andere trösten müssen, damit solche aufgerichtet werden können … Daher sollst du auf mich hören und ich auf dich, uns zu belehren in dem Namen Christi. Denn ich weiß, was ich erfahren habe in diesen Anfechtungen. Ein wunderbarer Trost, wenn Epaphroditus Paulus trösten kann [Phil 2,25]" (539,5–544,1 [Hs]).

In der Verzweiflung gegen Gott zu murren und ihn zu lästern ist der Teufelskreis aus Sünde und Zorn, da man doch gleichzeitig weiß, damit noch weiter dem Zorn zu verfallen. Ausdrücklich sagt Luther: Diese Erfahrung ist bei Christen und Heiden gleich. Das ist ja auch das Ergebnis, wenn man die Aussagen dieses Paragraphen mit denen des § 10.3 vergleicht. Der Erfahrungsbegriff unterstreicht, daß das Gewissen die Gedanken des Murrens und der Lästerung erleidet: Sie „werden hereingelassen" und „gefühlt". Unbeherrschbar bricht die Leidenschaft der Sünde hervor. Auch wer die Lehre weiß und das Gesetz tun will, ist dagegen ohnmächtig (vgl. § 9.1 und § 10.4). So zeigt sich durch Erfahrung im Gefühl, daß der Mensch unter der Macht der Sünde ist und nicht umgekehrt.

Gleicht sich die Erfahrung von Heiden und Christen dem Gehalt nach, so ist sie nur bei den Christen vollständig, sofern bei ihnen der Zorn die Sünde nicht aufstachelt, sondern zunichte macht. Sie ‚leben' nur noch in und aus der Erfahrung des Zorns und nicht mehr ihr gegenüber. Sie erleiden den Zorn und entziehen oder widersetzen sich ihm nicht. So ereignet sich in der von außen kommenden Erfahrung die eigene „Ohnmacht" vor Gott. Dieses Einswerden mit Gottes Handeln in seinem Zorn geschieht im Heiligen Geist, also verbunden mit der Erfahrung „unaussprechlicher Seufzer" und des Trostes im „Namen Christi". Diese Erfahrung wird noch an anderer Stelle beschäftigen.

10.4.5 *Zusammenfassend* ist festzustellen:

a. Wie für die Sünde betont Luther auch für den Zorn Gottes, daß er erfahren werden müsse. ‚Erfahrung' umfaßt mehrere Eigenschaften des Zorns, die je nach auszulegendem Bibeltext unterschiedlich akzentuiert werden: Einmal ist damit ein vor aller Augen liegendes Ereignis gemeint: das Kreuz, der Sturm, der Walfisch. Es ereignet sich zeitlich und so, daß der Betroffene es weder herbeiführen noch abwenden kann, sondern ohnmächtig erleiden muß. Was es auch für ein Ereignis sei — immer droht in ihm der eigene Tod.

Weil zweitens der Sünder den Tod in Korrespondenz zum Hören auf die Schrift als des Wortes Gottes, näherhin des Gesetzes erfährt, erfährt er ihn als Zorn Gottes. Die Duplizität von Schrift und Erfahrung ist unhintergehbar, eines nicht ohne das andere erfaßbar. Indem Luther vom Gesetz spricht, spricht er zugleich von der Erfahrung, die das Gesetz erschließt. Nur die eigene Erfahrung lehrt das Gesetz verstehen. Aber umgekehrt sind die Eigenschaften der Erfahrung diejenigen des Gesetzes. Dabei ist zu beachten, daß das Ereignis selbst in seinen Eigenschaften zwar nur vom Gesetz her erkennbar ist, nicht aber umgekehrt das Gesetz von bestimmten Ereignissen abhängig ist. Die Erfahrung des Zorns ist primär im Hören auf die Predigt des Gesetzes konstituiert. So fühlt David etwa dic Verzweiflung angesichts des Todes nicht, weil er in einer aktuellen Todesgefahr steht, sondern weil der Prophet Nathan ihm das Gesetz predigt. Im Zusammenhang mit der Schrift hat die Erfahrung die Funktion, die Schrift zu verstehen. Erfahrung ist Erkenntnis Gottes und des Menschen, aber nun so, daß nur die Schrift diese Erkenntnis hat, nicht aber der Mensch selbst. Die Schrift zu verstehen ereignet sich als Erfahrung. Denn von sich aus versteht der Sünder die Schrift anders. Deshalb muß sich das rechte Verstehen gegen Unverständnis und Blindheit durchsetzen und als Erfahrung ereignen. In dieser Erfahrung kommt es auf die Predigt des Gesetzes an. Daß sie in Gestalt des unverhofft drohenden Todes ergehen kann, belegt ihre Notwendigkeit und die des Hörens auf etwas, das ich nicht schon weiß, sondern erst lernen muß.

Damit ist das dritte Element schon berührt: Erfahrung des Gesetzes als Androhung des Zorns bedeutet, daß ‚ich' den Zorn persönlich, im Gewissen erfahre. So ist die Erfahrung des Zorns in ihrem Kern die Affizierung des Gewissens.

b. Die Erfahrung des Zorns versteht Luther als eine Erfahrung des Gewissens: Das Gewissen ist Gegenstand und Subjekt dieser Erfahrung. Während die Sünde am Ort des „Herzens" oder „Willens" erfahren wird, wird der Zorn im „Gewissen" erfahren. Dabei setzt das Gewissen in der Erfahrung des Zorns bereits die der Sünde voraus und ist wohl selbst auch das Organ, das die Sünde erfährt. Luther gibt wechselweise auch das Herz an, seine anthropologische Terminologie ist fließend. Die von der Sünde beherrschten Organe Herz und Wille sind Ausdruck des Wollens und Strebens, das sich affektiv und kognitiv konkretisiert. Das Gewissen oder Herz ist genauso strukturiert: Was es aus dem Gesetz und vor ihm im Herzen oder Willen erkennt, kommt in ihm affektiv zum Ziel. Wie die fließende Terminologie zeigt, ist Luther nicht so sehr an einer Theorie der Seele gelegen, die einzelne Funktionen abgrenzt und ihr Zusammenspiel klärt. So fehlt auch — im Unterschied zur scholastischen, monastischen oder mystischen Theologie — eine Klärung, ob und wie das Gewissen etwa vom Verstand Wissen übernimmt, das in ihm affektiv zur Geltung kommt, oder ob der Verstand ein Teil des Gewissens oder ihm untergeordnet ist.[26] Entscheidend ist, daß all diese anthropologischen Begriffe die Person bezeichnen, das Ich in seinem Verhältnis zu Gott, wie es von Gott her erkennbar wird. Entsprechend bedeutet auch die Vereinigung von kognitivem und affektivem Element in der Erfahrung, daß der Mensch ganz erfaßt wird und sich weder kognitiv noch affektiv von der Selbsterkenntnis vor Gott distanzieren kann. Dem Gewissen kommt dabei eine reflexive Funktion zu: ‚Ich' erkenne ‚mich', indem ich das Gesetz auf mich re–flektiere. Gott und sich selbst erkennt der Mensch im Gewissen und somit immer in der Situation des Gerichts, in der Gott wegen der Sünde anklagt, verurteilt und das Urteil vollstreckt.

c. Das Gewissen kommt bei Luther also zusammen mit Schrift und Erfahrung zur Sprache. Diese Beobachtung ist zur Diskussion über Luthers Gewissensbegriff in diesem Jahrhundert in Beziehung zu setzen:

Die markante Vorgabe dieser Diskussion ist die bereits dargestellte Auffassung Karl Holls, Luthers Theologie sei Ausdruck seiner „Gewissensreligion" oder „Gewissenserfahrung", die in mehreren Stufen sich zu ihrer vollendeten Fassung entwickle (s. § 2). Das Gewissen wird als Seelenvermögen aufgefaßt, dessen Empfindungen auf ihren Gehalt hin reflektiert und in theologischen Gedanken formuliert werden müssen. Emanuel Hirsch schließt sich Holl an (1954:134, Anm. 2). Er meint, ‚Gewissen' nehme ‚Syntheresis' auf (109ff.), einen Begriff, in dem Luther anders als die Tradition ein affektuales und ein rationales Moment vereine und mit dem er das „Innerste am Menschen" bezeichne, das ihn als Einheit zu betrachten erlaube (110). Auf den Begriff ‚Gewissen', der später dominant werde, gingen Merkmale des Begriffs ‚Syntheresis' über, so vor allem, ein „ursprüngliches Wissen von Gott" zu enthalten und eine ebensolche Kenntnis des Gesetzes (111.124f.).

[26] Vgl. zur Mühlens (1977:606) Urteil: „Im Unterschied zur mittelalterlichen Tradition tritt ... bei Luther das theoretische Interesse an einer psychologischen Konzeption des Verhältnisses von Intellekt und Affekt zurück zugunsten einer konkreten Auslegung der sich im Intellekt und Affekt vollziehenden Gottesbeziehung des Menschen."

Entscheidend sei aber, daß dieses unverlierbare Gottesverhältnis (111) affektual erfahren werde. Luthers Gewissensverständnis sei dann davon geprägt, daß das Gewissen keine *virtus operandi* wie in der Tradition, sondern eine *virtus iudicandi* sei (129). Zwischen dem jüngsten Gericht und dem Gewissen herrsche innere Gleichartigkeit. Es sei Ursprung und Ort starker Affekte (130f.). Luther verstehe es nicht als einzelne Kraft der Seele, sondern als deren bestimmende Mitte und die Gewissenserfahrung als die einzige Stätte des Gottesverhältnisses (132–134). Damit sei das Gewissen ein rein religiöser Begriff: *conscientia* und *coram deo* fielen ineinander (140).

Bei Holl wie bei Hirsch tritt die konstitutive Rolle der Schrift als des Wortes Gottes für die Erfahrung im Gewissen zurück. Es fehlt deshalb die Erkenntnis, daß es im Gewissen und seiner Erfahrung um das Verstehen der Schrift geht — und nicht umgekehrt. Diese Schwerpunktverlagerung hat eine andere Interpretationsrichtung veranlaßt, die mit Günter Jacob (1929) einsetzt. Jacob kommt in der Auseinandersetzung mit Holl zwar ebenfalls zu dem Ergebnis, daß das Gewissen im Zentrum von Luthers Theologie stehe (1). Er versteht es aber streng von daher, daß es in „existentiellen Korrelationen" oder „Begegnungen" (6) mit „Mächten" stehe (7), nämlich Gesetz, Tod, Satan und Wort (Christus) (6). Mit „Gewissen" und dem synonymen Begriff „Herz" sei kein „spezifisches Phänomen des ... Bewußtseins", sondern „der Mensch selbst" gemeint. Ernst Wolf (1954:90f.) bestätigt diese Interpretation: Gewissen sei nicht etwas, was der Mensch habe und von dem aus er begreifbar sei. Sondern es „hat immer das Wort bei sich. Es ist nicht für sich ‚Instanz'" (111). Da nach Wolf das Wort das Gewissen konstituiert, faßt er dieses als ein „Geschehnis" (91) auf. Vergleichbar ist Joests Auffassung (1967:210-232), *voluntas*, *cor* und *conscientia* bezeichneten den „Ort", an dem sich Glaube oder Unglaube, Geistlich- oder Fleischlichsein vollzögen (212). Es sei damit kein Vermögen gemeint, das dann „zu geistlichem oder fleischlichem Einsatz aktualisiert" werde. Ort und Vollzug von Glaube oder Unglaube seien vielmehr eins. „Cor bzw. voluntas ist vielmehr je immer schon das in den geistlichen oder fleischlichen Einsatz ... hineingerissene Selbst des Menschen" (216). Glaube oder Unglaube vollzögen sich an diesem Ort als Emporstieg (*nisus*) und *affectus* der Liebe bzw. des Hasses zu Gott. Das Selbstsein des Menschen werde dadurch als ein „transitives" Geschehen ausgesagt: „Das Selbst ist auf den Mit–seienden ausgerichtet, für den es ist und an dem es hängt" (217). Doch dieses Geschehen sei ein „Hingenommen–sein von dem übermächtig Mit–seienden zu solchem Hängen an ihm" (220), was durch die Wortfamilien *pati* und *rapi* zum Ausdruck komme.

Gerhard Ebeling meint, Luther spreche die Relation Gottes zum Menschen, aus der allein der Mensch zu verstehen ist, im Bezug auf die Relation des Menschen zur Welt an. Er findet bei Luther ein relationales „Seinsverständnis" (1964:220). Das Gewissen ist dabei der Ort, an dem sich das Sein des Menschen in der Welt als ein Sein vor Gott entscheidet (1964:230). Der Mensch lebe in *coram*–Relationen:

coram meipso, *coram hominibus*, *coram mundo* und in all dem *coram deo* (227). D.h. er existiere immer im Angesicht eines anderen und sei dessen Urteil ausgesetzt. Seine Grundsituation sei es, vor einem Forum zu stehen (220-224). Der natürliche Mensch wisse nichts davon. Seine Situation bleibe ungeklärt. Im Glauen erschließe sich ihm seine wahre Situation. Er erkenne, daß er letztlich aus dem Wort und Urteil Gottes lebt. Dadurch würden die Ansprüche aller anderen Instanzen, zu denen er in Relation lebt, relativiert.

Zuzustimmen ist den Interpretationen, die das Gewissen aus seiner Relation zum Wort Gottes, zu Gesetz und Evangelium, Urteil und Verheißung heraus begreifen. Das Wort Gottes konstituiert allererst das, was Luther ‚Gewissen' nennt. Nur in dieser Relation ist überhaupt vom Menschen zu reden. Auch wenn das Gewissen nicht unabhängig vom Wort Gottes analysiert werden kann, so ist es doch ein Ort „im" Menschen. Doch erst wenn dieser Ort durch das Wort bestimmt ist, ist es möglich, Gott und sich selbst zu erkennen. So ist dieser Ort identisch mit seinem Vollzug, seinem Geschehen vor dem Wort Gottes. Hinzuzufügen ist, daß das, was Joest ‚Vollzug' und Wolf ‚Geschehnis' nennt, von Luther ‚Erfahrung' genannt wird.

10.5 Tod und Scheitern als Öffentlichkeit des Zorns

Hat die Zornerfahrung auch darin ihr Schwergewicht, den Zorn im eigenen Gewissen zu fühlen, so ist sie nicht darauf beschränkt. Sie ist der Erfahrung der Sünde analog, die einen sozusagen öffentlichen Aspekt und den des eigenen Betroffenseins im Gewissen hat (s. § 9). Das liegt im Gesetz begründet, das die ganze Welt erfahrbar macht und zutage bringt, daß die Sünde alle und jeden ganz erfaßt. An der Offenbarung der Sünde hat die Erfahrung im Sinne der Beobachtung öffentlicher Tatsachen als auch im Sinne des Gefühls eigener Sünde teil. Dabei kommt der Gewissenserfahrung eine Schlüsselfunktion zu, weil ohne sie die Öffentlichkeit der Sünde nicht zu beobachten wäre. Wie die Sünde wird auch der Zorn durch das Gesetz offenbar, weshalb er analog erfahren wird. Seine Erfahrung über das Gewissen hinaus wird an Jesus und Jona anschaulich, sofern sie den leiblichen Tod erfahren (s. §§ 10.1.1 und 10.1.2). Neben dieser persönlichen Erfahrung des Zorns nach seiner leiblichen Seite tritt in einer Reihe von Äußerungen der Aspekt öffentlicher Beobachtung hervor:

10.5.1 In der Schrift *Das Magnificat verdeutschet und ausgelegt* von 1521 sieht Luther im Sturz der „Gewaltigen" [Lk 1,52] Gott deren Sünde brechen. Die Sünde ist, daß sie sich auf ihre „macht und ubirkeit ... lassen und yhren ubirmut uben gegen die unteren und frumen demutigen". Doch daß die Gewaltigen ihre Macht

> „widder got brauchen, ... das leydet er nit lange. Alszo sehenn wir in allen historien vnnd erfarung, wie er ein reich auffwirfft, das ander nyder" (WA 7,589,21f.; 590,5–11).

Mit „Erfahrung" sind Beobachtungen öffentlich zugänglicher Tatsachen gemeint. Obendrein betont Luther, daß es um eine universal verbreitete, alle Völker aller Zeiten erfassende Beobachtung geht. Diese bringt er im Glauben als Gottes Vernichtung der Sünde zur Sprache.[27]

10.5.2 Im *Großen Katechismus* von 1529 argumentiert Luther für die zehn Gebote zuerst nach der Schrift und dann nach der Erfahrung. Welchen Grund diese Methode und welche Funktion die Erfahrung in ihr hat, läßt sich hier gut erkennen: Weil sich in den Geboten Gott zu erkennen gibt und weil er dies nur in seinem Wort und nirgendwo sonst tut, legt Luther die Gebote aus sich selbst heraus aus. Der textimmanent erschließbare Sinn ist verbindlich. Denn die Gebote sind in Gott selbst begründet, und Gott gibt sich in den Geboten zu erkennen. Im ersten Gebot definiert sich Gott seinem Wesen nach: „Lasse mich alleine deinen Gott sein und suche yhe keinen andern, Das ist, was dir manglet an gutem des versihe dich zu mir ..., Und wo du unglueck und not leidest kreuch und halte dich zu mir, ICH, ich wil dir gnug geben und aus aller not helffen" (WA 30/I,133,11–15). Es gehört zu Gottes Wesen, „das gantze hertz des menschen und alle zuversicht auff Gott allein" (134,19) zu fordern. Deshalb ist das erste Gebot das „heubt gepot". Und wo „das heubt recht gehet, da mus auch das gantze leben recht gehen" (137,2–4), „so gehen die andern [Gebote] alle hernach" (139,11f.).

Unbedingt ist das erste Gebot aufgrund der Verheißung, die ihm zugrunde liegt. Um ihretwillen ist ihm auch eine Drohung mitgegeben (Ex 20,5): Gott „gepeut bey ewigem zorn, ... das das hertz kein andern trost noch zuversicht wisse denn zu yhm" (134,31f.); „Gott solchs nicht wil ynn wind geschlagen haben, sondern ernstlich drueber halten" (136,27f.).

a. Das Wort Gottes sagt, was „ist":

> „So lerne nu aus diesen worten, wie zornig Gott ist über die, so sich auff yrgent etwas ausser yhm verlassen, widderümb wie gütig und gnedig er ist denen, die yhm ... trawen und gleuben" (137,4–7).

[27] Müller (1929:14, Anm. 1) zitiert und interpretiert diese Stelle wie die Passage aus dem *Großen Katechismus* (s. § 10.5.2.b). Zur Darstellung und Kritik s. § 10.5.2.c.

Gottes Wort, sein Gebot samt der Drohung und der Verheißung, spricht aus, was „ist“: Gott ist der Herr; er ist dem Unglauben zornig und dem Glauben ist er gnädig. Dieses Ist gilt, so wahr es im Wort ausgesprochen ist. Damit ist aber auch entschieden, daß die zeitliche Erfahrung so oder so von diesem Ist bestimmt sein wird. So oder so wird sie Gott in seinem Wort recht geben. So oder so wird Gott sich zur Geltung bringen.

b. Von diesem aus dem Wort Gottes selbst erkennbaren Sinn her wendet sich Luther der Erfahrung zu:

> „Das hat er auch beweiset ynn allen Historien und geschichten, wie uns die schrifft reichlich anzeigt und noch tegliche erfarung wol leren kan. Denn er alle abgötterey von Anfang her gar ausgerottet hat und umb yhre willen beide Heiden und Jüden, wie er auch bey heutigemtage allen falschen Gottes dienst stürtzet, das endlich alle, so daryn bleiben, müssen untergehen“ (137,15–20).

Vom Zorn ist nicht ausdrücklich die Rede. Doch er ist gemeint, wenn Gott alle ihn selbst verfehlende „abgötterey“ „stürtzt“ und „ausrottet“. Gott macht die Übertretung des ersten Gebots zunichte, indem er „umb yhre willen“ die zunichte macht, die in ihr leben. Sie „müssen untergehen“. Sie müssen „zuscheittern gehen mit allem darauff sie getrawet haben“ (137,23f.). Das wird in der Erfahrung sinnfällig: Die Abgötterei nimmt ein Ende, die Sünder sterben. Für das Ende heidnischer und jüdischer Religion und ihrer Anhänger hat Luther in den „Historien“ der Vergangenheit etwa der „Heiligen Schrift“ viele Beispiele. Aber auch gegenwärtig, „täglich erfahrbar“ als Vernichtung des falschen Gottesdienstes ist das Vordringen der Reformation in die vom Papst beherrschte Kirche.

Solche Erfahrungen „beweisen“ Gottes Zorn nicht dem Zweifelnden. Gott selbst beweist die Wahrheit und den Ernst seines Willens. Das setzt voraus, mit Gott zu rechnen, indem man dem ersten Gebot und seinem Drohwort recht gibt. Weil Gott das Gebot und die Drohung ausgesprochen hat, weil sie gewiß sind, wird und soll man diese auch gegebenenfalls erfahren. In den von Luther erwähnten „Historien und geschichten“ fällt die Gewißheit des Wortes mit der sinnlichen Evidenz sinnfälliger Ereignisse zusammen.

c. Auf die Androhung des Zorns wird nicht aus der Erfahrung zurückgeschlossen, sondern umgekehrt aus der Androhung des Zorns mit der Erfahrung gerechnet. Deshalb wird in der Auslegung des siebten Gebots die Erfahrung als „Erfüllung“ bezeichnet:

> „Solchs sehen und erfaren wir ... fur augen teglich erfullet werden, das kein gestolen und felschlich gewonnen gut gedeyet“ (167,9f.).

Das Volkssprichwort „Unrecht Gut gedeihet nicht“ spricht im Kontext der Argumentation Luthers Gottes Drohung und die Erfahrung des Zorns aus. Der Erfahrungsbegriff bezeichnet also einen doppelt bestimmten Wahrnehmungsvorgang: sinnlich-visuelle Beobachtung und Glaube an Gott in seinem Wort. Beide Elemente sind gleichursprünglich und irreduzibel. So kommt es zu der sinnlich bestimmten Erfahrung, daß sich die Drohung Gottes erfüllt.

Dieses argumentative Gefälle des *Großen Katechismus* konstatiert Müller (1929:184) zwar in der Deutung von WA 30/I,168, erschließt aber doch die genannte Erfahrung als — wie Müller ein ganzes Kapitel überschreibt — allgemeine „Lebensweisheit und Lebenserfahrung“ (9ff.). In seinem Zusammenhang zitiert er die genannte Passage (s.o. § 10.5.2.b) Seite 14, Anm. 1. Er schreibt die Erfahrung des Zorns der „Instanz der Vernunft und Erfahrung“ zu, derer sich „Heiden und Christen“ gleicherweise (10) bedienten: Um die „Wechselfälle des Lebens“ (9) zu meistern, komme die Vernunft durch „Induktion“ aus „Einzeltatsachen“ zu „Klugheitsregeln“, „die hinsichtlich des Gelingens und Nichtgelingens von Lebensentscheidungen ganz utilitaristisch belehren“ (12f.). In der Lebensweisheit, ihrer Tragfähigkeit und Verbindlichkeit, stoße die Vernunft auf „Gottes Ordnungen“, den „Willen Gottes“. Deshalb gelte: Wer „die Gesetze der Vernunft ... übertritt, verfehlt sich dabei gegen Gott“ (14). Und daß Gott den belohnt bzw. bestraft, der das Gesetz hält bzw. übertritt, fällt mit der Erfahrung zusammen: „Wer die ungebrochene Schöpfungsordnung achtet, wird zuletzt besser fahren als die Verächter von Sitte und Gesetz“ (15). Doch im *Großen Katechismus* greift Luther nicht auf zwingende Regeln der Lebenspraxis zurück. Er predigt die Gebote, und er spricht zu Christen. Er verläßt also nicht die Perspektive des Glaubens, der Gottes (durch die Lebenserfahrung nicht zu erschließendes) Wort anerkennt. Nur in ihr kann die Erfahrung, die auch Heiden ereilt, als Erfahrung des Zorns namhaft gemacht werden. „Uns“ Christen lehrt es die Schrift und dann auch die „tegliche erfarung“.

10.5.3 Die gleiche Sequenz von erstem Gebot, Zornandrohung und -erfahrung prägt auch die Auslegung von Ps 127 in der *Vorlesung über die Stufenpsalmen* von 1532f.

a. Luther deutet die dreifach variierte Aussage der Verse 1f., menschliche Mühe und Arbeit sei „umsonst“, als König Salomos Lehre, die er in der Erfahrung gelernt hat.

> „Salomo hat sich in [Haus und Staat] bewegt und ist erfahren in dem, was ihn der Heilige Geist lehrt ... Wenn ein Fürst gut regiert, ... hat er es nicht

> nur aus Büchern gelernt. Sondern er hat, inspiriert vom Heiligen Geist, mit der Erfahrung gelernt, daß ihm seine Pläne fehl- und oft anders gehen. So auch der Hausverwalter: Der Mensch denkt und Gott lenkt. Wenn ich es ausführen und gut machen will, dann wird es nirgends ärger ... Das muß gelernt werden: daß meine Weisheit meinen Körper nicht regiert, geschweige denn all das andere und die ganze Bürgerschaft" (WA 40/III,209,2–12).

Für diese Lehre gibt es „Beispiele ... in allen Historien" (232,8f., vgl. 218,11) und auch gegenwärtig in allgemein verbreiteter „Erfahrung" (232,8f.) über die Christusgläubigen hinaus, an die Ps 127 adressiert ist (218,7f.).

b. Solche Erfahrungen der „unerleuchteten Heiden" stellt Luther derjenigen Salomos zur Seite:

> „Wenn die Weisheit Macht über die Dinge hätte, hätten es Demosthenes und Cicero geschafft; wenn [es] mit Gewalt [ginge], dann Hektor in Troja und Julius in Rom ... Heiden, die nicht erleuchtet sind, werden gezwungen zu sagen, daß die Dinge nicht durch Weisheit und Macht ausgeführt werden, sondern durch Fortuna. Und dennoch haben alle Heiden und Könige die Dinge in Angriff genommen, obgleich sie die Schrift und durch Erfahrung gesehen haben. Dennoch hernach und zu spät: Ich sehe, daß Fortuna etc. Vorher glaubten sie es nicht, ehe sie es erfuhren" (242,5–243,5).

Wie im folgenden zu zeigen ist, versteht Luther dies als Erfahrung des Zorns. Aufschlußreich für unseren Zusammenhang ist, daß er nicht den Gewissensaspekt betont, sondern den der ‚äußeren' Sinne: In heidnischen und biblischen Historien wie in eigener und fremder Erfahrung der Gegenwart läßt sich beobachten, daß mißlingt, was Menschen sich vornehmen. Die schon benannten Züge der Erkenntnis des Zorns (und der Sünde) kehren hier wieder: Salomo und die heidnischen Staatsleute erkennen durch „Erfahrung": Was sie erkennen, kommt von außerhalb auf sie zu, unerwartet geraten sie in es hinein. Es widersteht ihnen: Salomo muß es durch Erfahrung allererst „lernen", die Heiden haben es „vorher nicht geglaubt" und werden nun durch sinnliche Evidenz dazu „gezwungen". Deshalb betont Luther auch, daß Salomo die Lehre — dem Gegensatz von ‚Spekulation' und ‚Erfahrung' entsprechend — nicht aus Büchern gelernt hat, sondern aus der Erfahrung. Vergleichbar heißt es von den Heiden, „obwohl sie die Schrift und die [fremde] Erfahrung" gesehen hätten, hätten sie doch ihre Vorhaben in Angriff genommen und dann das Mißlingen selbst erfahren müssen, um es zu glauben.

c. Dieses widerständige, den Sünder ernüchternde Moment der Erfahrung begründet Luthers summarisches Urteil:

„Die Erfahrung ist ganz einfach die Glosse dieses Verses, anders wird er nicht verstanden. Ich verstehe das, aber die Meisterschaft des Teufels kann ich nicht ganz und gar auslöschen" (241,5–7).

Die Erfahrung ist auf die Schrift bezogen: Diese wird durch die Erfahrung verstanden, und die Erfahrung dient zu nichts anderem als dem Verstehen der Schrift. Aber es ist eine Erfahrung, die bereits von der Schrift bestimmt ist, sofern sie Gottes Zorn zum Inhalt hat. Die Erfahrung ist also ein doppelt bestimmter Wahrnehmungsvorgang, der sich auf das Mißlingen eigenen Tuns und Trachtens und das Handeln Gottes richtet. (Das gilt auch für die Heiden insoweit, als Fortuna für sie eine Göttin ist.) Dieser doppelte Ausgangspunkt ist irreduzibel.

Entsprechend sieht Luther Haus und Staat, Ökonomie und Politie, die die Orte dieser Erfahrung sind, durch Gottes Wort und durch die Vernunft bestimmt. Sie sind die „Lebensweisen" (*genera vitae*: 208,7, 216,10; 241,15; 242,3), für die Gott „gebietet" (238,7f.) und „vorschreibt", was zu tun ist (215,7; 239,11), damit der Mensch sein Vermögen der Arbeit übe (212,10) und schließlich sein Scheitern erfahre.

Dazu kommt es nicht, wo einer vor den Lebensweisen, die Gott gebietet, ins Kloster flieht. Die Papisten und Mönche sind deshalb „unerfahren" (207,4f.; 208,3; 209,1). Sie unterstellen sich nicht Gottes Gebot und deshalb auch nicht der Erfahrung des Mißlingens, die um der Verheißung der Gnade willen zu erleiden ist. Diese Absage an das Mönchtum nötigt dazu, Köpfs Urteil zu differenzieren, Luther habe bereits als Mönch „sein Erfahrungsverständnis über die monastische Ebene hinaus auf die Existenz des Menschen überhaupt ausgedehnt" und „dadurch die monastischen Anregungen für das allgemeine Erfahrungsverständnis fruchtbar gemacht" (1982:114,11–14). Denn Luther teilt nicht die augustinische Anthropologie, in deren Rahmen Gottes Handeln als innerlicher Affekt erfahren wird. Auch die leiblichen Erfahrungen sind für ihn signifikant. Das hat zu tun mit seiner Orientierung an der paulinischen Unterscheidung von Fleisch und Geist. Damit ist ein Zweites berührt: Für die Erfahrung ist entscheidend, daß sie sich im Hören und Vertrauen auf die Schrift einstellt. Da dies bei den Mönchen, die sich den gebotenen Lebensweisen entziehen, nicht der Fall ist, beurteilt sie Luther rundheraus als unerfahren. Dabei spielt keine Rolle, daß er durch die monastische Theologie in seinem Erfahrungsbegriff vielfältig angeregt wurde. Eine Interpretation von Luthers Erfahrungsbegriff wird auch dies zu deuten haben.

Zu dem Vermögen, das in den Lebensweisen zu üben ist, gehört die Vernunft, aus der „alle Gesetze ... geboren" werden, wobei sie selbst „Schöpfung" ist (221,6). Luther schließt sich der aristotelisch formulierten Analyse des Staates an und konzediert, daß der Vernunft die Material- und Formalursache des Staats bekannt ist (221,5–222,10 [Hs]; vgl. 204,5–11), also auch den Heiden (202,13–203,6; 204,9–11; 242,5–8; 244,11–246,4). Jedem staatlichen Handeln liegt als Materialursache bestehende Staatlichkeit zugrunde: Gesetze, Sitten, Bürger und Obrigkeiten. Darauf bezieht die Vernunft die formgebende Ursache, das Soll der Gesetze gemäß der Idee der Gerechtigkeit.

Sind Vernunft und Arbeit aber Gabe und Geschöpf, stehen sie in einem elementaren Bezug zum Schöpfer und sind an sich ohnmächtig. Der Mensch ist mit diesen Vermögen Zweit- und Instrumentalursache (211,8–10; 214,2; 215,4–7; 219,4f. u.ö.), Diener und Mitarbeiter des alleinwirksamen Gottes (210,14). Sein vernünftiges Handeln in den Lebensweisen ist auf die „freigebige Verheißung" angewiesen, daß Gott ihm seinen „Segen" geben wolle, „nicht aufgrund der Arbeit, sondern durch die Arbeit" (233,10; zum Segen vgl. 224,4f.). Gott ist ihr gegenüber frei, auch wenn er sie mit Gaben segnet. Wer etwas als „Gabe" von Gott empfängt, wahrt seine Freiheit als Geber und will nicht an dieser vorbei das Gut an sich reißen.

Doch das Gegenteil ist der Fall: Der Mensch glaubt nicht an Gottes „Schöpfung und Gaben" (223,6). Sein Herz ist nicht damit „zufrieden, nur zu arbeiten", sondern lebt in der „Vermessenheit", „auch die göttliche Sorge an [sich] zu reißen" (238,1–3). All seine Vernunft macht er zunichte, weil er den guten Bürger und die kluge Obrigkeit für die Ursache von Glück und Erfolg staatlichen Handelns hält und meint, Ruhm und Ehre des *homo politicus* seien der Zweck der Lebensweisen (203,2–4). Wo dieser doch darin besteht, „daß wir sagen: Das hat der Herr getan ... Ihm sei Ehre in Ewigkeit" (211,6–8).

d. Weil Gott in seinen Worten „Ich bin der Herr, nicht der Mensch" (223,8) recht behalten will, unterbricht und vernichtet er die Sünde durch seinen Zorn:

> „Das ist unser Laster der ... Ursünde ...: Wir anerkennen nicht den Lenker, daher reizen wir gegen uns seinen Zorn auf, daß er uns hindere in unseren Vorhaben" (224,9–11).

e. Im nächsten Zitat wird das ‚Aufreizen des Zornes gegen uns' aufgefächert in die Sequenz Androhung, Urteil und Erfahrung des Zorns:

> „Menschliche Vernunft und Weisheit wollen ... Herr des Staates sein. Aber der Herr sagt: ‚Es ist eitel' ... Wenn ihr nicht glauben wollt, daß Gott die Familie lenkt, dann werdet ihr die Eitelkeit des Willens, vergebliche

> Mühe und Anstrengung erfahren. Denn es ist gottlos ..., daß wir ... uns vermessen, Erstursache ... zu werden ... Gott will der Gott bleiben, von dem wir sagen: Ich glaube an Gott“ (237,3–14).

f. Dieselbe Sequenz prägt auch folgendes Beispiel:

> „Cicero und Demosthenes haben nicht darin gesündigt, daß sie sehr weise waren ..., sondern darin: ... ‚Das Reich ist meiner Weisheit unterworfen ...‘ Gott dagegen: ‚Nein! Und damit du es erfährst, sollst du den Kopf darüber verlieren.‘“ (246,1–5).

Zunächst spricht Gott das „Urteil“ (220,1f.) über die Sünde. Psalm 127 ist dieser „göttliche Ausspruch [*oraculum divinum*]“ (218,7). Er spricht das Gebot und die Zornandrohung in der Form einer durch Erfahrung erworbenen Lehre aus. Damit ist die Erfahrung die Situation, in der ein sinnliches Ereignis mit Gottes Gesetz übereinstimmt, was der Erfahrende erkennt, *indem* er zugleich Gott in seinem Wort recht gibt. Er spricht also ‚aus Erfahrung‘ das Wort Gottes in Ps 127 nach. Diese Lehre vom Gesetz, die vom ersten Gebot als dem Gebot des Glaubens ausgeht und sie für die Gebote der ‚zweiten Tafel‘ voraussetzt, entspricht derjenigen des *Großen Katechismus*. Daß die Erfahrung nur auf die Schrift bezogen zu verstehen ist, bringt Luther dort durch den Begriff der Erfüllung zum Ausdruck.

In dieser Form wird der Zorn aber nicht von jedem erfahren. Bei vielen kommt es zum Teufelskreis aus Sünde und Zorn (s. § 10.3 und § 10.4). Die Erfahrung des Mißlingens macht das vernünftige Handeln, dessen sich die Sünde bedient, zur Qual. Luther zitiert Augustin: „Du hast es angeordnet, Herr, ... daß ein unordentliches Herz seine eigene Strafe ist“ (241,8f.). Im Mißerfolg wird es „sauer“ (237,6), gerät in „Unruhe und Unfrieden“ (241,7f.), erleidet den „Schmerz“ vergeblicher Mühe (241,9f.) und reibt sich „voller Sorgen“ und „ängstlich bemüht“ (241,12.14; 242,1.3f.) für den Erfolg der Arbeit auf (241,3.12.14; 242,1.3f.). Der Unfriede des Herzens ist der gleiche, ob sich nun „die einen vermessen“, oder ob „die andern verzweifeln“, ob der „tolle Kopf“ keine „Geduld“ aufbringt, oder der Resignierende „jedermann seinen Willen läßt ... Entweder Anarchie oder Tyrannei. Den mittleren Weg betreten sie nicht.“

g. Er sähe so aus:

> „Wenn Gott zur Obrigkeit oder in die Familie beruft, will ich tun, was ich kann. Wenn ich es tue, ... will ich sagen: ‚Laß gehen, wie es geht, weil es gehen will, wie es geht.‘ Kommt es anders, sage ich Gott Dank: ‚Gott, das ist nicht meine Gabe, sondern deine.‘“ (212,7–12).

Salomo propagiert diesen mittleren Weg, wenn er Ps 127 ausspricht. Darin unterscheidet er sich von den heidnischen Regenten, die sich entweder vermessen oder verzweifeln. Aber er lehrt diesen Weg nicht von sich aus, sondern „das lehrt allein der Heilige Geist“ (206,7). In der eingangs zitierten Passage wird sogar Salomos Erfahrung des Mißlingens als „vom Heiligen Geist inspiriert“ bezeichnet.

h. Auch an zwei weiteren Stellen wird zugleich mit Salomos Erfahrung der Heilige Geist genannt:

> „[Die heidnischen Philosophen und Schriftsteller] können über den Staat nicht so lehren ... wie der Heilige Geist, der im Sohn Davids [= Salomo] ist; obwohl es zugleich auch Erfahrung gibt. Denn er hat Haus und Staat geführt und ist König gewesen. Daher redet er nicht nur aus dem Geist, sondern sein Wort atmet sowohl den Geist als auch die Erfahrung“ (203,12–204,2 [Hs]).
>
> „Dieser Doktor hat einen anderen Geist [als die Philosophen], verbunden mit der Erfahrung, und lehrt, woher und wie sowohl Hausstand als auch Staat richtig und wahrhaftig bewirkt werden ... Und so lehrt er: Wer auch immer die Stadt, den Staat oder die Familie mit Erfolg leiten will, der mache ich selbst nicht zur vornehmsten Ursache“ (205,10–14).

Obwohl Erfahrung und Heiliger Geist zusammen genannt werden, bleiben sie unterschieden. Es ist ja deutlich, daß die positive Lehre des Geistes von Gottes Regiment über die negative Lehre aus der Erfahrung des Mißlingens hinausgeht. Doch erfährt Salomo das Mißlingen in der Kraft des Geistes — im Unterschied zu den Heiden. Worin besteht dieser Unterschied? Es wurde schon bemerkt, daß mit Erfahrung eine doppelte Wahrnehmung gemeint ist. An ihr haben auch die Heiden Anteil, die im Mißlingen auf die Göttin Fortuna stoßen. Aber sie erfahren nicht den Zorn des wahren Gottes, bleiben deshalb in der Sünde und verzweifeln oder vermessen sich. Im Heiligen Geist wird zum einen das Mißlingen als Gottes Zorn erfahren, und darüber hinaus dieser als der Ort, zu Gott in seiner Gnade umzukehren und sich auf das „Gott lenkt“ (s. § 10.5.3.a) zu verlassen. Sünde und Zorn sind zu besiegen „auf dem anderen Grund, der stärker ist als du. Das lehrt allein der Heilige Geist, seinen Hausstand in den Schoß der göttlichen Majestät zu legen und ihm zu vertrauen“ (206,6–8). Salomo erfährt also seine Vernichtung als Sünder und verläßt sich zugleich ganz auf Gottes Regiment. Der Heilige Geist ist die Macht, in der die Sünde überwunden ist, so daß die Erfahrung des Zorns Gottes Weltregiment entspricht und als dessen Element anerkannt wird.

Im Sinne der Erfahrung des Mißlingens als einer Zornerfahrung ist der Abschnitt aus der *Adventspostille* von 1522 zu Phil 4,6 zu verstehen: „Sorget nur nichts, kompt aber ettwas, das euch sorge machen will, ... [so] keret euch mit gepett und flehen tzu gott ... Wer aber sich ßo nicht stellet, wenn yhm ettwas kompt, ßondernn wils zuvor mit vornunfft messen, und mit eygenem radt regiren, und nympt sich der sorgen an, der menget sich selb ynn viel iamerß, vorleuret freud unnd fride ynn gott, unnd schaffet doch nichts, ... wie wyr denn teglich yn unßer eygen und anderer erfarung leren“ (WA 10/I/2,182,7–19).

10.5.4 Mit derselben heidnischen Erfahrung wie zu Ps 127 argumentiert Luther z.B. auch in *De servo arbitrio*. Auch hier soll sie belegen, daß Gott alle Welt in seiner Macht erfaßt und die Heiden davon wissen. Aber statt von Gottes Zorn spricht Luther nun synonym davon, daß der Mensch auf Gottes Vorsehung stößt und dabei seine Illusion, einen freien Willen zu haben, ernüchtert wird:

> „In Jesaja [46,10] sagt er: ‚Mein Ratschluß wird feststehen, und mein Wille wird geschehen‘ ... Aber warum ist uns Christen dies verschlossen, ... wenn selbst heidnische Dichter und das Volk dies sprichwörtlich im Mund führen? Wie oft erinnert ... Vergil an das Schicksal? ‚Beschlossen steht alles durch Gesetz fest‘ ... Nichts anderes tut jener Dichter [Homer], als daß er an der Zerstörung Trojas ... anzeigt, daß das Schicksal mehr vermag als der Eifer aller Menschen ... Jene weisen Männer haben bemerkt, was die Wirklichkeit selbst mit der Erfahrung beweist, daß bei keinem Menschen je seine Pläne vorangekommen sind, sondern bei allen die Sache anders abgelaufen ist, als gedacht ... Daher das Sprichwort in aller Munde: ‚Was Gott will, das geschehe‘ ... Im Volk ... ist das Wissen um die Prädestination und die Präszienz Gottes geblieben ... Und die, welche weise scheinen wollen, sind ... davon abgekommen ... und haben ... verneint, was die Dichter und das Volk und auch ihr eignes Gewissen für das ... Wahrste halten.“[28]

Luther argumentiert mit der Erfahrung als dem, das unbestreitbar vor Augen ist. Heidnische Dichter und volkstümliche Sprichwörter belegen ihm, daß die Überzeugung des Glaubens, Gott sehe alles mit unveränderlichem Willen voraus (615,12–14), als eine Tatsachenbeobachtung allgemein verbreitet ist. In Rechnung zu stellen ist, daß Luther hier mit einem Gelehrten streitet. Nachdem er den strittigen Sachverhalt seiner inneren Logik nach begründet hat, führt er, um ihn exemplarisch zu illustrieren, die Erfahrung

[28] WA 18,617,20–618,18. Zur Übersetzung vgl. Jordahn ³1986:26f.

an.[29]. Im Streit mit Latomus, in dem er genauso vorgeht, wird erkennbar, daß er dieses rhetorische Muster persifliert (vgl. § 10.3.1). Ähnlich ist hier eine ironisch–polemische Absicht unverkennbar (vgl. § 9.2.3): Luther drängt Erasmus in die Ecke und unterstellt ihm einsame Ignoranz: Selbst die Heiden, das gemeine Volk und sogar die von dir so geschätzten antiken Poeten glauben an Gottes Allmacht!

Was die ungläubigen Heiden aus diesem Wissen machen, bleibt, da für den Zusammenhang belanglos, unausgeführt. Luther begründet nicht aus Erfahrung die Lehre von der Vorsehung Gottes, sondern benutzt sie, um die Lehre überraschend und provozierend zu belegen. Begründet ist sie durch die Schrift (Jes 46,10), durch Gottes Verheißung. Wer an Gottes Verheißung glaubt, glaubt an Gottes unwandelbare Vorsehung. „Das nämlich ist der Christen einziger und höchster Trost, in allen Widerwärtigkeiten zu wissen, daß Gott nicht lügt, sondern unwandelbar alles tut und seinem Willen nicht widerstanden werden kann“ (619. Jordahn ^{3}1986:27f.).

10.5.5 Schon in der *Assertio omnium articulorum* von 1520 (vgl. § 9.1.3) argumentiert Luther mit dieser Erfahrung gegen die „Erfindung [*figmentum*]“, der Mensch habe einen „freien Willen“. Zunächst argumentiert er nach der Schrift (WA 7,145,5–14) und geht dann zur Erfahrung über:

> „Aber wenn die Schrift dies nicht lehrte, könnten wir diese Wahrheit im Überfluß aus allen Historien, und jeder einzelne aus seinem eigenen Leben lernen. Wer nämlich bringt alles zustande, was er will? Wer hat nicht vielmehr das, was er zu tun sich überlegt hat, öfter durch eine andere Überlegung sofort geändert, ohne zu wissen, warum er sie geändert hat? Wer wagt es zu bezweifeln, daß er auch in bösen Werken öfter gezwungen ist, etwas anderes zu tun als er überlegt hat? ... Zu Recht hat Paulus in Eph 1 [V. 11] gesagt: ‚Gott wirkt alles in allem.‘ Daher geht hier auch jene allgemein eingedrungene Meinung zugrunde, in der sie schwatzen, es sei in unserer Macht, natürliche Werke zu tun. Daß sich die Wirklichkeit anders verhält, zeigt die Erfahrung aller“ (145,15–30).

Auch hier sind die Gegner Gelehrte, weshalb der Verweis auf die Erfahrung polemisch gefärbt ist (s. 145,20–26). Luther argumentiert aber im Rahmen der Schriftauslegung, will also sagen, daß die Schrift recht behält und alle Menschen in der Erfahrung einholt. Er begründet nicht vernünftig, warum

[29] In *De servo arbitrio* argumentiert Luther mehrfach nach diesem Muster: „Das beweist die Erfahrung“: 766,8–17, s. § 9.2.3; 783,24–33, s. § 10.3.2; 760,26–31; 635,2–7. Ohne „beweisen [*probare*]“, aber in derselben Funktion: 634,33–35; 663,19–29; 758,37–759,1; 778,34–37; 779,1.9f.

die Erfahrungen belegen, der Mensch habe keinen freien Willen gegen Gott, sondern sieht von vornherein die Schrift in ihnen sich Ausdruck verschaffen. Deshalb greift er Erfahrungen so abstrakt, mit nur begrenzter Absicht auf, stellt sie unvermittelt neben Schriftzitate, identifiziert beide und führt sie übergangslos im selben überzeugten Ton an.

Schrift und Erfahrung sollen Luthers Gegner in ihrer Illusion des freien Willens ernüchtern. Wie in der *Vorlesung* über Ps 127 und in *De servo arbitrio* wird von der Schrift her deutlich, daß sich in der Erfahrung Gottes Zorn über die Vermessenheit ereignet. Deren „Erfindung" geht an der Erfahrung „zugrunde". Luthers Polemik ist deshalb keine Spielerei. Sie erwächst daraus, daß er von sich weg auf die Schrift verweist, deren Klarheit und Unerschütterlichkeit die Evidenz und Öffentlichkeit der Erfahrung entspricht.

10.5.6 Luther argumentiert mit der Evidenz und dem Schrecken privater und öffentlicher Unglücksfälle als einer Erfahrung des Zornes Gottes. Er verweist nicht nur auf antike Beispiele aus Historien und aus der Bibel, sondern erfährt die zu seiner Zeit akute Türkengefahr als Zorn und vernimmt in ihr das Gesetz.

a. Nach den *Praelectiones in prophetas minores* von 1524f. setzt der Prophet Joel in Kapitel 2 der „Meinung", alles geschehe aufgrund „menschlichen Planens", entgegen, daß alles Geschehen „Gottes Wille" und „Werk" sei. Vor dem heranrückenden Heer werde „der Herr seine Stimme erheben" [V. 11] und Israel erschrecken „durch das offenbarte Gewissen der Sünde, so daß es nicht widerstehen kann". Damit vergleicht Luther seine gegenwärtige Situation als Prediger:

> „Dasselbe erfahren wir ... zu unseren Zeiten an dem Türken. Wir durchschauen nicht, wie seine Herrschaft und Macht in wenigen Jahren gewachsen sind ... Beinahe überall ist er als Sieger hervorgegangen ... ; und gewiß wird er schließlich auch über uns kommen. Denn offensichtlich ist er eine Geißel Gottes. Wie also wir gewöhnlich über den heranrückenden Türken predigen, so hat es auch in diesem Kapitel der Prophet getan" (WA 13,94,12–23).

Wie Joel vor dem feindlichen Heer Gottes Stimme laut werden läßt, so predigt Luther das vordringende Türkenheer als Zorn Gottes. Die Erfahrung unentrinnbarer tödlicher Gefahr und die Predigt des Gesetzes sind gleichursprünglich. Wie schon zum *Großen Katechismus* bemerkt wurde (s. § 10.5.2.b): Die Gewißheit des Wortes fällt mit der Evidenz sinnfälliger Ereignisse zusammen. Der argumentative Sinn des Verweises auf die Erfahrung ist, die falsche „Meinung" des Sünders, der auf die Predigt nicht hören will, nun mit seiner eigenen Erfahrung zu widerlegen, so daß er „nicht widerstehen kann".

b. In der Predigt über 5. Mose 7,9f. vom 7. November 1529 bezieht Luther die Türkengefahr als Zorn auf die Übertretung des ersten Gebots und die Mißachtung der Drohung: „Wenn du nicht an mich glaubst, so wisse, daß ich zornig bin!" Weil wir aber „nicht glauben, müssen wir in der Erfahrung durch den Türken lernen, ... daß es Gott kein Scherz ist". Und so sehen wir „durch Erfahrung und das Leben, wie elend wir sind, die wir uns nicht vor dem Wort fürchten und ihm nicht trauen" (WA 28,692,8–693,5). „Elend" zu sein, Angst zu haben in der Ohnmacht vor den Türken, wird durch die gleichzeitige Predigt des Gesetzes zu einer geistlichen Erfahrung. Das Elend ist nun eine Situation, deren erfahrbare Eigenschaften durch das Verhältnis zu Gottes „Wort" bestimmt sind.

c. Nach *Vom Kriege wider die Türken* von 1529 erfährt Luther in der Übermacht der Türken einerseits und in der Ohnmacht der deutschen Fürsten und des Papstes anderseits den Teufelskreis aus Sünde und Zorn:

> „Man frage die erfarunge, wie wol uns bis her gelungen sey mit dem Tuercken krieg, so wir als Christen und unter Christus namen gestritten haben ... Und auff das man ... greiffen mocht, das Gott nicht bey uns sey widder die Tuercken zu streitten, hat er unsern Fuersten nie so viel ... geists ynn synn gegeben, das sie ein mal mit ernst hetten muegen vom Tuercken krieg handeln: ob wol ... schier alle Reichstage umb solcher sachen willen sind ... gehalten worden ..., Das es scheinet als spotte Gott unser Reichstage ... Warumb geschicht das? freilich daruemb, das mein artickel[,] den Bapst Leo verdampt hat, ... krefftig bleibe. Und weil den selbigen die Papisten ... verwerffen, mus der Tuercke ... den selbigen ... mit der that bestettigen. Wollen wir es nicht aus der schrifft lernen, so mus uns der Tuerck aus der scheiden leren bis wirs erfaren mit schaden, das Christen nicht sollen kriegen noch dem ubel widder stehen [Mt 5,39]" (WA 30/II,113,1–18).

In dem vom Papst verdammten „artickel" meint Luther, „widder die Turcken streitten" heiße, „widder got streben, der durch den Turcken unszer sund strafft" (WA 7,444). Seit 1518[30] hat er die Türkengefahr so beurteilt und deshalb den päpstlichen Ablaß für die Beteiligung an einem Kreuzzug gegen die Türken verurteilt (Schwarz 1986:166–170). Der Papst und die Fürsten wollen, obwohl sie „Christen" sind, Gottes Zorn nicht erleiden, sondern ihn abwenden. Sie übertreten Gottes Gebot in Mt 5,39, widersetzen sich seinem

[30]WA 1,535,8–39 (*Resolutiones disputationum de indulgentiarum virtute*).

Handeln und geraten deshalb in den Teufelskreis aus Erfolglosigkeit und Schrecken.

Luther argumentiert mit einer „allgemeinen" (Müller 1929:180), öffentlich evidenten Erfahrung, aber so, daß sie „uns", die Christen, die „Schrift" lehrt.[31] Weil die Christen unbußfertig sind und nicht aufgrund der Schrift umkehren, schafft Gott seinem Gebot Anerkennung, indem er seine Wahrheit zur „greiff"–baren Erfahrung werden läßt.

10.6 Warnung vor der Erfahrung des Zorns

10.6.1 Luthers Argumentation mit Beobachtungen des am Tage liegenden Zorns erfolgt in der Sequenz ‚Schrift und Erfahrung'. Er legt die Schrift als das Wort Gottes aus, das von sich aus gewiß ist und in der Erfahrung seine unerschütterliche Gültigkeit gegen die Sünde durchsetzt. Im *Großen Katechismus* wird der Sinn dieser Argumentation erkennbar:

> „Verachtestu es [Gottes Gebot] aber und trotzest, so sihe, wenn du auff dich geladen hast ... Wir haben gnug vermanet, gewarnet und geweret: wer es nicht achten noch gleuben wil, den lassen wir gehen, bis ers erfare" (WA 30/I,168,8–12).

Luther mahnt, warnt und wehrt mit dem Verweis auf die Erfahrung: Er ermahnt zum Glauben an das Wort, um nicht selbst in die Erfahrung des Zorns zu geraten. Die von ihm genannten Erfahrungen sind meist vergangen und zum Teil auch gegenwärtig, immer aber aus der Distanz gesehen.

10.6.2 In der Predigt vom 20. Juni 1529[32] meint Luther zu Dtn 4,15f. — „Seht euch vor! Ihr habt einen Gott, der verzehrendes Feuer ist" —:

> „Das wird nicht geglaubt, bis die Erfahrung kommt ... So haben ... wir einst täglich gehört, daß er ein Feuer sei, bis die Pest kam, plötzlicher Tod und Krieg ... Es wird nicht unvergolten bleiben, wenn es sich auch so darstellt, als hättest du Glück und Heil in deiner Ungerechtigkeit ... Die Frommen glauben, daher erfahren sie es nicht, hingegen die Gottlosen glauben nicht, daher erfahren sie es" (WA 28,559,5–560,7 [R]).

---

[31] Das blendet Müller (1929:178) aus. Er findet hier ein „Argument der Lebenserfahrung", das die Vernunft unabhängig vom Glauben überzeugt.

[32] Sie gehört zur gleichen Predigtreihe wie die in § 10.5.6.b zitierte. Beide Predigten stehen sich nahe, darüber hinaus aber auch dem *Großen Katechismus* und seiner Auslegung der zehn Gebote.

Die Erfahrung des Zorns hat dem Glauben an das Wort nichts voraus, im Gegenteil: Der Fromme glaubt Gottes Wort und hat schon so die Sünde besiegt. Die Erfahrung trifft die Unbußfertigkeit des Unglaubens, vor welcher Erfahrung die Predigt des Glaubens bewahren möchte.

10.6.3 Wie der Titel der 1525 erschienenen Schrift *Eine schreckliche Geschichte und ein Gericht Gottes über Thomas Münzer* zeigt, sieht Luther im Ausgang Müntzers Gottes Zorn am Werk.

> „Wer nu an dissem offentlichen urteyl Gottes, das er mit zorns that beweyset hat fur aller wellt, sich nicht keren nach lernen will, wie disse rottengeyster widder Gott gewest . . . , der will . . . verfuret und verdampt seyn, Was sollten da helffen predigen . . . , wo nicht hilfft solche greyffliche that und erfarunge? Solchs alles schreibe ich . . . , das ich gern wolte warnen alle andere auffrurer und verhueten, das sie nicht auch ynn gleich urteyl und zorn Gottes fallen . . . und sich zum fride und gehorsam geben, wie Gott gebeut“ (WA 18,373,20–32).

In der „greyfflichen that und erfarunge“ des Zorns wird Gottes „urteyl“ vollstreckt. Müntzer scheitert, weil er sich nicht wollte „zum fride und gehorsam [gegen die Obrigkeit] geben“. Nicht vor der Erfahrung an sich warnt Luther, sondern vor Gottes „urteyl und zorn“ in ihr. Die Erfahrung verweist auf das Gebot, auf das von Gott verordnete weltliche Regiment, das in der Erfahrung zur Geltung kommt.

10.6.4 *Zusammenfassend* läßt sich also sagen: Der Zorn im leiblichen Ergehen, dem eigenen oder dem anderer, betrifft das eigene Gewissen und ist insofern eine Erfahrung des Zorns, in der das Ich selbst vom Zorn erfaßt ist. Das hat seinen Grund darin, daß in den sinnlich zu beobachtenden Ereignissen dieses Lebens die Stimme des Gesetzes sich vernehmen läßt, das allen Menschen in gleicher Weise gilt. Nur die, deren Gewissen diese Stimme hört, die Gott in seinem Wort glauben, können den Zorn an sich oder anderen erfahren.

10.7 Erwartung der Erfahrung des Zorns

Wie Luther mit Gewißheit vor dem Zorn Gottes und seiner Erfahrung warnt, so erwartet er mit Gewißheit, daß die unbußfertige Sünde von ihm getroffen werde.

10.7 Erwartung der Erfahrung des Zorns

10.7.1 Im gleichen Zusammenhang des *Großen Katechismus*, in dem von der Erfahrung des Zorns über die Abgötterei der „Heiden und Jüden" die Rede ist (s. § 10.5.2.b), spricht Luther von der Erfahrung, auf „stoltze, gewaltige und reiche wenste" zu treffen, „die auff yhren Mammon trotzen" und meinen, Gott „wisse nichts drümb oder neme sichs nicht an" (WA 30/I,137,20f.27f.).

a. An diesen Vertretern geistlicher oder weltlicher Macht beklagt Luther:

> „Was man yhn predigt ..., wollen sie nicht hören; strafft man sie, das sie sich erkennen und bessern, ehe die straffe angehe, so werden sie toll und töricht, auff das sie den zorn redlich verdienen, wie wir auch itzt an Bischoven und Fürsten teglich erfaren" (137,31–35).

Auch wenn der Zorn über die Bischöfe und Fürsten gewiß ist, weil Gottes Wort gewiß ist, so wird er doch noch nicht erfahren, sondern lediglich ihre Tollheit als Anwartschaft auf den Zorn.

b. In dieser Anwartschaft läßt sich gut leben. Keine Erfahrung tritt ein, die zum Umdenken zwingt, im Gegenteil:

> „Es feylet aber leider daran, das die welt der keines [weder das Drohwort noch die Verheißung] nicht gleubt noch fur Gottes wort helt, weil sie sihet, das die Gott und nicht dem Mammon trawen, kümmer und not leiden ... Widderümb die dem Mammon dienen, haben gewalt, gunst, ehre und gut und alle gemach fur der welt" (138,10–16).

Ohne den Glauben ist das „Sehen" (das synonym für „Erfahrung" steht) verfehlt. Der Glaube hat nicht die Erfahrung, sondern Gott in seinem Wort zum Grund und Gegenstand. Er hält sich an Gott nicht in Abhängigkeit seiner Erfahrungen in der Welt, sondern erfährt umgekehrt diese in Abhängigkeit von Gottes Wort, das Gottes in sich gültiges „Ist" ausspricht (s. § 10.5.2.a), weshalb auch die Erfahrung des Zorns in der gewissen Geltung des Gebots gründet und nicht umgekehrt. Ohne sie hätten die von Luther angesprochenen Phänomene keine durchschlagende Überzeugungskraft. Gottes Drohung ist nicht erst dann wahr, wenn sie erfahren wird.

c. Deshalb gibt der Glaube sie nicht seinen Zeiterwartungen preis, sondern erwartet ihr Eintreffen in Geduld:

> „Derhalben mus man solche wort fassen eben widder solchen schein gestellet, und wissen, das sie nicht ligen noch triegen, sondern war müssen werden" (138,16–18).

Von der Androhung des Zorns her wird das Glück der Gottlosen und das Unglück der Gerechten zum „schein". Denn von ihr her kommt in den Blick, was sich „endlich" ereignen muß und den „schein" nur „eine zeitlang wehren" (138,33f.) läßt.

d. Dafür verweist Luther auf die Erfahrung:

> „Dencke du selbs zurueck odder frage yhm nach und sage mir: die alle yhr sorg und vleis darauff gelegt haben, das sie gros gut und gelt zusamen scharreten, was haben sie endlich geschaffet? So wirstu finden, das sie muehe und arbeit verloren haben, odder ob sie gleich grosse schetze zuhauffe bracht, doch zustoben und zuflogen ist ... Exempel wirstu gnug finden yn allen Historien, auch von alten erfarnen leuten" (138,19–25).[33]
>
> „Schweret ein teyl falsch, so hat es sein urteyl, das der straffe nicht wird entlauffen, und, ob es ein weile lang anstehet, sol yhn doch nichts gelingen, das alles, so sie damit gewinnen, ... nymer frölich genossen werde. Wie ich an vielen erfaren habe, die yhr eeliche gelübd verschworen haben, das sie darnach keine ... gesunden tag gehabt haben und also beide an leib, seele und gut dazu iemerlich verdorben sind" (141,35–142,2).

Gottes Zeit unterscheidet sich von der des Menschen. Wer das Gebot übertritt, „hat" bereits sein „urteyl", auch wenn die Erfahrung seiner Vollstreckung noch ausbleibt. Nicht in der erfahrbaren „weile" existiert er, sondern im Urteil Gottes und der mit Gewißheit ausgesprochenen Prophezeiung, daß er seiner „straffe nicht wird entlauffen".

10.7.2 Den Unterschied zwischen Gottes Zeit und der des Menschen betont Luther auch in der *Enarratio Psalmi II* von 1532. Dort legt er das Futur von Vers 5 — „Einst wird er mit ihnen reden in seinem Zorn" — so aus:

> „ ‚Einst'. Das ist unsere Hoffnung und Verheißung zum Trost der Angefochtenen ... Das ‚Einst' hat keinen festen Termin. Wenn er kommt, kommt er. Wenn der Herr [ihrer] gespottet und gelacht hat [V. 4], ist es genug; dann lacht er nicht nur bei sich im Verborgenen, sondern offenbar und in der Erfahrung. Und dieses Lachen werdet ihr vor euren Augen sehen ... Wenn der Glaube und das Wort ausharren, fallen die Gottlosen ... So bezeugen es alle Historien ... Auch zu unserer Zeit siehst du die Erfahrung: So viele Jahre haben sie ... Versammlungen abgehalten. Je mehr sie sich bemüht haben, desto weniger haben sie erreicht und ihre Sache ist schwächer geworden ... ‚Einst': Zu seiner Zeit. ‚Einst' ist nicht, wenn er zu lachen anfängt;

[33] Der Rahmen (138,16–28.31–34) zeigt, daß es um die Erfahrung des Zorns geht.

das bezieht sich auf den Himmel, nicht auf uns" (WA 40/II,227,11–229,8 [Hs]).

Luther unterscheidet zwischen Gottes Lachen „bei sich im Verborgenen", im „Himmel" und in der „Erfahrung", vor „uns". Bei Gott ist der Zorn schon perfekt: Gott „hat gespottet und gelacht". Das Wort vermittelt zwischen Verborgenheit und Erfahrung: Es spricht dieses Perfekt für den Glauben aus, der sich in der Welt des Gegensatzes zum Wort aufhält, und gibt ihm eine „Hoffnung und Verheißung", die das Dasein in der Welt zum Warten auf die Erfahrung des verborgenen Gottes bestimmt. Der Erfahrungsbegriff unterstreicht die Kontingenz des Handelns Gottes, seine Freiheit und Souveränität, „zu seiner Zeit" im Himmel und auf Erden die Sünde zu verspotten.

10.7.3 *Zusammengefaßt* läßt sich zum Verhältnis von Gesetz und Erfahrung erkennen:

a. Das Gesetz ist unabhängig von der Erfahrung in Kraft, nicht aber umgekehrt. Das bedeutet für die Erfahrung, daß sie eintreffen kann, aber nicht muß. Gott ist verborgen. Wenn die Erfahrung eintrifft, dann wird in ihr dieser verborgene Gott offenbar. Weil es im Gesetz um den freien Gott geht, kann nicht von welthaften Erfahrungen auf Gottes Wirksamkeit geschlossen werden. Die Gewißheit, daß Gott Gericht hält, begründet sich nicht aus der Erfahrung. Dagegen spricht die Erfahrung, daß die Gottlosen im Glück leben und daß trotz dieser Erfahrung die Erwartung des Gerichts ebenso gewiß ist wie seine Erfahrung. Die Erfahrung tritt nicht an die Stelle des Gebots und der Drohung, sondern verweist auf sie. Gott, wie er gebietet und androht, kann sich in der Erfahrung verbergen. Das erkennt aber nur der Glaube, der nicht aufgrund von Erfahrung sich auf Gott verläßt und deshalb anerkennt, daß Gott sich verbirgt. Die Erfahrung lehrt den Glauben exemplarisch erkennen, daß das Gesetz alles unausweichlich bestimmt. Luther spricht in diesem Zusammenhang davon, daß die Drohung sich erfüllt. Sie ist nicht mit der momentanen Erfahrung erledigt, sondern bleibt von ihr unterschieden und eröffnet die Erwartung.

b. Luther stimmt nicht die Erfahrung des Zorns und deren Erwartung für einen späteren Zeitpunkt oder das Endgericht miteinander ab. Beide werden etwa im *Großen Katechismus* nebeneinander genannt, ohne daß der Widerspruch aufgelöst oder erklärt würde. Luther fragt und antwortet nicht, warum das Gericht hier erfahren wird, dort aber erst noch zu erwarten ist. Entscheidend ist offensichtlich, daß in beiden Fällen Gottes Gericht gewiß ist, weil dasselbe Wort des Gebots und der Drohung gilt. Davon geht Luther aus, und daß deren Wirklichkeit einmal erfahren, das andere Mal erwartet wird, öffnet ihm die Augen, das Wort zu erkennen als Gottes ewiges, verborgenes Wort, das in seiner Zeit und deshalb im unbedingten Glauben wahr und wirklich ist.

Die Unterscheidung des Wortes von der Wirklichkeit eröffnet Zeit und gliedert sie in Erfahrung und Erwartung des Wortes. Solange das Wort nicht die Zeit beendet und die Wirklichkeit in ihrer Unterschiedenheit vom Wort aufhebt, eröffnet das Wort die Möglichkeit der Umkehr, ist der Zorn nicht das Letzte und die Zeit Zeit der Geduld. Daß der Zorn erfahren wird und sich in dieser Erfahrung die Umkehr zu Gottes Gebot vollzieht (und nicht endgültig unmöglich wird), hat seinen Grund nicht im Gesetz an sich, sondern in Jesus Christus, der das Gesetz am Kreuz erfüllt hat.

§ 11 Erfahrung der Anfechtung

11.1 Anfechtung und Gesetz

An mehreren Stellen ist der Begriff „Anfechtung" bereits mit der Erfahrung des „Gesetzes" in Zusammenhang gebracht worden. So spricht Luther in der *Vorlesung über die Stufenpsalmen* zu Ps 130 (s. § 10.4.3) von Davids „Erfahrungen" als von der „Anfechtung der Sünde, des Gesetzes und des Todes". Indem Gott „das Gesetz zeigt", „verläßt" er den „Heiligen". Dies kommt in dem Teufelskreis aus Sünde und Zorn, spekulativen Gedanken und Unverrückbarkeit des Zorns Gottes zum Ausdruck. Dies zu ‚erfahren' bedeutet, unverhofft dahinein zu geraten und ohnmächtig ihm ausgeliefert zu sein.

Auch nach der *Vorlesung über den Galaterbrief* (s. § 10.4.1) verhält es sich so. Anfechtung ist, daß der Mensch, der an Christus glaubt, sich selbst durch das Gesetz als „Fleisch" erfährt. Er erfährt, wie er in den Teufelskreis aus Sünde und Zorn gerät und darüber aus den Augen verliert, in Jesus Christus Vergebung der Sünde, Ruhe und Friede zu haben. Gott selbst, der Jesus das Amt der Gesetzesauslegung übergibt (s. § 10.4.2), läßt den Teufelskreis zur Herrschaft kommen. Die Erfahrung als unverhofftes, übermächtiges Ereignis zeigt Sünde und Zorn.

‚Anfechtung' weist darauf hin, daß diese Erfahrung des Gesetzes auf etwas hinzielt, was jenseits dieser Erfahrung liegt. Die Anfechtung erfährt der Sünder, um sich von dieser Erfahrung ab- und dem Evangelium zuzuwenden. Diese Wende wird in der Anfechtungserfahrung eröffnet. Um ihretwillen kommt es zur Anfechtung. Die Anfechtung hat also zwei Seiten: die Erfahrung des Gesetzes und den darin verborgenen Zweck, jenseits dieser Erfahrung durch das Evangelium wieder aufgerichtet zu werden. Die Erfahrung des Gesetzes wird als Anfechtung aus einer übergeordneten Perspektive betrachtet und zum Glauben in Beziehung gesetzt. Sie gehört zum Glauben gerade als dessen Gegensatz, an dem der Glaube zur Geltung kommen will.

In der *Praefatio* zum Galaterkommentar deutet Luther dies an:

> „In meinem Herzen regiert dieser eine Artikel, der Glaube an Christus [*Fides Christi*], aus dem, durch den und in den Tag und Nacht alle meine theologischen Gedanken fließen und zurückfließen. Aber dennoch erfahre ich, daß ich von der Weisheit in ihrer ganzen Höhe, Breite, und Tiefe kaum schwache und arme Anfänge und gleichsam Bruchstücke ergriffen habe" (WA 40/I,33,7-11).

Luther deutet hier die Erfahrung *des* Gegensatzes an, den er in der Vorlesung als Gegensatz von Wissen und Erfahrung, Exegese des Bibeltextes und persönlicher Übung beschreibt (s. §§ 10.4.1 und 10.4.2). Diesen Gegensatz erfährt er an sich selbst: Zwar kennt sein Herz die „theologischen Gedanken", also wie Gott in Christus über den Sünder denkt. Er weiß, daß er im „Glauben an Christus" diese Gedanken zu seinen Gedanken machen kann und soll. Aber dann erfährt er — in der Anfechtung —, daß er diese Gedanken doch nicht beherzigt. Das Ich steht im Gegensatz zu Gott.

Luther redet von dieser Erfahrung eigentümlich schwebend: Er benennt zwar diesen für ihn unüberbrückbaren Gegensatz, ohne aber verzweifelt aufzubegehren. Zugleich nämlich bekennt er sich überwältigt zu der göttlichen Weisheit in ihrer unbegreiflich großen Höhe, Breite und Tiefe — andernorts nennt er sie „unendlich" (s. § 14.4.3.c) —. In der Erfahrung, daß er wegen der Sünde Gottes Weisheit nicht begreift, geht ihm auf, daß sie dennoch seine Weisheit ist und bleibt: die Weisheit, die Gott ihm mitteilt, auch wenn er sie nicht begreifen kann. Christus bleibt für den Sünder da, und er bleibt ihm zugleich unbegreiflich, *extra se*. In dieser Erkenntnis begreift der Sünder Gottes Weisheit — in ihrer Unbegreiflichkeit: Er erfaßt „schwache und arme Anfänge und gleichsam Bruchstücke" von ihr. Das ist die Erkenntnis, die sich in der Anfechtung einstellt.

Ebeling meint, die Weisheit sei deshalb „unendlich", weil sie auf die Erfahrung der Anfechtung bezogen sei: Es müsse ein „unablässiges Einüben ... in den erfahrungsmäßigen Umgang" mit dieser Weisheit stattfinden. Das Leben mit seinem Auf und Ab stelle den Glauben vor immer neue Situationen, auf die er zu applizieren sei. Die theologische Weisheit lasse sich deshalb nur „im Schritthalten mit der Erfahrung" aneignen (1989:73). Doch die Weisheit ist nicht deshalb unendlich, weil das Leben mit seinen Anfechtungen weitergeht. Gewiß wird die Unendlichkeit der Weisheit in der Anfechtung entdeckt. Begründet ist sie aber in etwas anderem: in der freien Gnade Gottes (vgl. § 14.4.3.c). Deren unbegreifliche Tiefe zeigt sich daran, daß sie gerade dem gilt, dem sie äußerlich ist, weil er sie nicht begreift.

11.2 Das Gegenteil des Evangeliums erfahren

11.2.1 Die Ausgangssituation der Anfechtung ist, sich und die Welt als das Gegenteil des Evangeliums zu erfahren, wie Luther in der Predigt vom 21. Februar 1529 ausführt:

> „Wir sagen, daß es ein ... geschäftiges Ding um den Glauben sei, weil er zu Felde liegt, da mußt du gegen die Natur kämpfen ... Die Oberhand

> behält, was wider dich geht: Armut, Seuche, Krieg, Hunger wollen dich drängen, daß Gott dich vergessen habe. [Unsere Mönche] haben es nicht erfahren, weil sie nicht glauben. Ihr Ding steht nicht in Gottes Hilfe, ... sie können sich selbst helfen. Merke: Wo der Glaube angeht, beginnt zugleich die Anfechtung" (WA 29,66,3–67,1).

„Das, was wider dich geht", sind schicksalhafte Unglücksfälle, die unvermutet kommen und ohnmächtig erlitten werden. ‚Erfahrung' bezeichnet die Momente des kontingenten Ereignisses und seines Erleidens. Auch der Ungläubige macht diese Erfahrung. Aber nur der Glaube erfährt, wie sie ihn zu dem Urteil „drängen, daß Gott dich vergessen habe". Das durch den Glauben konstituierte Ich ist betroffen. Wer nicht glaubt, übersieht sein Stehen vor Gott und „hilft sich selbst", etwa durch Werke wie die Mönche. Der Glaubende aber steht in Gefahr, der Erfahrung recht zu geben, weil seine „Natur" von der Sünde okkupiert ist und in der Anfechtung auflebt. So redet ihm die Todesgefahr ein, Gott habe ihn vergessen, statt daß er darauf vertraut, daß seine Sache „in Gottes Hilfe" steht.

Die gleichen Ereignisse versteht Luther auch als Zorn (s. §§ 10.4.5–10.7). Wenn er sie als Anfechtungserfahrung bezeichnet, betont er, daß sie den Glauben des Sünders angreifen und infragestellen. Die Erfahrung der Anfechtung bezieht sich sowohl auf äußere Ereignisse wie auf das eigene Selbst, so daß die Erfahrung ganz von Zorn und Sünde besetzt ist. Der Glaube scheint keine erfahrbare Macht mehr zu haben, weder über die sinnfällige Welt noch über das Gewissen.

11.2.2 Nach den *Operationes in Psalmos* empfehlen die Verse Ps 3,7f. uns

> „jenen auf heilige Weise stolzen Affekt und Verächter der Widrigkeit ... Dies wird [von Christus] in der Person dessen [des Propheten] gesagt, der ... [Gottes] Kraft und Gnade verkündigt, der durch die Erfahrung der Widrigkeit so geprüft und gestärkt ist, daß er in Zukunft kein Übel fürchten will unter dem Schild Gottes, den er bereits erkannt und erforscht hat [V. 4]. Obwohl aber in Christus, der von den Toten auferstanden ist, weitere Drangsal, Tod oder Hunderttausende Belagerer keinen Platz mehr haben, herrscht und triumphiert dennoch ... dieser Affekt in ihm, den er in ihm [dem Propheten] für die Zunkunft prophezeien mußte. Das alles ... wegen uns, die wir, auch wenn wir manche Drangsale besiegt haben, dennoch weitere besiegen müssen" (WA 5,90,39–91,10).

Wie in der Predigt von 1529 (s. § 11.2.1) ist die Erfahrung das schicksalhafte Ereignis und dessen Wirkung im Menschen: Es formt den „Affekt" seines

„Herzens“ (91,28); sie ist eine „Widrigkeit“, etwas, das gegen das Herz in seiner Bestimmtheit durch den Glauben gerichtet ist: Statt des Lebens in Christus wird Tod und Gefahr erfahren. Doch diese Erfahrung soll den Glauben „prüfen und stärken“. Sie soll das Sichverlassen auf den „Schutz Gottes“ so aufbieten, daß das Herz in seinem Affekt davon ganz und gar bestimmt ist und aktuelle und kommende Erfahrungen „verachten“ oder „besiegen“ kann.

11.2.3 In der *Vorlesung über die Stufenpsalmen* von 1532f. meint Luther zu Ps 125,3:

> „[Diese Verheißung] ist unglaublich sowohl für uns, die wir leiden, als auch für die, die [uns] verfolgen. Es ist das größte Wunder, wenn du die Wirklichkeit siehst, wie sie ... nach der Wahrnehmung abläuft. Denn so ist es wahrhaftig: Die Rute bleibt aus. Wer hat das erfahren? Christus, die Apostel, alle Heiligen und Propheten. Andere Dinge, als die Worte sagen, sind vor Augen. Er verheißt, daß das Zepter der Gottlosen nicht [bleiben wird], und dennoch erfahren wir das Gegenteil. Daher ruft der Heilige Geist zum ersten Gebot zurück, zum Unsichtbaren, zu seinem Wort, und befiehlt zu betrachten, was er selbst ... verheißt, nicht das, was wir fühlen. Das ist die Kunst, sich von den eigenen Gedanken losreißen zu können und dem Willen Gottes zu überlassen und dort zu ruhen“ (WA 40/III,164,20–165,9 [Hs]).

„Erfahrung“ ist synonym mit „Wahrnehmung/Gefühl“ (*sentire*) und umfaßt das Ereignis der „Verfolgung“, das „vor Augen“ ist, das persönliche „Erleiden“ und die „eigenen Gedanken“, die Gottes Verheißung für „unglaublich“ halten. Die Relation von Verheißung und Erfahrung des Gegenteils bestimmt auch diese Aussage. Erfahrung ist das Wechselspiel zwischen der „Wirklichkeit“ und ihrer umfassenden, sinnlichen und gewissenhaften, Wahrnehmung. Sie ist das „Gegenteil“ des Evangeliums: Es ereignet sich etwas, das der Verheißung widerspricht. Damit wird die Sünde lebendig, die durch diese Erfahrung zu „eigenen Gedanken“ verleitet wird. Diese treten an die Stelle der Verheißung und des Glaubens und scheitern in den verheißungswidrigen Ereignissen.[34]

11.2.4 In der Schlußpassage von *De servo arbitrio* kommt Luther auf dieselbe Erfahrung zu sprechen. Er meint, nach dem „Urteil ... der Vernunft“ leite Gott „diese leibliche Welt in äußerlichen Dingen“ so, daß man „zu sagen gezwungen ist, entweder sei kein Gott, oder er sei ungerecht.“

---

[34] Zu der Erfahrung der Sünde und des Scheiterns evangeliumsferner Spekulationen s. §§ 10.3.4 und 10.3.5.

„Das bezeugen die Sprichwörter und die Erfahrung, die Mutter der Sprichwörter: ‚Je größer der Schalk, desto besser das Glück' ... Hier sind auch die höchsten Geister darauf verfallen zu verneinen, daß Gott sei, und zu ersinnen, daß Fortuna alles blindlings treibe ... Die Propheten aber, welche geglaubt haben, daß Gott sei, sind vielmehr hinsichtlich der Ungerechtigkeit Gottes angefochten worden" (WA 18,784,35–785,10. Zur Übersetzung vgl. Jordahn ³1986:245f.).

Die Erfahrung ist die gleiche bei den Heiden und den Gläubigen — und ist doch gänzlich verschieden. Denn während die Heiden mit Vernunft und Erfahrung begründen, was von Gott zu denken ist, halten sich die Gläubigen an Gott und werden von seiner, durch Erfahrung und Vernunft wahrgenommenen, Ungerechtigkeit in ihrem Glauben „angefochten".

Müller (1929:177f.) meint, die „Beobachtung" des Glücks der Gottlosen erschüttere die „Glaubwürdigkeit" von „Gottes Ordnungen", die identisch seien mit der durch Vernunft erschlossenen „Lebenserfahrung". Vernunft und Glaube fallen hier zusammen. Daß aber Luther von der Anfechtung des Glaubens im Unterschied von der Vernunft spricht, kann Müller nicht zur Geltung bringen.

In der Anfechtung geraten die Propheten vor die Alternative, entweder Gott für ungerecht zu halten oder zu verneinen, wie es die Vernunft aufgrund der Erfahrung tut, oder im Glauben die Erfahrung vom „Licht des Evangeliums" bescheinen zu lassen, „durch das wir gelehrt werden, daß die Gottlosen wohl leiblich in Blüte stehen, an der Seele aber vernichtet werden" (785,14–16; Jordahn ³1986:246). Die Unterscheidung zwischen Leib und Seele entspricht derjenigen zwischen Vernunft/Erfahrung und Glaube. Erfahrung der Anfechtung und Glaube sind simultan in dieser körperlichen Welt und stehen im Gegensatz.

11.3 Prüfung und Kampf

Die Anfechtung ist eine Erfahrung, in der der Glaube auf die Probe gestellt ist, sich gegen die Erfahrung der Sünde und des Zorns als die wahre Wirklichkeit zu bewähren. Diese Bedeutung zeigen die synonym für ‚Anfechtung' verwendeten Begriffe „Prüfung" und „Kampf":

11.3.1 In den *Operationes* zu Ps 6,11 (s. § 10.2.3) meint Luther, wenn die „Stolzen" nicht die Verwirrung durch das Gesetz erführen, wenn sie nicht „in solchem Affekt und eigener Erfahrung erprobt sind, lesen, hören und tun sie alles vergeblich". Die Erprobung (*probare*) trifft den Stolz, aber um des

Verstehens des Wortes Gottes willen. Die Stolzen werden auf ihren Glauben geprüft: darauf daß sie ihre Nichtigkeit vor Gott anerkennen und allein auf Gottes Barmherzigkeit vertrauen.

11.3.2 In den *Dictata super Psalterium* von 1513–16 meint Luther zu Ps 93 (94),9:

> „Wer ist nicht versucht worden in dem, was er weiß? Wer hat nicht erfahren, was er weiß? Wer nicht durch Erfahrung die Eigenschaften der Anfechtungen erkannt hat, vermittelt nicht Gewußtes, sondern Gehörtes oder Gesehenes oder, was gefährlicher ist, selbst Erdachtes. Wer daher gewiß sein und andere treu beraten will, soll es zuvor selbst erfahren. Er selbst trage das erste Kreuz ... Daher sucht Gott ... den Menschen beim Morgengrauen heim und prüft ihn plötzlich, daß er aus sich selbst lerne, was er andern vermitteln soll“ (WA 4,95,1–13).

„Erfahrung“ bedeutet, angefochten, von Gott geprüft zu werden und also von außen her ein Widerfahrnis zu erleiden; aber auch, dadurch selbst ‚erfahren‘ zu werden, die „heiligen und göttlichen Dinge“ (95,1) bezüglich sich selbst zu lernen und zu wissen und als ‚Experte‘ andere unterweisen zu können. Näher besehen geht es um die Erkenntnis, daß Gott in der Menschheit erschienen ist (94,32.36). Der „Glaube“ gewinnt sie (94,33). Gott erkennen bedeutet deshalb, selbst von seiner Verborgenheit im Kreuz erfaßt zu werden.[35] Das Erkennen des Glaubens setzt mit dem Hören und Glauben ein, dem das Sehen und Verstehen folgt (95,1f.). Wie das Zitat zeigt, bleibt auch darin der Glaubende passiv, empfangend. Er ist Gottes Prüfung ausgesetzt und trägt sie als das Kreuz, das das Fleisch tötet (95,26). Er erkennt, Fleisch zu sein und statt geistlicher sichtbare Güter zu erstreben, und er erkennt, daß, wenn er auf die geistlichen Güter ausgerichtet wird, folglich sein fleischlicher Wille getötet werden muß. Die Prüfung besteht also darin, ob der Angefochtene in der Erkenntnis Christi seinem fleischlichen Willen nachgibt, oder ob er ihn aufgibt und so das Kreuz trägt um der geistlichen Güter willen.

11.3.3 Nach der Vorlesung über Ps 127 (s. § 10.5.3) ist die Erfahrung vergeblichen Handelns eine Prüfung des Glaubenden:

> „Tu, was du kannst, und glaube an Gott, der dich zum Ehemann gemacht und das Haus gegeben hat, sowie den Acker und den Gehorsam der Familie; wenn es zum Gegenteil kommt, habe Geduld: Gott ficht dich an ... Gott

[35] Das ist auch mit der Aussage gemeint, in Christus herrsche *cognitio experientialis* (s. § 7.1).

will dich prüfen und üben, ob du der Hausvater [*paterfamilias*] bist, oder er selbst" (WA 40/III,217,14–218,2.).

Sieht man diese Aussage mit denen von der Vergeblichkeitserfahrung zusammen, dann zeigt sich: ‚Erfahrung' bezeichnet ein unberechenbares Ereignis, das unerwartet und unerwünscht ist („wenn es zum Gegenteil kommt"; vgl. die *Vorlesung über den Galaterbrief* §§ 10.4.1 und 10.4.2). Diese Eigenschaften der Erfahrung machen sie zur Anfechtung und Prüfung des Glaubenden, zur einzigen Möglichkeit, den Sünder vor seine Sünde zu stellen und zu vernichten. Deshalb ist sie zum Verstehen der Schrift notwendig. Ohne die Erfahrung verbleibt er in der Spekulation. In ihr aber treten seine Illusion und Gott im Sinne des „Entweder du oder Gott!" auseinander. Der Sünder erkennt nun, daß er das erste glaubt und danach lebt, womit aber das zweite, die Wahrheit, nicht realisiert wird. Sie bringt sich aber so zur Geltung, daß sie den Sünder in seiner Sünde festhält und darin scheitern läßt. Damit vergleichbar ist die Frage, die sich nach der Auslegung von Ps 130 (s. §§ 10.4.3 und 11.1) vor dem Gesetz stellt: „Wie stehst du mit Gott? Ist er dir gnädig, oder zürnt er dir?" Auch hier hat sich der Sünder bisher getäuscht, weil er sich Gottes sicher wähnte. Durch die Erfahrung sieht er aber nun, daß er werkgerecht und als solcher machtlos ist und somit Gott ihn im Zorn verstoßen, nicht aber in der Gnade angenommen hat. Dieses Auseinandertreten von Gott in seiner Gnade und dem Glaubenden als Sünder prägt auch die *Vorlesung über den Galaterbrief* (s. § 11.1): Der „geistliche" Mensch muß erfahren, „Fleisch" zu sein. Und auch in der Predigt von 1529 (s. § 11.2.1) steht es im Hintergrund: Hat Gott ‚mich' „vergessen", oder steht mein „Ding" in „Gottes Hilfe"?

Mit der Erfahrung scheint die Alternative bereits entschieden zu sein. Doch Anfechtung im Sinne von „Prüfung" und „Kampf" bedeutet, daß die Alternative offen ist. Indem er sich selbst als Sünder und im Zorn Gefangener erfährt, ist der Glaubende zum Kampfplatz geworden.

11.4 Die Erfahrung des Gegenteils stärkt den Glauben

Dieser Absatz beschränkt sich auf Andeutungen, da die Überwindung der Anfechtung in den §§ 14–17 eingehend thematisiert werden soll. Hier genügt der Beleg, daß die Erfahrung der Anfechtung nicht nur den Glauben trifft, sondern auch um seinetwillen geschieht. Nur von ihm aus, also jenseits ihrer selbst, kann die Erfahrung der Anfechtung benannt werden.

11.4.1 Die Anfechtung ist „Prüfung und Kampf". Nach den *Operationes* zu Ps 3,7f. ist die ‚Prüfung' eine Herausforderung zum Kampf, eine Situation, die es im Sichverlassen auf den „Schutz Gottes" zu „besiegen" gilt. Geschieht dies durch den Glauben — und das ist der Zweck — dann ist der Angefochtene „geprüft und gestärkt". ‚Anfechtung' kann nicht aus der Erfahrung von Sünde und Zorn an sich begriffen werden, sondern nur vom Glauben her, der sie besteht und besiegt.

11.4.2 In der Schrift *Evangelium von den zehn Aussätzigen* von 1521 ist statt von Prüfung und Stärkung von ‚Besserung' die Rede:

> „Wenn denn nu solch leben [in Glaube und Liebe] ist angangen, szo feht gott an unnd bessert es durch vorsuchung und anfechtung, da durch der mensch yhe mehr und mehr tzu nimpt ym glawben unnd liebe, das yhm gott durch eygen erfarung szo hertzlich lieb unnd susz wirt, das er nichts mehr furchtet. Da wechst denn her die hoffnung, die da gewisz ist, das sie gott nit lassen wirt" (WA 8,385,6–15).

Luther spitzt den Zusammenhang von Anfechtung und Glaube auf das Paradox zu: Der Glaube wird gebessert durch seine Versuchung und Anfechtung; er nimmt durch sie zu. Das Gleiche ist gemeint mit der Aussage, Gott werde durch die Erfahrung lieb und süß. So paradox läßt es sich pointieren, wenn die Anfechtung bestanden und besiegt ist, wenn der Glaube sich in ihr bewährt hat. Neben dem Glauben wird die Liebe genannt. Es geht also um den Glauben als Akt. In der Anfechtung erfährt der Glaubende, daß er nicht glaubt, sondern von Sünde, Zorn und Tod beherrscht wird. Doch angesichts dieser Erfahrung vermag sich die Kraft des Glaubens allererst zu entfalten.

Regin Prenter hat aus dem „engen Zusammenhang ... zwischen Erfahrung und Anfechtung" z.B. an diesem Ort (1954:67) geschlossen, es gehe Luther in der Erfahrung um die „Bestätigung" oder den „Erweis der Wirklichkeit". „Was durch die Feuerprobe der Anfechtung hindurch bestehen bleibt, ist als Wirklichkeit erwiesen, ist *erfahren*" (68). Dies ist präzisierend so aufzunehmen, daß die Erfahrung der Anfechtung den Vorgang der Prüfung und Probe selbst meint. Sie zielt auf die Geisterfahrung (s.u. § 15.2) als Wirklichkeit des Glaubens, die sich in der Anfechtung bewährt.

11.4.3 Die Anfechtung „bessert" und „stärkt" den Glauben. Er ist es, der sie als seine Prüfung besteht. Dafür sagt Luther in der *Vermahnung zum Sakrament des Leibes und Blutes Christi* von 1530 [?], der Glaube werde „geübt, erfaren und starck":

„[Gott hat] wol daran gethan, das er uns hat lassen bleiben jnn solchem stande, da wir müssen mit der sunden, tod, teuffel, welt, fleisch und allerley anfechtung kempffen ..., auff das wir genötigt ... werden, seine gnade, hülff, wort und Sacrament zu suchen und zu begeren, Sonst, wo das nicht were, wurde kein mensch ... weder nach seinem wort noch seinem Sacrament fragen, wedder gnade noch huelffe suchen. Nu aber solche jag hunde ... uns auff steubern, so müssen wir wol mundter werden, Und wie ein geiagter hirs zum frischen wasser, also auch Wir nach Gott schreien, wie der 42. Psalm sagt, Damit unser glaube wol geübt, erfaren und starck werde und wir also jnn Christo bleiben und feste werden" (WA 30/II,618,35–619,8).

Wie in den beiden anderen Zitaten geht es auch hier um das Paradox, daß der Glaube durch die Erfahrung seines Gegenteils, in der er nichtig ist, gefördert wird. Dieses Paradox kommt zusätzlich durch das Bekenntnis zum Ausdruck, Gott habe „wol daran gethan", uns „jnn solchem stande" bleiben zu lassen, in dem wir mit „allerley anfechtung kempffen" müssen. Die anfechtende Erfahrung ist also ein Element des Glaubens. Durch sie sind die Angefochtenen „genötigt", Gottes Gnade und Wort „zu suchen und zu begehren". Denn sie sind vermessene Sünder, die durch die von außen kommende, widerständige Erfahrung auf ihre Sünde stoßen. Mit dieser Erfahrung zusammen kehren sie um: Sie widersetzen sich ihr nicht, sondern stimmen ihr als Gottes Handeln zu — er hat „wol daran gethan" — und wollen damit nicht aus der Selbstbehauptung gegen, sondern im Erleiden dieser Erfahrung leben. Dieses Erleiden der eigenen Vernichtung durch die Erfahrung geht einher mit der Erkenntnis, ‚jnn Christo bleiben und feste werden' zu müssen. Die Erfahrung ist so ein Akt des Glaubens. Indem ‚ich' durch die anfechtende Erfahrung in den Glauben hineinwachse, wird er (oder besser: werde ich in ihm) „geübt, erfaren und starck".

11.5 Anfechtung und Heiliger Geist

Anfechtung erfährt der Glaubende, er erfährt sich und die Welt als den Gegensatz zum Glauben, bis sich seine Perspektive umkehrt und er dem Glauben gegen die Erfahrung recht gibt. Diese gesamte Bewegung bezeichnet Luther als Handeln des Heiligen Geistes.

Ps 130 etwa bezieht sich auf „Erfahrungen" von „Anfechtungen", in denen der „Heilige Geist" Davids Herz (im Glauben) „übt" (s. § 10.4.3). „Der Heilige Geist spricht" Ps 130, und „gibt gute Worte". Denn Gott „will nicht erschrecken, daß du zugrunde gehst. Sondern er will dich erniedrigen, damit du die Gnade zu erkennen weißt. Das sind die rechten Seufzer", die Luther mit Röm 8,26 „unaussprechlich" nennt (WA 40/III,342,4–8). Diese Seufzer und in ihnen die flehentliche Bitte, werden nur deshalb laut, weil der Angefochtene „ein Fenster gesehen hat: ‚Bei dir ist die Vergebung' [V. 4]" (342,2–4). Statt von Übung spricht Luther in der *Enarratio Psalmi XC* (s. § 10.4.4) davon, der Glaube sei in der „Anfechtung" zu „lernen" als ein „Kämpfen wider Sünde, Tod und den Zorn Gottes". Das Gesetz zu erleiden und gegen es zu kämpfen, ereignet sich in den ‚unaussprechlichen Seufzern' des Geistes.

Daran, daß die Seufzer des Geistes in der Anfechtungserfahrung als der Erniedrigung des Sünders verortet sind, wird deutlich, daß der Heilige Geist auf eine abgründige Weise gegenwärtig ist, die nur dialektisch zum Ausdruck gebracht werden kann. Er ist darin da, daß der Mensch sein Verlassensein von Gott erfährt und dies vor Gott illusionslos anerkennt. Denn die Erfahrung ist zu erleiden, weil nur in ihr das Evangelium wirksam wird und die Sünde im Sünder selbst besiegen kann. Die Erfahrung ist um des Evangeliums und Geistes willen notwendig.

Aber auch umgekehrt ist nur vom Evangelium her die Erfahrung zur Sprache zu bringen. Zwar ist sie durch die Abwesenheit des Evangeliums konstituiert, und solange der Angefochtene in ihr steht, kann sein Gewissen nicht das Handeln des Heiligen Geistes anerkennend zur Sprache bringen. Erfahrung bedeutet also zunächst, keine erkennende Distanz zu haben, sondern die Sünde zu vollziehen und vom Zorn erfaßt zu sein. Aber diese Erfahrung in der Abwesenheit des Evangeliums ist die Verborgenheit des gnädigen Gottes. Denn der Sünder kommt durch die Erfahrung an sein Ende, um dann das Evangelium zu entdecken. Deshalb ist die Anfechtungserfahrung nicht aus ihr selbst heraus von Interesse. Nur außerhalb ihrer, im nachhinein oder zugleich aus dem neu bestimmten evangelischen Gewissen heraus, kann der Angefochtene die erlittene Erfahrung als ‚Anfechtung' bezeichnen und Gottes gerechtem Handeln zustimmen.

IV Das Kreuz Jesu Christi und die Erfahrung

Die Darstellung hat sich bislang auf das konzentriert, was das Gesetz zu erfahren gibt: Sünde und Zorn. ‚Erfahrung' bedeutet, daß Sünde und Zorn aktualisiert, d.h. wirklich und offenbar werden. Luther betont durch den Erfahrungsbegriff, daß dies dem Sünder kontingent, unerwartet widerfährt. Von Anfang an ist deutlich geworden, daß diese Erfahrung unter dem Gesetz nicht aus sich selbst heraus benennbar ist, sondern aus ihrem Zusammenhang mit dem Evangelium. So spricht Luther im nachhinein oder als Beobachter von eigener bzw. fremder Erfahrung der Sünde und des Zorns. Die Elemente des Vollzugs und der Erkenntnis sind voneinander unterschieden und so füreinander bedeutsam: Die Erfahrung wird durch die Abwesenheit des Evangeliums konstituiert, geschieht aber um seinetwillen. Dies erfaßt der Begriff der Anfechtung. Das Geschehen, das er damit auslegt, ist das „Kreuz". Im Kreuz ist der Grund der Erfahrung des Gesetzes in der dargestellten dialektischen Bestimmtheit zu sehen.

Es ist also der These von Loewenichs zuzustimmen, daß Luthers Theologie inhaltlich und methodisch an dem Geschehen des Kreuzes Christi orientiert und auch der Erfahrungsbegriff von dorther zu bestimmen sei. Allerdings ist diese These in der Auseinandersetzung mit einzelnen Interpretationen von Loewenichs zu präzisieren.

§ 12 Die Kreuzeserfahrung Jesu Christi

In diesem Paragraphen wird dargestellt, was Jesus Christus erfahren hat, um dann zu bestimmen, was diese Erfahrung für die bedeutet, die an Christus glauben.

12.1 Die Kreuzeserfahrung und das Menschsein Jesu Christi

12.1.1 In den *Operationes in Psalmos* (1519–21) zu Ps 16,11 geht es um Christi Erfahrung des „Weges zum Leben", der ein Weg „vom Tod zum Leben" ist (WA 5,464,21):

> „Christus hatte vorher den Weg zum Leben der Erfahrung nach nicht gekannt. Denn dieses Leben ist nichts als der Weg des Todes oder besser ein Lauf zum Tod, um aber aufzuerstehen zum unsterblichen Leben. Das heißt

wahrhaft, den Weg zum Leben zu kennen, was allein Sache der Kraft und Rechten Gottes ist, wie er hier sagt: ‚Du tust mir kund den Weg zum Leben'" (464,23–27).

‚Erfahrung' ist ein Kennzeichen „dieses Lebens" als eines, das im Tod endet — im Unterschied zu dem Leben, das „vorher" war, und zu dem „unsterblichen Leben", in das Jesus Christus „auferstehen" wird. Als Mensch wie alle Menschen „erfährt" er den Tod: Er lernt ihn „kennen", läßt sich also auf das Unbekannte ein. Dies tut er in der Erwartung, daß Gott ihm den Weg zum Leben kundtue und aus dem Tode auferwecke. Er erfährt willig den Tod, um das Leben aus Gott zu „erkennen", das reicher ist als dieses Leben, weil es auch vom Tod nicht ausgelöscht wird.

12.1.2 Christus erfährt den Tod, den er vorher nicht kannte. Damit lernt er aber auch allererst den Glauben. In diesem Sinn legt Luther Hebr 5,8 aus.

a. Ebenfalls in den *Operationes* zu Ps 16 kommt er darauf zu sprechen. Weil er in Ps 16 (wie in allen Psalmen) eine „Prophetie" auf Christus sieht (461,26–42), parallelisiert er die Aussage, Christus habe durch das Leiden Gehorsam gelernt, mit derjenigen, nachts hätten seine Nieren ihn, den Psalmisten, ermahnt (WA 5,458,8–11), nämlich zu dem Rat des Geistes, den Tod nicht zu fliehen, sondern um Gottes Bewahrung zu bitten (V. 1) und damit die eigene Sache in seine Hand zu überantworten (457,14–16.21f.). Die Nieren bezeichnen die „Kraft der Begierde, die die Traurigkeiten haßt, Vergnügen und Ruhe liebt, die in allen Menschen, auch in Christus bewirkt, daß Leiden und Tod hart und bitter sind" (458,25–27).

> „Wenn er auch des Rates voll war, hat er dennoch unsere schwache Natur gefühlt, die sich diesem Rat widersetzt. In diesem Ringkampf hat er durch Erfahrung Gehorsam gelernt ... Das, was gegen den willigen Geist des Rates [Jes 11,2; Mt 26,41] tätig zu sein scheint, wird ... als etwas erfunden, das ihn noch mehr wach und rüstiger gemacht hat, wie Paulus sich rühmt 2. Kor 12 [V. 9]: Weil ich schwach bin, bin ich stärker" (458,13–15.17–19).

Erfahrung bezeichnet erstens das Ereignis von Leiden und Tod, das dem natürlichen Willen, glücklich zu leben, entgegenläuft; zweitens auch das Fühlen der Affekte, die Leiden und Tod in unserer „Natur" auslösen. In diesem Sinn ist in der Auslegung von Vers 11 Erfahrung gemeint. Weil Ps 16 aus dem der Natur widerstrebenden Ereignis von Leiden und Tod geboren ist, läßt er sich „allein durch Erfahrung erkennen" (459,6). Diese widerfährt dem geistlichen Menschen, der sie als einen Kampf von Fleisch und Geist erleidet.

Die Erfahrung lehrt ihn den Gehorsam, sofern er ganz von der begehrenden Kraft seiner Natur absieht und sich allein auf Gottes Rat verläßt.

b. Schon zuvor, in der *Vorlesung über den Hebräerbrief* (1517f.), hat Luther Hebr 5,7f. wie folgt glossiert:

> „*Der* — [Anm. 2] ... Christus ... ist dieser Priester [nach der Ordnung Melchisedeks (V. 6)], ‚der mitleiden kann mit denen, die ... irren', wegen der Erfahrung dessen, was er erlitten hat. — *in den Tagen seines Fleisches* in der Zeit seiner Passion, als er vom Vater verlassen im Fleisch litt *Bitten und Flehen* ... sich selbst durch Bitten *zu ihm ..., der ihn vom Tod erretten konnte* nicht durch Bewahrung vor dem Tod, sondern durch Auferweckung ... *gebracht hat* ... [Zitat Lk 23,34] ... (5,8) *Und obwohl ... er der Sohn war*, nicht ein Knecht, der das schuldig wäre *hat er gelernt* dennoch durch Erfahrung *Gehorsam aus dem, was er gelitten hat*" (WA 57/III,28,11–29,7).

Erfahrung bezieht sich auf „Passion": Christus erfährt, erleidet den Tod, was die Gottverlassenheit zu erfahren und zu erleiden bedeutet. Indem er erfährt: von Unbekanntem überrascht und erfaßt wird, „lernt" er Gehorsam. Indem er den Tod erfährt, lernt er kennen, wie unvorhersehbar tief Gottes Wille zum Leben des Geschöpfes und entsprechend der Gehorsam ist.

Wieder ist deutlich, daß die Erfahrung nicht aus dem empirischen Datum des Todes begreifbar wird, sondern aus dem Willen Gottes und dem Gehorsam Christi: Gott will, daß Christus sich für die Menschen opfert, und Christi Bereitschaft dazu wird an der Erfahrung des Todes, also wenn Gott ihn verläßt, konkret. In ihr vollzieht er das Opfer, indem er den Tod als Willen Gottes erleidet und „sich selbst" durch „Bitten und Flehen" zum Vater bringt. Luther unterlegt hier nicht das Gebet in Gethsemane, sondern das am Kreuz Lk 23,34: „Vater vergib ihnen, denn sie wissen nicht, was sie tun." Christus will nicht vor dem Tod bewahrt werden. Er stimmt Gottes Willen, „vom Tod zu erretten" und dem Menschen das Leben zu geben, so zu, daß er seinen Tod als Gestalt dieses Willens erleidet und in ihm um Vergebung für die bittet, die ihn kreuzigen. Mit dieser Bitte ist sein Tod ganz zu Gottes Vergebungswillen geworden.

Die Todeserfahrung Christi und der Christen ist unterschieden und gleich. Für beide ist sie Erfahrung: ein unbekanntes, kontingent eintretendes Widerfahrnis, das nur erlitten werden kann. Doch während Christus als Unschuldiger stirbt und deshalb der Tod für ihn etwas Unbekanntes ist, ist die Todeserfahrung für den Sünder etwas, das seine Ahnungslosigkeit in der Sünde beendet. Doch Christus schließt sich in der Erfahrung des Todes mit den Sündern zusammmen und erleidet die Gottverlassenheit wie sie. Sein

Leiden ist dem ihren „ähnlich", er kann „mitleiden wegen der Erfahrung dessen, was er erlitten hat".

c. 1530 auf der Coburg legt Luther wieder Ps 16 aus, sieht ihn von Christus gesprochen und deutet Vers 7 parallel zu Hebr 5,8: Christus sieht dem von Gott verfügten Tod entgegen. Seine „Erfahrung des Leidens"[1] wird konstituiert durch „den göttlichen Trost und die eigene Erfahrung des Fleisches" (317,5f.). Letztere ist an sich noch nicht diejenige des Leidens. Meint sie doch den spürbaren Widerwillen gegen den Willen Gottes. Das Fleisch und sein Affekt „wolt lieber lust haben denn leiden, freude denn schmertzen" (17f.). In diesem Sinn betet Jesus: „Herr, wenn es möglich ist, nimm von mir den Kelch [Mt 26,39]"(19f.). Das zweite Element der Leidenserfahrung ist Gottes „Rat". Er „lehrt" den Leidenden „zu glauben und zu erwarten" (317,2f.). In Vers 8 bekennt der Psalmist, Gott habe damit sein Herz erhalten, „das ich immer gehoffet habe, ob ich gleich sterbe, er werde dennoch *in dextera* [zur Rechten] sein" (25f.). Wer diesen Rat ergreift, leidet zwar im Fleisch, „hats aber dennoch uberwunden" und „besiegt" (317,23f.). Denn er erfährt das Leiden des Fleisches in der Erwartung des Glaubens. Diese Glaubenserfahrung ist mit „Erfahrung des Leidens" gemeint, und dafür ist Christus in Gethsemane das Beispiel:

> „Gott hat mich gelehrt und ich selbst habe es erfahren in meinem Leiden, wie [es] Hebr 5[,8] [heißt]: ‚Durch Erfahrung hat er Gehorsam gelernt.' Das ist dann ein rechter Doktor, der zuerst von Gott belehrt wird und darauf es erfährt. Erfahrung aber ist, daß einer, wenn Gott mit dem Rat hilft, denkt: ‚Ich will es ausharren', wie es der Fall ist im Psalm [130,6] ‚von einer Morgenwache bis zur Nacht.' Über dem Rat erfährt man es. Diese Doktoren können danach predigen und gewiß davon reden. Daher auch rühmt sich Christus, daß er durch die Erfahrung selbst zu einem solchen Doktor gemacht worden ist"(317,5–12).

Christus leidet im Fleisch, glaubt aber zugleich. Deshalb ist er leidend doch frei vom Leiden: Er leidet, als litte er nicht; er erleidet willig das fleischliche Leiden. Beide Momente enthält der Leidensbegriff — und der Erfahrungsbegriff: Christus widerfährt das Unbekannte, das nicht er selbst tut und will, aber sein Ich, seine Person ist im Glauben mit Willen ganz und gar diese Erfahrung. Denn die Erfahrung: das ohnmächtig hinzunehmende Widerfahrnis, zuäußerst der Tod, ist der Testfall dafür, sich allein auf Gott zu verlassen. In der Erfahrung das Leben von Gott zu erwarten, bedeutet, die

[1] WA 31/I,317,4f. (*Die ersten 25 Psalmen auf der Koburg ausgelegt*).

Welt und das „Fleisch“ fahren zu lassen im Vertrauen auf den Gott, der von den Toten auferweckt. Der Glaube ist nicht das Bewußtsein, daß der Tod überwunden ist, sondern die Erfahrung des „Weges zum Leben“. Er erfährt den Tod, weil Gott, der von den Toten auferweckt, in der Erfahrung handelt. Dieser Glaube hat seine äußerste Gestalt in Jesus am Kreuz gewonnen, der im Zorn, den er als Unschuldiger erleidet, diesen Glauben lernt.

12.1.3 Nicht nur den Weg zum Leben durch den Tod, sondern auch das Leben aus dem Tod hat Christus erfahren. In *Das Magnificat verdeutschet und ausgelegt* kommt Luther in der grundlegenden „Vorrhede“ (WA 7,546–549) darauf zu sprechen. Gottes Werk besteht darin, „ausz dem, das nichts, gering, voracht, elend, tod ist, etwas, kostlichs, ehrlich, selig und lebendig“ zu machen (547,4f.). Anders ausgedrückt: Gott sieht „ynn die tieffe“ (547,8f.). In der Tiefe wird also Gottes Sehen und Werk erfahren.

> „Darumb hat got auch den tod auff unsz alle gelegt und das Creutz Christi mit untzelichen leydenn unnd notten seinen aller liebsten kindernn und Christenn geben, ja auch zu weilen ynn sund fallen lessit, auff das er ja viel zu sehen hette ynn die tieffe ... unnd da mit sich bekandt, lieblich vnd loblich machen mocht ... Alszo hat er auch seinen einigen liebsten sun Christum selbs, ynn die tieffe allisz jamers vorworffen Unnd an yhm furtreflich ertzeigt seyn sehen, werck, hilff, art, radt unnd willenn, wo das allisz hyn gericht sey, darumb auch Christus solchs furtreflich erfarn, voller bekenntnisz, lieb vnnd lob gottis ewiglich bleibt“ (548,12–24).

Christus erfährt Gottes Sehen, Werk und Hilfe mit der Auferweckung zum ewigen Bekenntnis, Liebe und Lob Gottes, die die Anfechtung des Kreuzes überwindet.

Prenter (1954:67) deutet die Erfahrung Christi als Anfechtung. Doch Luther verweist hier auf die Gleichheit der Erfahrung Christi und Marias. Deren Erfahrung aber ist, daß Gott sie in der Tiefe angesehen und in Lob und Liebe Gottes erhoben hat.

Diese Erfahrung setzt Kreuz und Tod voraus, insofern diese den Glauben prüfen, sich allein auf Gott zu verlassen und geduldig sein Handeln zu erwarten. Dieses wird „erfahren“: Es widerfährt kontingent und zu seiner Zeit als etwas Neues, bis dato Unbekanntes. Diese Erfahrung ist Gottes Offenbarung, auf sie kommt es an. Daraufhin und von dorther existiert der Glaube, der die Zeit außerhalb ihrer als erwartungsvolle Zeit lebt.

Beides nun, Kreuz und Auferweckung, hat Christus „erfarn“ (wobei direkt nur von der Erfahrung des Werkes Gottes zur Auferweckung die Rede ist). Diese Erfahrung wird mit einem „alszo“ eingeleitet, um zu unterstreichen, daß Christus etwas so wie alle anderen erfahren hat. Christus ist ein Exemplar der Menschheit, ein Beispiel für etwas Allgemeines. Doch diese Aussage muß mit der anderen vereinbart werden, die sie konterkariert: Christus ist Gottes „einiger liebster sun“. Er hat etwas „furtreflich“ erfahren, nämlich als erster und in endgültiger Deutlichkeit, so daß seine Erfahrung vorbildlich ist. Was Christi Vortrefflichkeit bedeutet und wie sie mit seiner Exemplarizität zusammenhängt, soll nun weiter beschäftigen.

12.2 Jesus Christus als „Haupt und Exemplar“ der Gläubigen

Daß Christus im Kreuz Gottes Handeln erleidet und in diesem Sinn ‚erfährt‘, ist für die Erfahrung des Glaubenden exemplarisch. Dennoch bleibt die Erfahrung Jesu Christi einmalig.

12.2.1 Nach den *Operationes* zu Ps 1,2 ist Christus „Haupt und Exemplar“ derer, die in der Erfahrung des Gegenteils zur Seligkeit dennoch in Gottes Willen selig sind:

> „Die Seligkeit dieses Mannes ist verborgen im Geist, in Gott, so daß sie nur durch Glaube oder Erfahrung erkannt werden kann ... In [Gottes Willen] allein ist seine Seligkeit. Diese ist nicht in Reichtum, Ehren, gerechten Taten ..., nicht in irgendeinem Gut ... (ausgenommen der Gesetzeswille) innerhalb und außerhalb des Menschen ..., sondern viel eher in den Gegenteilen, in Armut, Verachtung, Torheit und allen Übeln, ... so daß den, den der Prophet glücklich nennt, die Welt ... als den elendesten aller beurteilt, wie es Jesaja an Christus, dem Haupt und Exemplar dieser Seligen sieht, wenn er sagt, daß er der Verachtetste aller Menschen war (Jes 53,3). Denn die Welt ... kann ihn nicht als den Menschen ertragen, der in diesem Willen selig sein will und ihre Seligkeiten verachtet“ (WA 5,36,15–25).

„Erfahrung“ ist hier nicht „identisch“ mit „Glauben“ (so von Loewenich ^{4}1954:119.168), sondern bezieht sich auf die „Gegenteile“ von Glück und Seligkeit: auf „Armut, Verachtung, Torheit und alle Übel“. Erfahrung ist Anfechtung, ist das ohnmächtig zu erleidende Widerfahrnis. Glaube und Erfahrung der Anfechtung gehören zusammen, eines ist nicht ohne das andere. Gerade in der Anfechtung wird die Seligkeit vollkommen zur Seligkeit „verborgen, im Geist“, weil nun hervortritt, daß sie sich allein auf Gottes Willen und nicht auf Güter richtet. Sie tritt in Gegensatz zur Welt, die diesen Seligen „als den Elendesten aller beurteilt“.

„Haupt und Exemplar dieser Seligen“ ist Christus, und zwar am Kreuz. Christus ist ein Beispiel (*velut, exemplar*) für die Erfahrung des äußersten Elends, die der Psalm für alle in Gott Seligen erwartet. Trotzdem bleibt ein Unterschied, sofern er auch deren „Haupt“ ist. Sein Beispiel verweist darauf. Er hat also nicht beispielhaft eine Grenzsituation erlebt oder einen Lebensstil geprägt, was auch ohne ihn zu erfahren wäre. Er ist das Haupt, auf das er als Exemplar verweist. So konfrontiert die anfechtende Erfahrung mit ihm selbst und seinem für uns erlittenen Kreuz.

12.2.2 Was die Verbindung „Haupt und Exemplar“ impliziert, wird in den *Operationes* an anderer Stelle: zu Ps 22,3, deutlich (s. § 10.1.1.a). Christus hat Ps 22,3 „am Kreuz geschrien“ (610,18). Am Kreuz ist er „Fürst und Haupt jenes neuen Volkes“ und hat „als erster von allen das [Gottes Zorn] erfahren und leiden müssen“. Ist er der Erste, werden andere als Zweite und Dritte dasselbe erfahren und leiden. Aber wieder ist er nicht nur Beispiel. Denn wie „ähnlich“ auch die Leiderfahrung anderer (Hiob, Jeremia, David, König Hiskia)[2] dem seinen war, so bringt doch er die „neue Gestalt des Volkes“ ans Licht. Seine Leidenserfahrung konstituiert die Kirche: „Nicht nur er selbst stirbt“, sondern er macht die Kirche „ihm gleich“, er macht sie „zu einer mit ihm sterbenden und mitbegrabenen“. Überall, wo Menschen nach seinem Beispiel leiden, gestaltet er sie ihm gleich. Das setzt natürlich voraus, daß Christus selbst ihnen gleich war und den Weg zum Leben durch Erfahrung und Glaube kennengelernt hat. Gott versetzt den Sünder in die Erfahrung des Zorns. Nun aber ist Christus der Sünde und der Hölle so Herr geworden, daß sie nur noch als die von ihm getragene Sünde erfahren wird. Die Sünde wird nur noch von Christus her und um seinetwillen getan und als Gericht erlitten. Gott ist in Christus zu ihrem Ursprung geworden. (Die anstößige Seite dieses Gedankens hat Luther in *De servo arbitrio* konsequent durchgeführt.) Wo also der Christ den Zorn erfährt, macht Christus ihn zu dem, der mit ihm diesen Tod erleidet.

12.2.3 Daß die Leidenserfahrung Christi eine doppelte Bedeutung hat, beschäftigt auch das Summarium zu Ps 22 aus den Jahren 1530–32 (s. § 10.1.1.b). Das Leiden Christi soll uns zuerst zur Buße, zur Erkenntnis der Sünde, mahnen. Dann wird auch der „Trost“ des Kreuzes erkennbar: „Sowohl weil die Größe des Leidens Christi diejenige unserer Sünden bedeckt hat, als auch weil das Beispiel nützlich ist.“ Wofür ist Christus noch ein

[2]Vgl. die Aufzählung von Erfahrungszeugen, in die Christus eingereiht wird: WA 38/I,194,13 und WA 31/II,361,11–13 (s. § 13.1.1); und ohne Nennung Christi WA 5,203,14f. (s. § 13.1.2); WA 40/III,539,6.540,2 (s. § 13.1.4).

Beispiel, wenn sein Leiden schon die Sünden bedeckt? In der Zornerfahrung gilt:

> „Weil Christus denselben Zorn erfahren hat, ... vertrauen wir, daß wir befreit werden sollen, wie Christus befreit worden ... ist. Groß ist dieser Trost: zu erkennen, daß Christus diese größten ... Schrecken gefühlt hat und sich unter alle Sünder gedemütigt hat."

Weil Christus *denselben* Zorn *wie wir* erfahren hat und somit beispielhaft für diese allgemeine Erfahrung ist, bedeckt er auch wirklich die Sünden von uns Menschen. Und weil *Christus* den Zorn *für uns* erlitten und erfahren hat, ist seine Zornerfahrung für unsere ein trostreiches Beispiel. Sein Leiden für uns und sein Beispiel des Leidens, Haupt und Exemplar beziehen sich aufeinander. Sie entsprechen den beiden Naturen Christi: Weil Christus Mensch wie wir ist und seine Erfahrungen Beispiele allgemein menschlicher Erfahrungen sind, wird die Menschheit von seiner Gottheit besiegt. Und weil der Sohn Gottes für uns den Zorn erfährt, ist seine Zornerfahrung für unsere trostreich.

12.2.4 Jesus Christus am Kreuz ist Haupt und Exemplar mit seiner Erfahrung, von Gott verlassen zu sein. In der *Vorlesung über Jesajas* von 1527–30 beschreibt Luther diese Erfahrung als das Erleiden der Macht des Widersachers in der gegenteiligen Wirklichkeit:

> „Es ist die heftigste Anfechtung der Heiligen: ‚Warum tut Gott das?' Wir wahrhaft Frommen ... werden zu Boden gestreckt ... Die Kinder des Teufels sind im größten Wohlstand ... So sehen wir heute, daß unser Wort und das Gottes so eitel sind und alles ausschließlich gegenteilig erscheint. Dann sehen wir, daß Gottes Werk ungerecht ist. So züchtigt uns Gott mit den Masken des Teufels ..., daß man denken muß, Gott sei das zueigen, was des Satans ist, und dem Satan das, was Gottes ist, so daß man dann von Herzen sagt: Ich will nicht geboren sein. Diesen Affekt müssen wir alle in der Wirklichkeit erfahren. Ihn haben alle Frommen gefühlt in Christus, im Kreuz: ‚[Zitat Ps 22,1, vgl. Mt 27,46]'" (WA 31/II,361,1–13).

Die Situationsangabe „im Kreuz" ist parallel zu derjenigen „in Christus" (und steht an der Stelle eines zu erwartenden ‚wie Christus am Kreuz'). Mit dem Kreuz werden die Frommen in Christus selbst hineinversetzt. Sie erleiden, was Christus bereits erlitten hat und Christus hat das erlitten, was sie erleiden müßten. Das Kreuz wird nur noch von Christus her und auf ihn hin erfahren, nicht aber wird Christus von der Erfahrung des Kreuzes und auf sie hin als Bedeutungsträger erschlossen. Damit führt die Formulierung

„in Christus, im Kreuz“ zu dem Gedanken, daß die Gläubigen mit Christus leiden und sterben. Die Gläubigen sind solche, „die mit Christus gekreuzigt“ — also „in Christus“ sind — „und im Leiden erfahren“ — also „im Kreuz“ — sind (s. § 13.2.7). Christus macht „den Zustand seines ganzen Volkes ihm gleich“, so daß es mit ihm stirbt und begraben wird (s. § 10.1.1.a). Er ist zum Subjekt ihres Leidens geworden.

12.2.5 *Zusammenfassend* ist aus den Betrachtungen ein Fazit zu ziehen: Luther spricht von einer Erfahrung Jesu im Blick auf seinen Tod am Kreuz als der Verdammnis Gottes und im Blick auf die Auferstehung. Diese Erfahrung hat soteriologische Bedeutung: Christus ist mit ihr „Haupt und Exemplar“ der Gläubigen. Das bedeutet für diese: Wo sie ein Kreuz erfahren, wie es auch Christus erfahren hat, da sind sie bereits aus sich herausversetzt, weil in ihrem Leiden Christus „für sie“ leidet. Sie sind mit ihrer Kreuzeserfahrung in Christi Erfahrung und damit in Gottes Gnadenhandeln versetzt. Es findet in der Entdeckung, daß Christi Erfahrung exemplarisch ist, zugleich eine Umkehr der Perspektive statt: Er handelt als Haupt der Glaubenden in dieser Erfahrung des Kreuzes an ihnen. So erkennt sich der Mensch im Glauben nur noch als Gottes Werk.

So wird die Zornerfahrung ‚getauft‘: Christus erfährt den Zorn wie die anderen auch. Aber weil Christus ihn erfährt, wird der Zorn nur noch von ihm her und auf ihn hin erfahren. Analog verhält sich Luther zum Erfahrungsbegriff selbst: Er greift ihn aus bestimmten Kontexten auf: Nominalismus, Mystik, Alltagssprache. Aber er bedient sich seiner Elemente im neuen Kontext.

§ 13 Die Kreuzeserfahrung des Menschen in Christus

Jesus Christus erfährt am Kreuz den Zorn und wird damit angefochten ‚wie wir'. Doch ist er dann nicht einfach ‚einer von uns', sondern macht die Menschen sich selbst in seinem Kreuz gleich. Es ist deshalb zu klären, wie sich die Kreuzeserfahrung zu derjenigen des Gesetzes verhält, und wie in ihr Jesus Christus als Haupt und Exemplar präsent ist.

13.1 Kreuz und Anfechtung

13.1.1 In den *Dictata super Psalterium* sagt Luther parallel für „Anfechtung erfahren" auch „das Kreuz tragen" (s. § 11.3.2). So ist es auch in der *Vorlesung über Jesajas* von 1527ff. (s. § 12.2.4): Die Heiligen werden davon angefochten, daß das „Gegenteil" dessen sich ereignet, was das „Wort" ankündigt. Das Wort ist „eitel" und Gott darin unbegreiflich. Die Sünde erwacht: Die Heiligen fluchen Gott und dem Leben, das sie vor ihm führen müssen — Luther denkt an Hiob (3,3) und Jeremia (20,14–18) —. Diesen „Affekt erfahren" heißt, ihn selbst vollziehen, „fühlen", jedoch so, daß man in ihn gerät, ohne ihn zu wollen und verhindern oder sein lassen zu können. „Anfechtung" betont, daß Gott in dieser Erfahrung handelt, und zwar „in Christus, im Kreuz". Um des Kreuzes willen ist die Erfahrung Anfechtung in ihrer doppelten Bestimmtheit: Der Teufel wird erfahren, also die Sünde vollzogen im Wechselspiel mit dem schicksalhaft eintretenden Zorn — und doch ist er eine „Maske", hinter der sich der Gott des Evangeliums verbirgt. Gott „züchtigt" seine Heiligen: Er läßt ihre Sünde an den Tag kommen, damit der Glaube allein an das Wort wirklich, nämlich affektbestimmend wird. Dies „müssen" alle Frommen „in Christus, im Kreuz" erfahren. Das heißt: Sie müssen die unerkannte Sünde und den Zorn „in der Wirklichkeit" erkennen, so also, daß sie ihn nicht mehr bestreiten und ihm ausweichen können. Doch dies bedeutet dann, ‚wie er' zu erfahren. Der Glaube erkennt aber in der Gleichheit der Erfahrung, Christus als dem Haupt und Herrn gleichgestaltet zu werden.

Müller (1929:50f.) interpretiert die hier ausgesprochene Erfahrung als solche der „Verlorenheit", der Verzweiflung an sich selbst. Mit ‚Erfahrung' sei ein „Affekt", eine „wirkliche Bedrängnis" gemeint, nicht eine „Spekulation". Dies müsse jeder Mensch erfahren, „wenn er zum Glauben gelangen soll." Müller übersieht, daß die Verzweiflung der Erfahrung des Zorns folgt. Luther hat nicht allgemein alle Erfahrungen der Verzweiflung im Blick (vgl. die Bemerkungen zu Müller in § 8.3.3).

Außerdem setzt nicht der Glaube diese Erfahrung, sondern diese den Glauben voraus. Nach Müller interpretiert die Theologie die vorgängige Erfahrung, daß auf die existentielle Verzweiflung zeitlich der Glaube folgt. Damit erfaßt er nicht, daß das Sein in Christus, das von dem vorgängigen Wort Gottes verkündigt wird, der Gegenstand der Erfahrung ist: „In Christus, im Kreuz" *ist* der Erfahrende bereits, bevor er es erfährt. Seine Erfahrung kann er deshalb nicht aus sich, sondern nur im nachhinein erkennen als Anfechtung des Glaubens. Damit ist als weiteres Moment des Seins in Christus, das dem zeitlichen Sinn der Erfahrung zuwiderläuft, das ‚Zugleich' von Anfechtung und Glaube ausgesprochen.

13.1.2 In den *Operationes* zu Ps 6,11 (s. § 10.2.3) heißt es: „Das Kreuz Christi ist die einzige Unterweisung in Gottes Worten, die reinste Theologie." Die „Plage" des Kreuzes, die „Leiden", in denen es wirklich ist, sind hier keine lebensbedrohliche Not im leiblichen Sinne, sondern die Gewissenserfahrung vor dem Gesetz.

Daß in der Erfahrung von Sünde und Zorn das Leid besteht, ist gegen von Loewenich (^{4}1954:158) zu betonen, der mit diesem Zitat seine Ansicht untermauern will, charakteristisch für die *theologia crucis* sei „die Zusammengehörigkeit von Leiden und Glaube" im Unterschied zu einem Verständnis des Leidens als „Strafe für die Sünde".

Das „Kreuz Christi" ist also eins mit der „Erfahrung" des Gesetzes. Anhand der *Operationes* zu Ps 1,2 (s. § 12.2.1) und zu Ps 22 (s. § 12.2.2) läßt sich der Sinn dieser Identifizierung erläutern: Jesus Christus erfährt den Zorn, den die Sünder „verdienen" — weshalb diese im Zorn nur noch das Kreuz erfahren. Dieser Zusammenhang ist aber nicht der Erfahrung vor dem Gesetz abzugewinnen, sondern im Wort verkündigt und dem Glauben gegeben.

Sind das Kreuz Christi und die Erfahrung eins, läßt sich auch der Ausdruck, das Kreuz Christi unterweise in den Worten Gottes, verstehen. Er entspricht der Aussage, Gottes Wort werde nur durch die Erfahrung verstanden (ebd.). Das Kreuz Christi ist der Grund, den Zorn zu *erfahren*, ihn nicht allein zu erleiden, sondern auch zu erkennen. Der Erfahrung ist die Zeit zur „Umkehr" eingestiftet, sie „lehrt" Gottes Wort, nämlich ihm recht zu geben. So unterweist die Erfahrung um des Kreuzes willen im „Wort" des Evangeliums.

13.1.3 Daß „Kreuz" die ganze Umkehr durch Gesetz und Evangelium, Zorn und Gnade umfaßt, kommt auch zum Ausdruck, wo von den „unaussprechlichen Seufzern" des Geistes im Kreuz die Rede ist.

So handelt nach den *Operationes in Psalmos* Ps 6 von einem „Kreuz“, mit dem nicht alle, aber manche „an Christus Glaubende ... geplagt“ werden (WA 5,201,19):

> „In diesem 6. Psalm ... wird mit Tod und Hölle gefochten ... inwendig im Geist, vielmehr außerhalb und oberhalb des Geistes in jener äußersten Ekstase, wo niemand hört, sieht und fühlt außer dem Geist, der mit unaussprechlichen Seufzern für die Heiligen eintritt und gewissermaßen mit Gott selbst ficht. Weder läßt sich dieser Ekstase ein Name geben, noch wird sie erkannt außer von dem, der sie erfährt“ (202,22–27).

Die Erfahrung der Ekstase ist vorher und nachher unaussprechlich, d.h. sie ist ein unverfügbares Ereignis, dessen zwingende Gewalt für Gottes Handeln steht. Sie ist zweifach bestimmt: Sie geht von der Erfahrung von „Tod und Hölle“ aus, die den Menschen im Glauben angreifen. In dieser Erfahrung wird aber der Sünder aus sich heraus versetzt in die unaussprechlichen Seufzer des Geistes. Die Erfahrung von Sünde und Zorn wird nicht überwunden: Er selbst „hört, sieht und fühlt“ Gott nicht, sondern der Geist seufzt an seiner Stelle „unaussprechlich“. Diese Erfahrung der Ekstase erläutert Luther in der Exegese von Ps 6,2 als einen doppelt bestimmten Affekt. Er konkretisiert Tod und Hölle als „Schrecken des Gewissens wegen der Erscheinung des göttlichen Urteils“. Die „Seele“ ist,

> „allen Glaubens beraubt, ... vor das ... Tribunal Gottes gestellt ... Keiner kann diesen höchsten Affekt ... verstehen, wenn er ihn nicht geschmeckt hat ... Da ist die Liebe [zu Gott] in unbegreiflicher Tiefe verborgen, in Erscheinung tritt aber die knechtische Furcht mit unerträglicher Gewalt. Da schwebt der Geist über den Wassern, und es bleibt allein das unaussprechliche Seufzen übrig“ (203,1–31).

Erfahrung bedeutet auch, den „Affekt“ im Gewissen zu „schmecken“, als Person vor Gott ans Licht zu treten. Daß dies widerfährt, wird dadurch unterstrichen, daß der Affekt „in Erscheinung tritt ... mit unerträglicher Gewalt“. Wer „allen Glaubens beraubt“ ist, dessen Affekt ist von „Furcht“ statt von „Liebe“ zu Gott erfüllt. Doch dies ist das „Kreuz“, mit dem der gläubige Sünder um des Glaubens willen geplagt wird. Er soll mit Gott in seinem Zorn „kämpfen“ und „fechten“.

Dies geschieht in den Seufzern des Geistes. Sie gehören zu dem „höchsten Affekt“ und sind das, was von der Liebe „übrig“ bleibt, wenn die Furcht in Erscheinung tritt und den Glauben verdrängt. Das ist nicht quantitativ gemeint. Im gleichen Satz spricht Luther von dem Geist, der über den Wassern schwebt (Gen 1,2), der somit außerhalb der Furcht des Gewissens ist. Das paßt zu der Aussage von der Erfahrung der Ekstase. Der Affekt ist folglich keine statische Bestimmtheit des Gewissens als eines psychischen Organs, sondern eine Bewegung des Gewissens: nämlich in der Furcht aus sich herauszugehen und außerhalb seiner im Geist zu seufzen. Die Seufzer sind der Vollzug des Glaubens, wobei in sie die Erfahrung des Zornes eingeht: Der Sünder selbst kann vor Gott nichts sagen, ihm bleiben nur unaussprechliche Seufzer. In ihnen hat er keine erfahrbare Vorstellung von dem, um was er da seufzt, da er selbst in allem von der Sünde gezeichnet ist. Nicht er selbst, sondern der Geist seufzt an seiner Stelle. Auf den Evangeliumssinn dieser Erfahrung wird noch einzugehen sein. Hier interessiert, daß die Erfahrung des Zorns und das Wort, Sünde und Gnade zugleich sind. Dieses Zugleich bezeichnen „Anfechtung“ und „Kreuz“.

13.1.4 Genauso redet Luther in der *Enarratio Psalmi XC* zu Vers 7 von den Seufzern (s. § 10.4.4, v.a. WA 40/III,542,6–543,3). Er wendet auf ihre Erfahrung kritisch die Unterscheidung von *theologia affirmativa* und *negativa* bei Dionysios Areopagita an: Gott sei und er sei nicht, denn er übersteige alle unsere Begriffe. Das zweite konkretisiert Luther mit der Erfahrung des Zorns. Diese ist *theologia negativa*, als in ihr nichtig ist, was das Evangelium von Gott zu sagen weiß. Sie ist die Erfahrung der „traurigen Gedanken“ und der „Lästerung“ Gottes, die das Gewissen okkupieren und Gott verneinen. Aber Luther sieht die *theologia negativa* in einer dialektischen Beziehung zur *theologia affirmativa*: Weil der Zorn das „Heilige Kreuz“ ist, werden die Gedanken „hereingelassen“, „damit du lernst zu kämpfen wider Sünde und ... Zorn“. Erst die unverfügbare und von außen her widerfahrende Erfahrung deckt die Sünde und den Zorn auf. Und erst dann kann auch das Evangelium im Sünder affektiv wirklich werden: Er fühlt in seinem Gewissen zugleich die Seufzer des Geistes an seiner Stelle.

Wiederum ist nicht von „Erfahrung des Kreuzes“ die Rede, wohl aber davon, daß das „Heilige Kreuz“ in der Erfahrung des Zorns und zugleich der Seufzer zugegen ist. Das Gesetz erfordert ja nicht zwingend, daß der Zorn die Gestalt des Kreuzes annehme, und macht es deshalb auch nicht erfahrbar. Das Kreuz Jesu ist die Gestalt, die der vom Gesetz angedrohte Zorn aus Gottes freier Gnade annimmt. Ihm gleichgestaltet zu werden, geschieht in der Erfahrung unaussprechlicher Seufzer des Geistes. In diesen ist die Sünde eins mit der Hoffnung auf Gerechtigkeit, der Zorn eins mit der Hoffnung auf Gnade. Um Gottes Gnade willen sind für den Glauben der Zorn und die „traurigen Gedanken“ das „Allerbeste“.

13.2 Kreuz und Leid

13.2.1 In *Der 111. Psalm ausgelegt* von 1530 deutet Luther die „werck seiner hende“ (Vers 7) als Werke, die Gott „selbs thut“ im Unterschied zu den Werken der „schepffung“ oder der „stende und empter“, in denen Gott durch Kreaturen handelt (WA 31/I,419,1–3).

> „Das werck ist das liebe heilige Creutze, welchs folgen mus auff die lere des Euangelij. Hie zimmert und arbeit er an uns, hofelt und schnitzet uns, das er den alten menschen jnn uns toedte ... Hie zu mus er nemen grosse exte, ... das ist, boese tyrannen, teuffel, Rottengeister, falsche brueder, hunger, pestilentz ... Durch solch werck ... werden erfarene geschickte Christen, die da nuetz sind, jnn allen dingen ... zu helffen, Dadurch werden sie keck und geruest, widder den Teuffel und die sunde zu streiten, ... Und Summa: dadurch wird der glaube geuebt, das Euangelion gescherfft und die Christen ein rechtschaffen werck ... Gottes, ... das wir von Gott leiden und nicht thun, ... Und fast zu predigen ist bey den Christen, auff das sie Christo jnn seinem leiden folgen und gleich werden.“[3]

Das „liebe heilige Creutze“ ist ein Werk, das die Christen „von Gott leiden“, um so „erfarene geschickte Christen“ zu werden. Mit „Leiden“ im Gegenüber zum „Thun“ ist gemeint, sich ein Ereignis gefallen zu lassen, ohne es abwenden zu können und zu wollen.

Der Erfahrungsbegriff bezieht sich nur vermittelt auf das Leiden. Vordergründig ist mit ihm gemeint, erfahren und geübt, also ein ‚Experte‘ zu sein. Luther bedient sich hier des auch von Aristoteles aufgegriffenen Sprachgebrauchs, daß Erfahrung eine erworbene Fähigkeit und Fertigkeit, ein Vertrautsein mit etwas ist (s. § 8.2). Dem entsprechen die Synonyme „geschickt, nuetz, keck, geruest, tuechtig“. Doch hintergründig geht es nicht um den Erwerb einer Tüchtigkeit ($\alpha\varrho\varepsilon\tau\eta$) im Sinne Aristoteles’. Verweisen doch die genannten Begriffe, die das Christsein als ein Handwerk darstellen, auf Gott als den Zimmermann. Gott tut das „werck seiner hende“ — und die Christen „leiden“ es. Erfahren sein bedeutet also, Gottes Werk erfahren im Sinne von erleiden und nicht aus eigenem Tun und Tüchtigsein leben. Das passive Moment von ‚Erfahrung‘ ergibt sich auch aus den aufgezählten Ereignissen, in denen Gott wirkt, um den alten Menschen zu töten. Mit ihnen ist zum einen gesagt, daß die Erfahrung sich auf sinnlich evidente Ereignisse bezieht, die als Schicksal eintreffen. Zum andern aber ist vor allem zum Ausdruck

[3] 419,14–24. Den Ausdruck „fast“ erläutert die *WA* im Apparat mit „gar sehr“.

gebracht, daß diese Ereignisse nur im Glauben erfahren werden, sofern nur er in ihnen Gottes Werk erkennt.

Der Vorordung des Glaubens entspricht, daß diese Erfahrung „folgen mus auff die lere des Euangelij". Die Relation ‚Schrift und Erfahrung' wird hier — wie z.B. in den *Operationes* zu Ps 6,11 (s. § 10.2.3) — variiert als ‚Schrift und Kreuz' oder ‚Schrift und Leiden'. Wie wenig additiv diese Relation gemeint ist (die hier als Folge des Redens und Handelns Gottes begriffen wird), zeigt zum einen, daß das Kreuz sowohl Gegenstand des Wortes wie des Werkes Gottes ist, und zum andern, daß das Werk Gottes zu „predigen" ist. Wenn die Christen es erfahren und so Christus „jnn seinem leiden folgen und gleich werden", so gewinnen sie damit nichts über Wort und Glaube hinaus. Nur indem sie dem Evangelium, dem ‚Wort vom Kreuz', glauben und allein ihm in der Erfahrung des Werkes Gottes begegnen, folgen sie Christus nach und werden ihm gleich.

13.2.2 In den *Operationes* zu Ps 22 (s. § 10.1.1.a) wird „erfahren" erläutert durch „erleiden ..., daß er verlassen und nicht erhört wurde". Und auch in dem Summar zu Ps 22 (s. § 10.1.1.b) ist „Zorn erfahren" synonym mit „leiden". Im Glauben weiß Jesus, was „Zorn" bedeutet und empfindet darüber „Schmerz" (s. § 10.1.1.b), der sich im „Schreien" und „Seufzen" (s. § 10.1.1.a) äußert. „Leiden" ist einmal ein äußeres Ereignis: der Tod als Zorn Gottes. Dann ist damit die reine, ohnmächtige Empfangshaltung des Leidenden bezeichnet und des weiteren sein Schmerz.

Daß der Glaube in seiner Tiefe wirklich werde, ist das Ziel der Leiderfahrung und ihr bestimmender Grund. Das wird besonders an der Erklärung zu Ps 16,7 von 1530 (s. § 12.1.2.c) deutlich. Was anhand ihrer zur Erfahrung des Leidens gesagt worden ist, gilt auch für die beiden Äußerungen zu Ps 22 (s. § 10.1.1): Jesus will an Gott glauben, aber Gott erhört ihn nicht. Sofern er Fleisch ist, empfindet er Schmerz und Widerwillen. Das Leid ficht ihn in seinem Glauben an. Der Glaube aber leidet nicht an dem Leid. Er erleidet es im Sinne von: Er läßt es willig und geduldig geschehen (wofür Luther andernorts [s. § 10.1.1.b] sagt, daß „Christus ... sich unter alle Sünder gedemütigt hat"). Da es aber der Glaube desselben Jesus ist, der als Fleisch leidet, heißt dies: Der Glaube erleidet es, Fleisch zu sein und von Gottes Zorn vernichtet zu werden. So verläßt er sich auf den Gott der Gnade und des Lebens.

13.2.3 Bereits in der *Vorlesung über den Römerbrief* ist im Scholion zu Röm 12,2[4] dieser Zusammenhang von Leiderfahrung und Glaube anzutreffen:

Mit „Erfahrung“ ist gemeint, Gottes Willen zu „versuchen“, sich so auf ihn einzulassen, daß man ihn „im Glauben erleidet“ (445,18–21.26). Neben Abraham (446,16–23) führt Luther Petrus und Christus als Beispiele an:

> „Petrus wird geführt, wohin er nicht will [Joh 21,18], und dennoch, wenn er nicht wollte, würde er Gott nicht verherrlichen, sondern weiter sündigen. Daher will er und will zugleich nicht. So hat Christus in seinem Todeskampf seinen Unwillen ... im glühendsten Willen vollendet ... Das wird nur durch Erfahrung und Praxis erkannt“ (447,3–21).[5]

‚Erfahrung‘ ist ein unverhofft eintretendes, gegen den eigenen Willen gerichtetes Ereignis, zuhöchst der Tod. Dabei geht es um das Ereignis als Handeln Gottes. Gottes Handeln erfahren heißt, daß der Widerwille vernichtet wird und an seine Stelle der Wille Gottes tritt. Erfahrung bedeutet für den Willen, ein Widerfahrnis zu erleiden und darüber in etwas Neues verwandelt oder versetzt zu werden. Die Momente des Unverfügbaren, Passiven und Neuen bringt Luther durch einen mystisch vorgeprägten Erfahrungsbegriff zum Ausdruck (vgl. § 8.4): Eingangs des Scholions sagt er, die Prüfung des göttlichen und die Transformation des eigenen Willens könne nicht „durch Buchstaben überliefert“, sondern „allein ... durch Erfahrung erkannt werden“ (445,19–21). Dem entspricht, daß dies „nur durch Erfahrung und Praxis“ zu erkennen sei. Hier grenzt er die Erfahrung implizit von der Spekulation ab. Denn in der Spekulation ist die Vernunft des Menschen noch tätig, also die Macht der Sünde noch ungebrochen.

Anders als in traditionellen Verhältnisbestimmungen, verhalten sich bei Luther spekulative und praktische, erfahrungsbezogene Theologie wie unwahre und wahre Theologie zueinander, und diese Entgegensetzung läuft derjenigen von *theologia gloriae* und *theologia crucis* parallel, wie Ebeling (1985:23–26) auf den Punkt bringt. Entsprechend ist „Praxis“ nicht auf das Handeln bezogen, sondern auf die Anfechtung (27). Allerdings ficht nicht „das Leben“ (27) oder „die Wirklichkeit“ (29) an, wie Ebeling meint, sondern Gott. Er tut dies durch das Gesetz, das in

---

[4] WA 56,445,13–451,11. Dazu, wie Müller „Verborgenheit“ in diesem Scholion interpretiert, vergleiche seine Ausführungen zu *De servo arbitrio* (s.u. § 14.2.4). Er zitiert WA 56,450 auf Seite 73, Anm. 2.

[5] Daß die Erfahrung nötig sei, um die Güte des Willens Gottes zu prüfen, wird auch gesagt in der *Fastenpostille* von 1525 zu Röm 12,1ff. (WA 17/II,13,18.20).

welthaften Ereignissen wirksam werden kann — aber nicht muß, sondern auch als bloßes Wort das Gewissen trifft.

Erfahrung ist hingegen Leiden — im doppelten Sinne: Der eigene Wille des Petrus oder Christi will nicht. Er leidet schmerzlich an dem, was gegen ihn steht und ihn scheitern läßt. Aber im Glauben erleidet der Wille beider den Tod als Gottes Willen. Sie lassen sich ihn gefallen gerade als die „Verneinung" des eigenen, sündhaften Willens. Der Glaube nimmt also ‚das Kreuz auf sich' und ‚wird Christi Schüler' (450,3–6).

Luther selbst reiht sich in die ein, die in der Schule Christi gelernt haben, ihren Willen zu wandeln (Röm 12,2): „Ich habe in mir und vielen erfahren, daß Gott, als wir gerecht waren, uns in unserer Gerechtigkeit verspottet hat" (449,5f.). Er mußte sich der „Verneinung dessen unterwerfen, was er als Gerechtigkeit eingeschätzt hatte", um nicht in sich, sondern in Christus gerecht zu sein.

13.2.4 Auch nach der Predigt am 2. Adventssonntag (*Adventspostille*, 1522) zu Röm 15,4 ist das Leid doppelt bestimmt, sofern Zorn und Glaube in ihm zugleich sind:

> „[Paulus] setzt es beyds tzusamen: Gedullt und trost der schrifft. Die schrifft nympt nit abe die widderwertickeytt, leyden unnd todt, ia, sie vorkundigt nichts denn das heylige creutz ..., aber das thut sie, mitten ym leyden trostet ... sie, das die gedullt nicht breche, ... Es macht die seel gar getrost ... tzu leyden, wenn sie horet eyn trostlich wort von yhrem gott, das der mit yhr ... hallte. Dieweyll den nu ditz leben nichts anders ist, denn eyn todtung des allten Adamß, ... ßo will gedult datzu gehoren. Widderumb, dieweyl ihenis leben nicht mag empfunden werden, ists nott, das die seel etwas hab, daran sie sich ynn der gedullt hallte, und dasselbige leben ettwa mit begreyffe ..., das ist gottis wort, an dem hanget sie, ... feret auch drynnen ubir von dißem leben yn iheniß ... Darauß folget, das wer nicht leyden oder sterben vorsucht hat, der kan auch nichts vom trost der schrifft wissen. Der trost will nit mit wortten, ßondern mit erfarung geschmackt und empfunden seyn" (WA 10/I/2,75,16–34).

Hier ist auf ein Referenzproblem einzugehen: Bezieht sich „erfarung" auf den Trost der Schrift, oder (mit Blick auf den vorangehenden Satz) auf das „vorsuchen von leyden und sterben"? Dann hieße „mit erfarung" soviel wie „in der Erfahrung des Leidens". Setzt man aber voraus, daß „schmecken", „empfinden" und „erfaren" synonym sind, ist „mit erfarung schmecken" ein Hendiadyoin und bezieht sich auf „trost".

Die Schrift verkündigt „das heilige creutz". Das kommt in „dißem leben" als „widderwertickeytt, leyden unnd todt" zum Ausdruck, die zu „erfaren" und (wie es parallel heißt) zu „vorsuchen" sind. ‚Versuchen' (*probare*, s. § 13.2.3) betont, daß etwas Unbekanntes kennengelernt wird, auf das sich der Versuchende einlassen muß. Nur wer sich das Leid in „Geduld" gefallen läßt, kann auch das Leben aus Christi Kreuz erfahren und den Trost der Schrift „mit erfarung schmecken". Leid und Trost stehen in Wechselwirkung. Denn der Trost ist allererst der Grund, daß im Leid „die gedullt nicht breche." Der Trost beendet das Leid als äußeres Ereignis nicht. Er überwindet es vielmehr durch eine Erwartung, die ihm alle Macht über Leib und „seele" nimmt. Diese Überwindung äußert sich in „dißem leben" als Geduld. Wer der Verkündigung des Kreuzes zustimmt, hat die Geduld, „leyden oder sterben zu vorsuchen". Er hat das heilige Kreuz bereits in der Erfahrung des Leidens, er stimmt Gottes „todtung des allten Adamß" zu.

13.2.5 Auch in den *Operationes* zu Ps 4,3 läßt sich diese Wechselwirkung von Leiden und Glauben beobachten. Nach ihnen besteht die Sünde darin, „die Eitelkeit zu lieben" — das, „was nicht Gott ist" — und „die Lüge zu suchen" (WA 5,106,13.25f.). Dies folgt aus der Liebe des Eitlen, die den „Affekt" verkehrt, so daß der Verstand gottlose Meinungen erzeugt (106,13–16.20–24). Die „Verkehrung" (*aversio, perversio*) äußert sich darin, „die Gnade des Kreuzes zu ignorieren", nicht „an Gott zu glauben", sondern die „Dinge" und „Kreaturen ... zu lieben und an ihnen zu hängen" (106,28.37–39). Wenn Luther hier in manchem als Schüler Augustins spricht, durchdringt doch seine *theologia crucis* die Überlieferung. Das wird deutlich, wenn er die Lüge anhand der scholastischen Gnadenlehre illustriert und darauf die Kreuzeserfahrung bezieht:

> „Nichts Verderblicheres kann dem Christenmenschen überliefert werden als die Moralphilosophie ..., daß er glaubt, er könne damit recht vor Gott wandeln. Denn so kommt es, daß er sich auf diese Ratschläge verläßt und, was immer gegen ihn ... getan wird, verurteilt ... und dadurch das Kreuz Christi verschmäht und den Weg Gottes tief verachtet. Der ist dann am besten ..., wenn wir ohne unsere Führung und Rat leben und wie durch Wüste ... Christus in der Feuersäule folgen. Das nämlich heißt, nicht das Eitle, sondern das Beständige zu lieben, nicht die Lüge, sondern die Wahrheit zu suchen. Das alles kann zur Zeit des Leidens und der Widrigkeit besser gefühlt als durch Worte gesagt ... werden. Denn die Erfahrung ist notwendig ..., um die Worte Gottes zu verstehen. Denn sie wollen nicht ... gewußt, sondern gelebt und gefühlt werden — wie jener ... [Ps 116,11]: ‚Ich habe

> in meinem Ausgang [*excessus*] gesagt: Jeder Mensch ist ein Lügner.' ... In die Ekstase des Leidens versetzt und allein aus Glaube an Gott lebend, des Vertrauens auf die Dinge entkleidet, in das er alle Menschen getaucht sieht, verkündet er ..., daß deren Affekte eitel seien und all ihre Räte ... Lügen, weil sie ohne Glaube an Gott sind" (107,5–20).

Unter der Bedingung der Sünde ist an Gott zu glauben nur so möglich, daß dem gekreuzigten Christus gefolgt und deshalb Leid erfahren wird. Die Erfahrung als zu erleidendes Ereignis ist notwendig, damit die Sünde an ihr Ende kommt und der Glaube wirklich, also affektbestimmend wird. Mit Christus im Kreuz gleichgestaltet zu werden, kommt hier als das Beschreiten des „Weges" zum Ausdruck, auf dem der Mensch Christus „folgt". Auf dem Weg Christi Christus nachzufolgen ist keine Aktivität, sondern Leiden. Der Mensch lebt auf ihm „ohne Führung und Rat": Meinte er zuvor, in seinen Werken „recht vor Gott zu wandeln", erkennt er das nun als „Lüge". Diese Erkenntnis ist nur als Erfahrung möglich: als das schicksalhafte Ereignis der „Passion und Widrigkeit", als Scheitern des Werkgerechten. Der Sünder wird negiert: Er ist ratlos und legt nicht mehr Weg und Ziel fest. „Leiden" bezieht sich darauf, daß der Sünder sein von Gott verfügtes Scheitern auf sich nimmt und seine lügnerische Existenz entlarven läßt. Leid annehmen als Gottes Handeln im Kreuz bedeutet aber, zugleich damit, in das Leiden versetzt zu sein, „allein aus Glaube an Gott" zu leben. (In den *Dictata* [s. § 8.4.2] hat Luther deshalb die „Erfahrung" des „Ausgangs" von Ps 116,11 als Werk des Heiligen Geistes bezeichnet.) Der Glaubende stimmt dem Wort, dem Wort vom Kreuz zu, und erträgt deshalb das Gericht über den Unglauben, weil er so das verkündigte Kreuz Christi nicht länger verschmäht.

13.2.6 Zorn erfahren ist gleichbedeutend damit, ihn im Glauben zu erleiden. ‚Erfahrung' ist ein Begriff der *theologia crucis*. Das zeigen auch die *Operationes* zu Ps 6,11 (s. § 10.2.3). Bezieht sich in den Zitaten bisher die Erfahrung auf Tod und Widerwärtigkeit als äußere, leibliche Ereignisse, so hier auf das Gesetz als den Kern der Leiderfahrung. Der Werkgerechte erfährt, erleidet das Gesetz in seinen Gewissensaffekten. Dieses Leiden ist der Glaube, sofern er zugleich mit dem Leiden sich auf Gottes Barmherzigkeit verläßt. Nur im Glauben, der das Scheitern der Werkgerechtigkeit wirklich erleidet, läßt sich sagen, daß die Leiderfahrung in „Gottes Worten" unterweist. Das „Kreuz Christi", das ihm im Leiden auferlegt wird, ist die „einzige Unterweisung in Gottes Worten". Der Glaube an das Wort besteht — wegen der Werkgerechtigkeit — nur zusammen mit der Leiderfahrung.

13.2.7 Daß die Kreuzeserfahrung das „Vertrauen auf die Dinge“ richtet, steht in den *Operationes* zu Ps 4,3 (s. § 13.2.5) eher am Rand, rückt aber in denen zu Ps 9,3 in den Vordergrund:

> „‚Von ganzem Herzen‘ ... Es gibt ... solche, die aus einem ... geteilten Herzen reden, wie die, die Gott bekennen, solange er ihnen wohltut ... Es bekennt derjenige Gott von ganzem Herzen, der sich weder im Wohlstand brüstet noch im Gegenteil gegen Gott murrt, der auf beiden Seiten gleich bleibt im reinen Lob Gottes. Das ist nur denen möglich, die mit Christus gekreuzigt sind und Leiden erfahren haben“ (WA 5,288,36–289,5).

„Mit Christus gekreuzigt“ zu werden geschieht so, daß „Leiden erfahren“ werden. Umgekehrt führt diese Leiderfahrung nur dann zum reinen Lob Gottes, wenn in ihr der Leidende mit Christus gekreuzigt wird. Mit den Leiden ist hier der Mangel an Gütern gemeint, so daß der Mensch — das belegt das „Kreuz“ — dem Tode nahe ist als der Vollendung des Nichtseins. Weil aber der den Mangel Erleidende „mit Christus gekreuzigt“ wird, ist sein Mangel der Ort, „im reinen Lob Gottes“ zu bleiben. Das Lob, also das Dasein vor Gott, hat nicht im Besitz, aber auch nicht im Mangel an Gütern seinen Grund, sondern im Kreuz Christi. Leiden und Fülle sind für den im Kreuz begründeten Glauben gleich.

13.2.8 Im Kontext illustriert Luther mit dem Magnificat (Lk 1,46f.) das Lob, das in Fülle und Mangel an Gütern gleich bleibt und allein in Gottes Werk begründet ist (288,14f.). Dieser Gedanke beherrscht *Das Magnificat* (s. § 12.1.3). Auch nach dieser Schrift wird das „Creutz Christi“ auferlegt, wo „leyden unnd notte“ herrschen. Gott tut das, um sich als Schöpfer aus dem Nichts zu erweisen. Luther veranschaulicht das an Vers 53 („Er macht sat die hungrigen mit allerley gutter“ [WA 7,546,14]):

> „Es ist aber der leydige unglaub [der Gottes ‚zusagen nicht glewben‘ will] altzeit ym wege, das got solch werck nit in unsz wircken mag, vnnd wir sie nit erfaren ... Es musz yhe vorsucht und gewagt sein auff seine wort ... Du must ... erfaren, was hunger und durfft sey, das nit da sey vorrahd noch hulff bey dir odder menschenn, szondern allein bey got, das yhe das werck ... allein gottis sey ... Darumb sind wir Christen unnd haben das Euangelium, wilchs der teuffel unnd die menschen nit leyden mugen, das wir dadurch zu durfft und nydrigung, und alszo in unsz auch got zu seinen wercken kumen muge“ (593,7–594,7).

Der Unglaube, der „teuffel unnd die menschen“, wollen das, was Gott verfügt, „nit leyden“, da es wider ihr Streben nach Gütern gerichtet ist. Der

Glaube aber setzt die Prioritäten zwischen Gott und Gütern anders. Er ist bereit zu leiden, weil er sich auf Gottes „zusage" verläßt und sich deshalb auf den unbekannten Zustand des Hungers einläßt. ‚Erfahren', ‚Versuchen' und ‚Wagen' stehen beinahe synonym für dieses willige Sicheinlassen auf das Neue, Fremde, das der Erfahrende nicht beherrscht, sondern das all das, was er weiß, hat und ist, irrelevant macht. Erfahrung in diesem Sinn ist bereits Leiden. Indem der Glaube es zuläßt, stimmt er in Gottes Zorn ein, der den Unglauben richtet. Der Sünder erleidet es, auf das Nichtsein reduziert zu werden, weil Gott sich darin als Schöpfer aus dem Nichts verherrlichen will.

13.2.9 Gottes Worte wollen im Kreuz gelebt und gefühlt werden (s. § 13.2.5): Das gilt auch, wie Luther im *Großen Sermon von dem Wucher* von 1520 zeigt, für die Gebote: Diese sind „Gebot Christi" (WA 6,40,18.8.16). Sie zeigen, wie der Mensch in diesem Leben aus dem Evangelium leben soll. Wer aber Christi Gebote tut, dem wird das Kreuz auferlegt. Er erfährt das Leiden. Das veranschaulicht Luther an dem Gebot ‚Wenn dich jemand auf die rechte Backe schlägt, dann biete ihm auch die andere dar' (Mt 5,39),

> „Gleych wie Christus fur dem Bischoff Annas, da er den Backenschlag empfieng, ... bereyd war, mehr zu leyden der selben schlege ... darnach folget, das du auch must wie Christus am Creutz fur yhn bitten und yhm woll thun, der dir ubell thut, das wir itzt lassenn an stehen bis zu seyner zeit ... Solch gepott hatt Christus darumb geben, das er yn unsz auff richtet eyn fridlich ... leben. Nu ist das nit der weg zum frid, szo ydermann ... nicht unrechts leydenn will, ... wilcher allein ym leyden geht, wie auch die Heyden mit vornunfft und wir mit teglicher erfarung erkennen" (36,27–29; 37,22–24; 40,8–13).

Mit den Geboten richtet Christus das friedliche Leben in uns auf. Er gebietet ein Tun, das allen Erfolg von Gott erwartet. Mitten im Unfrieden tut der Glaube Werke des Friedens und verläßt sich dabei auf den Frieden, der die Sache Gottes und Christi ist. Er unterbricht den Kreislauf des Unfriedens aus der Sünde, der den Glauben anficht, ob er bei dem Friedensgebot bleiben, oder ob er sich im Unglauben selbst seines Rechts und Guts annehmen will. Nicht das Werk an sich, sondern der Glaube unterbricht den Kreislauf. Denn er vertraut auf Gottes Sorge für Recht und Frieden, darauf, daß Gottes Gericht sich der Sünde annimmt. In diesem Glauben ist der Mensch auch „bereyd", selbst Unfriede und Unrecht zu erleiden.

Das Unrecht zu erfahren, zu erleiden ist die Probe, ob der Glaube erwartungsvoll und geduldig ist. Dies trifft sich mit einer Vernunfterkenntnis der Heiden. Diese sehen ja auch den eskalierenden Unfrieden und erkennen, daß der Friede nur glücken kann, wenn die Streitparteien nachgeben und auf ihre Ansprüche verzichten. Aber die Vernunft ist schwach. Sie hat keine Macht über das Leben des Sünders und bleibt daher unwirklich.

13.2.10 Auch nach dem *Großen Katechismus* führen die Gebote in ein Leben unter dem Kreuz. So halten die Mönche die Gebote

> „als werens nicht gepot" und rühmen „yhren heuchelstand und wercke fur das volkomenste leben ..., auff das sie ia ein gut, sanfftes leben fureten on creutz und gedult" (WA 30/I,160,15–18).

Wer die Gebote hält, dem wird zugleich das Kreuz auferlegt: „Wo Gottes wort ... gegleubt wird und frucht schaffet, da sol das liebe heilige creutz auch nicht aussen bleiben" (202,29–31). Dies expliziert die folgende Aussage als Erfahrung des Leides und des Unrechts:

> „Fahe nür an und stelle dich, als woltestu ... beym Euangelio bleiben, und sihe zu, ob dir niemand werde feind werden, Dazu leid, unrecht, gewalt thuen, Item zu sunden und untugent ursach geben. Hastu es nicht erfaren, so las dirs die schrifft sagen, die der welt allenthalben solchen preis und zeugnis gibt" (232,14–18).

Der Glaube läßt sich um der Treue zu Gott und seinen Geboten willen die Erfahrung des Leides gefallen. Wollte er es abwenden, müßte er die Gebote verlassen. Statt dessen nimmt er Zuflucht bei Gott, um alles Gute von ihm zu erwarten. So beziehen sich also das erste Gebot und die von ihm implizierte Gottesdefinition auf die Situation des Kreuzes. Das wird etwa am fünften Gebot anschaulich:

> „Weil nu solchs yedermann von natur anhanget und ynn gemeynem brauch ist, das keiner vom andern leiden wil, so wil Gott die wurtzel ... weg reumen, durch welche das hertz widder den nehisten erbittert wird, Und uns gewehnen, das wir allzeit dis gepot fur Augen haben ... und [Gott] das unrecht so wir leiden, befehlen mit hertzlichem vertrawen und anruffen seines namens ... Also das ein mensch lerne den zorn stillen und ein gedueltigs, sanfftes hertz tragen, sonderlich gegen denen, die yhm ursach zu zuernen geben" (158,25–33).

Wie im *Großen Sermon* (s. § 13.2.9) unterbricht auch hier das Gebot den Kreislauf der Sünde, weil es das Unrecht anstehen läßt für das Gericht Gottes. Wer der Anfechtung standhält und der Sünde nicht nachgibt, hat zu ertragen, daß seine Werke nach den Geboten als das „aller geringste und verachtiste angesehen" werden (149,19f.).[6] Solche nichtigen Werke sind das Gericht über die „erdachten wercke" (178,28), mit denen der Unglaube sich gegenüber den Geboten als etwas Besonderes behaupten will (vgl. 178,33–179,5). Wenn nicht jetzt, werden die Werke des Unglaubens endlich vor den geringen Werken zuschanden werden.[7] Doch diese Erwartung erleidet jetzt die Nichtigkeit: Wer geringe Werke tut, scheitert in der gefallenen Welt. Aller Güter und des Lebens beraubt bestärkt er die Welt in ihrer Verachtung der Gebote (vgl. 138, s. § 10.7.1.b). Die Gebote geben nicht zu erkennen, daß sie in das Kreuz führen. Dagegen spricht ja, daß alle Menschen die *lex naturae* kennen und diese Gebote ihrem Inhalt nach bejahen. Wie es im *Großen Sermon* heißt: Die Heiden kennen sie aus Vernunft. Erst die Lebenserfahrung zeigt das. In der Erfahrung der Sünde (ob sie nun von der Welt her oder aus dem Herzen des Menschen kommt), die das Leben in den Geboten anficht, zeigt sich: Die Gebote wären mißbraucht, sollten sie zum gelingenden Leben anleiten.

13.2.11 Die Beobachtungen zu den Begriffen Anfechtung und Leid sollen nun *zusammengefaßt* werden.

a. Anfechtung bezeichnet das Ereignis von Gott her, das der Glaubende erleidet. Die Anfechtung ist wider den Glauben und fordert ihn zum Kampf heraus. Diesen gewinnt er paradoxerweise, indem er die Anfechtung mit Willen erleidet. Um die Erfahrung des Glaubens also recht zu erfassen, muß sowohl von Anfechtung als auch von Leid die Rede sein. Der Glaubende schickt sich in die Erfahrung, aber nur, weil Christus sie bereits außerhalb ihrer erfahren hat und deshalb der Glaube ihr nicht gegen sich recht geben muß. Daß die Erfahrung sowohl als Anfechtung als auch als Leid zu betrachten ist, hält sie offen und erlaubt es dem Erfahrenden nicht, sich in ihr einzurichten. Er hat sie, als hätte er sie nicht (1. Kor 7,29–31).

b. Leid bedeutet, sich auf etwas einzulassen, das der Erfahrende nicht selbst hervorbringt, dessen Priorität gegenüber dem eigenen Wollen und Tun er aber anerkennt. Mehr noch: Was er erleidet, verneint das, was er will und tut. Im Leiden sind Sünde und Glaube, Fleisch und Geist zugleich. Das Leid ruft den Widerwillen hervor, der am Leiden Schmerz empfindet, während der Glaube in das Leiden einwilligt und Gott recht gibt. Den Zorn im Glauben erleiden bedeutet, am Kreuz Christi teilzuhaben. Am Leid zeigt

[6] Siehe auch den „Beschlus der zehen gepot" 178,22–179,33.
[7] Siehe den Zusammenhang der beiden Zitate aus 149: 149,17–31.

sich, daß Fleisch und Geist, Gesetz und Evangelium gleichzeitig sind. Eines ist nicht ohne das andere.

c. Mehrmals hat sich gezeigt, daß ‚erfahren' und ‚leiden' nahezu synonym sind. Damit bestätigt sich, daß für Luthers Erfahrungsbegriff das passive Moment bezeichnend ist. Außerdem wird auch vom Begriff des Leids her deutlich, daß die Erfahrung des Zorns nur im Glauben möglich ist, der Gott gegen sich selbst recht gibt und sich auf sein Werk an ihm verläßt. Dem Kreuz entspricht eine Erfahrung. Aber in ihr sind zwei Momente, die jeweils deutlicher hervortreten: Anfechtung und Leid einerseits, Glaube und Gewißheit anderseits (dazu s.u. §§ 15–17). Der Heilige Geist äußert sich in den Seufzern oder im Lob. Aber beide sind sowohl vom Erleiden der Anfechtung als auch von der Gewißheit des Glaubens gezeichnet.

§ 14 Die Erfahrung des Todes im Kreuz und das Leben

Das Kreuz ist die Erfahrung von Sünde und Zorn. Umgekehrt gesagt: Sünde und Zorn werden Kreuz genannt, weil sie um des Evangeliums willen erfahren werden. In der Erfahrung des Todes soll das Leben aus dem Evangelium zur Geltung kommen. In diesem Paragraphen werden Luthers Ausdrucksformen zusammengestellt, die die Eigenschaften des vom Evangelium verkündigten Lebens an dieser Erfahrung profilieren.

14.1 Die Unerfahrbarkeit des Lebens vor Gott

Einen eigenen Akzent haben die Aussagen, in denen Luther nicht den im Kreuz manifesten Zorn als Erfahrung bezeichnet, sondern den Glauben an das Leben vor Gott als eine gegen die Erfahrung abgegrenzte Wahrnehmung darstellt. Mit diesen Aussagen soll eingesetzt werden, da sie in Luthers Frühzeit vorherrschen und von den Traditionen geprägt sind, in denen der Mönch Luther groß geworden ist. Es läßt sich dann verfolgen, was Luther statt dessen im Laufe der Zeit sagt, jedoch auch, welche Elemente sich durchhalten.

14.1.1 Von seiner Frühzeit an markiert Luther den Gegensatz von Glaube und Erfahrung und bestimmt das Erfahrenwollen angesichts des Glaubens als Sünde:

In den *Dictata super Psalterium* von 1513–16 kommentiert Luther Ps 78,18, eine Erinnerung an Israels Murren auf dem Zug durch die Wüste:

> „*Sie haben Gott versucht in ihren Herzen*, nämlich durch Unglaube und Mißtrauen, weil sie einen Erfahrungsbeweis [*experimentum*] Gottes und nicht den Glauben haben wollten: *so daß sie ... Speisen für ihre Seelen verlangten*“ (WA 3,553,1–3).

Erfahrung richtet sich — in der Sprache der Dictata ausgedrückt — auf so sichtbare und deshalb vergängliche Dinge wie Speisen. Weil Gott und seine Güter aber unsichtbar sind, ist allein der Glaube angemessen, um an Gott und seinen Gütern teilzuhaben. Gott erfahren zu wollen, verfehlt Gott. Denn Erfahrung ist in sichtbaren Gütern konstituiert. Wer Gott erfahren will, ist deshalb Gütern verhaftet und schlägt den Glauben aus. Dieser Wille ist „Mißtrauen“, ist das Nichtwollen des Glaubens.

14.1.2 Im *Sermo Die S. Andreae* vom 30.11.1516 legt Luther das Verlassen der Schiffe und die Nachfolge Jesu (Mt 4,20) „mystisch“ aus als das Tragen des „Kreuzes Christi“, das darin geschieht, „alles zu verlassen und durch den Glauben des Herzens Christus allein anzuhängen“ (WA 1,101,16.19–21):

> „Glaube und Besitz unterscheiden sich nämlich so, daß jener die Substanz der zu hoffenden und nicht erscheinenden, dieser aber diejenige gegenwärtiger und erscheinender Dinge ist. Denn solange das Herz etwas Gegenwärtiges hat, durch das es ruhig und, sobald es abwesend ist, unruhig ist, hat es noch keinen Glauben ..., weil es alles verlassen und an das Unsichtbare glauben muß. Daher ist die schwierigste Sache das Kreuz, das Verlassen von allem und der Glaube. Denn das Kreuz ist es, das den Affekt dieser Dinge tötet, damit der Glaube alles verläßt, aber den Getöteten durch andere Dinge erhält, die er nicht sieht und erfährt" (102,5–12).

Diese Aussage ist mit den *Dictata* vergleichbar: „Erfahrung" bedeutet, eine sinnlich zugängliche „Wirklichkeit" (*res*) zu haben und sich anzueignen. Die sichtbaren, gegenwärtigen Dinge konstituieren die Erfahrung und über sie den Affekt des Herzens, nur dann „ruhig" zu sein, wenn es solche Dinge erfährt, weshalb es aus Erfahrungen leben will. Doch am Leben „erhalten" werden und ruhig sein soll das Herz durch den unsichtbaren Gott und seine Dinge, die nicht gegenwärtig erscheinen, sondern erhofft werden. Diese konstituieren den Glauben und wandeln durch ihn den Affekt des Herzens. Weil das Erfahrenwollen nicht durch Gottes, sondern gegenwärtige, sichtbare Dinge konstituiert wird, ist es die Sünde.

Von Loewenich (^{4}1954:101) meint, es gehe hier um die „Absonderung des Glaubens von jeder Art von Wahrnehmung", was für Luthers mehr „formal gehaltene" Äußerungen aus den Jahren bis 1519 typisch sei. Dies trifft zu. Aber indem von Loewenich diese Aussage einseitig erkenntnistheoretisch auswertet, abstrahiert er von ihrem bußtheologischen Sinn: Die ‚Absonderung' ist eine Veränderung des Affekts, in der der Sünder das Kreuz Christi trägt. Auf den Mangel in der Interpretation von Loewenichs ist anhand der *Vorlesung über den Römerbrief* zurückzukommen.

14.1.3 Auch in der *Vorlesung über den Römerbrief* von 1515f. betont Luther den Gegensatz von Glaube und Erfahrung:
a. Der Glaube ist, wie es in der Randglosse zu Röm 1,5 heißt, nicht durch „Vernunftgründe und Erfahrungen zu beweisen" und auf diesem Weg als „Weisheit" zu erwerben. Er ist Gottes Autorität, die nicht ungewiß und als solche erst zu beweisen ist, sondern „Gehorsam des Glaubens" fordert (WA 56,6,19–22). Deshalb gilt — wie es zu Röm 12,6 heißt —, daß eine „Prophetie, die einen Erfahrungsbeweis [*experimentum*] hat, nicht wahr ist" (453,2f., ähnlich 17.21f.).
b. Im Scholion zu Röm 5,5 stellt Luther die Liebe zu Gott als Versetztwerden aus der Erfahrung in den unerfahrbaren Gott dar:

„‚Liebe Gottes' wird gesagt, weil wir mit ihr nur Gott lieben. Da ist nichts Sichtbares, nichts Erfahrbares weder innen noch außen, auf das man vertrauen, das man lieben oder fürchten könnte, sondern man wird über alles in den unsichtbaren, unerfahrbaren und unbegreiflichen Gott, nämlich mitten in die inneren Finsternisse gerissen. Dabei weiß man nicht, was man lieben soll, jedoch, was man nicht lieben soll, verschmäht alles Erkannte und Erfahrene und ersehnt das nur, was man noch nicht erkennt" (WA 56,307,4–10).

Luther nimmt hier die Sprache der areopagitischen Mystik (vgl. §§ 8.4 und 13.1.4) auf: Gott erfassen zu wollen erfordert, über alles Erfahrbare und Begreifbare hinaus affektiv im *amor extaticus* in das Unbekannte gerissen zu werden. Luther ordnet diese Aussage aber in sein neues Verständnis von Gnade und Rechtfertigung ein. Sie verdeutlicht den Kontrast zwischen der Liebe, die sich allein auf Gott richtet, und derjenigen, die durch die eigene Gerechtigkeit affiziert ist (Schwarz 1962:323f.410), und sie zeigt, daß sich diese Unterscheidung im Leben des Glaubenden als Versetztwerden aus der falschen Liebe in die Liebe Gottes vollzieht (zur Mühlen 1972:108f.): Die Liebe Gottes ist die Abwendung vom „Genuß der eigenen Gerechtigkeit" und der Gaben Gottes, wonach die „heuchlerischen Werkgerechten" in ihrer Gottesliebe streben (306,29). Der Werkgerechte ist im Affekt der Begierde auf das aus, was er in sich oder außerhalb seiner als leibliche und geistliche Güter zu erfahren hofft (s. § 9.1.2.a), nicht aber auf Gott, den Luther mit dem Prädikat „unerfahrbar" von diesen Gütern unterscheidet. An der Erfahrung wird hier akzentuiert, daß ‚mir' als sinnlich–geistigem Wesen dieses Lebens etwas verfügbar wird und ich daraus existiere. Die so verstandene Erfahrung wird mit der Liebe zu Gott verneint.

Gewiß will Luther hier einer „Vergegenständlichung des Glaubens" wehren, indem er die Unerfahrbarkeit Gottes hervorhebt (Loewenich ^{4}1954:100). Ähnlich meint Prenter (1954:67, vgl. 57) zu der gleichlautenden Stelle WA 57,144,10ff., Luther wolle feststellen, „daß der Glaube im Widerspruch zu aller natürlichen Erfahrung ... steht". Doch Luthers Intention ist damit nicht voll erfaßt. Er will nicht verschiedene Erkenntnisweisen profilieren, sondern die Bewegung der Umkehr darstellen. Es geht um die Änderung des Affekts, der in sündhafter Begierde auf Erfahrung aus ist, nun aber Gott in seiner Gnade begegnet. Darauf, daß Gott in seiner Gnade den Sünder außerhalb seiner gerecht macht, bezieht Luther das Prädikat der Unerfahrbarkeit Gottes. In diese Richtung weist Holls Interpretation ($^{2.3}$1923:136): Gott führe den Gläubigen in neue Lagen, wo seine Gotteserfahrung — gemeint ist die Gewißheit, vor Gott gerecht zu sein, und daraus Kraft zum sittlichen Leben zu gewinnen (134f.) — nicht ausreiche. Das Haben Gottes werde dann zu einem neuen Suchen. Holl sieht dies aktuell werden, wenn der Gläubige erneut auf seine Ichsucht stößt. Damit ist er dann gezwungen, sich selbst zu verurteilen und nicht auf die eigene Gerechtigkeit zu verlassen, sondern auf die, die in Gottes Gnadenwillen beschlossen liegt. Darauf und auf den Mangel dieser Interpretation ist zu Röm 6,8 noch einmal einzugehen.

c. Christologisch fundiert macht Luther in Grundzügen dieselbe Aussage zu Röm 6,8 — „Weil wir mit Christus gestorben sind, glauben wir, daß wir zugleich mit ihm auch leben" — :

> „*Glauben wir* Denn dieses Leben hat keine Erfahrung von ihm, sondern Glaube. Niemand weiß nämlich, daß er lebt, oder erfährt, daß er gerechtfertigt ist, sondern er glaubt und hofft es" (WA 56,58,15–17).

Im Scholion zu Röm 4,7 hatte Luther gemeint, daß Gott uns die uns unbekannte Gerechtigkeit Christi anrechne und wir nur deshalb gerecht seien (272,16–19; 290,30f.; s. Grane 1975:83), Ebenso heißt es nun: Der Mensch ist nicht aufgrund von Werken gerecht, sondern weil Gott ihm Christi Gerechtigkeit und Leben anrechnet. Damit ist ausgeschlossen, das Leben und die Gerechtigkeit zu erfahren. Erfahrung bedeutet, daß etwas in diesem Leben vorhanden ist und ‚ich' es als solches beurteilen kann. Beides ist im Falle der Gerechtigkeit ausgeschlossen: Sie ist in jenem Leben, in Christus, und allein in Gottes Urteil. Der Glaube gibt das Erfahrenwollen preis und verläßt sich auf Gottes Anrechnung der Gerechtigkeit. Er hofft auf das, was jetzt nicht erfahrbar ist.

Dazu sind die Simultanität und der Konflikt zwischen Geist und Fleisch, die Luther in Röm 7,21.23 ausgesprochen sieht (s. § 9.1.2.b), ins Verhältnis zu setzen: Die Erfahrung der Sünde erweist sich als die Kehrseite der Unerfahrbarkeit des Glaubens. (Vergleichbar interpretieren sich im *Sermo Die S. Andreae* das Kreuzesgeschehen und die Unerfahrbarkeit des Glaubens gegenseitig.) Ja, diese Erfahrung ist es, die der Mensch im Geist machen soll. Die Glossen zu Röm 6,8 und 7,21.23 illustrieren in unterschiedlicher Akzentuierung, daß der Glaubende „zugleich Sünder und Gerechter" (272,17) ist — wie Luther es im Scholion zu Röm 4,7 auf die Formel bringt —, „Sünder in Wirklichkeit, Gerechter aber in der Hoffnung" (269,30; vgl. 272,17–20).

Ähnlich ordnet Holl diese Aussage in den Zusammenhang des ‚Sünder und Gerechter zugleich' ein: Da das neue Leben nicht erfahrbar werde, erhalte das Rechtfertigungsbewußtsein keine weitere Stütze durch es ($^{2.3}$1923:139). Im Gegenteil müsse sich der Gläubige immer wieder selbst verwerfen. „Die Gerechtigkeit, *auf die er sich verläßt*, kann der Mensch nie in sich selbst, sondern immer nur im

Gnadenwillen Gottes finden, und die *tatsächliche* Gerechtigkeit muß ihm stets als eine erst noch zu erwerbende gelten" (141f.; vgl. § 2.5.2). Mit dieser letzten Wendung verläßt Holl Luthers Deutung von Röm 6,8, nach welcher die Gerechtigkeit *unüberholbar* diejenige Christi ist — und eben auf gar keine Weise und zu keiner Zeit selbst zu erwerben. Sie hängt nicht vom sittlichen Leben ab. Umgekehrt ist dieses von der Gerechtigkeit geprägt, wenn es sie nicht zu verwirklichen trachtet, sondern frei davon aus ihr handelt und im Bekenntnis der Sünde allein auf sie setzt.

d. Beide im Kreuz Christi begründeten Perspektiven auf die Erfahrung sind im Scholion zu Röm 12,2 (445–451) nebeneinander anzutreffen (s. § 13.2.3). Abraham, Petrus und Christus „erfahren" Gottes Willen. Sie verlassen sich auf ihn zugleich damit, daß sie seinen Gegensatz erfahren und erleiden. Sie erleiden damit, daß er „verborgen ist unter" der Erfahrung seines „Gegenteils" (446,31–447,7). Im Kontrast dazu erkennen die „Ungläubigen" nicht das Scheitern der Erfahrung: Sie prüfen nicht, was der gute Wille Gottes ist, weil sie sich „allein auf das stützen, was sie fühlen und erfahren" (446,1–5). Der Tor „urteilt, wie er fühlt und empfindet (er empfindet aber Erfahrenes und Gegenwärtiges)" (450,23.25), wo für den Glauben doch nur das Gegenteil von Gottes gutem Willen erfahrbar wird und erfahren werden muß, so daß das Sichstützen auf Erfahrung dem Glauben unmöglich ist. Die Unerfahrbarkeit ist konkret die Erfahrung des Gegenteils. Diese Konkretion setzt die Sünde voraus und bezieht auf sie den Glauben, in dem sich der Wille des Ungläubigen wandelt, so daß er Gottes Verborgenheit unter dem Gegenteil anerkennt.

14.1.4 In den *Resolutiones disputationum de indulgentiarum virtute* von 1518 gibt Luther das Wort als den Grund an, daß Gottes Heilshandeln nicht erfahren wird:

> „Nach diesem Wort [Mt 16,19] soll der Glaube den Frieden des Gewissens machen, wenn nur der Priester ihm zufolge freispricht. Wer den Frieden auf andere Weise sucht, etwa durch Erfahrung im Innern, der versucht offensichtlich Gott und will den Frieden in der Wirklichkeit und nicht im Glauben haben. Denn du wirst soviel vom Frieden haben, wie sehr du dem Wort des Verheißenden glaubst" (WA 1,541,5–8).

Wie in den *Dictata* (s. § 14.1.1) „versucht" der Mensch Gott, wenn er die Erfahrung „sucht", weil er den Glauben ausschlägt, der sich auf Gott und seine Verheißung verläßt ohne Ansehung der Wirklichkeit. Luther meint mit der inneren Erfahrung das mit Gott versöhnte Gewissen, das sich der Werkgerechte mit satisfaktorischen Bemühungen zum Ziel setzt, möglicherweise aber auch die mystische Entrückung, die er dann als Streben verstünde, das auf „Wirklichkeit" aus ist. Dem kommt aber Gott mit dem Wort zuvor und macht den Frieden von der „Erfahrung" unabhängig. Erfahrung hat, wo sie vor Gott wahr ist, die Sünde zum Gegenstand, und davon spricht das Wort frei. Mit dem Wort, nicht durch Erfahrung bringt Gott den Sünder dazu, Frieden zu „haben". Das Wort ersetzt die Erfahrung durch den Glauben, indem es die erfahrene Wirklichkeit der Sünde nicht an sich, sondern in Christus zu erkennen lehrt. Deshalb *ist* Christus unser Friede, aber im Glauben (541,9). Auf diese dialektische Struktur der Erfahrung des Glaubens ist in den nächsten Paragraphen einzugehen.

14.1.5 In der Predigt vom 12. März 1525 über Mt 15,21ff. legt Luther das Verhalten der „Kanaanäischen Frau", die bei Christus Gottes „Barmherzigkeit" (WA 81,13.16 u.ö.) und Hilfe für ihre kranke Tochter (81,16) sucht, als Glaube aus:

> „Der Glaube ... schließt offenbar Ohren, Vernunft, Kräfte und Sinne und hängt allein am Wort und der Kunde von Christus. Davon wird er nicht abgebracht, wenn auch alles anders erscheint. Sie hat nur gehört, ihn niemals durch Erfahrung gefühlt, sondern nur der Kunde geglaubt und so gehofft, daß sie ihn finden werde" (WA 17/I,81,9–12).

Wie in den *Resolutiones* von 1518 (s. § 14.1.4) tritt das Wort und mit ihm der Glaube an die Stelle einer gegenwärtig erfahrbaren Wirklichkeit Jesu Christi und seines Heils. Wort und Glaube treffen auf den Willen zur Erfahrung. Dies bedeutet aber für diesen Willen „Kreuz, Leiden und Anfechtung des Glaubens" (81,20). Jesus antwortet nicht auf das Rufen der Frau [V. 22] (81,6–8.17–20), Gott läßt also die Frau „bloß am Wort hängen". „Das tut weh, denn die Natur begehrt, daß sie Gott fühlt" (81,21f.). Es ist das Ereignis des Kreuzes, wenn der Mensch von der Begierde nach der Erfahrung gelöst und allein auf das Wort und Christus ausgerichtet wird. Ebenfalls den *Resolutiones* vergleichbar, ist die Begierde nach Erfahrung der Werkgerechtigkeit parallel: Die Frau blickt weder auf ihre eigenen Werke noch auf die der Heiligen, um die gesuchte Hilfe zu finden, sondern denkt im Blick auf Christus: Hier ist der heilige Mann (81,28–30).

14.1.6 Auch in der *Vorlesung über den 1. Brief des Johannes* von 1527 macht Luther zu 1. Joh 5,13 deutlich, daß das Leben in Christus nicht durch Erfahrung, sondern durch den Glauben „begriffen" wird:

> „Wer begreift voll Vertrauen, daß er das ewige Leben habe? ... Uns ist der Geist gegeben, daß wir wissen ..., wie Großes geschenkt ist ... Durch keine

> Wirklichkeit wird man bewegt, das zu erreichen und aufzunehmen, als durch Wort und Kreuz. Ich muß an das ewige Leben glauben und sehe ..., daß ich sterbe, begraben und von den Würmern gefressen werde. Gegen diese Wahrnehmung aller Menschen muß ich mich dazu überreden, daß ... es dennoch wahr ist: Wer an Christus glaubt, wird nicht nur haben, sondern hat bereits ... das ewige Leben, aber in einem Glauben, der gegen alle Wahrnehmung und Erfahrung genährt ist" (WA 20,788,13- 22).[8]

Das „Kreuz" ist das Ereignis, von Gott „geübt zu werden" (788,12), die Erfahrung des Gegenteils und das Wort zugleich zu haben, obwohl sie sich widersprechen. Das Kreuz ist das Ereignis, daß der Glaube die aporetische Spannung von Erfahrung und Wort Gottes erleidet. Er erfährt den Tod, der der Tod vor Gott ist, und hat doch mit dem Wort bereits das ewige Leben, in dem Gott den erfahrenen Tod überwindet. Luther formuliert dieses Haben futurisch und zugleich mit Joh 5,24 (788,20f.) präsentisch und perfektisch, um zu unterstreichen, daß Gottes Handeln mit menschlicher Erfahrung in der Zeit nicht zu erfassen ist, daß es aber eben diese Erfahrung betrifft und sie überwindet.

14.1.7 Das Kreuz ist der Widerspruch von Glaube und Erfahrung.

a. Als kreuzestheologische Aussage läßt sich auch der Satz verstehen, in dem Luthers Streit mit Erasmus um den Begriff *assertio* gipfelt:

> „Der Heilige Geist ist kein Skeptiker. Er hat weder Zweifelhaftes noch bloß menschliche Meinungen in unsere Herzen geschrieben, sondern verbindliche Aussagen [*assertiones*], die gewisser und stärker sind als das Leben selbst und alle Erfahrung."[9]

b. Erasmus hatte mit Blick auf Luthers *Assertio omnium articulorum* von 1520 (WA 7,91–151) gemeint:

> „Ich habe so wenig Freude an festen Behauptungen [*assertiones*], daß ich am liebsten der Meinung der Skeptiker folge, wo immer die unverletzliche Autorität der Heiligen Schriften und die Dekrete der Kirche es erlauben, denen ich meinen Verstand überall gerne unterwerfe, sei es, daß ich verstehe, was sie vorschreiben, sei es, daß ich es nicht verstehe."[10]

[8] Daß der Glaube an das Leben aus dem Tod sich gegen die Erfahrung des Todes behaupten müsse, sagt Luther auch in den Predigten vom 31. März 1529 (WA 29,327,4.9) und vom 12. Juni 1529 (WA 28,429,6; 431,3f.).

[9] WA 18,605,32–34 (*De servo arbitrio*, 1525).

[10] *Dla* Ia4 (von Walter 3,15–20). Luther zitiert diese Aussage 603,4–7.

Für Erasmus gibt es keine *assertio*, weil alle menschliche Erkenntnisbemühung nur vorläufig, approximativ, hypothetisch sein kann, auch und gerade wenn es um die Erkenntnis Gottes geht.[11] Luthers pointierte Aussage grenzt theologische Aussagen von dieser Erkenntnisweise ab. Die *assertiones* sind menschliche Erkenntnisse, die Sinne und Vernunft nicht aus der Relation zur Welt gewinnen können. Der Heilige Geist schreibt sie ins Herz. Dies fällt damit zusammen, die Heilige Schrift zu lesen oder zu hören und das, was in ihr vorgeschrieben wird, mit Gewißheit zu ergreifen (605,6–9; 613,14f.). Die *assertio* unterscheidet das Ergreifen von dem, was sie ergreift. Im Aussprechen anerkennt sie, daß das Ergriffene außer mir bleibt — zu meinem Heil.[12] Eben in dieser Anerkenntnis schreibt der Heilige Geist diese Erkenntnis ins Herz. ‚*Assertio*' umschreibt also den Glauben, der das Wort ergreift.

Luthers Äußerung kommt im Gang seiner Argumentation überraschend. Auch die zitierte Ansicht des Erasmus und der Kontext von *De libero arbitrio* motivieren nicht zwingend den Gebrauch der Begriffe Leben, Erfahrung, gewiß und stark. Luther formuliert einen Lehrsatz, weil er auf eine prinzipielle Äußerung Erasmus' eingeht. Die Gewißheit der *assertio* ist keine Erfahrungs- und Vernunftgewißheit (Müller 1929:190). Wie könnte sie sonst gewisser sein als das Leben und die Erfahrung? Sie übertrifft die Erfahrungsgewißheit. Luther denkt Erasmus voraus. Er weiß, daß dieses Leben mit Gewißheit immer nur die Sünde und den Zorn erfahrbar macht.[13] Im Laufe von *De servo arbitrio* führt er etwa an, daß der Sünder durch das Gesetz „mit Gewißheit" die Sünde erfahre (674,9–12, s. § 9.3.3); mannigfaltige Erfahrungen „beweisen" die Sünde, den unfreien Willen und den Zorn; schließlich bedeuten all diese Erfahrungen die „Anfechtung des Glaubens", weil Gottes Ungerechtigkeit in seinem Zorn für die Vernunft „wahrscheinlich" ist (784f., s. § 11.2.4).

Im Blick auf diese Erfahrungen wird der Komparativ verständlich. Er verweist auf Gottes Wort und die von ihm bezeugte Hoffnung, die durch die Erfahrung des Gegenteils, wie sie der Mensch machen muß, nicht ausgelöscht wird, sondern sich in ihr bewährt, gerade weil sie nicht durch seine Erfahrung vergewissert werden muß. Der Ausdruck „gewisser als die Erfahrung"

[11] S. *dla* Ia2 (von Walter 2,9–11) und Ia7 (von Walter 5,17–6,9). Vgl. Sauter 1988:161.

[12] Rudolf Hermann (1958:15) unterscheidet in diesem Sinn das „Mit-Gewißheit-Ergreifen" von einem „Gewißheitsempfinden".

[13] Luther argumentiert also nicht vom Standpunkt einer glaubensunabhängigen „natürlichen Erfahrung" aus, in der der Mensch immer schon dem Gesetz begegnet (so Gelder 1992:18).

entspricht „gegen die Erfahrung" (s. § 14.1.6). In diesem Sinn präzisiert Luther die in der Mystik kennengelernte Aussage von der „Unerfahrbarkeit" Gottes.

Gerhard Sauter hat zu WA 18,605,32–34 mehrfach darauf aufmerksam gemacht, daß Luthers Thematisierung der Erfahrung die *assertio* (Bekenntnis) voraussetze, die sich auf die *promissio* (Verheißung) beziehe und sie als Hoffnung ausspreche. Gott sei nicht durch Erfahrung verifizierbar, sondern nur assertorisch, bekennend und mit Gewißheit hoffend, auszusprechen (1972:43f.). Die damit gegebene „Gegenwart" des Geistes sei „vor unserer Erfahrung ... wirklich", sie komme „unserem Fragen und Prüfen zuvor" (1988:52.40). Sauter führt den Gedanken dahin weiter, daß die Verheißung Erfahrung freisetze: Sie konstituiere eine „Erwartungsbereitschaft, die sich der Wirklichkeit aussetzt, weil sie in ihr die Geistes–Gegenwart Gottes ... ‚annimmt' und dadurch zu Erfahrungen kommt" (1972:301). Dabei spreche das Bekenntnis aus, was (von der Verheißung her) erfahren worden sei und gleichzeitig das, was als Erfahrung erst noch erwartet werde (229). In dieser Weiterführung bleibt der Vorbehalt gegenüber der Erfahrung als Vergewisserung des Geglaubten gewahrt. Luther selbst führt in diesem Sinn die Erfahrung an (vgl. § 10.7), sofern ihr Glaube und Hoffnung auf das Wort vorausgehen und folgen.

Ist also die Simultanität von Erfahrung des Gegenteils und Glaube vorauszusetzen, grenzt der Komparativ die Gewißheit der *assertio* nicht einfach von der Erfahrung ab, wie Müller (1929:190) meint, sondern bezieht sie auf diese als Ort ihrer Bewährung. Auch Köpfs Vermutung (1982:114,14–24), Luther werte die Erfahrung negativ, verkennt diesen Zusammenhang. Die *assertio* ist in dem Sinne „stärker", daß sie das, was der Mensch erfährt, überwindet, ohne selbst seiner Erfahrung verfügbar zu werden. Sie wird dabei nicht vom Standpunkt der Erfahrung aus als stärker beurteilt, sondern im Glauben, der sich ohne Ansehung der Erfahrung an das Wort hält. Das Wort bringt in der Erfahrung der Sünde zugleich seine Nichterfahrbarkeit zur Erfahrung. Die *assertio* tritt an die Stelle der Erfahrung.

14.1.8 *Zusammenfassend* läßt sich feststellen: Luther teilt die von Augustin und der Mystik überkommene Aussage, Gott sei unerfahrbar und unsichtbar, und unterscheidet deshalb Glaube und Erfahrung. Doch er präzisiert dies vom Ereignis des Kreuzes Christi im Leben des Glaubens her: Das Verlangen, sich Gottes durch Erfahrung zu vergewissern, ist die Sünde. Indem Luther immer konsequenter Gott allein im Kreuz Christi erkennt und infolgedessen sich allein an Wort und Glaube hält, illustriert das Streben nach Erfahrung die Sünde. Gottes Unerfahrbarkeit wird zu einem Ausdruck dafür, daß in diesem Leben nur Sünde und Zorn erfahren werden. Von Wort und Glaube auszugehen impliziert, daß sich Luther nicht mehr wie Augustin und die Mystik dafür interessiert, von der Welt der sinnlichen Erfahrung aus und in Beziehung zu ihr zu bestimmen, wie die Welt Gottes beschaffen ist. Dies kommt dann unüberbietbar darin zum Ausdruck, daß Luther über die Simultanität des Glaubens und der Erfahrung seines Gegenteils nicht hinausgeht, sondern ihre Aporie angesichts des Kreuzes Christi als Zeichen für die Alleinwirksamkeit und Macht Gottes nimmt.

14.2 Verborgen unter dem Gegenteil

Daß Gott und das Leben vor ihm dem Sünder, der nach Erfahrung verlangt, nicht zugänglich sind, bedeutet nicht, sich von der Erfahrung abzuwenden. Glaube und Hoffnung können sich vielmehr in ‚diesem Leben' nur an der Erfahrung des Gegenteils als Glaube und Hoffnung erweisen. ‚Unerfahrbar' bedeutet in genuinen Aussagen Luthers ‚verborgen unter der Erfahrung seines Gegenteils'. So sind die Aussagen von Anfechtung und Kreuz zu verstehen.
14.2.1 In der *Vorlesung über den Römerbrief* von 1515f. liegen der mystische Hintergrund und Luthers eigenständige, am Kreuzesgeschehen orientierte Theologie eng nebeneinander:
a. Im Scholion zu Röm 10,15 meint Luther:

> „‚Friede' und ‚Güter' sind gemäß der Welt ... unsichtbar, weil sie so verborgen sind, daß sie nur vom Wort verkündigt und nur durch den Glauben an das Wort ergriffen werden. Die Güter und der Friede werden nämlich nicht dem Gefühl dargeboten ... (d.h. ohne Erfahrung, bis das zukünftige Leben kommt) ... Die Güter sind unter dem Kreuz, weil niemand für den Frieden und diese Güter empfänglich ist, wenn er nicht den Frieden und die Güter der Welt zurückweist und um des Glaubens willen geduldig ist in den ... Drangsalen der Welt und des Gewissens" (WA 56,425,1–10).

„Verborgen" ist synonym mit „unsichtbar" und „ohne Erfahrung", Ausdrücke, die in der Mystik beheimatet sind (vgl. das Scholion zu Röm 5,5, s. § 14.1.3.b). Luthers Eigenständigkeit zeichnet sich aber darin ab, daß er den verborgenen Gütern Wort und Glaube zuordnet als Weisen, an ihnen teilzuhaben. Dem mystischen Horizont entspricht — vergleichbar dem *Sermo Die S. Andreae* (s. § 14.1.2) —, daß das „Kreuz" den Vorgang bedeutet, sich von weltlichen Gütern ab- und den verborgenen Gütern zuzuwenden.

Daß von den Gütern wechselweise gesagt wird, sie seien ‚verborgen' und sie seien „unter dem Kreuz", wird in der Folgezeit an Bedeutung gewinnen.[14]

b. Im Scholion zu Röm 3,17 bezeichnet Luther die Verborgenheit des Friedens unter der Erfahrung seines Gegenteils als Kennzeichen des Lebens unter dem Kreuz:

> „[Den Weg des Friedens haben sie nicht erkannt], weil er verborgen ist, da er Friede im Geist ist (und mit vielen Bedrängnissen verhüllt). Denn wer meinte denn, dies sei der Weg des Friedens, wenn er sähe, daß die Christen ... das ganze Leben nicht Frieden, sondern Kreuz und Leiden besitzen? (Jene aber suchen durch ihre Gerechtigkeiten Frieden im Fleisch. Daher verlieren sie beides.) Aber darunter [unter Kreuz und Leiden] ist der Friede verborgen, den niemand erkennt, wenn er nicht glaubt und erfährt, jene aber haben nicht glauben wollen und sind vielmehr davor zurückgeschreckt zu erfahren."[15]

Für die Römerbriefvorlesung typisch ist, daß ‚in diesem Leben' Sünde und Gerechtigkeit (s. § 14.1.3.c), Fleisch und Geist (s. § 9.3.2) ‚zugleich' sind, weshalb Glaube und Erfahrung gleichzeitig und gleichursprünglich sind. So auch hier: Sein konkretes, „geistliches" Profil erhält der Friede dadurch, daß der Glaube, der ihn ergreift, sich zugleich der Erfahrung, dem Erleiden des Unfriedens aussetzt. Nur in dieser Erfahrung ist der Friede zu erkennen, nämlich „im Geist" und Glauben. ‚Verborgenheit' hat hier deutlich die Bedeutung, nicht einfach unerfahrbar, sondern unter der Erfahrung des Gegenteils verborgen zu sein und diese Erfahrung notwendig bei sich zu haben.

14.2.2 Nach den *Operationes* zu Ps 1,2 (s. § 12.2.1) ist Jesu „Seligkeit" am Kreuz (auf das Luther mit dem Zitat aus Jes 53 anspielt) „verborgen im Geist". Dies ist ein Parallelausdruck dafür, daß Jesus als Glaubender in der „Erfahrung" der „Gegenteile" steht. In der von der Sünde beherrschten Welt kann der Glaube die Seligkeit nur verborgen unter der Erfahrung des Gegenteils haben. An die Stelle der Erfahrung als Wahrnehmung tritt der Glaube, genauer: der Glaube, der gleichzeitig das Gegenteil dessen erfährt, was er glaubt, ohne aufzuhören, Glaube zu sein.

14.2.3 Auch in *In epistolam Pauli ad Galatas commentarius* von 1519 legt Luther zu Gal 1,3 ‚unerfahrbar' als ‚verborgen' aus:

> „Die Gnade ... Gottes des Vaters und unseres Herrn Jesus Christus beseitigt die Sünden, wenngleich sie geistlich und verborgen ist. So macht der Friede

[14] Zu von Loewenichs Interpretation der Stelle (^{4}1954:99) vgl. §§ 14.1.2 und 14.1.3.

[15] WA 56,246,11–18. Die rund eingeklammerten Teile sind von Luther nachträglich eingefügt worden.

> Gottes das Herz des Menschen vor Gott im Verborgenen heiter, ruhig und fröhlich ... Während er bei Gott gerecht ist, ist er im Fleisch und in der Welt ein Sünder. Und so entsteht Krieg, Krieg außerhalb, Frieden innerhalb: Innen, ... nicht sinnlich faßbar und von erfahrbarer Süße, nicht einmal immer, sondern unsichtbar und durch den Glauben. Denn der Friede Gottes übersteigt jeden Sinn (Phil 4,7), d.h. er ist nur im Glauben zu ergreifen" (WA 2,456,32–457,4).

Auf diese Aussage wirkt wieder mystische Sprache ein: Das Verborgene ist das nicht Erfahrbare, das der Erfahrungswelt Abgewandte. Doch Luther interpretiert das Verborgene als Gottes Gnadenhandeln, durch das er den Sünder „vor Gott" stellt und ihn dort zum Gerechten qualifiziert, eine Situation, die der Glaube wahrnimmt. Zugleich ist sein Interesse deutlich, das Verborgene mit seinem Gegenteil gleichzeitig zu sehen. Die Simultanität des Gegensätzlichen bringt er durch den paulinischen Gegensatz von „Fleisch" und „Geist" zum Ausdruck. Ihm entspricht derjenige von „Außen" und „Innen". Für Luther sind das keine anthropologischen Unterscheidungen. Sie entspringen dem Glauben, der erkennt, aus Gnade ‚vor Gott' zu stehen. In dieser Erkenntnis sind Welt und Herz gleicherweise das „Außen". Selbst im Herzen ist der Friede nicht „erfahrbar süß". Der Sünder kann in sich und von sich aus den Frieden nicht als einen Affekt vorfinden. Dagegen ist das „Innen" das Dasein des Sünders aus Gnade „vor Gott". „Ergreift" der Sünder dies im Glauben, lebt er nicht in seinen Werken und Erfahrungen.

Dieser Glaube gibt nun allerdings dem Herzen neue Affekte: Er macht es „heiter, ruhig und fröhlich". Der Glaube, das von ihm affektiv bestimmte Herz, ergreift das Verborgene, das nicht durch Werke und Erfahrungen zu erreichen und zu verifizieren ist. So ‚hat' im Glauben das Herz den Frieden und erleidet zugleich den Krieg als überwundenen und lediglich „äußeren". Ebenso anerkennt er auch das eigene sündhafte „Fleisch". Weil er den Frieden im Wort hat, hat er daraufhin den Krieg so, als hätte er ihn nicht.

Müller (1929:171) meint dagegen, ‚Erfahrung' bezöge sich auf den Glauben, der in der „Anfechtung", den „Zeiten des Unheils", als Gottes Handeln „verborgen" sei (169) und erst „dann", wenn die Anfechtung erfahren werde, kontingent erfahren werde (171). Auf diese Auffassung wird in § 14.2.4 näher eingegangen. Auch von Loewenich (^{4}1954:119) ist der Auffassung, daß hier „Glaube und Erfahrung als ein zusammengehöriges Paar erscheinen".

14.2.4 In *De servo arbitrio* von 1525 unterstreicht Luther, daß der Glaube die Erfahrung seines Gegenteils bei sich hat — um des Glaubens willen:

> „Der Glaube richtet sich auf Dinge, die nicht in Erscheinung treten. Damit der Glaube Raum bekommt, ist es notwendig, daß alle Dinge, die geglaubt werden, verborgen werden. Sie werden aber nicht tiefer verborgen als unter dem entgegengesetzten Gegenstand, Wahrnehmung und Erfahrung. So, wenn Gott lebendig macht, tut er das durch Töten, wenn er gerecht macht, tut er das, indem er zu Schuldigen macht, wenn er in den Himmel bringt, tut er das, indem er in die Hölle führt, wie die Schrift sagt: [1.Sam 2,6]“ (WA 18,633,7–12).

Während Luther im *Sermo Die S. Andreae* zur Auslegung von Hebr 11,1 noch bei Augustin und der Mystik Anleihen macht (vgl. § 14.1.2), versteht er hier das Verbergen des Glaubens als ein Handeln Gottes in der Erfahrungswelt, als Verbergen unter der Erfahrung seines Gegenteils. Die Beispiele, die Luther nennt, zeigen, daß dieses Handeln das Kreuz ist.

Weil von Loewenich davon abstrahiert und sich auf die übernommene mystische Begrifflichkeit konzentriert — obwohl sich Luthers eigentümliche Aussage schon früh abzeichnet —, verfehlt er die Pointe, wenn er interpretiert, der Glaube stehe „in Spannung zu jedem natürlichen Erkenntnisvermögen“ ([4]1954:96, vgl. 33f.99f.). Luther geht es um die Simultanität von Glaube und Erfahrung: ihren Konflikt und ihr Zugleich in dieser Spannung, die das soteriologische Ereignis des Kreuzes ist, das sich leiblich und gewissenbezogen am Ort des Sünders vollzieht. Die Entgegensetzung von Glaube und Erfahrung ist das Verhältnis, das beide zueinander im Leben des Sünders gewinnen. Ähnlich wie von Loewenich ist auch Köpf der Auffassung, Luther wolle hier sagen, daß der Glaube prinzipiell wider die Erfahrung sei (Köpf 1982:114). Auch Müller wird dem spannungsvollen Zugleich nicht gerecht. Er interpetiert die Verborgenheit unter dem Gegenteil als nur zeitweise (1929:71): Gottes Wirken, nämlich der „Glaube“, sei, „bevor es geschieht“, in der Erfahrung seines Gegenteils „verhüllt“ und beende wider Erwarten, kontingent diese Erfahrung. Doch Luther betont, daß es dem *Glauben* eigentümlich sei, in der Erfahrung des Gegenteils zu stehen, um so wirklich Glaube zu sein. So interpretiert Barth diese Aussage. Er sieht in ihr einen Beleg für seine Auffassung, daß Gott sich doppelt indirekt mitteile, und daß dies nicht nur durch die Kreatürlichkeit, sondern durch die Sündigkeit der Kreatur veranlaßt sei (1932:173f.). So sei die doppelte Indirektheit nicht als „zu behebender Übelstand“ zu verstehen, sondern als eine „Eigenschaft des Wortes Gottes selbst“ (174f.). Erfahrung vom Wort Gottes könne nur Anerkennung sein, die Gottes Wort in dieser doppelt indirekten Gestalt empfange (216).

Luther ordnet den Glauben nicht mehr einer metaphysischen Aufteilung von Erfahrbarem und Verborgenem zu, sondern verschiebt den Akzent auf den Glauben selbst: Gott verbirgt sein Heilshandeln um des Glaubens willen unter der Erfahrung seines Gegenteils. Der Glaube ist nicht die Bewältigung der Erfahrung, sondern ihr Zweck. Er tritt in ihr seinem Wesen nach hervor und wird so von ihr erschlossen. Luther fragt also nicht, ausgehend von der Erfahrung, was denn der Glaube im Vergleich mit ihr sei und wie er mit ihr zusammen bestehen könne oder wie er sich als ihr überlegen erweisen lasse. Sondern umgekehrt stellt er die Simultanität des Glaubens und der Erfahrung seines Gegenteils nur fest, um in ihr und ihrer Aporie ein Zeichen der unbegreiflichen Gnade und Allmacht Gottes zu erkennen. Das Ergebnis dieses Absatzes ist dasselbe wie das des vorhergehenden (vgl. § 14.1.8).

14.3 Hoffnung auf das Leben, das den Tod überwindet

Alles, was zur Unerfahrbarkeit und Verborgenheit des Glaubens gesagt wurde, gilt in gleicher Weise für die Hoffnung.

14.3.1 Das wird etwa an Luthers Frühzeit deutlich, in der er von den unerfahrbaren und verborgenen Dingen als von zu erhoffenden Dingen spricht.

a. Im *Sermo Die S. Andreae* (s. § 14.1.2) legt Luther Hebr 11,1 zugrunde und versteht deshalb die nicht erfahrbaren Dinge Gottes als zu erhoffende Dinge. Glaube und Hoffnung sind synonym. Sie wenden sich von den gegenwärtigen zeitlichen und sichtbaren Gütern ab, um sich nach den zukünftigen Gütern auszustrecken, wodurch das Herz sich von seinem Affekt irdischer Güter löst.

b. Etwa zeitgleich meint Luther in der *Vorlesung über den Römerbrief* zu Röm 6,8 (s. § 14.1.3.c): In „diesem Leben“ wird das Leben mit Christus nicht „erfahren“, sondern man „glaubt und hofft“ es. Das Geglaubte ist also, wie es im Scholion zu Röm 5,5 heißt (s. § 14.1.3.b), unerfahrbar im Sinne von „noch nicht erkennbar“. Sein Gegenteil erfahren bedeutet, „geprüft“ zu werden, um zu „hoffen“ und das noch nicht Erfahrbare für die Zukunft zu „ersehnen“. Im Scholion zu Röm 10,15 heißt es, das Heil sei „ohne Erfahrung, bis das zukünftige Leben kommt“ (s. § 14.2.1.a).

Während sie ‚dieses Leben‘ als Gegenteil ‚jenes zukünftigen Lebens‘ erfahren, richten sich Glaube und Hoffnung daran auf, einst jenes Leben zu erfahren und damit die Erfahrung dieses Lebens als des Gegenteils zu überwinden und zu ersetzen.

14.3.2 Die Hoffnung richtet sich mit dem zukünftigen Leben auf etwas zeitlich hernach Kommendes: das ewige Leben durch die Auferweckung vom Tod. Das wird an Jesus deutlich, der in der Erfahrung des Leidens Gehorsam gelernt hat (Hebr 5,8). Luther interpretiert 1530 auf der Coburg in der Exegese von Ps 16,7 (s. § 12.1.2.c) diesen Gehorsam als Glaube und Hoffnung: Jesus gehorcht Gottes Rat, „zu glauben und zu erwarten" und hofft deshalb, „ob ich gleich sterbe, er werde dennoch *in dextera* [zur Rechten] sein." Entscheidend ist nun Gottes Wort als Grundlage des Glaubens und der Hoffnung: Weil er sich auf Gott in seinem Wort verläßt, hofft er wider die Erfahrung des Todes, Gott werde ihn auf seine, unvorstellbare Weise retten — nicht vor dem Tod, sondern durch ihn hindurch. Um Gottes Wort willen will Jesus deshalb den Tod „ausharren" und Gottes Rettung „erwarten". Den Tod zu erfahren macht ihn zum „Gelehrten" im Wort Gottes. Denn die Erfahrung führt ihm das vor Augen, was Gott zu überwinden verheißt und damit, worauf sich die Hoffnung richtet. In der Erfahrung kommt die Hoffnung, die sich auf Gott verläßt, zur Geltung. Glaube und Hoffnung strecken sich nicht nach einem anderen Leben aus, sondern nach der Überwindung dieses vom Tod gezeichneten Lebens durch das aus dem Tod erweckte, neugeschaffene Leben. Insofern richtet sich die Hoffnung wie in den frühen Aussagen auf ‚etwas', auf eine ‚Erfahrung'. Aber unmißverständlicher ist Luther hier an Glaube und Hoffnung selbst interessiert. Nur wenn der Mensch glaubt und die Erfahrung des Gegenteils anerkennt, ist die Hoffnung nicht die sündhafte Begierde nach sinnlicher Erfahrung.

14.3.3 Die Hoffnung erlaubt, die Erfahrung des Gegenteils in Geduld durchzustehen. Das sagt Luther auch in der *Vorlesung über die Stufenpsalmen* (1532f.). Nach Ps 130 wird der Glaube in ‚diesem Leben' fortwährend angefochten und droht, zermürbt zu werden. Dem Psalm liegen „Erfahrungen" dieser Art zugrunde (s. § 10.4.3). In diesen Erfahrungen bezeugt der Heilige Geist, daß ‚bei dem Herrn die Vergebung' ist (V. 7), und ermahnt dadurch alle vom Gesetz geplagten Sünder, zu harren (V. 5) und zu hoffen (V. 7).

> „Wenn nicht das Gegenteil in unserem Herzen und Gefühl wäre, wäre der Heilige Geist ein müßiger Prediger. Aber weil Gefühl und Wirklichkeit sich gegenteilig verhalten, öffnet der Heilige Geist den Mund und sagt: Es ist nicht wahr ... Wenn es nicht bei Gottlosen geschieht, ist es nicht wunderbar und glauben sie nicht. Wenn du glaubst ..., dann füge die Hoffnung zum Glauben und harre, wenn in Sinn und Erfahrung das Gegenteil welcher Art auch immer kommt und Gott ein Feind zu sein scheint. Und laß fahren, daß du ... zerknirscht und getötet wirst. Harre! Glaube nicht der Erfahrung. Es gibt keinen Gedanken an Strafe, weil du glaubst" (WA 40/III,370,9–371,3 [Hs]).

Der Glaube verläßt sich auf die Predigt der Vergebung und nicht auf die Erfahrung. Denn diese ist kraft der Predigt „nicht wahr". Dem Glauben „ist" das Leben aus der Vergebung präsent, während er gleichzeitig Sünde und Tod erfährt. Die Hoffnung dagegen „harrt" in der Zeit der Erfahrung. Weil sie dem Glauben an das Wort folgt, ist sie die gewisse Erwartung, daß die Erfahrung überwunden wird und bezieht ihre Kraft nicht aus Vorstellungen davon, wann und wie Gott aus den Sünden erlöst, Vorstellungen, die analog zu bereits Erfahrenem gebildet würden. Ihr genügt die gewisse Erwartung, daß die Vergebung der Sünden auch als Ende der Sündenerfahrung zur Geltung kommen wird.

Glaube und Hoffnung sind die zwei aufeinander bezogenen Weisen, die Vergebung der Sünden und das Leben vor Gott in der Erfahrung des Todes wahrzunehmen. Sie richten sich auf das ewige Leben, das Leben in der Zeit Gottes, die des Menschen Zeit durchdringt, ohne wie sie gemessen zu werden. Dem Glauben ist das ewige Leben präsent, die Hoffnung wartet noch auf es. Aber weil die Ewigkeit, die im Glauben gegenwärtg ist, zugleich erhofft wird, ist sie nicht so gegenwärtig wie zeitliche Sachverhalte; und weil das für die Zukunft erhoffte ewige Leben im Glauben schon da ist, ist seine Zukunft von derjenigen zeitlicher Sachverhalte unterschieden.

14.3.4 Wie für das Verhältnis von Glaube und Unerfahrbarkeit (s. § 14.1.8) bzw. Verborgenheit (s. § 14.2.4) läßt sich *zusammenfassend* auch für die Hoffnung feststellen: Statt das Heil im Vergleich zur Erfahrung als unerfahrbar zu bestimmen, spricht Luther mehr und mehr von dem Wort Gottes, mit dem Glaube und Hoffnung das Heil in der Erfahrung des Gegenteils bereits haben und mit Gewißheit erwarten. Mehr und mehr ist Luther an der Simultanität von Erfahrung und Wort interessiert, um Glaube und Hoffnung daran zu profilieren. Gerade durch die aporetische Spannung zwischen Erfahrung einerseits und Glaube und Hoffnung anderseits wird der Blick für Gottes unbegreifliches, „wunderbares" Handeln frei (*Vorlesung über die Stufenpsalmen*, s. § 14.3.3). Luther hält durch ein dialektisches Denken den Raum für das Kreuz Christi als das Sein der Welt offen. So verneint er die Erfahrung im Glauben, doch das, was verneint wird, ist zugleich Gegenstand des Heils. Es kommt außerhalb seiner selbst und seiner Verneinung noch einmal zur Sprache und zum Sein. Doch beides: die Erfahrung und das Heil im Gegensatz zu ihr, existieren ‚in diesem Leben' gleichzeitig. Die Erfahrungswirklichkeit ‚ist'. Dieses Ist wird durch Gottes Wort als ein ‚Ist nicht, sondern ist das Gegenteil' präzisiert. Das ist unbegreiflich und verweist den Glauben auf Gottes Sein und Handeln. Die

Welt ist heil, aber im Wort und Handeln Gottes. Primär ist nicht, dies in der Erfahrung nachzuvollziehen, sondern mit Gewißheit sich darauf zu verlassen und in dieser Gewißheit darauf zu hoffen, daß es sich in der Erfahrung durchsetzen wird.

14.4 Die Erfahrung des Gegenteils lehrt das Evangelium

Luther spitzt das Verhältnis von Erfahrung und Evangelium auf die Aussage zu, daß *allererst* die Erfahrung der Anfechtung das Evangelium lehrt. *Nur* durch sie wird jemand zum Theologen (vgl. § 11).

14.4.1 Das lassen bereits die *Operationes in Psalmos* von 1519–21 erkennen:

a. Nach den *Operationes* zu Ps 4,3 (s. § 13.2.5) ist die Erfahrung „notwendig“, um die „Worte Gottes zu verstehen“, um sie zu „leben“ und zu „fühlen“. Das Wort ist das „Wort vom Kreuz“ (108,11). Der Sünder kann es deshalb nur so verstehen, daß er es als Gericht erleidet. Aber weil das Wort im Kreuz Christi gründet, kann er sich zugleich mit dem Leiden im Glauben darauf verlassen, daß Gott so „Heil“ schafft (106,2.29.31) und in Wahrheit lebendig macht, heilt und verherrlicht (108,25f.). Weil er im Glauben an das Wort leidet, erkennt er, im Leiden „in Christus einverleibt zu werden“ und „an seinen Leiden teilzuhaben“ (108,18f.). In der Erfahrung richtet das Wort den Blick des Erfahrenden auf das Kreuz — und umgekehrt vom Kreuz her wieder auf die Erfahrung als Ereignis des Wortes vom Kreuz.

b. Auch in der Auslegung von Röm 4,15 gelegentlich der *Operationes* zu Ps 6,11 (s. § 10.2.3) liegt die paradoxe Pointierung vor, daß die Erfahrung des Gegenteils im Wort unterweist. Luther sagt summarisch: „Das Kreuz Christi ist die einzige Unterweisung in Gottes Worten“. Er meint damit: Gottes Wort kann erst in der Erfahrung, daß die Werkgerechtigkeit scheitert, zur Geltung kommen. Denn erst dann tritt es konkurrenzlos auf den Plan, und Gott kann dem bis dahin blinden Sünder sagen, daß er gerecht ist. So wird die Erfahrung der Ort, „die Barmherzigkeit Gottes zu suchen“. Auf diese Weise ist sie das Ereignis des „Kreuzes Christi“, der Gleichgestaltung des Sünders mit Christus: Der Sünder wird vernichtet und in den Affekt versetzt, außerhalb seiner im Wort die Barmherzigkeit zu suchen.

14.4.2 Was in der Erfahrung des Christen zum Ereignis wird, gilt zuerst für Christus selbst. Biblischer Haftpunkt dafür ist Hebr 5,8 (vgl. § 12.1.2). 1530 interpretiert Luther diesen Vers so, daß Gott Christus „zuerst“ zu glauben und zu erwarten lehrt, damit er den Glauben „darauf“ in der Erfahrung des Todes lernt (s. § 12.1.2.c). „Durch die Erfahrung“ des Gegenteils wird Christus zu einem „Gelehrten“. Damit ist zum einen das gemeint, was bereits zum Hoffnungsaspekt dieser Exegese gesagt worden ist (s. § 14.3.2): Die Erfahrung führt das vor Augen, was Gott zu überwinden verheißt und indirekt auch das, worauf sich die Hoffnung richtet: das Leben vor Gott. Zum andern lernt er in der Erfahrung, den Tod nicht aus den Kräften seines Fleisches „ausharren“ zu können, sondern nur durch Gottes Rat, „zu glauben und zu erwarten“, also im Sichverlassen auf Gottes zugesagtes Handeln. Die Erfahrung gibt diesem Rat indirekt recht: Sie zeigt, daß das Gegenteil nicht zum Ziel führt.

14.4.3 Diese Indirektheit ist auch in der *Vorlesung über die Stufenpsalmen* von 1532f. zu erkennen. Vom Kreuz Christi ist hier nicht ausdrücklich die Rede, aber von der Erfahrung des Todes, in der das Leben in Christus und der Glaube zur Geltung kommen:

a. Zu Ps 130,4 (s. § 9.2.4) sagt Luther: „Die Versöhnung tut es ganz und gar. Das weiß ich aus Erfahrung.“ Denn „ich kann ... mit der Wirklichkeit lehren, daß es kein Heil gibt, auch nicht durch alle Gesetzeswerke, als vielmehr Verzweiflung (was seltener ist) oder Vermessenheit (was verbreiteter ist).“

b. In diesem Sinn ist auch die Auslegung von Ps 121,2 zu verstehen:

> „Er ermahnt ... zum Verharren im Glauben. Und diese Ermahnung ist notwendig ... wegen der gegenwärtigen Gefahren und Verwirrungen, die uns traurig machen. Unsichtbar ist das, was uns tröstet. Daher: Solange das dauert, das uns gegenwärtig verwirrt, ist es nötig, immer mit dem Wort auf Beharrlichkeit und Geduld zu drängen. [Allein zu mahnen] tut es nicht, wenn nicht die Erfahrung der Lehre hinzugefügt wird. Der menschliche Blick ist kürzer, als daß wir das sähen, was Gott über uns sieht ... Er selbst, der das Ende unserer Anfechtung sieht, er spricht. Er ist zu hören und nicht wir, die wir nur ihren Anfang sehen“ (WA 40/III,59,4–15).

Die Erfahrung, nämlich „traurig“ und „verwirrt“ zu sein: sich Gottes nicht freuen und in seiner Gegenwart getrost sein zu können, diese Erfahrung ist notwendig, um die „Lehre“ zu lernen. Nur wenn gleichzeitig sein Gegenteil erfahren wird, kann das Wort gelehrt werden. Denn die Erfahrung läßt den Sünder, der in den Geschöpfen Trost sucht, scheitern und schafft so die Situation, daß das Wort rein hervortreten kann als Gottes Wort für mich, das auf Gottes Weise und in seiner Zeit wahr ist. Die Erfahrung gibt der Glaubenslehre indirekt recht, indem sie zeigt, daß der Mensch mit seinem Blick, der nicht der Blick Gottes ist, keinen Trost ausfindig machen kann.

Dagegen lehrt das Wort, daß Gott das Ende der Anfechtung sieht — und nicht der Mensch, der nur das Gegenwärtige sieht. Sich auf Gottes Blick zu verlassen, während der eigene scheitert, nicht mehr aus dem Sehen zu leben, sondern aus dem Gesehenwerden, setzt die „Beharrlichkeit und Geduld" des Glaubens in der Fortdauer der Anfechtung frei, weshalb Luther wechselweise die Lehre auf das „Wort Gottes" und die „Beharrlichkeit und Geduld" bezieht.

c. Im weiteren Kontext dieses Zitats sagt Luther vergleichbar:

> „Die Theologie ist eine unendliche Weisheit ... Heute bin ich froh, morgen kommt die Anfechtung, heute bin ich am Leben und gesund, morgen ist der Tod nahe ... ‚Nichts sehe ich, auch Gott nicht' etc. Das ist eine Lüge, ein Urteil des Fleisches und des Teufels. Wenn jemand hingegen glaubt, daß Gott und Christus leben und in seinem Blick Tod und Anfechtung nichts sind, ist der Verlust ... der Gunst und aller Dinge nichts. Denn was ist das alles im Vergleich zu Gott? Wenn einer diese Kunst versteht, müssen durch Erfahrungen und den Gebrauch dieser Dinge Theologen werden" (63,17–64,7 [Hs]).

„Erfahrungen" bezieht sich auf die „Anfechtung" durch den „Tod", mit denen sich der „Verlust der Gunst und aller Dinge" einstellt, so daß der Angefochtene klagt: „Ich sehe Gott nicht." Er erwartet, daß das, was er sieht, und Gott identisch sind. „Gebrauch dieser Dinge" bezieht sich auf den Glauben. Der Glaube hält sich nicht an den Blick des Menschen, sondern an den Gottes: Weil Christus lebt, sieht Gott in ihm Tod und Anfechtung als ein Nichts an. In der Anfechtung und der Krise, in die sie den Blick des Menschen treibt, wendet sich der Glaube vom Sehen mit menschlichen Augen zum Gesehenwerden mit Gottes Augen. Durch die Erfahrung lernt der Glaube, daß Menschen die Nichtigkeit von Tod und Anfechtung in Christus nicht sehen können, daß also der Glaube nicht im „Urteil des Fleisches" lebt, das auf Erfahrung fixiert ist, sondern aus dem Blick Gottes, der durch die Augen des gekreuzigten und auferstandenen Christus den Tod als überwundenen ansieht.

Ebeling (1985:29) meint, Luther bezeichne die Theologie als unendliche, nicht auszulernende Weisheit, „weil das Leben unerschöpflich" sei. Er sieht durch „Erfahrung" einen umfassenden Wirklichkeitsbezug angezeigt (vgl. § 6.1.2). Doch „Erfahrung" bedeutet hier nicht allgemein, im Leben zu stehen, Anforderungen gerecht werden und sich behaupten zu müssen. Luther geht es um unverhoffte, durch das Gesetz nicht nur gedeutete, sondern initiierte Widerfahrnisse in der Wirklichkeit.

Die Erfahrung der Anfechtung hindert den Sünder daran, sich gegen Gott zu verschließen, und führt ihn dahin, das Heil in Gestalt des Wortes Gottes zu erkennen. Wegen der Sünde also ist die Theologie unendlich — und damit zugleich wegen der Unbegreiflichkeit des Heils. Von ihm spricht die Theologie klar und unmißverständlich und kommt genau damit zu keinem Ende, weil ihr in der Anfechtung Gottes Heil unbegreiflich bleibt.

14.4.4 Auch in der *Enarratio Psalmi LI* von 1532 unterstreicht Luther die Bedeutung der Anfechtungserfahrung für das Evangelium. Er deutet den Auftritt Nathans vor David als Erfahrung des Gesetzes:

> „‚Du bist es, der es getan hat!‘ [2. Sam 12,7] David selbst hat das Urteil über sein Haupt verkündet. Da ist er erschreckt und tot vor Nathan. Er hat gesagt: ‚Ich habe gesündigt, bin zerknirscht und verwirrt. Ich habe durch Erfahrung gelernt.‘ Nathan: ‚Du wirst nicht sterben.‘ [2. Sam 12,13] ... Das ist die unbekannte Theologie, die die Erfahrung gelehrt hat. Sie tritt nicht in ein unerfahrenes Herz, sondern ist für die Armen, daß sie wissen, dann in der Gnade zu sein, wenn sie den Zorn am meisten fühlen“ (WA 40/II,463,1–3.8–11).

„Vor Nathan“ (der im Namen Gottes das Gesetz predigt) lernt David „aus Erfahrung“ die Sünde — und zugleich mit dieser Erfahrung die „unbekannte Theologie“. Erfahrung ist das von außen eindringende Ereignis, das dem Sünder ein Ende setzt und ihn zunichte macht. Nur als Erfahrung kommt Gottes Zorn zur Wirkung.[16] Ereignet sich diese Erfahrung, ist auch schon ein entscheidendes Merkmal des Evangeliums präsent: vor Gott nichts und allein das Werk seiner Gnade zu sein. In diesem Sinne lehrt die Erfahrung selbst die Theologie (des Evangeliums). Allerdings liegt die Theologie nicht in der Erfahrung beschlossen, sondern kommt von außen und gibt dem genannten Merkmal eine unverhoffte Wendung.

Für Müller ist dies eine Schlüsselstelle (s. 1929:102, Anm. 4; 170, Anm. 1; 172, Anm. 1; 193, Anm. 1), sofern hier die „Erfahrung“ im Sinne der „Entscheidung“ des Glaubens der „Kontingenz von Gottes Handeln“ zugeschrieben (102f.) und nicht methodisch erschlossen werde (172). Zum einen ist jedoch die Erfahrung der Sünde gemeint. Dadurch stehen zum andern Theologie und Erfahrung in einem anderen Verhältnis als Müller meint: Die Theologie kommt ausdrücklich als Lehre, nämlich als Zuspruch zur Geltung und muß nicht erst in eine Erfahrung überführt werden. Ihre Wahrheit ist eben nicht erfahrbare Wirklichkeit. (Vgl. § 14.6.2 die Anmerkungen zu Müllers Verhältnisbestimmung von Lehre und Erfahrung.)

[16] Zur Bedeutung des Erfahrungsbegriffs in der *Enarratio Psalmi LI* s. § 8.3.3.

14.4.5 Zu den *Zusammenfassungen* in §§ 14.1.8, 14.2.4 und 14.3.3 ist zu ergänzen, daß Luther die Erfahrung des Gegenteils und das Evangelium wechselseitig aufeinander bezieht. Das macht die Aussage, die Theologie werde „durch die Erfahrung gelernt“, deutlich. Erfahrung und Evangelium sind unaufhebbar zwei Wahrnehmungen meiner selbst und der Welt vor Gott. Doch diese Zweiheit muß als Merkmal des Evangeliums verstanden werden, als die Weise, wie es offenbar wird, und als Ausdruck dafür, daß es Gottes, nicht des Menschen Wort ist.

Dies ist bereits in den Aussagen deutlich geworden, nach denen die Erfahrung des Gegenteils den Glauben prüft und stärkt (s. § 11.4) und der Ort des Heiligen Geistes ist (s. § 11.5). Den Glauben fördert der Geist aber indirekt: indem ‚ich‘ in der Anfechtung erfahre, nichts gegen sie aufbieten zu können, und so dafür offen werde, daß das Evangelium von außen kommt und die Überwindung der Erfahrung verheißt. Die Erfahrung prüft und stärkt den Glauben also nicht aus sich heraus, sondern weil sie nur von außerhalb ihrer zu verstehen ist, weil kraft des Evangeliums ihr Wesen darin besteht, nicht aus sich heraus, sondern von außerhalb ihrer wahrgenommen zu werden. Anfechtung ist immer das auferlegte Kreuz Christi, dessen Gericht erkannt sein will als das getragene und überwundene Gericht. Ist ‚Anfechtung‘ ein anderes Wort für das Kreuz, dann gilt das natürlich auch für ‚Gesetz‘.

14.5 Die Entdeckung des Kreuzes Jesu Christi, „für uns“ geschehen

Die Erfahrung der Anfechtung bzw. des Gesetzes ist eine Entdeckungssituation. In ihr wird verständlich, was es heißt, daß Jesus Christus „für uns“ am Kreuz gestorben ist. Deshalb ist die Anfechtung nicht nur keine Gefährdung des Glaubens, sondern für ihn notwendig.

14.5.1 Nach den *Operationes* zu Ps 3,7f. (s. § 11.2.2) ist Christus „von den Toten auferstanden“, woran der Glaube in der Erfahrung der Anfechtung teilhat: „In Christus“ haben seine Erfahrungen des Zorns „keinen Platz mehr“, ist der aktuelle Kampf bereits entschieden. Darum muß er die Anfechtung „nicht fürchten“, sondern kann sie „verachten“. Tut er dies, dann ist er „durch die Erfahrung des Gegenteils … geprüft und gestärkt“, nämlich seinem Wesen als Glaube gemäß die Erfahrung nicht in sich, sondern außerhalb in Christus wahrzunehmen.

14.5.2 Vergleichbar heißt es in der *Vermahnung zum Sakrament* von 1530 [?] (s. § 11.4.3), der Glaube werde durch die (Erfahrung der) „anfechtung“

„geübt, erfaren und starck". Glauben heißt, „jnn Christo bleiben und feste werden" oder Gottes „gnade, hülff, wort und Sacrament" suchen und begehren.

14.5.3 Daß der Sünder sich nicht nach seiner Erfahrung beurteilen, sondern sich in Christus erkennen oder das Pronomen des Kreuzes Christi in der Erfahrung ergreifen soll, prägt die *Vorlesung über den Galaterbrief* von 1531.

a. In der Auslegung von Gal 1,4 (s. § 10.4.2) ermahnt Luther, in der Erfahrung der Anfechtung durch das Gesetz die „Definition Christi" zu ergreifen: Er ist „für uns" oder „für unsere Sünden ... überliefert" worden. In ihm ist die „Versöhnung" mit Gott bereits geschehen. Weil er der „Mittler" ist, soll der Angefochtene nicht auf sich, sondern auf Christus sehen, um vor Gott zu bestehen.

b. Ähnlich heißt es zu Gal 4,3:

> „Im ... theologischen Gebrauch zeigt das Gesetz die Sünde und meinen Tod. Aber es soll mein Gewissen bewegen, auf Christus zu schauen. Dafür bedarf es des Heiligen Geistes, daß er sagt, wo das Gesetz sein Amt versehen hat: Es ist der Wille [Gottes], daß du nicht nur durch das Gesetz getötet werdest, sondern daß du erkennest, ein Sohn des Todes zu sein. Dann wirst du ein Sohn des Lebens und der Gerechtigkeit sein ... Es ist etwas anderes, ob das Gesetz oder die Rechtfertigung erörtert wird. Sobald man in diesem Artikel ist, muß man über das Gesetz verächtlich reden, ... weil hier das Gewissen nichts ... wissen soll als jenen einen Christus. Daher ist das Gesetz ... zu mißachten. In der Erfahrung ist es äußerst schwer, es zu schaffen, daß ich sage: ‚Du hast eine schlechte Stimme'" (WA 40/I,556,4–557,8 [Hs]).

„Erfahren" wird, daß das Gesetz „meine Sünde", mich als „Sohn des Todes" mir zeigt. Der Sünder erfährt, ausweglos in der Sünde gefangen zu sein, ob er nun darüber verzweifelt oder sich vermißt, dennoch aus Werken gerecht werden zu wollen. Da aber das Gesetz gebietet, gerecht zu sein, soll diese Erfahrung das Gewissen bewegen, „auf Christus zu schauen". In diesem Schauen ist die Sünde tot und zugleich erkannt. Der theologische Gebrauch des Gesetzes ist dieser simultane Blick: auf die Sünde und deshalb auf Christus und umgekehrt. Der Sünder erfährt in diesem Blick sich selbst in seinem Gewissen als „Sohn des Todes"; und zugleich ist er, wenn er seinen Blick durch das Evangelium auch auf Christus lenken läßt,ein „Sohn des Lebens und der Gerechtigkeit". Da in Christus nur der Sünder gerecht ist, bedarf der Glaube der Erfahrung der Sünde. So bekräftigt der Blick auf Christus die Erfahrung der Sünde. Die Sünde zu erfahren und im Glauben gerecht zu sein, ist nur „zugleich“ möglich. Das kommt andernorts auch als Verhältnis von Glaube und „Anfechtung“ oder „Leiden“ zur Sprache. Dort und hier markiert „Geist“ diese Simultanität.[17]

c. Dieses Zugleich ist darin begründet, daß der Sünder im Kreuz von sich selbst wegsieht, um sich außerhalb seiner in Christus wiederzuerkennen:

> „Unsere Theologie ist gewiß, weil sie uns außerhalb unserer selbst versetzt: Ich muß mich nicht auf mein Gewissen, meine fühlbare Person und das Werk stützen, sondern auf Gottes Verheißung“ (589,8f.).

14.5.4 In der *Vorlesung über die Stufenpsalmen* zu Ps 130,4[18] akzentuiert Luther ebenfalls, in der Erfahrung der Sünde sei zu lernen, daß Gott sie vergeben habe:

> „Das ist zu lernen, daß wir in der Anfechtung sagen: ‚Ich bin berufen und getauft; wenn ich sündige, soll das vergehen‘ ... Hernach glaube ich, daß bei dem Herrn nichts als Vergebung sei ... Wenn auch das Gegenteil in der Wahrnehmung, in der Erfahrung, Tatsächlichkeit und Wirklichkeit erscheint: so mache ich mir keine Sorgen darüber, daß ich sterbe, verwirrt und zu Nichts werde etc. ... Ich folge nicht der Wahrnehmung [*sensus*] und der Wirklichkeit [*res*], sondern dem Wort: Denen, die Gott glauben, ist er gnädig, barmherzig, wohlwollend, freundlich, heiter“ (WA 40/III,372,5–13).

Obwohl der Glaube die Sünde erfährt, ist er zugleich wegen der Vergebung sündlos. Erfahrung der Sünde und Versöhntsein im Glauben sind gleichzeitig und bedürfen zu ihrer Erkenntnis einander. Die „Versöhnung ... zeigt mir, daß ich Sünder bin“. Es gibt Versöhnung, „weil da die Sünde ist. Und deshalb bekenne ich gerne ..., daß ich Sünder bin“ (351,7.9–11). Weil die Versöhnung auf das Sündenbekenntnis dringt, ist dieses von dem Sieg über die Sünde geprägt. Der Glaubende bekennt „gerne“, da ja das Bekenntnis die

[17] Vergleiche zum Verhältnis

a. von Geist und Erfahrung der Sünde die *Dictata* zu Ps 116,11 (s. § 8.4.2), die *Enarratio* von Ps 51,5 (s. § 8.3.3), § 9.1;

b. von Geist und Erfahrung des Zorns bzw. der Anfechtung die *Operationes* zu Ps 22,3 (s. § 10.1.1.a) und zu Ps 6,11 (s. § 10.2.3), die *Vorlesung über die Stufenpsalmen* zu Ps 130,1 (s. § 10.4.3), die *Enarratio* von Ps 90,7 (s. § 10.4.4);

c. von Geist und Kreuz: neben den unter b. genannten Zitaten die *Operationes* zu Ps 4,3 (s. § 13.2.5).

[18] Siehe auch §§ 11.2.2 und 14.4.2.

Versöhnung hervortreten läßt. Wie schon zur *Vorlesung über den Galaterbrief* (s. § 14.5.3.b) bemerkt, ist dieses Zugleich die Eigenart der Versöhnung und Nichtigkeit der Sünde, die auf Gottes und nicht des Menschen Weise real ist.

14.6 Die Entdeckung des Wortes als unser Sein in Christus

In den Aussagen von § 14.5 wird dasselbe verhandelt wie in denen von § 14.4: Das Evangelium zu entdecken und zu verstehen ist dasselbe, wie auf den für uns gekreuzigten Christus zu blicken. Nun soll anhand ausgewählter Aussagen akzentuiert werden: In Christus gerecht und von Gott mit Gott versöhnt zu *sein*, kommt so zur Geltung, daß Gott es in seinem Wort sagt und der Glaube dies nachspricht.

14.6.1 So heißt es in der *Vorlesung über die Stufenpsalmen* zu Ps 130,4 (s. § 14.5.4), daß Gott in seinem „Wort" die Vergebung der Sünde zusagt. Diese ist an das Wort gebunden und nur in der Gestalt des Wortes wirklich. So klar, gegenwärtig und verfügbar das Wort ist, so bedingungslos gültig ist die Gnade Gottes. Deshalb ist mit dem Wort die Sünde auch wirklich vergeben: Nicht mehr die Erfahrung ist wirklich, sie ist vielmehr kraft des Wortes unwirklich. Der Glaube „folgt" dem Wort, er „sagt" es — und widerspricht damit der Erfahrung. Vergleichbar führt Luther zu Vers 7 aus, daß der Heilige Geist in der Erfahrung des Gesetzes den Mund öffnet und sagt: „Es ist nicht wahr" (s. § 14.3.3). Nach der Auslegung zu Ps 121,2 (s. § 14.4.3.b) spricht Gott in seinem Wort vom Ende der Anfechtung, das nur er sieht. Weil er dies zusagt, weil er durch das Wort das Ende der Anfechtung bereits jetzt zugänglich macht, ist der Glaube auch jetzt schon getröstet und verharrt geduldig in der Anfechtung. Wie zu Ps 130,4 wird hier erkennbar, daß das Wort in der Anfechtung eröffnet, aus der Gewißheit zu leben, daß die Anfechtung überwunden ist. Beide Male ist aber konstitutiv, daß der Glaube die Überwindung von Sünde und Tod allein Gottes Sache sein läßt und sich deshalb ohne Abstriche allein an sein Wort hält.

14.6.2 Derselbe Zusammenhang prägt die *Vorlesung über den Galaterbrief* zu Gal 1,4 (s. §§ 10.4.2 und 14.5.3.a). Jesus Christus in seinem Sein „für uns" zu entdecken und sich auf ihn zu verlassen geschieht nämlich darin, die „Definition Christi" zu ergreifen. Eine Definition ist bedingungslos gültig und sie ist ein sprachliches Gebilde. Dem Angefochtenen ist also ein Wort gegeben, das bedingungslos gilt: Gottes „Wort". Weil es bedingungslos ist, braucht er es bloß zu „ergreifen" und in seine „Erwägung" einzubeziehen (wie es in der Einleitung heißt, s. § 10.4.1). Er muß ihm nur „folgen“, wie Luther zu Ps 130,4 (s. § 14.6.1) meint, und es einfach „sagen“, ohne sich durch die fortbestehende Erfahrung seiner Sünde davon abbringen zu lassen.

Die heilsame Funktion des äußeren Wortes kommt in Müllers Interpretation der *Vorlesung über den Galaterbrief* nicht zum Tragen, wenn er meint (1929:106), der „Riß zwischen Lehre und Leben“ schließe sich durch eine kontingente Erfahrung, die im Gegensatz zur Lehre stehe. Doch daraus, daß es leicht zu sagen, aber in der Erfahrung nicht festzuhalten sei, wie sich Gesetz und Evangelium unterscheiden,[19] folgert Luther nicht, die Erfahrung mache die Lehre zunichte. Es geht auch trotz und in der Erfahrung um den „hörenden Glauben“. Die „Stimme“ des Evangeliums soll in das Herz dringen (s. § 9.1.5). Entsprechend ermahnt Luther die Doktoren, die *Lehre* (im Lehrsaal) „sorgfältig“ zu lernen, um sie in der Anfechtung, wo sie wirklich schwierig wird, zu „üben“ (s. § 10.4.1). Damit vergleichbar ist nun die Mahnung, die Definition Christi zu ergreifen (und nicht etwa als unbrauchbar hinter sich zu lassen). Statt dessen kann die Paränese auch dazu aufrufen, „auf Christus zu schauen“ und nur ihn zu „wissen“ (s. § 14.5.3.b). Der Parallelismus unterstreicht, daß Christus nicht ohne das Wort und das Wort nicht ohne Christus wirklich ist.

Müller verfehlt mit Luthers Wortverständnis auch dessen Erfahrungsbegriff. Die Lehre ist für Luther keine Spekulation, sondern Gottes Wort, das so formuliert ist, daß es in der Erfahrung der Sünde als Rettung bereitsteht. Es ist eine „Definition“: Christus, für dich gegeben. Weil Müller dies übersieht, bleibt undeutlich, worin die Erfahrung der „Glaubensentscheidung“ besteht und was ihr Grund gibt, wenn nicht das Wort. Müller ist recht zu geben, daß sich die Wahrheit der Lehre nur in der Erfahrung ihres Gegenteils erschließt. Jedoch nicht, weil alle Lehre abstrakt ist gegenüber dem konkreten Leben, sondern weil in der Erfahrung des Gegenteils die Erkenntnis des Wortes Gottes in seiner Analogielosigkeit — es ist in der Erfahrung seines Gegenteils wahr — ihren Platz hat.

Die Gerechtigkeit vor Gott soll also nicht nur nicht durch „Werke“ hergestellt, sondern auch nicht an sich selbst, an „meinem Gewissen und der fühlbaren Person“, passiv festgestellt werden (WA 40/I,589, s. § 14.5.3.c). Der Mensch soll vielmehr im Glauben etwas in sein Urteil aufnehmen, auf das er kraft seiner Erfahrung nicht käme, das ihm vielmehr „verheißen“ ist und beansprucht, an die Stelle seines Erfahrungsurteils zu treten. Kein Werk, keine Erfahrung kann und muß das Wort verifizieren. Mit ihm hat

[19] Müller nennt dafür auf Seite 38 WA 40/I,345 (s. § 9.1.5), auf Seite 107 WA 40/I,49 (s. § 10.4.1) und auf Seite 40 WA 40/I,557 (s. § 14.5.3.b). Vgl. auch WA 40/I,91 (s. § 10.4.2).

der Glaube bereits die neue Wirklichkeit. Sie ist allein Gottes Werk. Der Glaube überwindet die alte Wirklichkeit und hält zugleich ihre Erfahrung aus. So wird in der Erfahrung des Gegenteils entdeckt, daß das neue Leben im Wort da ist, um das alte Leben zu gestalten.

14.6.3 Die Entdeckung, im Wort vom Kreuz neu zu sein, ist die Erkenntnis, zugleich dennoch Sünder zu sein. Das Wort beendet nicht die Erfahrung von Sünde, Zorn und Anfechtung, im Gegenteil. Wie das wahr sein kann, können weder Vernunft noch Erfahrung verifizieren. Sie müssen es als Aporie stehenlassen, und der Glaube stößt in dieser aporetischen Simultanität auf etwas „Unglaubliches", auf ein „Wunder", wie Luther in der *Vorlesung über die Stufenpsalmen* zu Ps 125,3 sagt (s. § 11.2.3). Gottes Handeln ist unverrechenbar und unbegreiflich, zum einen, weil seine Gnade ungeschuldet ist; und zum andern, weil weder Erfahrung noch vernünftige Spekulation sie verifizieren können. Die Erfahrung des Gegenteils hat den Sinn, das Evangelium als dieses Wunder erkennbar zu machen.

V Erfahrung des Evangeliums

§ 15 Erfahrung des Glaubens

Das Evangelium erfahren heißt, die Gleichgestaltung mit dem Wort erfahren. Ist diese Erfahrung in derjenigen der Anfechtung verortet, wird darzustellen sein, welche Gestalt die Anfechtungserfahrung derjenigen des Evangeliums gibt und wie diese auf jene zurückwirkt. Das wird Thema der Abschnitte danach sein: Die Erfahrung der Gleichgestaltung konkretisiert sich in derjenigen der Anfechtung als Erfahrung der Kraft, des Trostes, der Gewißheit usw.

15.1 Erfahrung der Gleichgestaltung mit dem Wort

15.1.1 In den *Dictata super Psalterium* von 1513–16 meint Luther am Ende des Scholions zu Ps 76 (77):

> „[Gott tut seine Wunder] nur an dem, den er vorher erniedrigt ... und in die Reue versetzt ... Willst du ein Beispiel für diese Auslegung, dann nimm die Bekehrung des Heiligen Augustin, Confessiones, 8. Kapitel ... Sieh dort, wie verwirrt er ist und nicht geredet hat und wie er die göttlichen Gedanken und Räte, das Heil der Menschen betreffend, gedacht und meditiert hat ... Wer diese Reue und Meditation nicht erfahren hat, kann durch keine Worte in diesem Psalm belehrt werden ... Keiner nämlich spricht angemessen und hört etwas von der Schrift, wenn ihr das Gemüt [*affectus*] nicht gleichgestaltet ist, so daß er innen fühlt, was er außen hört und sagt, und spricht: ‚Eia, wahrhaftig so ist es'" (WA 3,549,20–35).

In Ps 76 (77) sind nach Luthers Auslegung die Verse 1–10 Ausdruck der Reue und die Verse 11ff. Ausdruck der Meditation (540,34f.) der Werke Gottes (542,17ff.).[1] Die Reihenfolge von Reue und Meditation zeigt, daß nur der reuige Sünder fruchtbringend meditieren kann. Wenn auch die Meditation eine Praxis ist, in der Luther als Mönch unterwiesen worden und aus der seine Vorlesung erwachsen ist (s. dazu Nicol 1984:21–43.44–51.102–114), so muß sie doch „erfahren" werden: Während einer das meditiert, was er „außen" in der Schrift hört, ereignet sich „innen" das Wunder, daß

[1] Auf die traditionelle Prägung der Bußpraxis und -theologie in diesem frühen Zeugnis ist hier nicht näher einzugehen. Siehe dazu Schwarz (1968:275–288) und Nicol (1984:109–112).

er, der Sünder, aus Gnade (541,1) affektiv dem Wort gleichgestaltet wird. Dieser Affekt ist der „Glaube Christi", der Sünde, Tod und Teufel besiegt (543,18–30): Das Herz ist vom fleischlichen Affekt sichtbarer Dinge abgewendet (527,17) und ganz auf Gottes Gedanken und Pläne ausgerichtet, im Sünder aus Gnade sein Werk zu tun. Dies umfaßt auch das Tun des Willens Gottes (541,20ff.). In der Gleichgestaltung des Affekts mit der Schrift, in der Zustimmung zu ihr: „Eia, wahrhaftig so ist es", ist der Meditierende Gott selbst „gleichgestaltet und mit ihm vereinigt" (527,7f.).

Auf diesen Affekt, der der Reue wie auch der Schriftmeditation bedarf, bezieht sich ‚Erfahrung'. Sie umfaßt, daß ‚ich' persönlich unvertretbar etwas begegne und erfasse, als auch das unverrechenbare Widerfahrnis, in dem ich von dem Begegnenden erfaßt werde. Damit hängen die Passivformen zusammen, die Gottes Handeln hervorheben. Die Schrift in Reue und Meditation zu verstehen, ist nicht methodisch erreichbar — Luther reproduziert nicht die Anweisungen mystischer und monastischer Theologen, wie diese Erfahrung stufenweise zu erreichen sei, wie sich also der Meditierende Christus affektiv gleichzeitig machen könne (vgl. Metzger 1964:60–64; zur Mühlen 1977:607,43ff.).

Karl Holl deutet *experiri* und *sentiri* als *intus audire* in Abgrenzung zu einem bloßen *foris audire*. Es komme im Verstehen der Schrift darauf an, die „Gemütsbewegungen und die Herzenszustände, um die es sich in den Psalmen handelt, aus eigener Erfahrung" zu kennen ($^{2.3}$1923:547). Diese Zustände seien das Ergebnis einer „inneren Umwandlung", die Gott durch das „Mittel" der Schrift herbeiführe (548). Doch für Luther ist der Psalm kein Mittel, das unerheblich wird, sobald es seinen Zweck erfüllt hat. Daß Gottes Werk durch sein Wort geschieht, bedeutet doch, daß sein Wort dieses Werk ist. Holls Deutung hat einen Anhalt an dem augustinischen Schema von äußerem und innerem Wort, das hier einwirkt. Luther ist daran gelegen, ein inneres Verstehen von einem bloß äußerlichen Hören der Schrift zu unterscheiden. Zugleich aber wird das äußere Wort im inneren Verstehen nicht abgestreift, sofern der Affekt die Schrift selbst zum Gegenstand hat. Der zu erfahrende Affekt ist der Schrift zugetan: In ihm nimmt das Herz die Worte des Psalms auf, um Gott für das Wunder der Gnade zu „loben" (549,3). Gott gleichgestaltet und mit ihm vereinigt zu sein ist also die Erfahrung, durch das Wort Gottes Gott zu haben — und das Lob, zu dem Gott den Sünder vor sich stellt.

15.1.2 Ebenfalls aus den *Dictata* stammt folgende Auslegung von Ps 1,2f., in der Luther den Zusammenhang von Schriftmeditation und Erfahrung erläutert:

> „Denen, die über das Gesetz meditieren [Ps 1,2] sprudelt der Fels der Schrift selbst ... ‚Wasserströme' [V. 3] des Wissens und der Weisheit, darüber hinaus der Gnade und Süßigkeit hervor ... Der Erfahrene weiß, daß der, der über das Gesetz meditiert, kurz und plötzlich Vieles gelehrt wird und dies [ihn] wie eine Sintflut an Einsichten ‚im Rauschen der Wasserfälle' [des Gesetzes] überschwemmen kann, so daß es wahrhaftig ein Strom ist, wo das menschliche Studium kaum ein Kriechen und Hinken zu diesem Reichtum an Wahrheit ist. Daher soll sich, wer ... wie durch Wasserströme des Wissens überschwemmt werden will, der Meditation über das Gesetz des Herrn Tag und Nacht widmen. Er wird durch Erfahrung belehrt werden, daß der Prophet in diesem Vers wahr geredet hat."[2]

„Erfahrung" bezeichnet die Belehrung durch die Schrift, die Erkenntnis ihrer „Wahrheit". Diese ist nicht allein „Wissen", sondern auch „Süßigkeit". Sie nimmt *intellectus* und *affectus* für sich in Beschlag und damit den ganzen Menschen (vgl. Metzger 1964:69–80; zur Mühlen 1977:606f.). Doch reicht es nicht, wenn Nicol ausführt, Luther meine mit Erfahrung „Durchbrüche im Sinn eines existentiellen Verstehens der Heiligen Schrift" (1984:91, vgl. 49.85). Damit liegt der Akzent einseitig auf dem ‚Ich erfahre'. Gleichzeitig entscheidend ist, daß sich die Erfahrung als kontingentes Widerfahrnis einstellt und Gott in ihr handelt, was sich in ihrer den Bibelleser wandelnden Bewegung zeigt: Seine eigene Bemühung um Erkenntnis, sein meditierendes „Studieren" wird nichtig und ist nun kaum noch ein „Kriechen und Hinken". Denn die Erkenntnis kommt über ihn als eine „Strömung", die außerhalb seiner entspringt und ihn „überschwemmt". Dieselbe Bewegung vollzieht sich in der Erfahrung nach den *Dictata* zu Ps 76 (77): Augustin verstummt und wird erniedrigt. Seine eigene Nichtigkeit vor Gott wird ausgefüllt durch das Wort und Lob Gottes.

Anstatt zu sagen, daß der Affekt der Schrift gleichgestaltet werde, gebraucht Luther nun Passivformen, um zum Ausdruck zu bringen, daß der Meditierende von der Wahrheit überwältigt wird. Die Passivität wird dadurch unterstrichen, daß sich diese Erfahrung „kurz und plötzlich", also kontingent einstellt. Sie nötigt zu neuer Meditation in der Erwartung neuer Erfahrung, die sich wieder als unabhängig gegenüber der Meditationsbemühung erweisen wird. Wie im Scholion zu Ps 76 (77) ist die Erfahrung eigentümlich schwebend: Sie ist zwar ‚meine'. Sie ist Affekt.Aber weil sie

[2] WA 3,21,28–30; 22,4–10. Zur Interpretation des Zusammenhangs von *meditari* und *experiri* an dieser Stelle vgl. Nicol 1984:48f.83–88.

die Vernichtung des Sünders in der Reue voraussetzt, kann ‚ich' sie nur als Geschehen von außen aussagen.

15.1.3 In der *Auslegung des 109. (110.) Psalms* von 1518 interpretiert Luther die „rut seiner krafft" (V. 2) als das „wort gotes" bzw. die „regierende gewalt" (WA 1,694,24.42), die es über die Welt der Sünde hat. Das Wort ist Christus gegeben und macht ihn zum Herrn der Welt (695,1–7). Luther betont aber, daß weder das Wort noch seine Gewalt von Christus ausgehen, sondern vom Vater, der das Wort und den Geist aussendet (695,19–25). Auf die Frage, woran denn erkennbar sei, daß man mit Gottes Wort zu tun habe (und nicht Menschenweisheit), verweist Luther auf die Erfahrung, von der Predigt der Schrift getroffen zu werden:

> „Fragstu aber: wenn und wie sendet dann got sein wort auß? Sprich ich: ... wenn got ainen menschen durch ordenlich weiß der Christenhait setzt zum ampt des worts, und er erleucht ist mit dem gaist der geschrifft. Wenn erkenn ich das? Sag ich: Frag dein erfarung umb. Wenn das wort schneidt und trifft und das hertz erwecket, so ist es von got außgesandt. Es trifft aber nit alle, es verletzt auch nit alle, wen es trifft, den trifts. Des treffens aber und das es ... von got kommen sey, ist das ain gewiß zaichen, so die menschen anheben mit ernst darnach zu leben, und ye meer und meer begeren desselben zu hörn" (WA 1,695,30–38).

Wie in der ersten Psalmenvorlesung ist mit „Erfahrung" gemeint, vom Wort Gottes erfaßt und auf es ausgerichtet zu werden. Sie tritt nun im Rahmen der Predigt und nicht der Meditation ein. Der passive Sinn von Erfahrung kommt einmal durch die Kontingenz zum Ausdruck: „wen es trifft, den trifts", zum andern dadurch, daß sie die „Erweckung des Herzens" ist. Der Vorgang der Erweckung wird dadurch erläutert, daß das Wort „schneidt und trifft" und „verletzt". Es „richtet" die Sünde (694,22–30) und versetzt das Herz des Sünders in den Affekt des Schmerzes über seine Sünde. Zugleich damit bringt es ihn dahin, nichts als das Wort Gottes zu „begeren". Wie in den *Dictata* zu Ps 76,12 ist das Wort eine Einheit, und in Korrespondenz dazu umfaßt die Erfahrung eine komplexe Bewegung: sowohl den Schmerz über die Sünde als auch die neuen Affekte im Glauben. Der Sünder will, „erleucht ... mit dem gaist der geschrifft", von ganzem Herzen, daß das eigene „leben" dem Wort entspricht. Doch weil er Sünder ist, weil das Wort und das Leben nicht zur Deckung kommen und es bei dem „Anheben" des neuen Lebens bleibt, trachtet er danach, mehr und mehr davon zu „hören". Diese fortwährende Bewegung des Herzens bedeutet ein Doppeltes: Das Wort bleibt extern, und das Herz ist so von ihm erweckt, daß es seine

Externität anerkennt, indem es sich fortwährend zu ihm hinwendet im Tun und Hören. Das Herz lebt außerhalb seiner Sünde im Wort.

15.1.4 Auch in den *Operationes* zu Ps 4,3 (s. § 13.2.5) bedeutet Erfahrung das „Verstehen" der „Worte Gottes", die letztlich das „Wort vom Kreuz" sind (WA 5,108,11). Dieses Wort durch Erfahrung zu verstehen bedeutet nicht, es zu „wissen", sondern zu „leben" und zu „fühlen", ein Vorgang, in dem ich „Christus durch den Glauben eingeleibt" werde und „an seinen Leiden Anteil" habe (108,18f.). Dies geschieht zum einen in dem Sinn als Erfahrung, daß es ein widerfahrendes Ereignis ist, das nicht immer gegeben ist: die „Zeit der Passion und Widrigkeit"; und zum andern in dem Sinn, daß die Affekte der Sünde, das „Vertrauen auf Dinge", aufhören, zugleich aber an seine Stelle das neue Streben und Wollen des Glaubens tritt: Er verläßt sich auf Christus in seinem Wort, er „liebt" das Wort als das „Beständige" und „sucht" dem Intellekt nach nur es als „Wahrheit". Dieser neue Affekt bewährt sich in der Bereitschaft, die Widrigkeit gegen den sündigen Sinn zu erleiden.

Erfahrung im Horizont des Wortes vom Kreuz bedeutet also, daß ‚ich' in eine zweifach ausgerichtete Bewegung versetzt werde, in der eine nicht ohne die andere zu verstehen ist: Der Sünder ist „in die Ekstase des Leidens versetzt", er läßt gegen seinen sündigen Willen Gottes Gericht geschehen, und er „lebt allein aus Glauben an Gott", nicht mehr aus sich und im Vertrauen auf Dinge, sondern im Vertrauen auf Gott, der im Gericht den Sünder in Christus eingliedert und ihn so vor sich bestehen läßt.

15.1.5 Vergleichbar bedeutet in den *Operationes* zu Ps 6,11 (s. § 10.2.3) „Erfahrung" die „Einsicht" in das „Wort Gottes". Gemeint ist der „Affekt" des Gewissens, über die Sünde „verwirrt" zu sein und die „Barmherzigkeit" zu „suchen". Der eine Affekt des Gewissens ist also die Bewegung zweier aufeinanderfolgender Affekte. In ihr wird die Person vor Gott von Grund auf erfaßt von der Erkenntnis, Sünder zu sein und als solcher außerhalb seiner in Gottes Barmherzigkeit zu existieren.

Als diese Erfahrung ist das „Kreuz Christi" präsent. Es geschieht ‚für mich', wo mich das Wort in die Erfahrung dieser doppelten Affektbewegung versetzt. Mit dieser Erfahrung prägt mir das Wort vom Kreuz das Leben und Sterben Christi auf.

15.1.6 In den *Operationes* zu Ps 16,9 spricht Luther an der Stelle dieses Affekts von der ekstatischen Erfahrung des Lobes Gottes:

> „‚Mein Ruhm' ist dasselbe wie ‚mein Lied' oder ‚meine Stimme', mit der er sich rühmt und [Gott] verherrlicht. Deshalb dürfen wir ... nicht meinen,

> Christus habe seinen guten Ruf seinen Ruhm genannt, sondern vielmehr die Tätigkeit, mit der er sich in Gott rühmt, vielmehr rühmend und freudig Gott verherrlicht ... Daher sind dies Worte ausbrechender Freude und überströmenden Gefühls [*affectus*], was wiederum die Erfahrung lehrt, nicht die Zunge oder die Schreibfeder." (WA 5,461,18–25).

‚Wiederum' sagt Luther, weil er zuvor zu Vers 8 gesagt hat: Wie sehr der Glaube vom Bösen weg- und zum Guten hinbewege, glaube man nur, wenn man es erfahren habe (s.u. § 17.1.2), und zu Vers 7, er spreche von einer Anfechtung, die allein durch Erfahrung zu erkennen sei (s. § 12.1.2.a). Aus dieser Sequenz folgt: Nur wenn ich die Anfechtung erfahre, kann ich auch das Lob erfahren.

Dem von Gott wegstrebenden Eigenwillen — der „begehrenden Kraft, die das Traurige haßt und das Vergnügen und die Ruhe liebt" (458,25f., s. § 12.1.2.a) — widerfährt Gottes Zorn. Christus aber verharrt, während er den Tod erfährt, nicht in seinem Begehren gegen Gottes Willen, sondern hofft auf Gottes „Barmherzigkeit, die umsonst verheißen ist und von den Unwürdigen angerufen werden soll" (459,20f.). Luther legt den Glauben oder das Vertrauen (459,30–461,5) nun als eine Wendung des Herzens im Affekt nach außen dar: Aus dem Glauben folgt die Freude (460,37f.), aus dieser wiederum das Lob (461,6). Christus sucht im Lob nicht seinen eigenen Ruhm, ja er rühmt sich nicht einmal in Gott. Er wird in das Lob entäußert, er ist in ihm außer sich und hat selbstvergessen Freude allein an Gott: „Freude" und „Gefühl" „brechen aus" und „strömen über". Sie artikulieren sich in den Worten des Psalms, der seinen Grund in der Verheißung Gottes hat und sie in der Weise des Lobes nachspricht.

So steht die Erfahrung dafür, daß Gott den Sünder aus sich heraus in die Hoffnung auf seine Verheißung versetzt. Zunge und Schreibfeder sind der Versuch des Sünders, an der Erfahrung, der von Gott her erlittenen eigenen Umkehr, vorbei das Wort zu verstehen.

15.1.7 In *Das Magnificat verdeutscht und ausgelegt* von 1521 lassen sich die Merkmale der Erfahrung, affektiv dem Wort Gottes gleichgestaltet zu werden, klar erkennen.

a. Luther schreibt in der Vorrede:

> „Dieszen heiligen lobesang ordenlich zuvorstehen ist zu merckenn, das die hochgelobte junckfraw Maria ausz eygner erfarung redet, darynnen sie durch den heyligen geist ist erleucht unnd geleret worden. Denn es mag niemant got noch gottes wort recht vorstehen, er habs denn on mittel von dem heyligen geyst. Niemant kansz aber von dem heiligenn geist habenn, er erfaresz,

> vorsuchs und empfinds denn, unnd yn der selben erfarung leret der heylig geyst alsz ynn seiner eygenen schule“ (WA 7,546,21–28).

„Erleuchtung durch den Heiligen Geist“ und „eigene Erfahrung“ sind zwei Ausdrücke für das eine Ereignis, Gottes Wort zu verstehen (vgl. die *Auslegung des 109. Psalms*, s. § 15.1.3). Der erste kann nicht auf den zweiten zurückgeführt werden, sondern muß zugleich mit ihm zur Sprache kommen.

Das lassen eine Reihe von Interpreten vermissen: Einseitig ist Holls Meinung, es gehe darum, daß man „in sich selbst die Stimmungen“ wieder erlebe, „von denen die Frommen, die in der Schrift reden, bewegt waren“ ([2.3]1923:556). Ähnlich psychologisch orientiert ist von Loewenichs Deutung, Luther betone mit der Erfahrung, daß der ganze Mensch in Mitleidenschaft gezogen und der Glaube nicht nur Sache des Verstandes sei ([4]1954:119f.). Vergleichbar interpretiert Prenter (1954:68) die Erfahrung des Geistes aus dem Kontrast von Erfahrung und Illusion. Er schließt aus der Fortsetzung des Zitats — „... auszer wilcher [erfarung] wirt nichts geleret, denn nur schein wort unnd geschwetz“ (546,28f.) —: „Daß der Glaube Erfahrung ist, bedeutet, daß er es mit der Wirklichkeit zu tun hat, nicht mit bloßen Gedanken, Wörtern oder Bildern. Die Anfechtung anderseits ist die Prüfung, die darüber entscheidet, ob der Glaube und sein Objekt ... Wirklichkeit war. Was durch die Feuerprobe der Anfechtung hindurch bestehen bleibt, ist als Wirklichkeit erwiesen, ist *erfahren*.“

In diesen Interpretationen bleibt unbeachtet, daß die Erfahrung notwendig ist, weil der Mensch in der Sünde lebt und nicht schon auf das Wort hört oder von sich aus dahin kommen kann. Es muß ihm widerfahren. Weiterhin fehlt eine Reflexion darauf (sie ist auch mit diesen Bemerkungen noch nicht gegeben), welche Gestalt die Erfahrung mit dem Wirken des Geistes annimmt, ohne welche Reflexion umgekehrt der Sinn des Erfahrungsbegriffes nicht bestimmt werden kann.

Zu Recht weist Althaus (1962:62) für die Erfahrung des Glaubens darauf hin, daß der Mensch in ihr „nicht von seinem Glauben reden“ wolle, sondern „die Wahrheitsgewalt des Wortes bezeugen, von der er nicht loskommt“, und hebt damit hervor, daß in der Erfahrung sich der Blick gerade nicht auf das richtet, was in mir empirisch wird, sondern auf das Wort.

b. Eine erste Erläuterung erfährt diese Aussage wenige Absätze später:

> „Es mag yhe niemant got loben, er hab ihn dann zuvor lieb, szo mag yhn niemant lieben, er sey ym dann ... bekant. Szo mag er nit alszo bekant werden denn durch seine werck ynn unsz erzeygt, gefuelet unnd erfaren: wo aber erfarenn wirt, wie er ein solcher got ist, der ynn die tieffe sihett, und nur hilfft den ... die gar nichts seint, da wirt er szo hertzlich lieb, da geht das hertz uber fur freudenn, hupfft und springet fur grossem wolgefallen,

> den es ynn got empfangen. Unnd da ist denn der heilig geyst, der hat solch uberschwencklich kunst und lust ynn einem augenblick ynn der erfarung geleret“ (548,2–11).

Das Lob Gottes ist das letzte Glied in der Kette: Gott macht sich bekannt als der, der in freier Gnade Wohlgefallen an dem hat, der nichts vor ihm ist. Damit entfacht er im Herzen des Nichtigen die Liebe. In der Liebe fließt das Herz vor Freude über in das Lob Gottes und seines Wohlgefallens. Dieser ganze Zusammenhang ist Gottes Werk. Dies zu erfahren bedeutet: ‚Ich‘ werde wahrnehmend und zustimmend dessen inne, daß das, was an und in mir geschieht, Gottes Werk ist, weshalb ich nichts selbst besitze und tue, sondern im Lob Gottes passiv aus seinem Wohlgefallen lebe. Auch wenn Gottes Werk „ynn unsz“ erfahren wird, ist nicht gemeint, daß Gott nur in uns, nicht aber auch außen an uns, an unserem Leib handle. Gottes Sehen in die Tiefe und seine Hilfe umfaßt das ganze gefallene Geschöpf. Aber die leiblichen Bezüge dieser Erfahrung sind nicht davon zu abstrahieren, daß Gott in ihnen den Sünder zu Gott in ein Verhältnis setzt. Deshalb hat die Erfahrung des Werkes Gottes in uns, im Herzen und seiner Ekstase nach außen in das Lob, ihr Zentrum.

c. Diesen Bemerkungen aus der „Vorrhede“ korrespondiert die Auslegung zu Lk 1,46, die weiteren Aufschluß über diese Erfahrung gibt:

> „Das wort [‚Meyn Seele erhebt Got den Herrenn‘] geht da her ausz ... uberschwenglicher frewd, dar ynn sich gantz yhr gemut und leben von ynnwendig ym geist erhebt ... ‚Es schwebt meinn leben unnd alle mein synn ynn gottis lieb, lob und hohen freuden, das ich, mein selb nit mechtig, mehr erhabenn werde, denn mich selb erhebe zu gottis lob, wie denn geschicht allen denen, die mit gotlicher sussickeit und geyst durchgossen werden, das sie mehr fuelen, denn sie sagen kundenn. Denn es ist kein menschen werck, got mit frewden lobenn. Es ist mehr ein frolich leydenn und allein ein gottis werck, das sich mit worten nit leren, szondernn nur durch eigenn erfarung kennen lessit. Wie Dauid [Ps 34,9] sagt. ‚Schmeckt und sehet, wie susz ist got der her, selig ist der mensch, der ym trawet.‘ Erst setzt er schmeckenn denn das sehen, darumb daß sichs nit erkennen lesset, on eygen erfarung und fulen, zu wilcher doch niemant kumpt, er traw den got mit gantzem hertzenn, wenn er ynn der tieffe vnd not ist; darumb setzt er behend drauff. ‚Selig ist der mensch der got trawet‘, denn der selb wirt gottes werck ynn yhm erfaren, und alszo zu der empfindlichen sussigkeit, da durch zu allem vorstand und erkentnisz kummen“ (550,1–18).

Erfahrung ist das sich kontingent einstellende Ereignis, daß die Seele in das Lob Gottes „erhoben“ wird. Mystische Sprache ist hier unverkennbar: Die Seele wird im Geist von innen erhoben und außer ihr versetzt. Dabei erleidet sie diese Erhebung und vollzieht sie nicht von sich aus. Sie fühlt mehr als sie sagen kann, weshalb das, was sich da ereignet, nur durch eigene Erfahrung zu erkennen ist. Luther betont so einmal die Passivität des Geschehens, das nicht ich in der Hand habe, in dem ich vielmehr meiner selbst nicht mächtig bin und etwas mit mir geschehen lasse. Dies impliziert weiterhin, daß ‚ich‘ in der Ekstase über mich hinausgeführt werde, um außerhalb meiner im Geist das Leben zu haben. Anders als in der Mystik gilt dieser Affekt dem Gott, der mit dem inkarnierten Wort, das Maria empfangen hat, sie in ein Verhältnis zu sich setzt. Deshalb bleibt der Affekt auch nicht unsprachlich, sondern findet in Worte des Lobes. Im Affekt des Lobes ist das Wort Gottes zum Lebensgrund der Sünderin geworden (s. § 15.1.7.a), die im Lob in es einstimmt. Passivität, Ekstase und Wortbezogenheit werden samt der Außerordentlichkeit der mystischen Erfahrung zum Merkmal dafür, daß der Geist das Verschlossensein des Sünders aufbricht und ihn in das Dasein vor Gott versetzt. Der Geist handelt, nicht das Ich. Es erleidet willig, von der ekstatischen Bewegung des Geistes erfaßt zu werden und außerhalb seiner in den Affekt einzugehen, von göttlicher Süßigkeit durchströmt zu werden. Dieser Affekt erwächst nicht aus einem unversehrten Seelenvermögen, das durch geistliche Übungen gereinigt und freigelegt worden ist. Denn die Erhebung in das Wort kann Maria nur in „tieffe vnd not“ (s. § 15.1.7.c) erfahren — beinahe identisch formuliert Luther zu Lk 1,53 (s. § 13.2.8) —. Nur wer sich selbst als in all seinen Kräften nichtig vor Gott erfährt, kann auch erfahren, außer sich im Wort Gottes zu existieren. Umgekehrt erfährt sich der als nichtig, der sich außerhalb seiner im Wort Gottes erfährt. Das Zugleich von Nichtigkeit und Leben im Wort ist entscheidend für das Verständnis dieser Erfahrung. Gegenüber den frühen Aussagen unterscheidet Luther deutlich zwischen zwei Erfahrungen, derjenigen der Niedrigkeit und derjenigen der Erhebung in das Wort.

Die Erfahrung und ihre Beschreibung als Geisthandeln wird dadurch konstituiert, daß die Nichtigkeit und die Erhebung in das Lob, das durch Gottes Wort begründet ist, gleichzeitig sind. Die „Seele“ gerät in eine entsprechende Bewegung. Luther definiert sie im Kontext als

> „denselben geist [da der glawbe vnd gottis wort innen wonet] ... inn einem andernn werck. Nemlich ynn dem, alsz er den leyp lebendig macht und durch ynn wircket, und wirt offt ynn der schrifft fur ‚das leben‘ genummen

... Unnd ist sein art nit die unbegriflichen ding zu fassen, szondernn was die vornunfft erkennen unnd ermessen kan" (550,30f.35–551,5).

Die Seele ist das leibliche Leben auf Erden in seiner Lebendigkeit samt dem dazugehörigen Erkenntnisvermögen. Statt der Vernunft werden zu Lk 1,46 als weitere Erkenntnisakte der Seele „Fühlen" und „Empfinden" genannt. „Seele" wird außerdem mit „leben", „alle meyne synn" und „gemut" (lat. *affectus*) erläutert, umfaßt also alle irdischen Lebensäußerungen.

Marias Lob, obgleich „in ihr" erfahren, erfaßt darum nicht, wie Köpf (1982:114,25–37.53) meint, innere Sinne unter Abgrenzung von äußeren. Köpfs religionspsychologisches Interesse ist mit dem von Loewenichs vergleichbar, der zu der parallelen Stelle 548,4ff. meint (^{4}1954:120): „Die Erfahrung bringt mit sich den Affekt. Heiliger Geist, Erfahrung, Affekt, rücken in eine Linie ... Wo echter persönlicher Glaube da ist, da muß es zur Erfahrung kommen." Von Loewenich sieht die Bedeutung der ‚Erfahrung' darin, die „Subjektsbeziehung" des Glaubens (118), seine „Persönlichkeit" (120) und sein „existenzielles Moment" (141) zu unterstreichen. Doch damit erfaßt er nicht den Grund und die Art dieser Subjektsbeziehung, wie schon zu seiner Interpretation der „Vorrhede" bemerkt wurde (s. § 15.1.7.a; vgl. § 15.1.2 die Bemerkung zu Nicol).

„Seele" bringt zum Ausdruck, daß Maria mit all ihren irdischen Lebensverhältnissen in das Lob einstimmt und damit dem Wort gleichgestaltet wird. Sie spricht nicht aus, was sie an sich oder ihren Verhältnissen wahrnimmt, sondern das, was sie wahrnimmt, wenn sie „von innen im Geist" nach außen gewendet und aus der Tiefe in die Höhe erhoben wird. Mit allem, was sie ist und hat, gelangt sie an einen Ort, wohin sie von sich selbst aus und aus der Tiefe nicht findet, wo sie aber allererst ihr Leben gewinnt. Wie die Definition der Seele und die dargestellte ekstatische Erfahrung zu erkennen geben, ist Luther nicht an ihr als einem menschlichen Vermögen interessiert, sondern bringt sie auf den „Geist" und also das Wort Gottes folgend zur Sprache. Denn das Wort konstituiert Gemüt, Seele, Herz, Gewissen usw. Durch das Wort wird der in seinem Gemüt, seiner Seele usw. begriffene Mensch aus sich heraus in den Glauben an das Wort versetzt.[3]

d. Wie die Erfahrung nicht auf einen bestimmten Seelenteil beschränkt wird, so auch nicht Gottes „Werk in ihr". „Werk" hält mehrere Dinge zusammen und behauptet ihre Einheit: Das „heubtgrosse werck aller werck gottis" ist die „vormenschung gottis sunsz" (595,30), um die Welt „ausz der

[3] Diese Interpretation verdankt sich weitgehend derjenigen des „innerlichen Menschen" durch Jüngel (^{2}1981:69–83, v.a. 74–77).

gewalt ... der sund ... zuerloszen und in die gerechtickeit, in ewiges leben ... furtzubringen" (596,19f.). — Was in der Vermenschung das Werk an uns ist, ist zunächst das Werk an Christus selbst (s. 548,21–24, zit. in § 12.1.3). — Mit Blick auf Lk 1,48a umschreibt Luther dieses Werk als „das ansehen, ... daryn die andern alle hangen und ausz yhm alle fliessenn ... da mussen alle gaben unnd werck folgen" (567). Das Werk Gottes des Schöpfers ist am Sünder ein zweifaches Werk: ihm in Christus das ewige und das zeitliche Leben aus dem Nichts zu schaffen. Das wird an Maria anschaulich:

> „Sie [ist] gotis mutter ... worden, in wilchem werck szo viel und grosz gutter yhr geben sind, ... da folget alle ehre, alle selickeit, und das sie ym gantzen menschlichem geschlecht ein eynig person ist ubir alle, der niemant gleich ist" (572,26–29).

Maria wird Mutter. Doch das Kind, das sie empfängt, ist der Sohn Gottes. Mit diesen beiden Aussagen ist das zweifache Werk Gottes umschrieben, das Maria erfährt. Daß der Sohn Gottes in ihrer Seele wohnt, aus diesem Hauptwerk folgen die irdischen Güter: Ehre und eine unvergleichliche Würde. Diese machen an sich noch nicht das Werk Gottes aus, da dieses auch die Erfahrung umfaßt, in das Wort und Lob Gottes erhoben zu werden, um allein in ihm das Leben zu haben (s. § 15.1.7.b). Das Lob ist Grund und Ziel der Erfahrung von Gütern.[4]

15.2 Erfahrung des Heiligen Geistes

15.2.1 In *Das Magnificat* wird deutlich, daß das Verstehen des Wortes Gottes durch Erfahrung (s. § 15.1.7.a und b) gleichbedeutend damit ist, durch den Heiligen Geist erleuchtet oder aus sich als Sünder heraus in das Wort Gottes versetzt zu werden (s. § 15.1.7.c). Eigene Erfahrung und Wirken des Heiligen Geistes, der eigene Affekt einerseits und anderseits die Passivität dabei: das Erhobenwerden und Erleiden, lassen sich nicht in ein Ursache–Folge–Verhältnis bringen. Erfahrung und Heiliger Geist sind als menschlicher und göttlicher Aspekt gleichzeitig zu nennen. Der Erfahrungsbegriff markiert das kontingente Eintreffen und daß der Mensch selbst von Grund auf beteiligt ist. Deshalb auch die Konzentration auf die Affekte, die Gefühls- und Willensbewegungen, die nicht sein können, ohne daß das Wort Gottes intellektuell verstanden wird, aber allererst sicherstellen, daß

[4]Das Verhältnis des ersten und der weiteren Werke nach *Das Magnificat* wird näher bestimmt in § 17.2.2.

die Person selbst, das ‚Ich', vom Wort Gottes erfaßt ist.[5] Dies geschieht aber, wie er selbst bekennt, „on mittel von dem heyligen geyst" oder „ym geist".

Diese Doppelaussage erhält in der „Tiefe und Not", in der „Nichtigkeit" ihr Profil: Für den, der diese erfährt, ist das Gotteslob „kein menschlich werck", sondern „ein frolich leydenn und allein ein gottis werck". Jenseits des Todes schafft Gott das Leben neu. Das Wort, das das Leben in Christus verheißt, repräsentiert diese Neuschöpfung schon in diesem Leben der Sünde und des Todes. Indem Maria im Lob in dieses Wort versetzt wird, hat sie teil an der Neuschöpfung. Weil sie ihre Nichtigkeit erfährt, ist das Lob nicht ihr Werk. ‚Nicht ich, sondern der Heilige Geist spricht es an meiner Stelle!': Ihr „gemut und leben" werden „von ynnwendig ym geist" aus sich heraus versetzt in das Wort Gottes.

15.2.2 Aus demselben Jahr wie *Das Magnificat* stammt die Schrift *Evangelium von den zehn Aussätzigen*. Auch in ihr betrachtet Luther das Gotteslob als Geisterfahrung. Von Hebr 11,1 her (WA 8,357,19–21; 375,19–23) sieht er die Eigenart des Glaubens darin, ein „frey vormutung tzu got" zu sein. Gottes Güte und Gnade „musz durchs wort vorkundigt, und also auff sie unvorsucht und unempfunden gebawet werden" (357,1f.36f.), ehe der Glaube sie „erferet oder fulet" (359,11). Um der Sünde willen, die nicht an Gottes zugesagter Güte, sondern an den Gütern hängt, muß er Anfechtung erleiden. Ein solcher Glaube erfährt zwar die Güte (359,11) — im Falle des Aussätzigen die Gesundheit —, aber als „vorsuchter und erfarner glawbe". D.h. seine Erfahrung von Gütern gipfelt im „recht Gottis dienst: widderkomen, mit grosser stym hoch loben" (V. 15f.) und damit „die empfangen gnad unnd gutter widder heym tzu got tragen" (378,9f.24). Durch die Erfahrung der Güte gerät der Glaube in den Affekt,

> „hoch von yhm hallten ym hertzen und eyn lieblich wolgefallen ynn yhm haben, das wir schmecken unnd empfinden, wie szusz der herr sey. [1. Petr 2,3; Ps 34,9] Das allisz ... bringt der vorsuchte glawbe am end der anfechtung ... Da wirt gott dem hertzen szo ... susz, das es nitt mehr begerd, denn mehr ... anfechtung vorsuchen ... Szo gar wirt eyn ander mensch, eyn ander schmack ausz dem ritterlichen glauben, das yhm hinfurt nit wol ist on leiden ..., bisz das er diszem gantzem leben feynd und des sterbensz gantz

[5] „Luther betont in der Glaubenserkenntnis ... eine Interaktion von Intellekt und Affekt ... Ohne die Erkenntnis des Glaubens ist der Affekt blind ... Umgekehrt versetzt der *affectus* in ein lebendiges Verhältnis zu dem, was durch den *intellectus fidei* erkannt wird" (zur Mühlen 1977:607,19–24).

> begirig wirt ... Zu solchem schmack unnd erkentnisz kan kein werckheilige komen, denn anfechtung und leyden wollen sie nit, szo mussen sie auch glawblosz unnd gantz unerfarne menschen bleyben ynn geystlichen sachen" (379,10–35).

Erfahren wird, anläßlich der Güter in den Affekt reiner Gottesliebe zu geraten, aus dem das Lob Gottes hervorgeht (379,36–380,32). Ähnlich heißt es im Kontext, Gott handle in der Anfechtung, damit dem Menschen „gott durch eygen erfarung szo hertzlich lieb unnd susz wirt, das er nichts mehr furchtet" (385,13f.). Dieser Affekt ist eine „geystliche sache". Ihr geht notwendig die Anfechtung voraus, die den gegenteiligen Affekt: Anfechtung und Leiden nicht zu „wollen", sie zu „fürchten" (379,23f.) und an „gottis gaben" zu „hafften" (379,10f.), vernichtet. Wer im Glauben seine Vernichtung erleidet, der gerät über dem Ende der Anfechtung in einen neuen Affekt: An die Stelle seines Erfahrenwollens ist das Wohlgefallen an Gottes unempfindbarer Güte getreten. Diese Güte unterliegt nicht der Bedingung der Erfahrung, sondern übertrifft sie. Einem solchen Glauben kommt „das fulen und empfinden ungesucht und unbegert" (357,1f.36f.24), ja nicht die Gnade „fulet sich und lest sich tappen", sondern „sie tappet und trifft uns" (359,34f.). Die Erfahrung begründet keinen Besitz, keine Gewißheit, sondern ist der freie Anlaß für den Affekt, passiv, als von Gott verheißungsvoll Angeredeter zu leben. So jemand ist „eyn ander mensch", der nicht von seiner affektiven Tätigkeit und Fähigkeit her zu bestimmen ist, sondern von dem her, was seinen Affekt konstituiert.

15.2.3 Die Erfahrung, durch den Geist außer sich versetzt zu werden und die Süßigkeit Gottes zu empfinden, gründet in Gottes Wort und artikuliert sich deshalb im Lob, das in das Wort einstimmt. Ähnlich ist es bei der Erfahrung ‚unaussprechlicher Seufzer' (Röm 8,26). Auch in diesem Fall versetzt der Geist einen aus sich selbst heraus in das Wort Gottes. Die Einstimmung in Gottes Wort hat dann aber nicht die Gestalt des Lob-, sondern des Bittgebets.

Zu erinnern ist an die *Operationes* zu Ps 6 (s. § 13.1.3). Die unaussprechlichen Seufzer — zu Vers 11 ist parallel von der „Erfahrung des Leidens" die Rede, in der der Erniedrigte Gottes Barmherzigkeit sucht (s. § 15.1.5) — findet Luther etwa in Vers 2 ausgedrückt (WA 5,203,30f.). Luther sagt, daß sie nur durch „Erfahrung" zu erkennen sind und betont damit, daß es um „Gottes Werk" geht, das passiv und in der Hoffnung zu „ertragen" und zu „erleiden" ist (201,12f.). Nur wer den Zorn erfährt, kann zugleich auch die „Ekstase" aus sich heraus in die Seufzer des Geistes „außerhalb und oberhalb des [menschlichen] Geistes“ erfahren. Die Seufzer folgen nicht wie das Lob auf das Ende der Anfechtung, sondern sind in ihr selbst verortet. Sie sind deshalb — anders als das Lob — von der Simultanität des Zorns und der Barmherzigkeit geprägt: So bittet der Geist in der Erfahrung des Zorns nicht um dessen Abwendung, sondern daß er in Barmherzigkeit geschehe (203,33–35). Die Bitte um die Barmherzigkeit „in Christus Jesus, unserem Herrn“ (204,7) ist die Praxis der Hoffnung. Wer so bittet, erträgt den Zorn, ohne ihm das letzte Wort zu lassen. Denn er lebt in der gespannten Erwartung, daß Gott in seiner Barmherzigkeit den Zorn überwinden wird.

Die Ekstase ist deshalb eine gebrochene Erfahrung. Sie führt zwar über den Zorn hinaus, aber in die Hoffnung, dorthin, wo „niemand hört, sieht und fühlt außer dem Geist“. Im Zorn kann der Sünder nichts von dem barmherzigen Gott wahrnehmen, aber in der Kraft des Geistes seufzen und sich nach ihm ausstrecken. Das bedeutet aber, daß nicht er seufzt — er steht ja in Sünde und Zorn —, sondern der Geist für ihn. Sein ekstatischer Affekt des Seufzens führt ihn nicht an einen erfahrbaren Ort, sondern an eine Grenze, jenseits derer aber, im Geist, sein Seufzen vor Gott dringt. Nur sofern der Sünder sein Seufzen vom Geist unterscheidet, der außerhalb seiner an seiner Stelle seufzt, erfährt er, aus sich heraus in die Seufzer des Geistes versetzt zu sein.

Damit ist die Beobachtung von Loewenichs (vgl. § 5.4) und Prenters (1954:67f.) aufgenommen, die Geisterfahrung vereine eine ‚kritische‘ und eine ‚Erfahrungslinie‘ in sich. Sie wird allerdings auch präzisiert und weitergeführt: Das Wirken des Geistes macht es erforderlich, nicht nur hinsichtlich des Erfahrungsgrundes, sondern auch des -subjektes dialektisch zu reden (vgl. § 5.5.a. und b.).

15.2.4 Die Seufzer des Geistes sind nicht aus dem Zorn zu begreifen, sondern aus der Barmherzigkeit. Darauf weist einmal der Heilige Geist hin, zum andern aber, daß sie zu erfahren bedeutet, das „Kreuz“ auferlegt zu bekommen. Sie sind darin begründet, daß Jesus Christus Gottes Urteil für uns erleidet (203,2) und Gott in ihm barmherzig ist (204,6f.).

Auch in der *Enarratio Psalmi XC* wird zu Vers 7 (s. §§ 10.4.4 und 13.1.4) die Erfahrung unaussprechlicher Seufzer im „Kreuz“ verortet. Weil Gottes Zorn in Form des Kreuzes Christi ergeht, erfährt der Christ ihn in Form der Seufzer. Er erfährt sein Aufbegehren gegen Gott in den „Affekten des Murrens, des Zweifelns und der Lästerung“ (WA 40/III,540,2) — diese aber im Geist, sofern er von ihnen nicht frei werden will (541,1–5), sondern sie willig „erleidet“. So stimmt er Gottes Zorn zu. Deshalb ist in seinen Seufzern nicht mehr sein Aufbegehren gegen Gott wirksam, sondern abgestorben. Mit den Seufzern (541,6–543,2) ist der Geist im Aufruhr des Gewissens gegen Gott anwesend (541,1f.). Der Sünder ist in ihnen von sich selbst frei und streckt sich nach Gottes Barmherzigkeit (543,3) aus. — Der Erfahrung der Seufzer entspricht im Kontext die Erfahrung, im Kreuz aus der „Lehre" des „Namens Christi" „Trost" zu empfangen (zit. in § 10.4.4). — Wie in den *Operationes* zu Ps 6 sind die Seufzer das Bittgebet (542,8f.), das im Kreuz zwei Kennzeichen hat: Gott als gnädiger und barmherziger Gott (545,3) ist „nichtseiend" (543,1), aber die Seufzer strecken sich nach ihm aus. Und sie durchstoßen die Wolken, hinter denen er verborgen ist, und bewegen Gott (542,8f.). Sie sind darin begründet, daß Gott „den Zerknirschten Versöhnung und Gnade in Christus verheißen hat" (547,3–5), weshalb die empfundenen Affekte des Murrens keine Sünde, kein Angriff gegen Gott sind (541,1f.; 542,1f.).

15.2.5 Daß der Geist an das gepredigte Wort gebunden ist, wird in der *Vorlesung über die Briefe an Titus und Philemon* von 1527 deutlich. Luther wendet den Titel „eitle Schwätzer" (Tit 1,10) auf die Schwärmer an:

> „Sie reden von einer Sache, die sie nicht verstehen. So reden unsere Schwärmer, die wahrhaft verstockt und eitle Schwätzer sind, von einer Sache, die sie selbst nicht erfahren haben: ‚Das äußere Wort ist nichts, zuerst soll der Heilige Geist empfangen werden.' Da reden sie viel vom Geist, und es ist ganz eitel. Wir haben das gewisse Wort, das er uns sagt. ‚Der Mensch hat der Predigt geglaubt.' [Joh 4,50; Röm 10,17]. Die gewisse Predigt ist Wahrheit, deren [Predigt] ist Verführung" (WA 25,30,19–24).

Über den Heiligen Geist reden zu können, setzt voraus, daß ‚ich' selbst ihn erfahren habe. Bezeichnenderweise geht Luther nicht näher auf seine oder eine von den Schwärmern behauptete Erfahrung ein, sondern pocht auf das „äußere Wort", auf die „gewisse Predigt" und deshalb auf den Glauben als Kriterium dafür, ob jemand den Geist erfahren hat.[6] Der soteriologische Kontext ist damit nur angedeutet: Wer seine Sünde erkennt, der wird Gottes gewiß, indem er sich auf die gewisse Predigt verläßt. Er erfährt durch den Geist, außerhalb seiner im Wort und nicht in sich selbst vor Gott zu bestehen. Erfahren wird dabei, daß das angefochtene Gewissen im Glauben so gewiß wird, wie Gottes Wort gewiß ist.

---

[6] Dieser Zusammenhang von äußerem Wort und Geist findet sich auch in der *Auslegung des 109. (110.) Psalms* (s. § 15.1.2).

15.2.6 Blickt man auf die beiden vorangehenden Abschnitte zurück, so läßt sich *zusammenfassend* sagen:

a. Auch im Horizont des Evangeliums ist mit Erfahrung ein Widerfahrnis gemeint, das das Herz oder Gewissen affiziert. Diesem Affekt korrespondiert derjenige aus dem Zorn, und er selbst ist im Glauben an das Wort konstituiert. So erfahre zwar ‚ich' diesen Affekt, aber zugleich und dem Grund nach ist er Gottes Affekt, den er im Wort kundtut. Deshalb muß ich ihn als Affekt des neuen Menschen in Diskontinuität zum alten Menschen und seinen Affekten zur Sprache bringen. Die neuen Affekte existieren im Wort und damit in dem Leben, das Gott durch Gericht und Tod hindurch neuschafft. Bereits in diesem von Sünde und Gericht gezeichneten Leben, bereits im Herzen des alten Menschen, kommt jenes Leben in den neuen Affekten zur Geltung, indem das Wort vom Kreuz das zukünftige, ewige Leben präsent macht.

b. Daß die neuen Affekte zwar meine, aber außerhalb im Wort konstituiert sind, bringt Luther dadurch zum Ausdruck, daß er von dieser Erfahrung als einer Ekstase im Geist spricht. Der Geist wird nicht als Gegenstand erfahren, sondern die Erfahrung, durch die verheißene Barmherzigkeit affiziert zu sein, wird als Werk des Geistes bekannt. Dieser Affekt ist nicht als Stimmung, als Bewegtheit des Herzens zu begreifen. Denn in ihm wird der Sünder aus sich heraus in das Wort Gottes versetzt, sei es im Lob, sei es im Seufzen. Nicht er selbst, sondern der Geist lobt und seufzt für ihn. Er hat daran teil, indem er sein Loben und Seufzen von dem des Geistes unterscheidet und als Werk des Geistes in oder für ihn bekennt. Er hat und vollzieht den Affekt nicht selbst, sondern erleidet, erfährt ihn. Es ist eine Erfahrung, die aufhört, Erfahrung zu sein. Eine Erfahrung, die bei der Selbstunterscheidung vom Geist haltmacht und ihn an meiner Statt vor Gott treten läßt.

c. In diesem Affekt erleidet der Glaubende furchtlos den Zorn, den er zugleich erfährt. Oder er ist, wie im Falle des Lobes, willens, weitere Anfechtung zu erleiden. Zorn und Barmherzigkeit sind zwar entweder gleichzeitig oder zeitlich nacheinander, immer aber ‚zugleich', so daß die jeweils eine Erfahrung die andere bei sich hat und in ihr bewährt. Indem der Glaube die Simultanität von Zorn und Barmherzigkeit erfährt, hat er Einsicht gewonnen in Gottes Barmherzigkeit und sein Wort, die sich der üblichen Verifizierung sprachlicher Behauptungen durch die Erfahrung nicht fügen. So fehlt angesichts der Erfahrung von Sünde und Zorn die Sprache für das neue Leben in Christus. Aber der „Name Christi" ist gegeben, um zu den „Seufzern des Geistes" zu werden, in denen sich der Sünder nach dem noch unerfahrbaren Leben ausstreckt. In dieser Erfahrung wird das Wort von Christus, sein Name, zum persönlichen Wort, es wird zu Glaube und Hoffnung. Die Seufzer und das Wort treten im Kreuz als Platzhalter an die Stelle einer Erfahrung der Sündenfreiheit. Die Geisterfahrung des Gebets, der unaussprechlichen Seufzer und strukturparallel des Lobes, erweist sich so als das Herzstück des Lutherschen Redens von Erfahrung. Hier erreicht die Erfahrung im Kreuz ihr Ziel.

§ 16 Erfahrungen des Gewissens

Die Erfahrung, mit dem Wort Gottes affektiv gleichgestaltet oder aus sich als Sünder heraus in das Wort Gottes versetzt zu werden, ist der sich vollziehende Glaube. Wer dies erfährt, redet vor allem von dem, was er dabei nicht erfährt, sondern als Geistgeschehen außer ihm und an seiner Stelle anerkennt. Der Geist versetzt in das Wort und gründet den Menschen auf etwas, das nicht erfahrbar, sondern unter der Erfahrung des Gegenteils verborgen ist. Doch diese Geisterfahrung ist, was dieses Leben betrifft, gewissens- oder leibbezogen, ist ein Affekt oder Handeln aus Glauben.

16.1 Die Kraft des Glaubens erfahren

16.1.1 Nach den *Dictata super Psalterium* (1513–16) zu Ps 109 (110),2 wird die Kraft des Evangeliums darin erfahren, daß es den Willen spürbar wandelt:

> „Weil wir also inmitten von Feinden sind, haben wir keine wirksamere Kraft zu siegen und unter ihnen zu herrschen, als die Rute der Kraft Christi, das ist das Evangelium. Denn bis heute, wie oft auch immer der Geist von welchem Leiden auch versucht wird, fühlt er, wenn er das Wort Gottes in Erinnerung bringt, wie wirksam es ist und nicht ohne Kraft in Erinnerung tritt, wie die Erfahrung lehrt ... Wenn daher einer durch Zorn und Ungeduld versucht wird ...: ‚Durch eure Geduld werdet ihr besitzen‘ [Lk 21,19], ebenso ‚Das Reich der Himmel erleidet Gewalt‘ [Mt 11,12], ebenso ‚Es ist der Diener nicht größer als der Herr‘ [Joh 13,16], ... sofort fühlt er, daß sich das Leiden sanfter verhält.“ (WA 4,232,1–9).

Die Feinde sind fleischlich gesonnene Menschen (232,23), die nach zeitlichen, vergänglichen Gütern trachten (230,36.24) und damit der „geistlichen Kraft“ Gottes (232,22f.) widerstreben, die durch sein Wort im Menschen wirken will. Sie leben im „Hochmut“ (232,34) statt in der „Niedrigkeit des Glaubens“ (231,7). Auch der Glaubende lebt von sich aus fleischlich. Deshalb ist er, wenn er „erniedrigt wird und die Übel der Welt und den Tod erleidet“ (230,26), versucht, diese Übel fleischlich überwinden zu wollen, was sich in den Leidenschaften des Zorns und der Ungeduld (vgl. die Glossen zu Ps 106 (107),10, s. § 9.1.1) äußert, statt daß er die Übel im Glauben an die geistlichen Güter (230,34f.) erleidet.

Wo er dies tut, ist das Wort in seinem Geist wirksam, und zwar in einer Stufenfolge: Es tritt ins „Gedächtnis“ zurück, es ist nicht länger „vergessen“, sondern wird vom „Verstand gegenwärtig betrachtet", so daß der Geist „guten Willens" zu Gottes Werk wird (232,13– 15).

Luther nimmt die von Augustin vorgenommene Gliederung der Seele in *memoria, intellectus, voluntas* auf, interpretiert sie aber nicht als Vermögen, sondern als Akte des Geistes, die in ihrem Gegenstand, Gottes Wort und Werk, gründen, so daß der Geist seine ‚Substanz' im Wort und nicht in seinen Vermögen hat.[7] Diese Struktur haben die geistigen Akte im Glauben. Die Trias dient als Ausdrucksmittel, wie das Wort Gottes in der Meditation von außen nach innen in den Geist dringt und ihn qualifiziert (vgl. das genannte Scholion, s. § 15.1.1).

Daß also der Wille aus einem fleischlichen zu einem geistlichen, aus einem hochmütigen, zu einem demütigen wird, der Gott im Leiden (und im Versprechen geistlicher Güter) handeln läßt, ist die Kraft des Wortes. Luther argumentiert damit implizit vom biblischen Sprachgebrauch her gegen die gemeinscholastische Lehre vom Tugendhabitus (*virtus*), der der Seele eingegossen wird und ihre natürlichen Strebekräfte auf Gott hin vollkommen macht.[8] Die Kraft des Wortes zu „erfahren" tritt an die Stelle der Aktualisierung eines Tugendhabitus. D.h. unbeschadet dessen, daß sie Gottes und nicht meine Kraft ist (231,1–20), nehme ‚ich' sie an ‚mir' wahr: als den Affekt, willig zu leiden und gute Werke zu tun, und so über die „bösen Werke und den Antrieb zu ihnen [zu] triumphieren" (232,16f.20f.); und diese Kraft wird nicht besessen, sondern ereignet sich aktuell.

16.1.2 In den *Operationes* zu Ps 22,19 sieht Luther die geistliche Verwüstung der Kirche darin (WA 5,639,35f.), daß in ihr — man beachte jeweils die Reihenfolge — „die Heuchelei der Werke und der Schatten des Evangeliums" zu sehen seien, „aber keine Kraft des Glaubens und der Liebe" (640,24f.). In der scheinbaren Kirche werden die „Herzen ... vom Dienst des Wortes in Stich gelassen".

> „Daher muß die Kraft versiegen und das Beispiel guter Werke gänzlich dahingehen, so daß weder Glaube, noch ein gutes Gewissen noch Werke der Liebe in der Kirche zu sehen sind. Ist aber die Kraft versiegt und der Gebrauch der Werke der Liebe beseitigt, kann das Evangelium nicht glücklich verkündigt werden ... Solange es nicht durch die Erfahrung des Glaubens

[7] So interpretiert Ozment (1969:110f.) das Scholion zu Ps 76 (77),12 (WA 3,531,8ff.); vgl. Schwarz 1962:116f.; zur Mühlen 1977:607,11ff.

[8] Zu Luthers *virtus*-Begriff in den *Dictata* vgl. Schwarz 1962:76ff. Die Ausführungen S. 5–49 zu den scholastischen Lehren von der *virtus* als eines *habitus* sind heranzuziehen.

> und den lebendigen Gebrauch des Lebens geschmeckt und durch lebendiges Gefühl erkannt wird, kann es nicht voll und wirksam gelehrt werden" (WA 5,642,1–9).

Kraft hat die Lehre des Evangeliums nur, wenn es in der Erfahrung wirksam ist. Nur durch Erfahrung ist es lehrbar, nur durch sie wird es „erkannt". Dieses Erkennen ist ein Schmecken und Fühlen, das das Herz in einen entsprechenden „Affekt" (642,11) versetzt. Luther beschreibt ihn in einem Abschnitt vorher mit dem mystischen Terminus *rapere* (s. dazu Oberman 1967:20ff., v.a. 53–55) und als Handeln des Geistes: Wenn die Evangelisten Christi Leiden als *historia* erzählen und vor Augen führen (638,4.10.19f.), dann wird dies nur „im Geist" richtig erkannt, nämlich „wenn du im vollen Affekt des Glaubens in es gerissen wirst und nicht zweifelst, Christus habe dies alles für dich gelitten" (638,15–17). Die „Erfahrung des Glaubens" ist also der „Affekt des Glaubens": daß mit der Erzählung der *historia* Gott selbst zu ‚mir' spricht: ‚Das hat Christus für dich erlitten', und diese Zusage die Kraft ausübt, daß das angefochtene Herz von sich losgerissen wird und sich auf sie verläßt.

16.1.3 Wie in den *Operationes* zu Ps 22,19 formuliert Luther in der Einleitung zu *De libertate christiana* von 1520, daß sich die Kraft des Evangeliums nur in der Erfahrung erschließt:

> „Als ein unbedeutendes Ding ist vielen der christliche Glaube erschienen ...; was sie jedoch nur tun, weil sie von demselben nicht die geringste Erfahrung gemacht noch von der Größe seiner Kraft je einen Geschmack bekommen haben. Denn unmöglich kann jemand recht über ihn schreiben ..., der nicht den Geist desselben in der Anfechtung der Trübsale einmal geschmeckt hat" (WA 7,49,7–12. Übersetzt von zur Mühlen 1983:40).

Wie in den *Dictata* zu Ps 109 (110),2 (s. § 16.1.1) ist mit ‚Kraft' (*virtus*) gemeint, daß der Glaube sich wirksam im Menschen gegen die Anfechtung durchsetzt. Synonym spricht Luther von der Macht (*potentia*) des Glaubens, „mitten in Bedrängnissen mächtig" und „geistlich" — nicht „körperlich" — ein „Herr über alle Dinge" zu sein (57,4.8.15; zur Mühlen 1983:51). Der Glaube ist nur in dieser Kraft zu haben, mit der er sich gegen das durchsetzt, was die Seele von Natur aus bestimmt. Denn „wenn du anfängst zu glauben, lernst du zugleich, daß alles, was in dir ist, gänzlich Schuld, Sünden und Verdammenswertes ist" (51,27–29; zur Mühlen 1983:43).

In dieser Erkenntnis den Glauben zu „erfahren" bedeutet, daß das angefochtene Herz oder Gewissen seine Kraft schmeckt. Wie die Formulierungen *experimento fidem probare* und *gustare* zeigen, ist dies ein Versuchen und Kosten, ein Sicheinlassen auf etwas Unbekanntes und lediglich eine Kostprobe. Was erfahren wird, das ist dem Menschen fremd und kann durch die Erfahrung nicht ausgeschöpft werden. Die Erfahrung ist lediglich ein Anfang, und in ihr unterscheidet sich der Erfahrende von dem, was er erfährt, um sich so weiterhin auf es einzustellen: Auch wenn er den Geist „einmal" oder „nur ein wenig geschmeckt" hat, kann er niemals genug von ihm schreiben, reden, denken und hören (49,12–14). Luther schätzt sich selbst so ein: Er könne sich zwar nicht rühmen, eine Überfülle an der lebendigen Quelle des Glaubens zu haben, aber infolge großer Anfechtungen habe er „manchen Tropfen vom Glauben erlangt" und könne deshalb von ihm reden (49,14–18; zur Mühlen, 1983:40). Es ist für die Erfahrung aufschlußreich, daß der Glaube zwar nicht ohne sie verstanden werden kann, aber der Erfahrende nicht von seiner Erfahrung redet. Vielmehr redet er — aufgrund ihrer — allein vom Glauben, der nicht in dem konstituiert ist, was der Mensch von ihm erfährt.

Dem entspricht der ganze Traktat: Nirgends beschreibt Luther den Vorgang der Erfahrung. Aber er spricht aus ihr, indem er von den „Verheißungen" Gottes an den Sünder redet, mit denen die Seele durch den Glauben „vereinigt, ja vielmehr gänzlich von ihnen verschlungen wird, daß sie ... gesättigt und getränkt wird mit aller Kraft derselben": Wie die Worte heilig, wahr, gerecht, frei, friedlich und aller Güte voll sind, so wird auch die Seele durch den Glauben an das Wort (53,15–20; zur Mühlen 1983:46). Sie lebt vor Gott allein im Glauben an das Wort, d.h. ohne „Spekulationen, Meditationen und alles, was durch den Eifer der Seele getan werden kann" (50,32f.; vgl. zur Mühlen 1983:42), vorweisen zu müssen. Der aus dem Schmecken geborene Affekt, in dem Luther den ganzen Traktat spürbar verfaßt hat, ist keine Voraussetzung, sondern eine Folge des Gerechtseins. Der Glaube richtet den Affekt ganz auf das aus, was Gott ihm zusagt: Indem das „Herz" von dem Gerechtsein in Christus „hört", „freut" es sich aus innerstem Grund und wird „zärtlich in Liebe zu Christus" (59,7f.; vgl. zur Mühlen 1983:54).

Die Kraft oder „geistliche Macht" (s.o.) des Glaubens zu erfahren, ist eine Erfahrung des Geistes. Sie kommt dialektisch zum Ausdruck: Der Heilige Geist versetzt die Seele, die von ihrer Sünde angefochten ist, in das Hören des Wortes, das klar und schlicht sagt: Christus ist deine Gerechtigkeit, dein Friede, dein Leben. Im Glauben sagt die Seele dazu ‚Ja' und damit *ist* sie gerecht, ohne als Bedingung ihre Neuheit im Tun, Empfinden und Denken erfahrbar machen zu müssen. Der Heilige Geist bringt sie dahin, zwar in

Sünde und Anfechtung zu sein, aber als durch Gottes Wort gerechte, lebendige und über die Sünde mächtige. Dies zu erfahren bedeutet, im Gewissen an Gottes Eigenschaften in seinem Wort teilzuhaben, so daß Kreuz und Tod für den Menschen selbst spürbar keine Macht mehr über seine Affekte haben. An den Übeln, an Leiden und Sterben und dem Willen der Sünde, sie körperlich zu beherrschen, bewährt sich der Glaube. Er tritt an die Stelle dieses Willens, der in den Übeln schmerzhaft scheitert, und gewährt Freiheit von ihm.

16.1.4 Wie in *De libertate christiana* unterstreicht Luther in den *Vorlesungen über 1. Mose* von 1535–45, daß der Glaube, der das Wort für wahr hält, keine *fides informis* ist, wie die scholastische Theologie lehrt. Der Glaube ist nicht erst durch die Liebe wirksam (zur Mühlen 1991:546,30–547,10), sondern selbst eine Macht, die affektiv erfahren wird:

> „Im Todeskampf wird gelernt und gefühlt, ob es ein ungeformter Glaube, oder der wahre und lebendige Glaube ist. Denn der Christ unterzieht sich dem Tod, … er geht in das Nichts zurück, daß es fürwahr das Gegenteil zu allen Verheißungen Gottes ist … Da erfährt er ohne Zweifel, daß der Glaube keine nackte Beschaffenheit ist, weil er ja die Schrecken des Todes besiegt und sagt: Obschon du erträgst, daß dir nicht nur der Tod, sondern auch tausend Teufel und die Hölle selbst auf den Nacken gesetzt sind, will ich dennoch Gott nicht zum Lügner machen. So nämlich sind die Geister [*animi*] der Frommen in einem solchen Kampf gestimmt [*adfecti*] … Das Gegenteil fühle ich allerdings, aber ich habe dein Wort, das nicht täuscht, sondern für mich alles in allem ist“ (WA 43,570,21–33).

Statt der Kraft wird nach dieser Aussage in der Anfechtung der Sieg des Glaubens erfahren. „Erfahrung“ und „Fühlen“ sind als das „Lernen“ eines bis dahin unbekannten Tatbestands verstanden. ‚Ich‘ habe also den Glauben nicht. Seine Lebendigkeit ist nur im Akt, in der Bewährung angesichts der Anfechtung. Mit der Erfahrung des Sieges ist insbesondere der sich einstellende Affekt gemeint, nicht über die erfahrene Sünde, Tod und Hölle zu erschrecken. Dieser Affekt ist nicht im menschlichen Geist vorhanden oder angelegt, sondern der Glaube versetzt in ihn. Der Affekt existiert aus Gottes Wort und artikuliert sich deshalb als Dialog nach zwei Seiten: Einmal tritt sich der menschliche Geist im Glauben selbst gegenüber und widerspricht im Namen Gottes seinem Fühlen des Gegenteils. Des anderen spricht er Gott selbst an und beruft sich auf sein Wort gegen das, was er gegenwärtig von Gott her erfährt.

16.1.5 Von der Erfahrung der Macht des Wortes über Sünde und Tod spricht Luther auch am 19. August 1527 einleitend zur *Vorlesung über den 1. Brief des Johannes*:

> „Satan bekämpft uns überall, und ‚Gott hat uns [als die Allergeringsten] hingesetzt' 1. Kor [4,9]. Da bekämpfen uns die Welt, Satan, das Herz, das Fleisch und die Schwärmer, daß wir keinen Frieden und nichts Gutes haben. Dadurch sehen wir, daß Gott uns anfechten will. Er hat das Wort gegeben, das er verkündigen läßt. Sogleich setzt er uns [als die Allergeringsten] hin, damit wir erfahren, wie mächtig sein heiliges Wort ist und mehr vermag als Sünde und Tod" (WA 20,599,2–7).

Daß das Wort Gottes von Anfang an gewesen ist (1. Joh 1,1), kommt nicht anders als in der Anfechtung zur Geltung. Allein in ihr stellt sich die „Erfahrung" des Wortes Gottes ein, die Erfahrung seiner Macht. Gott selbst ficht an, um sein Wort zur Geltung zu bringen. Das Wort ist nicht ohne seine Erfahrung zu verstehen, diese ist konstitutiv für das Wort selbst. Deshalb kündigt Luther an: „Ich werde den Brief möglichst einfach behandeln, damit wir das Wort nur im Gebrauch haben" (599,10f.). Erfahrung ist also ein Gebrauch des Wortes, nur dadurch ist das Wort zu „haben" — nicht aber durch eine etwa in der Vorlesung anzustellende Spekulation, die auf Fragen der Vernunft antwortet und ihren Kriterien gehorcht. Die Macht des Wortes erfahren heißt, Sünde und Tod als besiegt erfahren in dem Sinne, daß das Wort mächtiger ist als Sünde und Tod. Es gewinnt Macht über das „Herz", das als „unruhiges Herz" durch es „getröstet" wird (600,1f.), also den Frieden hat, den es in sich und in der Welt nicht finden kann. Entscheidend für diese Erfahrung ist, daß Gott das Wort „verkündigen läßt" als „sein heiliges Wort" — es ist nicht unheilig wie der Sünder, sondern unantastbar von ihm, weil es Gottes eigenes Wort ist —; so daß der Angefochtene es lediglich „hört" (599,13). Die Erfahrung der Macht des Wortes ist also die tröstende Kraft, die das Wort hat, wenn das Herz sich auf es verläßt.

16.1.6 Kraft erfährt der Glaubende, wenn er sich nicht selbst beurteilt, sondern dies Gott überläßt. Das wird deutlich in *De abroganda missa privata Martini Lutheri sententia* von 1521. Luther hebt hier als Kennzeichen der Heiligen hervor, daß sie zugleich Sünder sind und dies offen bekennen (WA 8,449,24f.). Er führt Beispiele aus dem Alten Testament an und fährt dann fort:

> „Daß in diesen Sünden ... die Heiligen gerettet werden und die Gottlosen zugrunde gehen, hat einen doppelten Grund. Erstens, daß die Heiligen den

> Glauben an Christus haben, in dem sie verschlungen sind und, auch wenn sie vieles unerkannt tun, ... sich immer erheben und gerettet werden, ja sogar niemals in das Böse fallen. Das ist für die unglaublich, die nicht erfahren haben, wie groß die Kraft des Glaubens ist, zuhöchst in den Sünden" (449,38– 450,3).

Wie schon für *De libertate christiana* ist hier bezeichnend, daß Luther die Erfahrung nicht beschreibt, aber gerade so aus ihr spricht. Die Ausführungen setzen voraus, daß der Sünder nicht mehr selbst durch Werke sündlos werden und sich so sehen, sondern passiv sündlos sein will: daraus, wie Gott ihn in Christus sieht; sie setzen voraus, daß sich die Perspektive des Sünders gewandelt hat und er außerhalb seiner in den Glauben versetzt ist: Er ist nicht von sich aus kräftig, sondern sofern er vom Glauben „verschlungen" ist. Im selben Satz erläutert Luther dies dreigliedrig: sich aus Sünden zu erheben, gerettet zu werden, ja niemals in sie zu fallen, welche dreigliedrige Sequenz das Versetztwerden aus sich selbst heraus in Christus spiegelt. Das letzte Glied ist nur deshalb nicht widersinnig, sondern so gewiß, wie es klingt, weil die Perspektive gewandelt ist und Luther sich auf Christi „gewisse und zuverlässige Worte verläßt" (449,26f.).

Luther redet so von Erfahrung, daß er statt von ihr selbst von ihrem Grund und Gegenstand redet. Dem entspricht, daß Luther nur das nennt, worin die Erfahrung zum Ausdruck kommt: Die Heiligen, die sich auf die Barmherzigkeit verlassen, „schätzen nicht ihre Werke hoch, da sie ja von Herzen in der fortwährenden Niedrigkeit bekennen, daß sie alle ... Sünde sind" (450,4–6). Indem es sich auf Gott und seinen barmherzigen Blick verläßt, ist das Herz zugleich ganz im Bekenntnis der eigenen Sünde. Und umgekehrt verläßt es sich nur so auf Gott, daß es nicht über sein Wort hinausgeht, sondern ihm damit recht gibt, daß es Gott seine Sünde bekennt.

16.2 Erfahrung von Trost und Friede

16.2.1 Nach der *Enarratio Psalmi XC* (s. §§ 10.4.4 und 15.2.4) ist in der Anfechtung „Trost" zu „erfahren", wenn sich die Brüder gegenseitig trösten: „Daher sollst du auf mich und ich auf dich hören, uns im Namen Christi zu belehren". Dies ist dringlich, weil das Gewissen, wenn es über Sünde und Zorn in Gotteslästerung zu versinken droht, trostlos ist und nur außer sich in Christus Trost hat. Das kommt durch die von außen zugesprochene Lehre zum Zug. Das Gewissen ist vom Geist angesprochen (541,1f.), und wenn es darauf hört, ist es Gott nicht länger ab-, sondern zugewandt. Trost bedeutet, daß einer allein durch die Lehre von Christus „aufgerichtet“ wird, allerdings in dialektischer Weise (vgl. § 10.4.4): Er flieht den Zorn nicht, sondern erleidet ihn als das Kreuz und im Blick auf das Kreuz. Er erleidet den Zorn um des Seins in Christus willen simultan mit ihm. Das prägt den Affekt des Gewissens, in den versetzt zu sein die Erfahrung des Trostes ausmacht: die „unaussprechlichen Seufzer“. Das Gewissen ist affektiv auf Gott ausgerichtet, was folgerichtig in das Gebet führt. In diesem Affekt tritt das Gewissen aber auch dem Teufel gegenüber, der in der Stimme des Gesetzes die Übermacht über es zu erringen droht, und widerspricht ihm: „Nein! Diese Lästerungen greifen Gott nicht an“ (542,1f.).

16.2.2 Auch nach der *Vorlesung über die Stufenpsalmen* von 1532f. besteht die Erfahrung des Trostes darin, daß der Sünder nicht verstummen muß, weil Gott den Dialog mit ihm aufnimmt. In Ps 128,5 bezieht Luther den „Zion“, auf dem Gott „wohnt“ (WA 40/III,300,2f.), „allegorisch“ (300,10) auf Christus: „Die Gottheit wohnt persönlich, leiblich in diesem Tempel“ (300,7).

> „In den Anfechtungen, wenn mit dem Teufel zu kämpfen ist, erfahren wir keinen Trost, ... außer auf Christus zu blicken. Wenn du außerhalb Christi die Güte und Macht Gottes erörterst, ist es schrecklich, und der Teufel ist anwesend, weil [Gott] so nicht begriffen werden will ... Diese anderen Spekulationen halten nicht Stich ... Daher ist es die beste Spekulation, an dem einen Christus hängen zu können. Wie notwendig das ist, werdet ihr in der Anfechtung erfahren“ (303,9–16).

In Anfechtung gerät der Sünder, wenn er gegen Gottes Willen außerhalb Christi Gottes Güte und Macht sucht. Dieses Unternehmen scheitert. Und Gott so zu erfahren, ist „schrecklich“, weil Gott hier schweigt. Luther hat das Ausbleiben des Erfolgs in den „Lebensweisen“ vor Augen (301,4).[9] Dann Trost zu erfahren, ist darin begründet, so wie die Herzen aller Juden auf den Zion blicken mußten (300,5f.), auf Christus zu blicken. Besser gesagt: Die Erfahrung des Trostes ist dieser Blick. Wer den Tempel bzw. Christus sieht, sieht Gott, dem ist Gott in seiner Güte und Macht gegenwärtig. Luther deutet diesen Blick als Dialog zwischen Gott und Mensch: „So werde ich gefunden, wenn ihr den Sohn ergreift, den ich gesandt habe, daß auf das gehört wird, was er sagt. Dort will ich dich hören und du mich“ (302,17f. [Hs]).

[9] Vgl. die Ausführungen zur Anfechtung Salomos und anderer Staatsleute in derselben Vorlesung zu Ps 127,1f., s. § 10.5.3.

In Christus ist die „Verheißung“ zu hören, „daß du Gott gefällst in dieser Lebensweise und er nicht nachläßt, von Zion zu segnen“ (301,4f.).

Diese Verheißung gibt dann dem Bittgebet und seiner Erhörung Grund. Trost zu erfahren bedeutet also, von Gott in seiner Verheißung angeredet und im Hören so erfaßt zu werden, daß man daraufhin betet. Die eigenmächtige Spekulation, in der der Mensch existiert, wird abgebrochen und stattdessen der Mensch außerhalb seiner in einen ‚passiven Gedanken‘ versetzt: Er existiert nun, sofern Gott ihm zusagt, daß er Gott gefalle. Er existiert also aus dem Hören und indem er sich darauf im Gebet bezieht.

16.2.3 In der *Vorlesung über den 1. Timotheusbrief* von 1528 meint Luther zu 1,15, „daß wir uns mit diesem heilsamen Text trösten“.

> „Dieser Text ist notwendig und erfordert großen Gebrauch, vor allem in Anfechtung und Todesgefahr. Da ist die wahre Erfahrung dieser Stelle, wenn sie ohne Bedrängnis sind, kann sie nicht gefallen ... Wenn ... die Stunde der Anfechtung da ist, erinnern wir uns dieses Wortes vom Heil. Daher will es, weil es das Wort des Lebens und des Friedens ist, mit Tod und Furcht, Satan und Bedrängnis kämpfen ... Wer fest am Wort hängt, ist gerettet“ (WA 26,26,21–28).

Das Evangelium von 1. Tim 1,15 zu erfahren, geschieht darin, es in der Anfechtung zu „gebrauchen“: an ihm „Gefallen“ zu haben und fest an ihm zu „hängen“. Dies ist ein passives Geschehen: Der Sünder kämpft nicht selbst, sondern verläßt sich auf das Wort, damit es an seiner Stelle kämpfe. So hängt er an ihm und so „ist [er] gerettet“. Indem er dem Wort anhängt, flieht er die Anfechtung nicht. Denn das Wort „will ... kämpfen“. Kampf und Sieg bedeuten, daß der Sünder von dem Affekt der Furcht losgelöst und affektiv in das Wort versetzt wird: Das Wort ist sein Leben und sein Frieden, das, was den Tod und die Furcht vor Gottes Zorn im Tod besiegt.

16.2.4 Friede und Trost zu erfahren bedeutet, Erleichterung und Beruhigung in großer Unruhe zu erfahren. Dazu kommt es, wenn einer von sich absehen und eine andere Perspektive gelten lassen kann, nämlich die, die Gott in seinem Wort einnimmt.

Das meint Luther mit ‚Erfahrung des Trostes‘ auch in *Ein Brief D. Martin Luthers von seinem Buch der Winkelmessen* von 1534. Luther verwahrt sich gegen den Verdacht, er halte es „mit den Schwermern oder Sacraments feinden“ (WA 38,262,7f.), und bekräftigt seine in *Vom Abendmahl Christi, Bekenntnis* (1528) dargelegten Auffassungen (263,20–26). Luther bekennt,

> „das, wo man nach Christus ordnung Messe helt ..., So sey daselbs unter der gestalt des brods der warhafftige leib Christi, fur uns am Creutz gegeben, unter der gestalt des weins das warhafftige blut Christi, fur uns vergossen" (264,28–34).

Luther bekennt um seiner eigenen Person willen, zum zweiten aber um der „Brueder und Schwestern ynn Christo" willen (265,14–19). In seinem persönlichen Bekenntnis sagt er:

> „[Ich, Martin Luther,] bekenne ..., das ich fur mich offt und manch mal grossen trost aus solchem glauben im Sacrament empfangen habe jnn meinen hohen, grossen engsten und nöten, welch erfarung mir fur meine person gnug ist zur bestettigung meines glaubens" (265,11–14).

Die hohen Ängste und Nöte sind umfassend gemeint für alle leiblichen und geistlichen Anfechtungen. In ihnen hat Luther Trost erfahren. Er hat den Zuspruch, Christus ist „fur uns" gestorben, gehört und sich darauf verlassen. Er hat sich „hertzlich" dessen angenommen, was die Heilige Schrift lehrt (264,6f.). Mitten in den Ängsten und Nöten, deren Gründe fortbestehen, erfährt sein angefochtenes Herz Trost, indem es sich allein in der Zusage gründet, daß Christus für uns gestorben und in den Elementen des Abendmahls gegenwärtig ist. Das Herz lebt nicht aus dem, was es selbst wahrnimmt, sondern aus dem, was es von Gott hört und empfängt.

Diese Erfahrung dient Luther als „bestettigung" und „zeugnis" (265,15) für seinen Glauben, seine Lehre vom Abendmahl. Er richtet sich damit gegen die „Schwermer", die Augustins Unterscheidung von Zeichen und Sache, Außen und Innen fortschreiben und meinen, die Erfahrung sei Wort und Sakrament vorgeordnet und komme unabhängig von ihnen zustande.[10]

16.2.5 In der *Adventspostille* von 1522 meint Luther zu Röm 15,4 (s. § 13.2.4): „Der trost will nit mit wortten, ßondern mit erfarung geschmackt und empfunden seyn". Denn ‚Erfahrung' ist ein Ereignis, das nicht der Tätigkeit des Sünders entspringt. Es geschieht an ihm und erfaßt ihn selbst, aber so, daß er es erleidet. Erfahrung ist zuerst einmal die Anfechtung bis in den Tod. Aber sie umfaßt auch das Schmecken des Trostes in ihr, also die Wandlung des Affekts. Wo dem Angefochtenen die Geduld „bricht" und er „betrubt" ist, wird er vom Wort Gottes in der Schrift angeredet und durch diese Anrede in es versetzt. Soweit die „seel" an Gottes wort „hanget

[10] In *Wider die himmlischen Propheten* von 1525 stellt Luther als Karlstadts Meinung dar, in den „geyst" komme man nicht durch das „eusserliche Euangelion", sondern „ynn der lang weyle", wo man ihn „erfaren" werde (WA 18,137,5– 8.18).

... unnd bleybt drynnen“, schmeckt sie den „trost der schrifft“. Ihr Affekt ist gewandelt: Sie kann nun ihrem Affekt der Resignation und Betrübnis die Geduld entgegensetzen und selbst „getrost, keck unnd frolich tzu leyden“ sein. Sie stimmt der Verkündigung des heiligen Kreuzes zu: Sie läßt sich das Gericht gefallen und verläßt sich zugleich auf seine Überwindung in Christus. Da sich der Angefochtene in Christus tröstet, ist der Trost verborgen unter der Anfechtung.

Er gründet im Wort vom Kreuz, das „ihenis leben“ repräsentiert, etwas, das „nicht mag empfunden werden“. Aus dem Wort der Schrift Trost zu erfahren ist zwar ein Ereignis in der Zeit, aber der Trost gründet in dem, was vor Gott endgültig und dem zeitlichen Wandel entnommen ist. Trost schöpft die Seele aus der Hoffnung, an dem jetzt nicht erfahrbaren Leben in Christus teilzuhaben: „Der trost yn dißer gedullt macht denn eyn gute hoffnung tzu Christo, das sie yhm gleych werden“ (WA 10/I/1,76,13f.).

16.2.6 In der Wochenpredigt über Joh 16,33 vom 1. August 1528 umfaßt ‚Erfahrung‘ die Ekstase des Sünders in das Wort Christi und den neuen Affekt des Herzens aus dieser Ekstase.

> „Da zieht er uns aus unseren Werken, unserem Frieden und Trost heraus und hängt uns an sich, daß wir sagen: ‚Obwohl innen, bei mir, ... kein Frieden ist, so weiß ich, daß bei Christus Trost ist‘ ... Das ist der christliche Glaube, der sich aus sich selber schwingen kann in Christus. Wenn das geschieht, folgt Trost. Wer das nicht erfährt, versteht nicht, wie süß ... diese Worte sind ... Ihr habt keinen Frieden in euch und ihr werdet die Welt nicht überwinden. Wenn dir diese Versuchung einmal widerfährt, sind es rein goldene Worte: Was auch immer du erleidest, du mußt Angst in der Welt haben, ich gebe dir einen Rat, ... hänge Christus an. O was für ein Tröster ist mir der, der sagt, ich soll still halten. Es ist ... der einzige Rat: ‚In mir ist Frieden.‘ Ich habe es ein um das andere Mal erfahren. Es tut einem weh, wenn gesagt wird: Flehe Christus an! Aber sobald du erfahren hast, willst du niemals, daß du das nicht erfahren hättest. Ich habe solche gesehen, die befreit hernach die Anfechtung ... gepriesen haben“ (WA 28,68,15–34).

Der christliche Glaube „schwingt sich aus sich selbst heraus in Christus“. In ihm vollzieht sich die Ekstase, das Versetztwerden des Sünders außer sich in Christus, indem er das Wort Christi ergreift. Aus diesem Absehen von sich selbst und Sichverlassen allein auf Christus „folgt Trost“ (und „Frieden“). Das „Herz“ (68,14), womit „innen, bei mir“ synonym ist, wird so auf das außer ihm und für es gesprochene Wort ausgerichtet, daß an die Stelle von Unfriede, Angst und Trostlosigkeit vor Gott der Friede mit Gott und sein

Trost tritt. Dies kann nur als Ekstase erfahren werden, weil der Sünder von sich aus durch seine Werke in sich und in der Welt Friede mit Gott und Trost in der Angst sucht. Er will „die Welt überwinden".

Erkennt er die Sünde und verläßt sich auf Christus und sein Wort, dann kommt es zu einem Zugleich einerseits von Sünde und Tod und anderseits Friede und Trost: Aus der Erfahrung der Süßigkeit Gottes in seinem Wort, aus seinem neuen Affekt heraus kann er nun „still halten", auf Wunsch und Werk verzichten, Angst und Unfrieden zu überwinden. Sein Trost ist so sehr durch das Wort gegeben, daß er die Anfechtung preist um der Erfahrung des Trostes willen. Gottes Wort ist und bleibt ihm von außen zugesagt. Er nimmt gegen sich selbst, wie er sich erfahrbar ist, Gottes Zusage in Anspruch, daß der Grund seiner Angst in Jesus Christus überwunden ist. Aus Wort und Glaube folgt nicht, das Wort verwirklichen zu müssen. Im Gegenteil soll der Glaubende in Sünde und Zorn „still halten" und aus Glauben in dem Widerspruch zwischen altem und neuem Menschen bleiben.

16.3 Erfahrung von Gewißheit, Sicherheit und Zuversicht

16.3.1 In den *Operationes* von 1519–21 zu Ps 5,12 sieht Luther die Erfahrung der Zuversicht in der Verheißung und der auf sie gesetzten Hoffnung begründet:

> „Wir sehen hier die Wörter von vier Affekten gehäuft: Sich freuen, hoffen, jauchzen, rühmen ... Wie unterscheiden sie sich also? Das ist schwer herauszufinden, weil diese Affekte selten und schwierig und nur dem, der [sie] erfährt, bekannt und lehrbar sind. Dies eine ist gemäß dem Inhalt des ganzen Psalms gewiß: Daß er von der Freude und Sicherheit des Herzens spricht, die ... durch die Vergebung der Sünden, die Reinheit und Zuversicht des Gewissens (wo die Hoffnung regiert) gehabt werden" (WA 5,156,26–33).

Die Affekte des Lobes Gottes als schwierige und seltene Erfahrung zu bezeichnen, ist mystische Redeweise. Luther unterstreicht so, daß sie dem Sünder nicht zugänglich sind, sondern sich bedingungslos einstellen und einen Passiven erfassen. Diese Erfahrung steht in einem anderen Kontext als in der areopagitischen Mystik (vgl. § 14.1.3.b): Sie bezieht sich nicht auf den unbegreiflichen Gott jenseits äußerer Medien wie dem Wort, sondern auf Gottes Verheißung der Barmherzigkeit (162,24), die das Gewissen in die Hoffnung versetzt. Weil Gott sich in Verheißung und Hoffnung erschließt, ist er ‚unerfahrbar'. Die Hoffnung richtet sich auf den „unsichtbaren, unfühlbaren, unbegreiflichen Verheißer, den [der Hoffende] gehört hat, daß er ihm allein im Wort bezeichnet wird" (163,5–7). Luther verwendet im Zusammenhang des Wortes die Sprache areopagitischer Mystik. Dionysios selbst mißachtet diesen Zusammenhang. Deshalb ist seine Mystik für Luther die „reine Eitelkeit einer aufgeblasenen und sich selbst zur Schau stellenden Wissenschaft" (163,25-27). „Durch das Leben, vielmehr durch Sterben und Verdammnis wird einer Theologe, nicht durch Einsehen, Lesen und Spekulieren" (163,28f.). Das Gesetz zu erfahren ist notwendig, um dann auch die Barmherzigkeit Gottes in seinem Wort zu verstehen. Sie wird nicht in der „Entfernung äußerer Übel" (156,31), im Gelingen der „Werke" oder in „irgendwelchen Dingen" (157,14f.) erfahrbar, sondern sie ist verheißen. Damit geraten Erfahrung und Nichterfahrung in eine eigentümliche Dialektik: Die Verheißung begründet Hoffnung. Und diese versetzt das Gewissen in die Erfahrung, vor Gott zuversichtlich zu sein und ihn zu loben. Doch mit Blick auf die Erfahrung von Sünde und Zorn bleibt Gottes Barmherzigkeit unerfahrbar.

Diese Unterscheidung bedeutet für die Affekte, daß sie nicht in den Vermögen der Seele grundgelegt sind. Vielmehr wird das Gewissen: der Mensch, der vor Gott seine Sünde fühlt, durch die Verheißung aus sich heraus in diese Affekte versetzt. Auf Hoffnung ist das Gewissen zuversichtlich zu Gott und das Herz in „Sicherheit" vor dem Zorn Gottes.

16.3.2 Auch in der Predigt zu Gal 4,1–7 aus der *Kirchenpostille* von 1522 stellt Luther zu Vers 6 den Affekt der Zuversicht als das Gebet dar. Dieser Affekt entspringt nicht dem Herzen, sondern ist das Werk des Geistes. Jeder Christ muß die Stimme des Heiligen Geistes in sich empfinden. „Denn es ist ja auch deines Herzens Rufen." Aus „vollem Herzen" müsse man schreien, daß „alles lebt und webt in solcher Zuversicht". Dazu mahnt Luther in der Erfahrung der Sünde.[11] Auf sie bezogen erörtert er die Frage, warum hier „der geyst tzwey mal vatter" rufe (WA 10/I/1,375,13):

> „Das erst Abba bedeutt eyn anfahen solcher tzuvorsicht. Aber ... der teuffell wirts anfechten on unterlaß. Darumb ists nott, das wyr ... das ander pater datzu tun, das ist: nit auffhoren ... tzu ruffen ...; darauß wirt denn eyn erfarung solcher zuvorsicht, die uns auffs aller sicherist ... macht; das hatt villeycht Sanct Paulus auch gewollt, da er Abba, das hebreisch, ... frembd wortt, tzuvoran setzt und darnach pater, das kriechisch bekand heymisch wortt, dieweyll er ... den kriechen prediget, damit er angebe, wie der anfang solcher tzuvorsicht ... frembd ist dem menschen, aber, wenn erß nu wol ... ubet hatt, wirtt es yhm wolbekantt und gleych, alß were es seyn

[11] S. die Zitate aus derselben Predigt in § 9.1.6.

> natur worden, und ist mitt gott seynem vatter gleych anheymisch worden" (375,16–376,6).

Erfahrung bedeutet hier, etwas Fremdes durch Übung anzueignen. Das Wort, in dem Gott sich als Vater bekannt macht, wird im Gebet zum Vater mein eigenes Wort. Dieses Gebet ist die Erfahrung der Zuversicht selbst. Das Gebet und die Zuversicht des Herzens werden gleichgesetzt. So kommt zum Ausdruck, daß es um die Zuversicht zu Gott geht. Sie ist an Gottes Wort gebunden, weshalb das Herz nur zuversichtlich ist, indem es das Verhältnis zu Gott ergreift und sein Wort im Gebet aufnimmt. Der Externität entspricht die fortwährende Anfechtung durch die eigene Sünde (vgl. die erwähnten Zitate), die Luthers Paränese erforderlich macht, das Gebet zu „üben". Daß Gottes Wort aus einem fremden zu meinem eigenen und meiner Natur gleich wird, ja daß ich mit Gott gleich werde, ist also umgekehrt als Wirken des Geistes zu verstehen, mich in diese Zuversicht, dieses Gebet zu versetzen. Luther sagt gleichursprünglich, das Gebet sei das Rufen meines Herzens und das Rufen des Geistes in mir. Weil ich selbst Sünder bin und allein deshalb, daß Gott als Vater begegegnet, zu ihm beten kann, ist das Gebet nicht mein eigenes, sondern nur, sofern der Geist mich in sein Schreien versetzt.

16.3.3 In der *Vorlesung über den 1. Brief des Johannes* von 1527 fordert Luther gelegentlich 4,18 seine Hörer auf:

> „Jeder möge seinen Glauben erfahren. Wenn er an Christus glaubt, hat er Liebe und Sicherheit, und je stärker er glaubt, desto größer ist die Sicherheit. Wenn nur Furcht da ist, ist dort nichts vom Glauben" (WA 20,760,1–3).

Der Glaube wird erfahrbar an den „Affekten" (760,11) der Liebe (zu Gott) und der Sicherheit (vor Gottes Zorn). Die Liebe impliziert die Sicherheit: Sie ist vollkommen, sofern sie „gewiß" ist und „fest steht, weil der Glaube Gott ... den Vater ergreift, d.h. die ‚Strafe' ausschließt" (761,17f.). Daß keine Furcht in der Liebe ist, gilt, wenn die „Zeit des Friedens" (761,16) zwischen Gott und dem Gewissen (760,14) herrscht, weil der Glaube Gott als Vater ergreift. Doch zuerst, im Kampf, sind „diese zwei Affekte, die ... nicht zugleich [im Gewissen] hausen können ... vermischt" (761,9f.).

Wie der Affekt der Liebe, die sich Gottes sicher ist, zur Erfahrung kommt, zeigt Luther an Christi Ringen in Getsemane: „Mitten im Kampf wirft er sich herum und sagt: ‚Dein Wille geschehe' [Mt 6,10]" (761,6f.). Christus verläßt sich auf Gott den Vater, weshalb der Affekt der Liebe sein

Gewissen erfaßt. Dieser äußert sich darin, daß er Gott nicht flieht, sondern im Gebet an ihn herantritt (761,8f.).

16.3.4 Nach der *Vorlesung über den 1. Timotheusbrief* zu 4,10 von 1528 erfährt das Gewissen aus der Verheißung und Hoffnung des zukünftigen Christus Gewißheit gegen Gott:

> „Die Verheißung des Lebens ... ist unsere Zuversicht, Sicherheit und Trost in all unseren Mühen und Heimsuchungen ... Die Summe unserer Religion ist: gewiß und sicher in seinem Gewissen zu sein ... Wir bemühen uns nicht und erleiden nicht Schande, um von der Welt Gnade, Reichtum und Würden zu erfahren ... Wer Hoffnung auf Gott hat, weiß ganz gewiß, daß seine Werke und Leiden Gott gefallen und erfährt in großer Gewißheit Barmherzigkeit und Gnade von Gott ... Er handelt umso lieber und erträgt alles, weil er immer diese Zuversicht hat: Es gefällt Gott" (WA 26,79,7–10.21–28).

In der Anfechtung scheiden sich zwei Horizonte der Erfahrung: von der Welt oder von Gott Gnade zu erfahren. Die Gnade der Welt erweist sich in der Erfahrung von Reichtum und Würden. Gottes Gnade aber ist seine Verheißung. Wer sich im Erleiden des Ausbleibens von Gütern auf sie verläßt, der erfährt als gegenwärtige Gestalt der Gnade die Gewißheit und Zuversicht des Gewissens: Gott gefällt mein Leiden. Gewißheit zu erfahren ist der Vorgang, nicht selbst und aufgrund der erfahrenen oder nicht erfahrenen Güter zu urteilen, sondern passiv, gemäß Gottes Wohlgefallen. In dieser Erfahrung wird das Gewissen in einem doppelten Sinn außerhalb seiner bestimmt: Durch das, was als Verheißenes erst noch erhofft wird, und durch das Wort der Verheißung, also die Zuverlässigkeit ihres Sprechers. Somit ist das Gewissen so gewiß, wie die „Predigt gewiß" ist, „daß wir diesen Mann haben, der in Zukunft [ist]" (79,16). Diese Gewißheit zu erfahren, ist der Grund der Verheißung und Hoffnung des Zukönftigen. Sie gibt aber umgekehrt das besondere Profil der Hoffnung zu erkennen: Diese führt nicht zur Weltflucht, sondern „macht uns freudig zum Arbeiten und Ertragen des Widerwärtigen" (79,15f.).

16.3.5 Daß die Gewißheit schon darin gegeben ist, in Gottes Gnade zu stehen und ihm zu gefallen, sagt Luther auch in der *Vorlesung über das Hohelied* von 1530f.:

> „Kein Jurist, Gesetzgeber und auch Mose nicht kann festlegen, daß dieses oder jenes Amt und Werk gewiß Gott gefalle ... Wenn sich die Sache aber auf die göttlichen Verheißungen stützt, hast du dies und die Vergebung der Sünden. ‚Wisse, daß mir diese Lebensweise gefällt.' Da entsteht Gewißheit,

> da beginne ich zu glauben und erfahre durch das zu Glaubende Schutz und alles“ (WA 31/II,674,15–20).

Nach der Auslegung von 1. Tim 4,10 bezieht sich die Gewißheit darauf, daß Gott an den „Werken und Leiden“ des Hoffenden Gefallen hat. Dafür sagt Luther hier kurz und bündig „Lebensweise“.[12] Die Gewißheit, von Gott anerkannt zu sein, bewährt sich also in der Standhaftigkeit, mit der die Gebote im zwischenmenschlichen Leben geübt werden. Diese Gewißheit bietet Schutz, wenn der Glaubende in sich oder von außen den Widerstand der Sünde gegen Gottes Gebote erleidet.

16.3.6 In der *Vorlesung über den Galaterbrief* von 1531 meint Luther (s. § 10.3.5): „Ich habe diese zwei Dinge sehr erfahren“: zum einen die „Gefährdung durch den Teufel und das Gewissen“, wenn er über die Majestät Gottes „spekuliert“. Zum zweiten aber auch, dann „sicher“ vor dem „Teufel“ und dem „Gewissen“ zu sein, wenn er statt zu spekulieren allein an Christi Menschheit mit „ganzem Herzen“ hängt. Die Sicherheit vor Gottes Zorn kommt darin zum Ausdruck, daß er dem eigenen Gewissen widerspricht und nicht länger Gott spekulativ, sondern dort, wo er sich „finden“ läßt, „erörtern“ will: in Christus, wo er „rechtfertigt und annimmt“.

Erfahrung der Sicherheit bedeutet: Indem das Ich oder Herz nicht im Gewissen aufgeht, sondern passiv ist und sich auf Gottes Zusage verläßt, tritt es aus seinem Willen und Engagement heraus, seinem „spekulativen Sinn“ zu folgen. Es ist nun außer sich, sofern es Gewissen ist, und tritt sich selbst gegenüber, wenn es nicht eigene Gedanken hegt, sondern Gottes Gedanken über es erörtert.

16.3.7 In der Auslegung *Deuteronomion Mosi cum annotationibus* von 1525 bezieht Luther zu Dtn 7,12 die Erfahrung der Gewißheit nicht auf den Affekt des Herzens oder Gewissens, sondern auf Güter:

> „Die zuvorkommende [Barmherzigkeit] ist die, in der wir vor all unseren Werken ... gerechtfertigt werden. Die nachfolgende ist die, wo wir sie uns durch Werke selbst gewiß machen und die zuvorkommende selbst fühlen ... Die nachfolgende Barmherzigkeit ... bringt den bereits Gerechtfertigten den Frieden, die Sicherheit und alles Gute. So daß du sagen kannst: ... Eines sei die Gabe und Sache und etwas anderes die Gewißheit ihrer durch Empfang und Besitz. — So will er hier sagen: Wenn du diese Gebote

[12] Zum Zusammenhang von Werken und Leiden in den Lebensweisen ist die Auslegung des Ps 127 (s. § 10.5.3), der *Große Sermon von dem Wucher* (s. § 13.2.9) und der *Große Katechismus* (s. § 13.2.10) zu vergleichen.

> beachtet haben wirst (was sie dennoch ohne Gnade nicht konnten), wirst du durch die Erfahrung selbst von den Dingen fühlen, daß der Herr treu ist, so daß er sowohl das verheißene Land gibt, als auch das gegebene bewahrt" (WA 14,627,7–20).

Die Erfahrung eines Gutes (des „verheißenen Landes") ist die Erfahrung der zuvorkommenden Barmherzigkeit, in der der Mensch gerecht ist vor den Werken — und Gütern. Weil es um die Verheißung der Barmherzigkeit und um den Glauben geht, ist die Erfahrung der Gewißheit eine, die nicht die erfahrenen Güter zum Grund hat, sondern die Verheißung: So wird in den Gütern erfahren, daß Gott treu ist — in seiner zuvorkommenden Barmherzigkeit. In der Erfahrung, derjenigen von Gütern, wird der Glaubende von dem Gut weg in Gottes Verheißung versetzt.

16.3.8 In der Predigt vom 11. August 1532 über 1. Kor 15 beurteilt Luther die Predigt der Rottengeister daraufhin, ob sie zwei Zeugen, nämlich Schrift und Erfahrung, für sich aufbieten kann:

> „Wie sie des Zeugnisses der Schrift ermangeln, so auch des Zeugnisses der Erfahrung ... Alle Rottengeister lehren von etwas, das sie nicht gesehen, gehört und erfahren haben. Ein Papist [lehrt], wer Reue über seine Sünde hat, nach der [Mönchs-]Regel lebt, Almosen gibt, wer [so] Zuversicht gegen Gott sucht, der wird selig. Niemals haben sie es erfahren und keiner kann bezeugen, daß er jemals ein heiteres Gewissen gehabt hätte. Sondern nachdem ich alle meine Werke geleistet hatte, stand mein Herz so da: ‚Ich habe es getan, aber ich weiß nicht, ob [mir Gott gnedig sey]' ... Deshalb sagt er [Paulus]: ‚Bleibt bei der Lehre, die die gewisse Schrift und die Erfahrung des Menschen hat' ... Ich kann durch Gottes Gnade vom Glauben predigen, weil ich die Schrift für mich habe, dann auch die Erfahrung."[13]

Das „heitere Gewissen" zu erfahren bedeutet, aufgrund der „gewissen Schrift" sich der Anerkennung durch Gott gewiß und nicht länger ungewiß zu sein. Wie Luther aus eigener Erfahrung weiß, kommen die, die ihre Zuversicht zu Gott durch das Tun von Werken gewinnen wollen, nicht über die Erfahrung hinaus, ungewiß zu sein, ob ihre Werke Gottes Forderung genügen (vgl. §§ 9.2.4 und 10.3). Wegen des polemischen Disputs mit den „Rottengeistern" (oder ihren Anhängern unter den Predigthörern) bemüht Luther hier die Erfahrung als zweiten Zeugen neben der Schrift, um die „Lehre" oder „Predigt" als wahr zu bezeugen. Im Fall der „Papisten" und „Rottengeister" führt dies zu dem Urteil, ihre Predigt sei eine „doppel-

[13] WA 36,505,1–506,8 [Hs]. In 505,8 wurde aus dem Druck (506,11) ergänzt.

te Lüge“, weil sie keines von beiden vorweisen kann. Dieser argumentative Kunstgriff kann nicht darüber hinwegtäuschen, daß die Erfahrung kein von der Schrift unabhängiger Zeuge ist. Denn ein heiteres Gewissen wird nur aufgrund der Predigt erfahren, die die Schrift zum Inhalt hat.

Ebeling (1978:109–111) legt den Akzent darauf, daß die Erfahrung „durch das Zeugnis der Schrift ausgelöst“ werde. Die eigene Erfahrung sei nicht die „nachträgliche Bestätigung“ der Schrift, sondern der „Fortgang des durch sie Bezeugten“ (111), mithin also der Inhalt der Schrift. So läßt sich der Sachverhalt zuspitzen, daß Gottes Wort seine Kraft im Gewissen erweisen will. Aber dies ließe sich auch mißverstehen: Als ob die Schrift auf diese Erfahrung zulaufe und in ihr aufgehe. Wo es doch umgekehrt ist: In der Erfahrung, daß die Verheißung des ewigen Lebens das Gewissen heiter macht, wird das Gewissen über seine Erfahrung hinaus in das Wort versetzt. Was Gott zusagt, muß nicht in der Erfahrung verifiziert werden — und setzt genau damit die gegenwärtige Erfahrung der Heiterkeit frei.

16.3.9 Mit ‚gewiß sein‘ verwandt ist der Ausdruck ‚erfahren sein‘ (vgl. § 8.2). Das soll anhand dreier Belege dargelegt werden.

So meint Luther etwa in den *Operationes* zu Ps 14,2 (s. § 8.3.1), daß die Lehre „durch den Gebrauch des Lebens ... den Menschen erfahren und gewiß“ mache. Die Lehre brauchen heißt, sie „anzuwenden“, wenn die „Gelegenheit kommt“ (WA 5,411,16f.). Gemeint ist, seine Sünde zu erkennen und sich dann auf das Wort zu verlassen: ‚Christus ist für deine Sünde gestorben‘. Dies ist keine Menschenweisheit und -lehre, sondern Gottes Weisheit. Luther betont deshalb, durch die Erfahrung im Sinne des Gebrauchs der Lehre sei der Mensch „nicht aus Weisheit voll des Geistes, sondern im Geist voll der Weisheit“ (411,11f.). Die Erfahrung wird „nicht durch das Laster der Natur, sondern durch das Geschenk der Gnade geübt“ (411,28f.). Durch Übung, Gebrauch und Anwendung der Lehre erfahren und gewiß werden: Das klingt so, als gebe Luther einen aktiv zu beschreitenden Weg an. Doch wie „Geist“ und „Gnade“ zeigen, sind die genannten Begriffe umgekehrt, passiv zu verstehen: Erfahren und geübt ist gerade der, der weiß, daß er nicht weise, erfahren und gewiß ist, und der dann, wenn er seine Sünde, seine Torheit im Kontrast zur Weisheit Gottes, erkennt, die Lehre auf sich anwendet. Als Sünder weise zu sein, ist nur so möglich, daß eingestanden wird: ‚Ich habe die Weisheit nicht, aber sie ist außer mir und für mich da, und deshalb bin ich außerhalb meiner, im Geist, weise.‘

16.3.10 Nach der *Vermahnung zum Sakrament* (s. § 11.4.3) „nötigt“ die Anfechtung, Gottes „gnade“ in „wort und Sacrament zu suchen“, damit so „unser glaube wol geübt, erfaren und starck werde und wir also jnn Christo bleiben und feste werden". Dieses Werden geschieht in der Anfechtung und aus Gnade. Das heißt für den Glauben: Er ist der unsere und ein erfahrener Glaube nicht in dem Sinne, daß er unser *habitus* wird, sondern umgekehrt daß wir als notorisch im Unglauben Lebende immer von neuem außer uns „jnn Christo … feste werden". Der Glaube wird niemals zum habituellen Besitz. Sondern er existiert nur aktuell, als ‚Erfahrung' des Versetztwerdens in Christus. Und in ihm „geübt, erfaren", also beständig zu sein, kann nur heißen, daß er immer aufs neue in der Anfechtung genommen wird, um wieder außerhalb des Angefochtenen begründet zu werden. Der Akt des Glaubens wird destruiert, damit der Grund und Gegenstand des Glaubens rein hervortritt — und den Akt in diesem Sinn neu hervorruft. Im Glauben erfahren zu sein, ist das Eingeständnis, nicht glauben und nicht erfahren sein zu können, aber außerhalb seiner selbst allein in Christus zu existieren.

16.3.11 Auch in *Der 111. Psalm ausgelegt* (s. § 13.2.1) ist ‚erfahren sein' im passiven Sinn gemeint. Erfahren ist ein Christ, der nichts in sich oder in seinem Urteil, sondern nur außer sich in Gottes Evangelium und Werk ist. Erfahren ist der, der nur im Evangelium als der Zusage des Kreuzes Christi ‚für mich' existiert und deshalb den Tod des alten Menschen willig erleidet. Außer sich und nicht in und aus sich zu existieren, selbst nichts, sondern allein Gottes Werk zu sein, kommt nicht nur im Affekt des Lobes nach überstandener Anfechtung zum Ausdruck, sondern auch umgekehrt im Affekt willigen Erleidens der Anfechtung. Passiv und außerhalb seiner als Gottes Werk leben: Dies nennt Luther ‚Erfahren–sein'. So jemand ist geübt, keck, tüchtig und kann anderen nutzen. Passiv vor Gott zu sein ist die höchste Kunstfertigkeit und das höchste Handwerk.

16.3.12 *Zusammenfassung*:

a. Die Kraft, Macht oder Wirksamkeit des Glaubens ist das Wort. Sie zu erfahren bedeutet, so in das Wort versetzt zu werden, daß das angefochtene Gewissen nicht länger den Affekt beherrscht, sondern der Mensch sich affektiv allein auf das Wort ausrichtet und gegen die Anfechtung stellt: Statt verzweifelt und trostlos ist sein Gewissen durch die Anrede des Evangeliums befriedet und getröstet, statt furchtsam und voll Angst gewiß und zuversichtlich. Indem sich sein Affekt wandelt, erleidet er die Anfechtung nun willig, ja er lobt und begehrt sie, weil in ihr Gottes Wort als an ihn gerichtetes rein zur Geltung kommt.

b. Die Affekte sind nicht als Bewegung aus dem Vermögen des Herzens oder Willens heraus zu begreifen. Gegenüber der mittelalterlichen Affektlehre tritt bei Luther eine „metaphysich–psychologische Theorie der Affekte" zurück (zur Mühlen 1977:607,39f.). Denn die Affekte sind außerhalb des Menschen im Evangelium konstituiert, im „Erkanntwerden durch Gott". Sie „korrespondieren" diesem Erkanntwerden (607,16f.). Diese Korrespondenz ist das Werk des Geistes, der durch das Wort in sie versetzt. Die Affekte sind somit nichts anderes als die Realisierung des von Gott gestifteten Verhältnisses zu ihm, weshalb sie in ihrem Kern Gebet sind.

c. Dem Absehen von psychologischen Bedingungen der Affekte entspricht, daß Luther nicht von persönlichen Erfahrungen spricht, sondern aus ihnen allein von Gottes Wort. Wie sich das Versetztwerden außer sich in die Affekte vollzieht, wird nicht thematisiert, sondern als Werk des Geistes bekannt. Nicht das Zustandekommen, sondern die aktuelle Bewegung des Affekts ist aussagbar. Diese aktuelle Bewegung des Affekts ist jeweils Teilhabe an Gottes Wort. Gott kommuniziert in seinem Wort: Er teilt sich mit und affiziert damit den Menschen, nicht bei sich selbst zu bleiben, sondern sich seinerseits mitzuteilen. Primär affiziert das Wort Gottes zum Gebet, zum Dialog mit Gott. Aber auch gegenüber anderen Gesprächspartnern Gottes bleibt der Sünder nicht länger stumm, sondern tut seinen Mund auf, um in Dialog mit ihnen zu treten: mit dem eigenen Gewissen und dem Teufel. Luthers persönlicher Affekt äußert sich darin, daß er sich in Schriften, Vorlesungen und Predigten an andere mitteilt. Dabei spricht er aber nicht von sich, sondern verleiht dem biblischen Wort Gottes Sprache und Stimme. An *De libertate christiana* wurde exemplarisch verdeutlicht, daß Luther in diesem Affekt einen begeisterten, freudigen Redestil pflegt.

d. Der geistliche Affekt setzt die Erfahrung der Anfechtung voraus, wie an den ‚unaussprechlichen Seufzern' deutlich wird (s. § 15.2). Wie Gesetz und Evangelium simultan sind, so auch die von ihnen hervorgerufenen Erfahrungen. Das eine Kreuz Christi, das Gott durch das Wort vom Kreuz auferlegt, äußert sich zwar nicht als eine Erfahrung, aber als die dialektische Bewegung zweier Erfahrungen, in der eine Erfahrung nur unter Voraussetzung der anderen erfahrbar ist. Die Simultanität ist an den Seufzern und dem Lob des Geistes besonders augenfällig. In mehreren Schriften tritt sie so hervor, daß Luther eine Schriftperikope auslegt und dabei zwei Erfahrungen namhaft macht.[14]

[14] Das gilt z.B. für die *Operationes* zu Ps 16,7 einerseits (s. §§ 12.1.1 und 12.1.2.a) und 16,8.9 anderseits (s. §§ 17.1.2 und 15.1.6); für die *Operationes* zu Ps 22,3.19 (s. §§ 10.1.1.a und 16.1.2); für *Das Magnificat* (s. § 17.2.2); für die Predigt zu Gal 4 aus der *Kirchenpostille* (s. §§ 9.1.6 und 16.3.2) und für die *Vorlesung über den Galaterbrief* (s. §§ 10.3.5, 10.4.1, 10.4.2 und 17.1.4).

§ 17 Erfahrungen des Leibes

Gottes Gnade begegnet in diesem Leben und setzt den Sünder innerhalb der *Schöpfung* zu sich in ein Verhältnis. Deshalb gewinnt das Herz oder der Wille zugleich mit den Affekten, die auf Gott gerichtet sind, auch neue Affekte zu den Personen und Dingen dieses Lebens. Gottes Werk wird aber nicht nur in den Affekten erfahren, sondern auch in den Gütern dieses Lebens. Beide Erfahrungen, die des Affekts zu den Gütern und Personen und die der Güter, macht immer nur der Glaube.

17.1 Erfahrung der Liebe

17.1.1 In *In epistolam Pauli ad Galatas commentarius* von 1519 legt Luther die Wendung „durch das Gesetz dem Gesetz tot sein" (Gal 2,19), so aus:

> „Er berührt das Gesetz auf zweifache Weise: Eines ist das Gesetz des Geistes und des Glaubens, in dem für Gott gelebt wird, während die Sünden besiegt sind und das Gesetz erfüllt ist ... Das andere ist das Gesetz des Buchstabens und der Werke, in dem der Sünde gelebt wird, während das Gesetz niemals erfüllt, sondern seine Erfüllung geheuchelt ist. Durch das Gesetz wird nämlich der Haß des Gesetzes geweckt, durch den Glauben aber wird die Liebe des Gesetzes eingegossen ... Das Gesetz des Geistes ist das, das durch keinen Buchstaben geschrieben wird ... Sondern es ist der lebendige Wille selbst und erfahrbares Leben, ja eine Sache, die mit Gottes Finger allein in die Herzen geschrieben wird" (WA 2,498,22–26; 499,20–22).

Die Frage, wie ein Wort zu verstehen ist, lautet hinsichtlich des Gesetzes, wie seine „Gebote" (498,10) zu erfüllen sind. Verstanden, also erfüllt wird das Gesetz nicht durch den „Buchstaben". Das sagt Luther vor dem Hintergrund der Sünde. Wegen ihr bleibt das Gesetz bloßer Buchstabe und unerfüllt; wegen ihr begegnet es als Forderung und Anklage. Verstanden wird das Gesetz durch den „Geist". In ihm kommt es nicht aus eigener Anstrengung, sondern durch Gottes aktuelles Handeln zur Übereinstimmung zwischen Gesetz und Leben (vgl. Schwarz 1962:400f.406f.). ‚Erfahrung' bedeutet dieses Ereignis. Es geschieht zwar in mir und wird von mir erfahren, aber so, daß ich sein Eintreten nicht herbeiführen kann, sondern unverrechenbar geschehen lassen muß. Ich muß von ihm sagen, daß es Gottes und nicht mein Werk ist. Damit es zu dieser Erfahrung kommt, ist der Glaube vonnöten, daß Christus das Gesetz an meiner Stelle erfüllt hat. In diesem Glauben wird der Wille, aus

Werken gerecht zu werden, getötet und die Erfahrung zu etwas, das nicht ‚ich' hervorbringe, sondern empfange und geschehen lasse.

Dieses passiv empfangene Ereignis ist der im Glauben gewandelte Wille. Nach außen in Christus versetzt, ist das Gesetz in mir „lebendiger Wille und erfahrbares Leben". Parallel sagt Luther zu Gal 4,24 das Gesetz werde verstanden durch „das Leben selbst und das erfahrbare Gesetz, das durch die Gnade mit Gottes Finger in die Seele geschrieben ist und überhaupt jenes ganze Erfüllte, das das Gesetz vorschreibt" (551,31–34). Durch den Geist hat das Gesetz ein anderes Zentrum, als es seine buchstäbliche Forderung anzugeben scheint: das Kreuz Christi. Wer dieses im Glauben erleidet, dessen „Wille" wird mit dem Gesetz eins. Aus dem Haß wird die Liebe des Gesetzes. Der Mensch folgt nicht länger dem Eigenwillen, sondern dem Gottes. Er tut die Werke „mit heiterem, willigem und freudigem Herzen" (500,24f.), er stimmt Gottes Willen gegen den eigenen zu, so daß das „Gesetz die Begierden des Fleisches kreuzigt" (499,27f.). Er will selbstvergessen nur noch, daß Gottes Werk und Wille durch das Gesetz geschieht, nicht aber sein eigener.

17.1.2 Ps 16,9 deutet Luther in den *Operationes* als „Worte ausbrechender Freude und überströmenden Gefühls". Der Psalmist geht mit ihnen auf das Wort der Verheißung ein, antwortet ihm, spricht es nach (s. § 15.1.6). Es ist ein Affekt der Freude in Gott, der das von Gott gestiftete Verhältnis im Lob vollzieht. Parallel zu diesem Affekt bezeichnet Luther auch *die* Bewegung als Erfahrung, in die nach Vers 8 der Glaube den Willen versetzt:

> „Diese Vorstellung des Herrn macht das Herz mutig, heiter und willig, jedes gute Werk zu tun und das Böse zu tragen ... Denn was täte und wagte derjenige nicht von Herzen gern, der darauf vertraut, daß er Gott gefällt und der Herr ihm günstig und gnädig ist? Welche Sünde, wie sehr sie auch schmeichelte, verachtete nicht derjenige, der sich in diesem Vertrauen auf Gott stützt? ... Niemand glaubt, wie ihn dieses Vertrauen vom Bösen abzieht und zum Guten bewegt, wenn er es nicht erfahren hat" (WA 5,459,27–34).

Gott vor Augen zu haben ist identisch damit, sich auf die Verheißung der Barmherzigkeit zu verlassen (s. 459,20f., zit. in § 15.1.6). Das „Vertrauen" lebt in dem passiven Verhältnis, das Gott gestiftet hat: darin, daß ‚ich' Gott gefalle und er mir gnädig ist. Dieser Glaube wandelt erfahrbar das Herz, so daß es nicht das Böse will: das, was Gott mißfällt, sondern das Gute: gute Werke tun und Böses tragen, weil es Gott gefällt. An den gebotenen Werken, an der Nächstenliebe ist also ihr Ursprung entscheidend: sie um Gottes willen, weil es Gott gefällt, zu tun. Die Nächstenliebe ist ein aus dem Glauben erwachsender Affekt gegen Gott. Der Erfahrungsbegriff unterstreicht, daß dieser Wandel des Willens nicht aus einem selbst kommt, sondern sich im Glauben ohne eigenes Zutun unverhofft einstellt. Der Mensch ist in dieser Erfahrung passiv, empfangend. Er kann sie nicht vorbereiten oder festhalten, aber er existiert in solchen Erfahrungen.

Dieser Affekt der Bereitwilligkeit erscheint in den beiden rhetorischen Fragen als „Wagnis", das der Umkehrende „von Herzen gern" auf sich nimmt, als selbstvergessene Souveränität und Großzügigkeit, in der er über die Sünde hinwegsieht. Sie ist nichts mehr für ihn, er „verachtet" sie. Der Sünder ist durch den Glauben in die Liebe entäußert und von sich selbst los. Sich auf Gott zu verlassen hat zur Folge, nur noch sein Gebot zu tun, auch wenn man darüber das Böse bis hin zum Tod zu ertragen hat.

17.1.3 Auch in den späteren *Vorlesungen* über den 1. Timotheusbrief (s. § 16.3.4) und das Hohelied (s. § 16.3.5) bezieht Luther den Glauben, daß die Werke und Leiden bzw. die Lebensweise „Gott gefallen", und die Erfahrung des neuen Affekts aufeinander. Er nennt ihn dort „Gewißheit" gegen Gott, während er ihn in den *Operationes* zu Ps 16,9 als Heiterkeit und Bereitwilligkeit des Herzens zu Werken und Leiden bezeichnet. Die Erfahrung, die er zu 1. Tim 4,10 als Affekt der Gewißheit in Werken und Leiden darstellt, bringt er zu 3,16 anders zur Sprache. Er bestreitet, daß die „schwärmerischen Geister" (WA 26,65,1) das ‚Geheimnis des Glaubens' erfaßt haben:

> „Sie gehen hin in ihren Spekulationen und Wundern, wissen aber nicht, was Glaube, Liebe und Kreuz sind, weil sie [es] nicht erfahren haben. Ich urteile mit Zuversicht, daß die Spiritualisten nicht einen Funken erfahren haben, was es heißt, an Gott zu glauben und in die rechte Stimmung gegen die Brüder versetzt zu werden [*adfici*]" (65,1–5).

Statt von ‚Werken und Leiden' spricht Luther hier von „Liebe und Kreuz". Sie zu erfahren gehört mit der Erfahrung des Glaubens zusammen. Diese besteht darin, Christus in „Gebrauch" zu nehmen, nämlich seinem Wort zu glauben, durch seinen Tod seien mir die Sünden vergeben (65,22–31). Der ‚im Fleisch erschienene' Christus ist die Vergebung meiner Sünde. Aber wenn auch „nichts offenbarer" ist, so auch „nichts verborgener" (65,34f.). Das Wort von ihm ist „nicht verborgen, und doch auf das tiefste verborgen" (65,8). Denn „niemand erkennt es, der es nicht im Herzen empfindet", und das ist der Grund, weshalb „es Geheimnis genannt [wird]" (66,6f.). Die Erfahrung des Glaubens ist vollkommen begründet — und doch unzugänglich, verborgen. Stellt sie sich aber ein, dann ist sie nichts über das öffentliche Geschehen des Kreuzes und seiner Verkündigung in Wort und Sakrament hinaus. So betont Luther die Unverfügbarkeit der Erfahrung und zugleich das äußere Wort als ihren alleinigen Grund. Darauf ist auch die Rede vom „Funken" zu beziehen: Schon die geringste Erfahrung macht Glaube, Liebe und Kreuz ungeteilt präsent, schöpft diese aber nicht aus. Der Erfahrene richtet sich vielmehr auf das, was größer als seine Erfahrung ist und von außen kommt (vgl. die Einleitung zu *De libertate christiana*, s. § 16.1.3).

Die Erfahrung der Liebe ist dieselbe Erfahrung, nun aber bezogen auf die Mitmenschen. Wer sich auf die Zusage der Vergebung verläßt, dessen Herz wird (65,27) in eine neue „Stimmung gegen die Brüder versetzt". Die Liebe als Affekt aufzufassen bedeutet nicht, daß es auf das Tun nicht ankomme. Luther geht es vielmehr darum, sie an ihrer Wurzel, als Wandel der Person von Grund auf durch den Glauben zu erfassen.

17.1.4 Gutes tun und Böses erleiden ist nach dem frühen Galaterkommentar (s. § 17.1.1) das erfahrbare „Gesetz des Geistes". Auch nach der *Vorlesung über den Galaterbrief* von 1531 wird der Geist so erfahrbar. Das zeigt etwa die Paraphrase von Gal 3,2:

> „Eure Erfahrung mußte euch lehren: Ihr hattet den Heiligen Geist, ihr lehrtet die Werke, ihr glaubtet, ihr littet. — Große Tugenden, die nicht aus dem Gesetz kamen" (WA 40/I,353,4–6).

Wieder betont Luther in der Erfahrung der geistgewirkten Liebe die rechte Erkenntnis vor ihrem Tun: Der Geist ist zunächst erfahrbar in der rechten „Lehre" der Werke — derjenigen, die das Gewissen zuversichtlich zu Gott sein läßt, weil sie die Gerechtigkeit aus Glauben voraussetzt. Sie kommt nicht „aus dem Gesetz", sondern dem Heiligen Geist, wie die Galater erfahren haben.

Von dieser Erfahrung ist noch einmal die Rede. Nachdem er davon gehandelt hat, daß in der Urkirche der Geist aufgrund der Predigt des Evangeliums sichtbar gegeben worden ist (328,9– 341,12 [Hs]), geht Luther auf die gegenwärtige Geisterfahrung seiner Wittenberger Hörer ein und benennt, worin sie der urkirchlichen gleich ist:

> „Dasselbe sehen wir heute, obgleich der Heilige Geist nicht sichtbar [ist]: ... Nachdem unsere Predigt gehört wurde, daß das Gesetz nicht rechtfertigt, sondern an Christus [zu glauben] nötig ist, folgt die freudigste Erkenntnis und das gewisseste Urteil über alle Dinge ... Jetzt, da das Evangelium

> offenbar ist, sind alle Lebensweisen unter unserem Urteil. Jetzt tut die Familienmutter, der Sklave die besten Werke, der Mönch [aber] usw. Daher ist es eine große Erfahrung: Im Gesetz habt ihr alle ... Lasten getragen, aber niemals seid ihr zur Erkenntnis eures Gottes und eurer Werke geführt worden, bis jenes Licht gekommen ist, das gehört wird. Allein ‚auf das Hören' ist der Heilige Geist herabgefallen" (341,13–343,2 [Hs]).

Anstelle des „lebendigen Willens" (s. § 17.1.1) ist von der „Erkenntnis" aller Dinge und dem „Urteil" die Rede, „unter" dem sie sind. Als Erkennender und Urteilender ist der Mensch frei von allen Dingen und ihrer mächtig. Denn sein Gewissen ist nicht an das Gesetz, sondern im „Hören" an das Evangelium gebunden. Er ist allein im Hören gerecht, so daß das Leben in den „Lebensweisen" sein Gerechtsein in Christus nicht infragestellt (vgl. zum Folgenden § 16.3.5). Er muß dieses und sich selbst nicht erst gewinnen, sondern kann frei und selbstvergessen Gottes Gebote tun und die Nichtigkeit erleiden, in die sie führen. Sein sündhafter Eigenwille erleidet darin das Kreuz (vgl. 401,4–6 und 573,10f. [Hs]). Dafür sind die Tätigkeiten des „Sklaven" und der „Familienmutter" — „verachtete Werke, die die Welt nicht sieht" (573,8) — exemplarisch, weil in ihnen der Mensch nicht dem eigenen Urteil oder dem der Welt folgt, sondern auf das hört, was Gott ihm in den Lebensweisen zusagt.

Diese Erkenntnis und dieses Urteil zu haben bedeutet, den Geist zu empfangen. Ich kann sie nicht aus meinen Kräften gewinnen, sondern muß sie als eine fremde und dennoch für mich ausgesprochene Erkenntnis ‚erfahren'. D.h. daß dies ein sich frei einstellendes Ereignis ist, das aber ‚mich' von Grund auf erfaßt. Diese im Hören auf Gottes Wort begründete Erkenntnis versetzt das Herz in Freude und Gewißheit, so daß es ganz und gar in ihr gefangen ist.

17.1.5 In dem Entwurf *De loco Iustificationis* von 1530 kommt Luther auf dieselbe Erfahrung wie in der *Vorlesung über den Galaterbrief* zu sprechen:

> „Die Wunder meiner Lehre sind die Erfahrungen ...: Ich bin gewesen ... 3. ein ... Doktor der sophistischen Theologie, 4. ein durch und durch heiliger Mönch ..., 5. ein äußerst gewissenhafter ... Priester. Trotzdem habe ich mit all diesen Titeln und Tätigkeiten nichts von irgendeiner Lebensweise gelernt, bis ich mit dem Namen Christi ... das empfangen habe, was ich jetzt habe und weiß ... Jetzt habe ich unter seinem Namen alles, und ohne seinen Namen ... verliere ich wieder alles und bleibt nichts als Tod, Sünde und unendliche irrtümliche Sorgen ... Diese Erfahrung, weil sie gewisser als das Leben selbst ist, ist mir kein trügerisches Zeichen, sondern steht für

> viele tausend Wunder, weil sie mit der Schrift übereinstimmt ... Ich habe zwei ... unüberwindliche Zeugen, nämlich die Schrift und das Gewissen, das die Erfahrung ist" (WA 30/II,672,37–673,16).

Luther streitet für die Lehre, daß die Werke auf die Gerechtigkeit folgen und von Gerechten getan werden. Er bestreitet damit die scholastische Lehre, Christus habe die Gnade verdient, die wir in den Werken in Gebrauch nehmen sollen, um selbst das ewige Leben zu verdienen (670,1ff.). Er nennt Schrift und Erfahrung als „Zeugen". Verweist er auf die Erfahrung also in der Polemik, so meint er doch die des Glaubens, die ich selbst im Gewissen machen muß. Eine solche Erfahrung ist zeugnisfähig, insofern sie „mit der Schrift übereinstimmt". Ja, sie besteht darin, daß die Lehre der Schrift ein „Wunder" am Gewissen vollbringt.

Mit der Erfahrung meint Luther die Erkenntnis der „Lebensweisen" (vgl. § 17.1.4), anders gesagt das „Haben" und „Wissen" aller Dinge, in das der Glaube das Gewissen versetzt. Er besitzt und erkennt „alle Dinge", auch wenn er nicht mit ihnen umgeht und über sie verfügt. Denn er hat mit dem Namen Christi das, das über „allen Dingen" ist. Christus ist der Grund, alle Dinge zu haben, und zwar als solche, über die Christus die Macht hat, weshalb sie über mich keine Macht haben. Das konkretisiert sich in der dienstbaren Liebe und im Erleiden des Kreuzes (673,19f.). Das „Christus über alles" ist auch der Grund, weshalb die Erfahrung „gewisser als das Leben selbst" ist. Damit ist angedeutet, daß in ihr der in seinem „Gewissen" der Sünde und des Todes gefangene Mensch aus sich heraus versetzt wird und nur noch im Ergreifen des Namens Christi existiert.

Ebeling (1978:109) paraphrasiert die Lebensweisen mit „das, worauf es im Leben ankommt". Die Erfahrung sei also „lebensbezogen". Der Name Christi zielt nach Ebeling auf diese Erfahrung und bringt so etwas für das Leben ein: Luther sei, indem er den Namen Christi ergriffen habe, „das aufgegangen, was er jetzt hat und weiß". „Am Verhältnis zum Namen Christi" sei „die Entscheidung" gefallen. Weil Ebeling aus einer allgemeinen, vortheologischen Warte die Erfahrung in Blick nimmt, bleibt undeutlich, was in der Erfahrung mit dem Leben tatsächlich geschieht: Der Name Christi selbst ist „alles" und das Leben „nichts". Mit dem Ergreifen Christi wird das Leben gerichtet. Diese Erfahrung ist „gewisser als das Leben" selbst. Sie gehört nicht zu ihm. Sie ist nicht sein Telos: das, worauf es in ihm ankommt. In der Erfahrung wird der Mensch aus dem Leben, das dem Gericht verfällt, in Gottes Wort versetzt. Dennoch (da er ja „Fleisch" ist) verbleibt er in ihm, nämlich in den Lebensweisen. In ihnen zu leben ist dialektisch zu beschreiben: als freies, zur Liebe freies Leben, das aber vor Gott an sich nichts ist. Es ist nur dann gerecht, wenn es aus Glauben, also nicht in sich, sondern in Christus, gerecht ist.

17.2 Übung des Glaubens in der Erfahrung von Gütern

17.2.1 In der Predigt vom 20. Mai 1520 meint Luther:

> „Der Glaube bezieht sich nicht nur auf ewige, sondern auch auf zeitliche Dinge, wie der Glaube Abrahams ihm verhießen ist bezüglich des Landes und des Sohnes ... Denn es ist nötig, den Glauben in den Dingen, die den Sinnen zugänglich sind, zu üben und zu erfahren und daß [dies] gewissermaßen wie ein Vorspiel ist, damit wir ihn hernach auch in den unsichtbaren Dingen haben. Die heiligen Väter haben geglaubt, daß Christus im Fleisch kommen werde, und dieser Glaube hat sich auf eine sichtbare und zeitliche Wirklichkeit bezogen. Dennoch sind sie alle durch ihn gerechtfertigt worden. Denn wenn auch die Wirklichkeit, die geglaubt wird, zeitlich ist, so ist doch das Wort und die Verheißung ewig“ (WA 9,461,7–16).

„Erfahrung“ bezieht sich nicht einfach auf die sinnlich–zeitlichen Dinge, sondern auf den Glauben, der sie so erfährt, daß er sich an ihnen übt und erfahren wird. Dies bedeutet, gegen den Widerstand der Sünde darin stetig und gewohnt zu werden, sich auf Gottes Verheißung zu verlassen. Diese ist es, die in den sinnlich–zeitlichen Dingen erfahren wird. Dinge zu erfahren bedeutet zu erfahren, daß die Verheißung zuverlässig ist. Die Dinge treten nicht an die Stelle der Verheißung und des Glaubens. Denn verheißen sind primär ewige und dann „auch“ zeitliche Dinge, in denen der Glaube an die Verheißung ewiger Dinge erfahren wird. Dies hat seinen Grund darin, daß Christus (und mit ihm die Verheißung des Ewigen) ins „Fleisch“ gekommen ist. Dieses Kommen macht die Erfahrung der sichtbaren Werke zum „Vorspiel“ und unmittelbar zur Erwartung des Ewigen. In diesem erwartungsvollen Glauben sind bereits die Väter, die etwa das Land und den Nachkommen erwarten, ‚in Christus‘ und deshalb „gerechtfertigt“.

17.2.2 Auch in *Das Magnificat verdeutschet und ausgelegt* geht Luther darauf ein, wie der Glaube an Gottes Verheißung des Ewigen zeitliche Güter erfährt. Weil Luther in dieser Schrift außerdem bezüglich der Nichtigkeit (s. § 13.2.8), der Sünde (s. § 9.1.8) und des Zorns (s. § 10.5.1), und bezüglich des Lobes (s. § 15.1.7) von Erfahrung spricht, ist sie für die Erfahrungsthematik so instruktiv.

a. „Gottis werck“ erfährt nur, wer in der „tieffe und not“ ist und in ihr Gott von ganzem Herzen vertraut (WA 7,550,10.15, zit. in § 15.1.7.c). Gott schafft aus dem Nichts. Deshalb erfährt der Glaube sowohl die Niedrigkeit „umb gottis wort willen“ (591,29) als auch das zugesagte Werk Gottes. Luther umschreibt die Erfahrung der Niedrigkeit mit: „Es musz yhe vorsucht und gewagt sein auff seine wort“ (593,27f., zit. in § 13.2.8). Versuch und Wagnis legen aus, was in der Vorrede mit „erfaren, vorsuchen und empfinden“ (546,26f., zit. in § 15.1.7.a) gemeint ist: sich selbst auf Gottes Zusagen zu verlassen und die dann erfahrene Wirklichkeit als um Gottes Wort willen geschehene anzuerkennen, sei es die Erfahrung der „tieffe und not“, sei es diejenige von „gottis werck“. Für diesen Abschnitt ist von Bedeutung, daß der Glaube sich in beiden gleich verhält. In der Tiefe: etwa in Armut, Krankheit, Hunger, Durst, Gefangenschaft, Leid und Sterben (vgl. 560,18f.), stellt sich die Sorge um das Dasein ein. Doch der Glaube erkennt, daß Gott sich „vorpirget und seiner gutheit glentze zu sich zeugt“ (556,30f.). Er verbleibt passiv im Vertrauen auf Gottes Zusage und läßt sein Leben deshalb in Gottes verborgener Güte sein. „Um Gottes Wort willen“ bleibt Maria „willig“ und „gern“ „ynn solcher nydrynge“ und „nichtickeyt“ (564,12f.; 563,29f.). Sie anerkennt, daß über der Tiefe die Zusage ausgesprochen ist und sie in ihr Gottes Werk erfahren soll.

Gottes Werk ist in Jesus Christus grundgelegt. Er hat es „furtreflich erfarn“ (548,23, s. § 12.1.3). Gottes Wort sagt deshalb, daß der Mensch aus Sünde und Tod in das ewige Leben auferweckt werde (vgl. die Predigt von 1520, zit. in § 17.2.1):

> „Du muszt on ... allisz zweiffeln seinen willen uber dich dir furbildenn, das du fest glewbist, er werd ... auch mit dir grosse ding thun: der selb glaub ... endert den gantzen menschen, der zwingt dich, das du must furchten, szo du hoch bist und getrost seyn, szo du nidrig bist ... Ynn tods nodten ... mustu ... glawben, das er ... wolle dir helffen, da doch gar ein unseglich grosz werck geschehen musz, auff das du vom ewigen todt erloszet, ewiglich selig und gottes erbkind werdist. Diszer glawb vormag alle ding, wie Christus sagt, ... der kumpt auch ynn die erfarung gotlicher werck und da durch ynn gotlich liebe, und alszo yn gotlich lob und gesangk, das der mensch grosz von got helt“ (553,31–554,9).

Marias Bekenntnis ‚Er hat große Dinge an mir getan‘ (Lk 1,49) nimmt der Glaube in der Not als Zusage auf, Gott „wolle auch mit dir grosse ding thun“. Daß Gott an mir und allen Menschen große Dinge tun will, erkennt der Glaube an Jesus Christus (548,20–28, s. § 12.1.3) und somit an Gottes Wort, das Maria im Magnificat zu ihrem eigenen Wort macht. Mit den Dingen ist das „Hauptwerk“ samt aller zeitlichen Güter gemeint, die in ihm mitbeschlossen sind. Im Zitat wird das Hauptwerk angesprochen: die Auferweckung aus dem ewigen Tod zum ewigen Lob Gottes.

Das Resümee dieses Durchgangs lautet: Wie in der Erfahrung von Gütern geschieht gleicherweise in der Erfahrung der Not, daß Maria vom Geist in das Wort erhoben wird. Denn das Wort verbürgt das ‚Ewige', dessen der Glaube in jeder ‚Zeit', der des Mangels oder der der Güter, gewiß ist.

b. Wie in der Predigt von 1520 (s. § 17.2.1) nicht das sichtbare Ding, sondern in ihm der Glaube „erfahren" wird, erfährt auch Maria nicht Güter, sondern diese als „Werk Gottes" (zu diesem Begriff s. § 15.1.7.d). Gottes Werk geht nicht im Gut auf, sondern dieses weist über sich hinaus. Das Werk umfaßt den Glauben und sein Lob als auch die irdischen Güter. So ist mit „Erfahrung des Werkes Gottes" in der Exegese von Lk 1,46 primär gemeint, daß die Seele in das Lob erhoben wird, dann aber, daß sie leibliche Güter in der „tieffe und not" empfängt (s. § 15.1.7.d). Das gilt auch für die Vorrede, wenn es dort heißt, Maria habe „ynn yhr selb erfaren, das got ynn yhr szo grosz dingk wircket" (546,29f., vgl. 548,5–11, zit. in § 15.1.7.b).

Von Loewenich meint zu diesen Aussagen aus der Vorrede ([4]1954:119f.), ‚Erfahrung' beziehe sich auf das „Ich glaube" (118). Der „ganze Mensch" sei also im Glauben in „Mitleidenschaft" gezogen und sein „Affekt" erfaßt (119f.). Zu der Exegese von Lk 1,49 (554,6ff., zit. in § 17.2.2.a) meint er, ‚Erfahrung' bezeichne den Glauben, sofern er sich als Macht im Leben erweise (123). Von Loewenich begnügt sich damit, ‚Erfahrung' auf den Glauben als menschlichen Akt und seine spürbaren Folgen im Affekt zu beziehen. Damit läßt er unberücksichtigt, daß die Erfahrung an den genannten Stellen das Werk Gottes zum Inhalt hat. Werk Gottes aber bedeutet die Neuschöpfung des gerichteten Sünders in Christus. Es umfaßt den Empfang irdischer Güter in Korrespondenz zum Lob Gottes kraft der Inkarnation Jesu Christi. Darauf ist noch einmal in § 17.2.5 einzugehen.

Gottes Werk kann nicht einfach, sondern nur zweifach zur Sprache kommen: als die Gleichzeitigkeit des ewigen und des irdischen Lebens vor Gott. Was diese Gleichzeitigkeit für die Erfahrung von Gütern bedeutet, ist nun zu veranschaulichen. Aus dem Hauptwerk „folgen" die Güter wie „leyb, leben, vornunfft, gut, ehre, freund und dienst der sonnen mit allen creaturn" (566,23f., vgl. 555,5–556,10.). Die „Seele" wird ihrer inne. Gehört dies zur Erfahrung, geht es in ihr nicht um das Erleben einer transzendenten Realität, die als nichtweltlich und somit nichtsinnlich vorzustellen wäre (so Seeberg [4]1933:272f.279). Doch solche Güter, „die do zeitlich weren", gibt Gott allen Menschen (571), auch wenn sie nicht darin Gottes Werk erfahren. Nur der angefochtene Glaube erfährt sie als Werk Gottes. Nur im Glauben anerkennt der Mensch, nichtig vor Gott zu sein und aus Gottes Wohlgefallen zu leben, in dem Gott als in seinem Hauptwerk auch die Güter beschließt. Wie die Liebe im Glauben erfahren wird, so auch die Güter: Nur im Glauben verliert sich das Herz nicht an sie, sondern ist zugleich frei von ihnen, weil es in ihnen und über sie hinaus Gottes Wort hört. Diese Freiheit von der Erfahrung erfährt Maria im Lob: Sie maßt sich die Güter nicht als Besitz an, sondern freut sich an ihnen, indem sie Gott lobt und damit ihr Herz nicht an sie, sondern an Gott in seinem Wort hängt.

> „Szo gantz vnd gar hat sie sich der aller nichts angenummen und got seine gutter frey, ledig und eigen gelassen, nit mehr denn ein frolich herberg und willige wirttinn solchs gasts geweszenn, darumb hat sie auch das allesz ewiglich behaltenn" (555,25–28).

Werden die Güter als Gottes Werk erfahren, so lassen sich Werk und Gut nicht aufeinander zurückführen oder auseinander ableiten. Sie sind der geistige und der seelische Aspekt eines einzigen Ereignisses. Dies ist analog zu den Regeln von Chalcedon für christologische Aussagen zu verstehen. Die Güter kommen aus dem Wort und haben in ihm ihre Wirklichkeit. Deshalb verweist ihre von der Seele erfaßte Existenz auf das Wort. Ja die mit dem Erfahrungsbegriff erfaßte sinnliche Evidenz der Güter samt der durch sie ausgelösten Gemütsbewegung ist die Teilhabe an den Eigenschaften des Wortes. Das geschieht im Lob Marias. Wegen dieses Zusammenhangs von Gut und Lob spricht Luther nur von einem Werk Gottes und dessen Erfahrung. So folgt die Erfahrung des Lobes nicht als eine weitere derjenigen von der Gottesmutterschaft. Das etwaige Nacheinander ist sachlich eine Erfahrung.

Für diesen Zusammenhang ist an die Exegese von Lk 1,46 zu erinnern. Marias Gemüt, Leben und Sinn sind davon bestimmt, daß Gottes Werk an ihnen geschieht und sie das wahrnehmen. Als so Bestimmte werden sie in das Lob versetzt. Im Lob, im Wort Gottes ist nun das Leben Leben usw. Nicht Maria ‚selbst', von den Gütern unterschieden, wird in das Lob erhoben. Mit dem Lob stimmt sie in das Wort ein, das ihr und aller Wirklichkeit voraus- und zugrunde liegt und in dem sie ihre Existenz hat. Im Lob kommt es zur Idiomenkommunikation zwischen dem Wort und der Wirklichkeit. Geist und Seele werden im Wort eins.

Das Werk, das Maria erfährt, ist die Menschwerdung des Sohnes Gottes. Dieses Werk sprengt Marias augenblickliche Erfahrung und macht sie zu dem Ereignis, in dem sie mit ihrer leib-seelischen Gegenwart in das Lob und

Wort Gottes gehoben wird. Die „Vormenschung Christi“, ihre Gottesmutterschaft kann sie nur so vollständig erfahren, daß sie die darin beschlossenen und noch ausstehenden Werke Gottes lobt und sich so für sie öffnet. „Gottes Werk in ihr“ umfaßt nicht nur das, was Maria seelisch präsent ist, sondern auch das, was noch kommt, und das Lob. Nur weil sie so das noch ausstehende Werk Gottes erwartet, maßt sie sich die Güter nicht an, die ihrer Seele jetzt schon gegenwärtig sind. „Folgen“ diese auf das Hauptwerk, so soll damit festgestellt sein, daß sie auf dieses verweisen und in dessen Erwartung stellen. All diese Werke weisen voraus und zurück auf das Werk in Christus. An allen Werken kann dieser Glaube eingeübt werden. Denn das Leben, wie es jeweils bestimmt ist von einem erfahrenen zeitlichen Gut, wird auf den Gott verwiesen, von dem es erwartet, im Tod auferweckt zu werden zu Lob und Liebe Gottes.

17.2.3 Dieses Verhältnis von Glaube und Erfahrung, Verheißung und Gut ist auch in *Deuteronomion Mosi* zu Dtn 7,12 vorausgesetzt (s. § 16.3.7). Der Glaube erfährt „Dinge“ wie „Frieden, Sicherheit und alles Gute“ und „fühlt“ in dieser Erfahrung, „daß der Herr treu ist“. Sich auf die „Verheißung“ zu verlassen und die Dinge zu fühlen sind eins. Deshalb ist im Glauben die Erfahrung eines „Dinges“ die Erfahrung der Treue Gottes. Der Glaube erfährt nur deshalb einen Gegenstand als Werk Gottes, weil er sich unabhängig von der Erfahrung (vor ihr und in ihr) auf die Verheißung verläßt. Nur der Glaube an die zuvorkommende Barmherzigkeit erfährt die Güter. Er ist es, der die Gebote hält, und nur so ist die Erfahrung verheißener Güter von der Erfüllung der Gebote unabhängig. Nur er, der die Treue nicht durch Werke erkaufen will, sondern frei um Gottes willen handelt, kann die Treue erfahren. Im Glauben sind dann auch die Güter und die Verheißung eins. Die „Gewißheit, daß Gott treu ist“, die aus der Erfahrung der Güter kommt, ist somit derjenigen des Glaubens an die Verheißung ohne die Erfahrung gleich.

17.2.4 In der Auslegung des Deuteronomiums kommt Luther zu Dtn 8,3 noch einmal auf den Zusammenhang des Glaubens an das „Wort“ und der Erfahrung von Gütern, in diesem Fall des „Brotes“, zu sprechen:

> „Diese seine Güte hat Gott dir durch deine Erfahrung zeigen wollen, daß du im Hunger lernst, auf das Verheißungswort zu vertrauen, in dem du auch zur Zeit des Hungers erhalten wirst ..., und in welchem Glauben du schließlich auch die körperliche Sattheit empfängst ... Gott geht also mit den Seinen so um, daß er sie durch Hunger anficht und durch sein Wort übt, und dann den Gläubigen weidet, ... damit sie so durch Erfahrung lernen,

> daß sie um ihren Bauch nicht beunruhigt sein müssen und daß das Leben nicht in dem besteht, was wir besitzen, oder im Brot, sondern im Wort" (WA 14,630,32–631,28).

„Erfahrung" umfaßt sowohl die Anfechtung als auch die Erfüllung der Verheißung. Nur beide zusammen machen Gottes „Güte" erfahrbar. Denn die Anfechtung lehrt aufs Wort merken und ermöglicht allererst damit zu erfahren, daß die Verheißung sich erfüllt. Anstelle von Gottes Treue steht hier die Güte. Treue und Güte, die die Verheißung verbürgt, sind auf das leiblich Reale bezogen. In diesem erfüllt sich die Verheißung, aber nur dann, wenn der Mensch glaubt, daß das „Leben im Wort besteht". Wiederum ist das Moment der Freiheit erkennbar, das alle leibliche Erfahrung bestimmt: Nur wenn die Wahrheit des Wortes nicht von der Erfahrung abhängig gemacht wird, stellt sich diese ein.

17.2.5 Vergleichbar mit der Auslegung des Deuteronomiums ist diejenige zu Gen 25,11 in den *Vorlesungen über 1. Mose* von 1535–45. Abraham und Isaak stehen exemplarisch dafür, daß

> „der höchste Gottesdienst ist, Gott zu erwarten ... Der Glaube reißt uns nämlich zuerst in das Unsichtbare, wenn er das zu umfassen vorlegt, was nicht den Augen erscheint ... Der Geist wird nicht nur in das Unsichtbare geführt, sondern auch auf die Folter gespannt ... Wie Abraham über 25 Jahre gewartet hat, bis ihm ein Sohn geboren wurde. Isaak entbehrte 20 Jahre eines Nachkommens ... Bei weitem am schwierigsten ist, wenn auf den Aufschub der Zeit ... die Bestimmung zum Gegenteil folgt. Da gilt dann: Wer durchhalten und erwarten, auf das Aufgeschobene hoffen und das Gegenteil lieben kann, der wird schließlich erfahren, daß Gott wahrhaftig ist und auf das Verheißene acht hat" (WA 43,367,26–37).

In das Unsichtbare gerissen zu werden ist mystische Sprache. Luther bezieht sie auf den Glauben und seine Erwartung des Verheißenen. Das Unsichtbare ist das noch nicht Sichtbare, aber von Gott Angekündigte. Doch bei dem Unsichtbaren und dessen Erwartung und Erfahrung geht es nicht um die Sache an sich, sondern um das Verhältnis des Verheißenden zum Menschen. Es geht in Erwartung und Erfahrung gleicherweise um den Glauben. Das zeigt die Formulierung der Erfahrung. Mit der Geburt ihrer Söhne erfahren Abraham und Isaak die Wahrhaftigkeit Gottes (vgl. „Treue" in der Auslegung zu Dtn 7,12, s. § 17.2.3). Wiederum ist die Erfahrung eines Guts und die Erfahrung der Wahrheit und Wirklichkeit Gottes in seinem Wort dasselbe.

Von Loewenich ([4]1954:120) meint, in dieser Aussage gehe es darum, daß der Glaube sich in der Erfahrung durchsetze und Besitz schaffe. Gottes Liebe, Güte und Macht träten durch den Glauben über kurz oder lang in den Bereich der Erfahrung. Doch erläutert er nicht näher, daß an dieser Stelle eine gegenständliche Erfahrung gemeint ist. Er scheint diesen Hinweis geradezu zu vermeiden, nachdem er zunächst dargelegt hat, daß der Glaube eine solche Erfahrung ausschließe, und ordnet die zu verhandelnde Stelle unter anderem den erwähnten Aussagen der Magnificatauslegung zu, in denen ‚Erfahrung' die „Subjektsbeziehung" (118) des Glaubens aussage. Doch bleibt dabei unberücksichtigt, daß der Inhalt der Erfahrung das Werk Gottes in Gütern und leiblichem Wohlergehen ist.

17.2.6 Darauf, daß Gottes Werk wunderbar ist, anders als wir es erwarten (Jes 64,3) bezieht Luther Eph 3,20 und seine eigene Erfahrung in der *Vorlesung über Jesajas* von 1527–30:

> „Wir seufzen und stöhnen, nur Weniges erhoffend, und beschränken uns darauf, Geringes zu erbitten. Aber Gott hört es so, daß er weit mehr und Größeres gibt, als wir ihm im Gebet aufzutragen wagen. So ereignet es sich mir, Martin Luther, der ich niemals gewagt habe, um einen so großen Fortschritt des Wortes und der Vernichtung des Papstes zu bitten. Mein Herz war viel zu gering, weil ich für unmöglich hielt, was nun durch Erfahrung erscheint, und dennoch ereignet es sich" (WA 31/II,543,1–6).

Die Erfahrung wird hier in der Relation von Gebet und Erhörung formuliert. Sie wird also als Werk Gottes erfahren. Mit der Feststellung, daß eine Kluft herrscht zwischen dem, was der Mensch bittet, und dem, wie Gott erhört, unterstreicht Luther, daß Gottes Werk unabhängig vom Menschen in seiner freien Gunst begründet ist. So führt auch nach dieser Aussage die Erfahrung nicht über den Glauben hinaus, sondern in ihn hinein: Sie bringt den Kleinmut des Menschen an den Tag und läßt dadurch hervortreten, daß Gott wunderbar handelt: Er „gibt" von sich aus „mehr und Größeres" als der Mensch von ihm zu erhoffen wagt. Wo der Glaube in dieser Weise Güter und Ereignisse erfährt, haftet er nicht an diesen an sich, sondern wendet sich aufgrund ihrer erneut hoffend und bittend zu Gott.

17.2.7 Daß der Glaube Güter erwartet, um sich in ihrer Erfahrung als Glaube zu üben, ist auch die Aussage der *Auslegung des 118. Psalms* von 1529f. im *Scholion* zu Vers 9. Dieser Vers ist

> „ein Jubel, den er durch seine Erfahrung gelernt hat. Wann also ... Gott die Frommen bedrängen läßt und die Gottlosen wüten, so läßt er die Frommen auch nicht mit seinem Trost im Stich und verdirbt schließlich die Gottlosen,

> damit die Frommen mit Freude triumphieren ... ‚Daß es gut sei, dem Herrn zu vertrauen, werde ich mit dieser Erfahrung beweisen, daß mich alle Heiden angegriffen haben ... und dennoch nichts bewirkt haben [V. 10] ... Es ist eine Tatsache und erprobt, daß Gott die Frommen stark macht in der Bedrängnis durch Wort und Glaube und die Gegner schließlich zugrunde richtet'" (WA 31/I,53,7–10; 54,8–12).

Die Erfahrung umfaßt sowohl die „Bedrängnis" als auch den „Triumph" Davids, des Frommen, seine Bedrohung durch Feinde und seinen Sieg über sie. Diese Erfahrung ist offensichtlich, sie ist eine „Tatsache", so daß David sie als einen „Beweis" für das Bekenntnis in Vers 9 einsetzt. Doch ist diesem Beweis die Bedrängnis vorgeordnet, in der der Fromme nicht durch die Erfahrung stark wird, sondern durch „Wort und Glaube", also im Absehen von dem, was er erfährt, und im Sichverlassen auf Gott. Deshalb kann David seinen Sieg nur im Glauben als Gottes im Wort verheißenes Werk Gottes erfahren. So führt ihn die Erfahrung militärischen Erfolgs nicht zum Stolz, sondern zum Jubel über Gottes Güte. Er sieht von sich selbst ab und ist in allem, Bedrängnis und Triumph, außer sich und passiv der von Gottes Wort Angeredete.

17.2.8 *Zusammenfassend* ist festzustellen: ‚Erfahrung' hat mit den Gütern sinnlich erfaßbare, allein dem irdischen Leben zugehörige Dinge zum Gegenstand. Erfahrung betrifft nicht nur innerliche, persönliche Regungen, sondern auch das, was offensichtlich vor Augen liegt. Deshalb kann Luther sie als eine von niemandem zu bestreitende Tatsache bemühen, die Beweiskraft hat (s. § 17.2.7). Aber der Glaube ist es, der die Güter als Gottes Werk erfährt. Deshalb bringt Luther diese Erfahrung zugleich als Erfahrung der Güte, Treue und Wahrhaftigkeit Gottes in seinem Wort zum Ausdruck. Zur Erfahrung kommt es nur, weil sich der Glaube vor ihr und in ihr auf die Verheißung verläßt.

Das hat zur Folge: Mit dem Empfang des Gutes ist ein Affekt gegen Gott verbunden und durch den Erfahrungsbegriff mitbezeichnet: der Glaube selbst. In ihm hängt der Erfahrende an dem Geber und seinem Wort und nicht an dem Gut unabhängig von seinem Geber. Da das Wort die Barmherzigkeit in Jesus Christus zusagt, tritt die Erfahrung des Gutes nicht aus dem Verhältnis heraus, in dem Gott sich aus Gnade dem Sünder zuwendet. Es erfährt immer ein Sünder die Güter und in ihnen die Gnade. Deshalb auch wendet er sich in der Erfahrung dem Geber zu und nicht den Gütern. Nur so, im Glauben, erfährt er sie — und verspielt ihre Erfahrung nicht in der Sünde, die sich an sie klammert. Die Güter so zu erfahren, setzt die

Anfechtung voraus, sei es, daß sie dieser Erfahrung vorausgeht, sei es, daß sie ihr folgt. Sie ist die Probe, ob dem Glauben allein Gottes Wohlgefallen gefällt, oder ob er nicht vielmehr Gott nur um der Güter willen liebt; und sie richtet das ungläubige Begehren von Gütern.

Die Erfahrung der Güter entspricht derjenigen der Liebe: Sie begründet oder verifiziert nicht den Glauben an Gott in seinem Wort. Sondern umgekehrt geht das Wort und der Glaube der Erfahrung voraus, obwohl es (unter anderem) genau dies verheißt: die Erfahrung der Liebe zu Gottes Gesetz und die Erfahrung von Gütern. Doch nur in dieser Sequenz bleibt gewahrt, daß Gott allein handelt und der Mensch passiv im Erwarten und Empfangen lebt; und daß zudem die Erfahrung dieses Lebens in der Hoffnung steht: Sie vergeht, nicht aber Gottes Gnade in Christus und das Lob, die jetzt schon in aller Erfahrung stückweise anbrechen und gekostet werden, einst aber in ihrer Fülle Mensch und Welt erfassen sollen.

Teil C

DISKUSSION

§ 18 Karl Holl

18.1 Vorbemerkung

Soll kritisch erörtert werden, wie Holl die Rolle der Erfahrung in Luthers Theologie rekonstruiert, sind drei Fragenkreise zu behandeln: Zum einen ist seine Ansicht zu überprüfen, Luthers Theologie erwachse aus einer Erfahrung, näherhin einer einzigen Erfahrung, die sich in mehreren Zügen entfalte und als unmittelbare Erfahrung aller theologischen Reflexion zugrunde liege. Dabei ist zum zweiten auch darzustellen, welche Rolle Holl der Schrift und der Person Jesu Christi für diese Erfahrung beimißt und wie sich dies zu den Aussagen Luthers verhält. Zum dritten soll in der Reihenfolge vorgegangen werden, die Holl selbst einhält: Die unmittelbare Erfahrung macht sich für ihn zunächst als ‚Gesetz' geltend. Nachdem Luther zu einer verschärften Auffassung des ‚Gesetzes' vorgedrungen sei, sei dann ein bestimmtes Element des Erfahrenen als ‚Evangelium' hervorgetreten. Holl sieht das Leben durch die sich entfaltende Gewissenserfahrung als sittliches Leben bestimmt, das reift und wächst. Seine Gestalt ist der ständige Wechsel von der Erfahrung des Gesetzes zu der des Evangeliums.

18.2 Erfahrung des Gesetzes

18.2.1 In der Erörterung ist nun mit der Erfahrung des Gesetzes zu beginnen. Holl hat etwa mit einer Äußerung aus *De servo arbitrio* (s. § 10.3.2) zu belegen versucht, was Luther unter einer Gesetzeserfahrung verstehe. Ihm ist recht zu geben, daß aufgrund von Dtn 6,5 (Mk 12,28–31 parr.) das Gebot — nach Luther — die selbstlose Liebe allein um Gottes willen fordert. Aber darin erschöpft sich nicht das Kriterium, von dem her das Gesetz erfahren und diese Erfahrung gedeutet wird. Von ihr läßt sich nicht schon in der Unruhe unter dem Gesetz, sondern erst außerhalb ihrer, im Glauben an das Evangelium reden. Luther hat nicht die Absicht, diese Erfahrung als Grund und Ausgangspunkt einer Krise zu verstehen, als eine Erkenntnis, mit der ein Reifeprozeß anhebt. Das aber meint Holl, wenn er feststellt, bei Luther rücke das Gericht

> „aus der Zukunft in die Gegenwart, ins persönlich Erfahrbare herein. Es wird ein Punkt in der inneren Entwicklung . . . : der erschütternde *Ernst* der Gotteserfahrung, . . . [den der Mensch] in seiner ganzen Wucht auf sich wirken lassen soll. Und zwar so oft er ihm nahe tritt. Denn dieses Gottesgericht wiederholt sich an ihm immer wieder" (32).

Aus der Letztgültigkeit wird eine vorläufige, aber ernsthafte Erschütterung. Aus der Unüberholbarkeit ein „immer wieder". Aber Luther identifiziert das Gesetz nicht mit einer Erfahrung. Nur wenn das Gesetz als Gottes Wort anerkannt wird, das das Endgericht ankündigt, kommt es zur Erfahrung. Die hat unter dieser Voraussetzung das Ende zum Inhalt und ist damit kein Punkt in der inneren Entwicklung und nichts, das sich wiederholt. Sie ist die Erkenntnis, daß das eigene Leben unabwendbar scheitert. Dies kommt in *De servo arbitrio* auch darin zum Ausdruck, daß nicht der Erfahrende selbst sich dessen bewußt ist. Luther spricht im nachhinein, im Glauben an die fremde Gerechtigkeit Christi von dieser Erfahrung. Damit ist gesagt, daß er das Scheitern nicht schon erkennt, wenn er selbst in ihm begriffen ist, sondern es nur anerkennen kann, indem er gänzlich von seiner Selbstbeurteilung absieht und Gott gegen sich recht gibt. Das geschieht aber nicht durch das Gesetz allein. Als Werkgerechter hatte er es ja irrtümlich vereinnahmt in dem guten Glauben, so Gottes Willen zu erfüllen. Erst wenn das Evangelium ein neues Ich, nämlich den Glauben, schafft, ist auch das Gesetz ganz zu erkennen. Von außerhalb seiner werkgerechten Vereinnahmung wird nun deutlich, daß Gott auf diese Weise den Sünder an seine Sünde preisgegeben hat und darin scheitern läßt.

18.2.2 Holls Tendenz, Luthers Begriffe auf Erfahrungen zurückzuführen, verzeichnet auch die Erkenntnis der Begierde aus dem Gesetz. Er interpretiert die Begierde als Selbstsucht und identifiziert diese mit den erfahrbaren Leidenschaften und Willensregungen, die einem heiteren und freien Leben in Gottes Gebot widerstreben.[15] Bei Luther aber ist die Begierde nicht einfach identisch mit diesen erfahrbaren Regungen. Denn diese als Begierde zu erfahren setzt voraus, in das Gesetz als Gottes Urteil über den Menschen einzustimmen. Das wiederum ist nur im Glauben möglich, also von außerhalb und gegen sich selbst in seinem Drang, aus dem eigenen Urteil über sich zu leben.

Weil nach Holls Interpretation die Schrift nicht die Erfahrung konstituiert, nimmt er auch diese Erkenntnisbewegung nicht wahr. Alle Erkenntnis ist für ihn ganz und gar eigene Erfahrung und wird vollständig in ihr repräsentiert. Damit fällt der Vorbehalt weg, Gott gegen sich selbst recht zu geben und ihn den Grund der eigenen Begierde erkennen zu lassen. Die Erfahrung kann bei Luther nur punktuell demonstrieren und illustrieren.

[15] Siehe $^{2.3}$1923:137 (Anm. 3) das Zitat aus den *Dictata* zu Ps 106 (107),10 (s. § 9.1.1); und 22 (Anm. 3) und 63 (Anm. 4) das Zitat aus dem sechsten Abschnitt der *Assertio* (s. § 9.1.3.b).

Sie legt damit aber nicht den Grund offen und erlaubt es deshalb nicht, den erfahrenen Mangel aus eigenen Kräften beheben zu wollen. Die Leidenschaften sind nicht schon die Begierde, sondern sie illustrieren, daß diese unhintergehbar und ursprünglich mit dem Ich verknüpft ist. Die Begierde ist mit dem Ich unentrinnbar verknüpft. Das wird daran deutlich, daß nicht nur die Unlust an den Werken, sondern auch die Lust zu guten Werken um der eigenen Gerechtigkeit willen illustriert, was Begierde ist (vgl. §§ 9.1.4.b und 9.1.5). Luther ist daran gelegen, daß der Glaubende über die Erfahrung der Begierde nicht hinauskommt. Er trifft auf sie in allen Formen des eigenen und des fremden Lebens. Daß das Gesetz in dieser Weise endgültig ist, wird erst durch das Evangelium gewiß. Holl aber mißachtet, daß die Erfahrung das Gesetz im Sinne des endgerichtlichen Urteils Gottes zum Inhalt hat, und versteht deshalb unter Erfahrung einen „Punkt" (s. § 18.2.1), einen Moment, der in das Ganze eines Lebens eingefügt ist und in den auf sie folgenden zeitlichen Momenten zur Disposition steht. Erfahrung ist grundsätzlich vorläufig und überholbar.

18.3 Erfahrung des Evangeliums

18.3.1 Holl versteht die Erfahrung der Begierde als einen überholbaren Moment. Sie ist der Ausgangspunkt einer inneren Entwicklung, in der es jedenfalls vorstellbar und deshalb auch anzustreben ist, über das einmal Erfahrene hinauszukommen und also die Begierde hinter sich zu lassen. Im Rahmen dieser Vorstellungsweise identifiziert nun Holl die Lust zu guten Werken um der eigenen Gerechtigkeit willen — die für Luther nicht anders denn als ein Ausdruck der Begierde vorstellbar ist — mit dem Glauben an das Evangelium. Holl versteht das Evangelium anders als Luther. Er meint, es verspreche den Erwerb der eigenen Gerechtigkeit, Luther aber, es sage dem Sünder zu, er sei aus Gnade in Christus bereits jetzt gerecht. Daß Jesus Christus die vollauf genügende Gerechtigkeit des Glaubens ist, spielt in Holls Auffassung keine Rolle. Seine Meinung, die Gerechtigkeit sei erst noch eigens zu erwerben, um tatsächlich zu werden (s. § 2.5.2), widerspricht dem Gerechtsein in Christus bei Luther. Nach der eigenen Gerechtigkeit zu streben erkennt und bekämpft der in Christus Gerechte als die Sünde.

18.3.2 Wie Holl diese Erfahrung charakterisiert und begründet sieht, tritt deutlich hervor, wenn von Luther her gefragt wird, welche Bedeutung Christus und die Schrift für die Erfahrung des Evangeliums haben und umgekehrt. Wie schon dargestellt, ist Holl der Ansicht, die Schrift und Christus reichten nicht an das Gewissen selbst heran, sondern lösten nur etwas in ihm aus, erzielten eine Wirkung an ihm (s. § 2.6). Nur unter Bedingung dieser Wirkung und also aus der eigenen Erfahrung heraus hat das Gewissen Grund, an die Göttlichkeit Christi und der Schrift zu glauben ($^{2.3}$1923:39, Anm.; 547). Das ergibt sich auch aus dem Aufsatz „Luthers Bedeutung für den Fortschritt der Auslegungskunst" von 1920 ($^{2.3}$1923:544–582), insbesondere aus der Stelle, an der Holl (die auch von Hans Michael Müller bemühten) Aussagen zitiert, daß das Wort nicht allein seinem Buchstaben nach, sondern erst durch Erfahrung zu verstehen sei.[16]

Holl bestimmt das geistliche Verständnis der Schrift als ein „Ergriffensein durch die Sache". Es sei „der in dem Menschen lebendig gewordene Inhalt des Wortes selbst" (557). Zu Recht will er hier festhalten, daß Wort und Geist bei Luther unlösbar verbunden sind, und zugleich, daß das Wort zwar einfach und klar, aber sein persönliches Verständnis dennoch unverfügbar ist (vgl. §§ 15.2.6 und 17.1.3). Was dies betrifft, weist er auch auf die Prädestination hin und bezeichnet das geistliche Verstehen als eine „Gabe von oben" (555). Aber daß er im Kern von Luther abweicht, zeigt folgende Aussage:

> „Das geistliche Verständnis setzt das grammatische wohl voraus, aber es wird nicht selbst dadurch hervorgerufen. Es beruht auf ... einer Eingebung ..., auf einer Überraschung, bei der die Sache selbst wie plötzlich sich vor dem Menschen auftut und ihn bis in sein Innerstes, bis in Herz und Gewissen hinein erschüttert. Hier greift ein Unberechenbares, ... ein ganz persönlich Empfundenes ein, das aber eben deshalb auch die Ueberzeugungskraft des aus dem Text Herausgeholten *für andere* in Frage stellen konnte" (558).

18.3.3 Analog zur Erfahrung der Begierde (s.o. § 18.2.2) reduziert Holl die Prädestination und das Wirken des Geistes auf ein Moment der Erfahrung, nämlich deren Kontingenz. Holl geht unmittelbar von einer Erfahrung aus, die, bevor sie reflektiert wird, schon als persönliche Empfindung vollständig gegenwärtig ist. Das hat für sein Verständnis der Schrift zur Folge, das Wort als ein Mittel aufzufassen, um eine Sache, einen Inhalt, nämlich den Geist mitzuteilen (557), der unmittelbar zu erfahren ist. „Was der Geist dem Menschen zu sagen hat, ist nirgends so klar und eindringlich ausgesprochen wie in dem Wort" (558). Das Wort ist nichts weiter als das geeignete Mittel, eine Erfahrung auszulösen und diese klar und eindringlich zu deu-

---

[16] 555, Anm. 3. Zu dem Verweis auf die Einleitung aus *Das Magnificat* (555.557.558) ist § 15.1.7.a zu vergleichen.

ten. Das Wort ist Sprache, ist Tradition, und daß Gott durch es gesprochen habe, kann erst von dieser Erfahrung als der Wirkung des Wortes her gesagt werden. Der Text, den die Theologie interpretiert, ist die persönliche Gewissenserfahrung. Holl sieht ihn folgerichtig nicht in der Schrift, sondern ordnet ihr die Gewissenserfahrung vor (vgl. § 2.6).

18.3.4 Bei Luther ist es genau umgekehrt. Die Schrift ist Gottes Wort. Gott teilt seine Erkenntnis des Menschen, die gleichbedeutend ist mit dessen Sein, dem Menschen mit. Diese Erkenntnis gilt bedingungslos, kein Tun und auch keine Erfahrung des Menschen können und müssen sie verifizieren oder repräsentieren. Sie kommt ihnen zuvor, muß und kann also nicht hintergangen und vom Menschen erst aufgebaut werden. Gottes Wort und menschliche Erfahrung decken sich nicht. Das erfaßt Holl nicht. Zwar ist ihm recht zu geben: Gott zu begegnen heißt für Luther, ihn zu erfahren. Die Erfahrung ist das Ursprüngliche, der Anfang, mit Gott in ein Verhältnis zu treten. Aber das gilt doch nur zugleich mit dem Bekenntnis, Gott nur erfahren zu können, weil Gott zuvor ‚mich' schon längst erkannt hat. Erfahrung Gottes bedeutet, in Gottes Zeit einzutreten.

Der Unterschied zwischen Holl und Luther ist bereits an Holls Interpretation der *Dictata* zu Ps 76 (77) (s. § 15.1.1) und der Vorrede zu *Das Magnificat* (s. § 15.1.7.a) aufgefallen: Holl übersieht, daß etwa in den *Dictata* der Affekt sich auf die Schrift als Gottes Wort bezieht. Der Sünder, der vor Gott nichts zu bitten oder zu loben hat, ergreift das äußere Wort Gottes und wird im Lob, das dieses Wort aufnimmt, aus sich heraus in es versetzt. Der Affekt im Innern ist nicht nur der „in dem Menschen lebendig gewordene Inhalt des Wortes" (557), sondern das Wort selbst. Der Affekt ist nichts über das Wort hinaus, das das Wort außerhalb seiner verifizierte. Seine Erfahrung besteht darin, daß eben das äußere Wort das Innere des Menschen auf es hin affiziert. In *Das Magnificat* (s. § 15.1.7.c) wird unmißverständlicher deutlich, daß diese Erfahrung ein Versetztwerden aus sich heraus in das Wort Gottes ist, das der Geist schon mir zuvor und an meiner Stelle spricht. Was trägt dieser Unterschied zwischen Holl und Luther aus?

18.3.5 Bei Luther ist die Erfahrung eine, die aufhört, Erfahrung zu sein. Sie bedeutet, vom Geist erfaßt zu sein und, was das eigene Erfaßtsein betrifft, von sich weg auf den Geist außer sich verwiesen zu sein, weil nicht ich als Sünder, sondern der Geist an meiner Stelle das Verhältnis zu Gott realisiert, das Gott gestiftet hat. Aber nicht nur der subjektive, sondern auch der objektive Aspekt ist in diesem Sinn zu unterscheiden: Das Evangelium geht nicht in einer Erfahrung auf, alle Erfahrung kann es nicht voll repräsentieren. Denn es ist Verheißung und sagt etwas zu, das nicht erfahren werden kann — jedoch als Verheißung gegenwärtig ist und deshalb Erfahrung schafft: diejenige neuer Affekte zu Gott anstelle der alten in der Sünde, der Liebe zum Nächsten, der irdischen Güter. Weil dies im Glauben an die Verheißung erfahren wird, ist der Erfahrung der eschatologische Vorbehalt eingestiftet: Der Glaube nimmt das Erfahrene nicht als sein, sondern Gottes Werk und Besitz. Er weiß, daß es momentan, veränderlich und vergänglich ist, weil es zu ‚diesem Leben', weil es zur gefallenen Welt gehört, die dem Gericht untersteht. Erfahrungen, die aus dem Evangelium stammen, leben also von vornherein aus der Hoffnung auf „jenes Leben', in dem Gott sein Gericht und seine Neuschöpfung dieses Lebens vollendet haben wird.

18.4 Das Problem der Zeit

18.4.1 Im Vergleich ist deutlich geworden, daß für Luther mit der Erfahrung der Zeitablauf unterbrochen wird. Die Erfahrung läßt sich nicht in ihn einordnen. Aber er wird durch sie auch nicht außer Kraft gesetzt. Beides zusammen hat für das Leben in diesem Zeitablauf etwa zur Folge, die geforderte, aber nicht erbrachte Eigengerechtigkeit sich gerade nicht zum Ziel zu setzen. Das erfahrene Gericht läßt der Mensch nicht hinter sich. Es bessert ihn nicht. Denn es ist das Jüngste Gericht. Hier endet der Blick auf die eigene Gerechtigkeit, stamme sie auch aus Gottes Gnade. Er kehrt sich von der eigenen zur fremden, von der aktiven zur passiven Gerechtigkeit, von dem eigenen Ich zu Jesus Christus. Dem Gericht folgt keine Aktivität mehr, es wird nur noch erlitten. In dieser Situation wird das Evangelium zugesprochen, daß der Sünder aus Gnade gerecht ist. Nicht nur das Gesetz, auch das Evangelium ist nicht zu überholen und zu überbieten. Nun gilt es, in dem Glauben zu denken und zu leben, daß mein Leben in Christus schon gerecht, nämlich gerichtet und gerettet ist.

Holl aber übersieht dies, wenn er zwischen der geglaubten und der tatsächlichen Gerechtigkeit unterscheidet. Er löst den Skandal des ‚Zugleich' von Sünde und Gerechtigkeit auf, indem er ihn der sittlichen Vernunft vom Ende her plausibel macht. Für ihn ist konstitutiv, daß sowohl die Erfahrung des Gesetzes als auch die des Evangeliums momentane Erfahrungen sind, die sich im Zeitablauf je neu konstituieren müssen, um als wahr und wirklich zu gelten. Sie werden durch die ablaufende Zeit unentwegt zur Disposition gestellt. Damit hat Holl eine andere Eschatologie als Luther. Das wird deutlich an der Rolle, die er der Hoffnung im sittlichen Kampf zuweist. Er führt sie vollständig auf die Empfindung des Gewissens zurück, zum sittlichen Leben verpflichtet zu sein. Sie ist ein Moment dieser Empfindung, das in der Erfahrung, Sollen und Sein kämen nicht zur Deckung, hervortritt. Dann nämlich könne der Verzweifelte aus der unverrückbaren Empfindung, unausgesetzt zu einem selbstlosen sittlichen Leben verpflichtet zu sein, folgern, daß Gott an seinem Gebot festhalte, weil er voraussehe, daß der Mensch einst im Jenseits gerecht sein werde. Anders gesagt: Die Empfindung kann sich der, der sie erfährt, nur so erklären, daß er diese Voraussicht annimmt. Die Empfindung impliziert also die Hoffnung ($^{2.3}$1923:143f.). Holl denkt teleologisch. Zudem sind Gottes und des Menschen Handeln unterschiedslos ein und dasselbe. Sie nähern sich einander an und fallen jenseits dieses Lebens zusammen.

18.4.2 In dieser teleologischen Sicht ist entscheidend, daß Gesetz und Evangelium ihrem Inhalt nach identisch sind, nur daß dieser Inhalt in unterschiedlicher Situation unterschiedliche Wirkung hat. Von Moment zu Moment zeigt sich der eine Inhalt in neuem Licht. Im Ablauf der Zeit wird die Erfahrung mit ihm immer reicher. Ein Reifeprozeß nimmt seinen Lauf, in dem es gilt, jede neue Erfahrung zu integrieren, mit dem bereits reflektierten Erfahrungsschatz abzustimmen und dabei zu neuen Einsichten zu kommen.

Wie bereits gezeigt, nimmt Holl dabei einmal an, daß die Erfahrungen von Gesetz und Evangelium in den Zeitablauf einzuordnen sind, und zum andern, daß kein Gegensatz zwischen ihnen, sondern Kontinuität herrscht. Das Evangelium setzt also das Gesetz nicht außer Kraft. Vielmehr ist es das neu begründete Gesetz. Das Evangelium ist das Gesetz, das durch das Scheitern an ihm hindurch gültig ist, es ist das Gesetz, das um eine überraschende Erfahrung reicher geworden und in seiner unauslotbaren Tiefe erkenntlich geworden ist. Wie das Gesetz also an kein Ende kommt, so ist auch das Evangelium nicht etwas Neues und Anderes.

18.4.3 Die Unterscheidung von Gesetz und Evangelium, die bei Holl verlorengeht, hat nun bei Luther den dargestellten Sinn (s. § 18.4.1), einen Bruch im Leben zu markieren: Das Leben besteht nicht aus Erfahrungen, die in einen zielgerichteten Prozeß integrierbar sind, sondern aus solchen, in denen es auf das endzeitliche Gericht und die Rettung ausgerichtet wird. Sein Ende und seine Neuschöpfung werden offenbar, ohne daß ‚dieses Leben' mit seinem Zeitablauf zuende wäre. Dieses Leben gewinnt dadurch die Gestalt eines ständigen Auf- und Abbruchs, ohne dabei eindeutig zu werden. So wird es offengehalten für die Erwartung, daß Gott es vollendet. So führt etwa das Leben nach Gottes Geboten in die Erfahrung des Scheiterns, in der das Gesetz vom Evangelium unterschieden und erkannt wird, daß das Gesetz außerhalb seiner erfüllt wird. Entsprechend wird es nicht aus sich heraus, sondern erst von seiner Erfüllung im Evangelium her seinem Sinn nach erfahren: Daß es dazu da ist, in ihm endgültig zu scheitern. Das Gesetz schafft Erfahrung, die nur an den Tag bringen, die nur passiv Erkenntnis sein soll, eine Erfahrung die den Vermessenen ernüchtert. Das Ziel allen sittlichen Lebens ist immer, sich im Evangelium von Jesus Christus zu erkennen, in ihm sein Ende und Ziel zu sehen.

Holl kehrt dies in seiner teleologischen Perspektive um: Jesus Christus zu erfahren bedeutet, einen neuen Impuls zu erhalten, in seinem sittlichen Kampf gegen alle inneren Widerstände nicht nachzulassen. Dabei ist durchaus eindrucksvoll, wie er die Dialektik des sittlichen Lebens zur Geltung bringt (s. § 2.5.2): Alle Mühe um Gottes Gebot mündet doch immer wieder in die Selbstverurteilung und das Sichverlassen auf Gottes Barmherzigkeit. Zu sittlicher Reife gelangt also der, der sich selbst immer wieder verwirft und seine Berufung zum sittlichen Weiterleben auf Gottes Barmherzigkeit zurückführt. Holl gelangt also durch Luther immerhin zu einer bescheidenen Auffassung des sittlichen Lebens. Seine Ausführungen veranschaulichen, wie sich nach Luther das Leben des Christen in den „Lebensweisen“[17] vollzieht. Dies ist allerdings einzuschränken. Denn Holl läßt keinen Zweifel daran, daß der Mensch die Brechung seiner Sittlichkeit nicht, wie Luther meint, erleidet, sondern selbst vollzieht. Er integriert sie in sich als einer „sittlichen Einheit“ — und entwickelt sich damit sittlich höher als die „Durchschnittsmenschen“.

18.4.4 Doch für Luther stehen Gesetz und Evangelium unüberholbar in Diskontinuität zueinander. So integriert nicht dasselbe Ich zwei disparate Erfahrungen. Auch wenn Luther das zeitliche Nacheinander nicht leugnet, so geht es ihm dabei nicht um einen Fortschritt, sondern um ein einziges Geschehen: vor Gott gestellt, zugleich gerichtet und in die Hoffnung auf Rettung versetzt zu werden. Das Gericht ist das Ende. Es trifft nicht nur die Unsittlichkeit, sondern gerade auch die Sittlichkeit, weil sie von der Sünde okkupiert bleibt. Und dieser Sünder wird jetzt schon gerecht gesprochen. Luther will dieses skandalöse ‚Zugleich‘ nicht plausibel machen. Für ihn kommt vielmehr darin heraus, wer Gott ist. Gott kennt den Menschen im Sinne von Gesetz und Evangelium, Urteil und Verheißung. Er teilt dieses Kennen mit. Weil es aber in keiner höheren Einheit anschaulich wird, erweist sich in ihm, daß und wie Gottes Handeln eschatologisch ist. Gottes

[17] Vgl. § 16.2.2, § 16.3.5, § 17.1.4 und § 17.1.5.

Wort bleibt sein Wort. ‚Erfahrung' bedeutet, punktuell und nur in der dargestellten dialektischen Weise (s. § 18.4.3) daran teilzuhaben. Die Erfahrung und ihre Abfolge vermögen nicht Gottes Wort zu repräsentieren. Vielmehr hat die Erfahrung, insofern sie aus dem Wort kommt, ihr Wesen darin, auf das Wort als Gottes Wort zu verweisen. Die Erfahrung hat das noch nicht Erfahrbare bei sich. Mit ihr ist verbunden, voller Zuversicht die Vollendung zu suchen und zu erwarten: im Gebet.

§ 19 Karl Barth

Während Luther sich zur Auslegung der Bibel des Erfahrungsbegriffs bedient, ohne explizit über ihn zu reflektieren, zieht Barth im Interesse an *dem* Erfahrungsbegriff Luthers Folgerungen aus verstreuten Aussagen, die Luther selbst nicht expliziert hat. Nur unter dem Zugeständnis, daß ein solches Vorgehen legitim sein kann, lassen sich Luther und Barth vergleichen.

19.1 Wort Gottes und Erfahrung

19.1.1 Barths zentrale These lautet, Gottes Wort in Jesus Christus sei der Gegenstand der Erfahrung bei Luther. Ihr ist zuzustimmen: Nur von der Schrift her kommt es zur Erfahrung, und die Erfahrung ist die Anerkennung, daß nur die Schrift sagt, wer ich und die Welt vor Gott sind (vgl. § 9.3.4). Wie in der Sünde, so wird auch im Zorn das Gesetz erfahren. Die Zornerfahrung läßt sich umschreiben als die Erfahrung, daß das Gesetz unerfüllt bleibt und sich in seiner Heiligkeit zur Geltung bringt (s. §§ 10.4.5 und 10.6.4). Dies ereignet sich in den Gewissensaffekten der Reue, des Schreckens und der Verzweiflung.

Analog spricht Luther von einer Erfahrung des Evangeliums. Das Evangelium versetzt das angefochtene Gewissen in neue Affekte. Luther faßt diese als eine Ekstase aus den Affekten des Gesetzes in das Gebet des Geistes auf. Dabei kommt der Sünder nicht über die Anerkenntnis hinaus, daß er selbst nicht beten kann und will, aber der Geist an seiner Stelle auf das Evangelium hin Gott anruft und seine Gnade erbittet oder lobt (s. §§ 15.2.6 und 16.3.12). Nicht nur die neuen Affekte, sondern auch die Güter dieses irdischen Lebens sind Erfahrungen des Evangeliums: Sie sind als Erfahrungen der Treue Gottes in seinem Wort auszusagen (s. § 17.2.8).

Allen Erfahrungen liegt die Anerkennung des Wortes Gottes zugrunde. In *De servo arbitrio* nennt Luther sie *assertio* und meint damit, Gottes Wort mit Gewißheit zu ergreifen und sich zu ihm zu bekennen (s. § 14.1.7). Das „Ergreifen“ des Wortes Gottes nach der *Vorlesung über den Galaterbrief* von 1531 (s. § 14.5.3) ist also eine Konkretion der *assertio*. Das gilt auch für das Gebet, sowohl im Sinne des Lobes als auch der unaussprechlichen Seufzer, das Luther als Erfahrung beschreibt (s. §§ 15–16).

19.1.2 Bei Luther sind Gesetz und Evangelium und damit zwei Erfahrungen zu unterscheiden, wenn von der Erfahrung des Wortes Gottes geredet werden soll. Entsprechend redet Barth von der Bewegung hin und her zwischen sich widersprechenden Erfahrungen und interpretiert damit Luthers Unterscheidung. Diese Dialektik der Erfahrung läßt sich bei Luther z.B. in *Das Magnificat* beobachten (s. § 17.2.2): Die Erfahrung der höchsten Gabe und der Erhebung in das Lob Gottes setzt diejenige der Nichtigkeit voraus. Umgekehrt begibt sich Maria in diese Erfahrung nur so, daß sie zugleich auf Gottes verborgene Güte vertraut. Nur indem sie nacheinander beides erfährt, kann sie „gottes wort recht vorstehen“ (s. § 15.1.7.a). Betont Luther auch die Folge von Nichtig- und Lebendigkeit, ist die umgekehrte nicht ausgeschlossen: In der Erfahrung des Lobes behält Maria im Auge, nichtig zu sein, und erwartet insofern, dies erneut zu erfahren. Sie macht ihr Lob nicht von dem erfahrenen Gut abhängig, sondern lobt frei von ihm allein Gottes Güte, und nur so behält sie auch das Gut. (So ist es überall, wo Luther die Erfahrung des Evangeliums beschreibt, das sich in Güte und Liebe erfüllt [s. § 17]. Die Liebe etwa ereignet sich, wo der Sünder sich bekennt und nichts von sich, sondern alles von Gottes Geist erwartet.)

In *Das Magnificat* veranlaßt der Bibeltext Luther nicht, die zweite Folge auszuführen. Dies ist etwa in den Auslegungen von Römer 7 der Fall, wonach der geistliche Mensch dadurch ausgezeichnet ist, sich selbst als Fleisch zu erfahren (s. § 9.1); aber auch überall dort, wo Luther meint, mit dem Glauben sei zugleich die Anfechtung gegeben (s. § 11). Daß eine Erfahrung die andere bei sich hat, und zwar so, daß sie durch sie begrenzt und gebrochen wird: diese dialektische Bewegung hebt Barth zutreffend an Luther hervor. Und er stimmt mit ihm darin überein, daß ihre Unmöglichkeit, die Unmöglichkeit, Sünder und Gerechter zugleich zu sein, die Wunderhaftigkeit Gottes in seinem Wort ausweist (s. § 11.2.3). Indem Barth nach der einen Erfahrung fragt, bei Luther deren Dialektik entdeckt und sie unkritischen Erfahrungstheologien entgegensetzt, tritt als ein Zug des Lutherschen Begriffs hervor: Aus Erfahrungen existieren, die kommen und gehen und je an der anderen gebrochen werden, bedeutet gerade nicht, eine persönliche Identität zu gewinnen, die eigene Aussagekraft hätte, sondern von außen her, vom Wort her zu leben, neu und deshalb als alter Mensch gebrochen zu werden; bedeutet, nur stets auf das Wort verwiesen zu werden und also in der Erwartung zu leben.

19.1.3 Wie bei Luther so ist auch bei Barth die Dialektik der Erfahrung in der Simultanität von Sünde und Gnade begründet. Gott will die Sünde richten, aber nicht anders als durch das Kreuz Jesu Christi, das in der Anrede durch Gesetz und Evangelium zur Geltung kommt. Das Gericht wird durch das Wort erfahren. In ihm tritt dem Sünder seine Sünde als außerhalb seiner gerichtete gegenüber. Weil er Sünder ist, kann er dies nur so erfahren, daß zum einen seine jeweilige Erfahrung gebrochen wird durch den Verweis auf die gegenteilige; und daß er zum andern anerkennt, nicht aus sich selbst das Gericht vollziehen zu können, sondern nur indem er dem äußeren Wort recht gibt. Barth sieht zu Recht einen Konsens mit Luther für die Meinung, wegen der Sünde sei die Erfahrung im Sinne der Anerkennung nicht als Akt bedeutsam, sondern sofern sie das Anerkanntsein durch Gott sei. Durch Erfahrung wird also nicht etwas Begegnendes internalisiert, sondern statt dessen kommt die Externität des Wortes in ihr zur Geltung. Erfahrung ist nicht Aneignung, sondern eben Anerkennung. Dieses Element des theologischen Erfahrungsbegriffs tritt z.B. in Luthers Aussagen zur Erfahrung des Geistes im Gebet hervor (s. § 19.1.1). In ihr findet eine Subjektsübertragung statt, die nicht mehr ‚meine' Erfahrung ist. Ich erfahre nur, daß mein Erfahrenkönnen hier an seine Grenze stößt. An meine Stelle tritt der Geist und spricht das Wort Gottes für mich als mein Wort.

19.1.4 Barth bringt die unhintergehbare Zweiheit von Wort Gottes und Erfahrung bei Luther auch darin zur Geltung, daß er wie Luther eine Phänomenologie des Christenmenschen ablehnt, um theologische Aussagen zu verifizieren. Wie Luther die auf das externe Wort bezogene Erfahrung gegen die scholastische Lehre vom Gnadenhabitus wendet, so wendet sie Barth gegen die seit Schleiermacher formulierten Theorien, die Erfahrung des Wortes Gottes sei prinzipiell oder durch die Offenbarung dem Gewissen, Willen oder Gefühl möglich (1932:206ff.). Sie ist ein unverfügbar eintretendes Ereignis. Der Glaube existiert in Erfahrungen, was bedeutet: im Bestimmtwerden durch das Wort Gottes. Ein Unterschied ist allerdings zu notieren: Luther betont, daß die eigene, unvertretbare Erfahrung notwendig ist, weil die ‚Spekulation' die Sünde nicht unterbricht, sondern aus ihr heraus unternommen wird, so daß ‚ich' nicht auf das *Pro me* des Kreuzes Christi stoße, sondern blind dafür bin und ihm ausweiche. Barths Situation ist anders. Er hat Versuche vor Augen, die Erfahrung als menschliches Vermögen zur Bedingung theologischer Aussagen zu machen. Er betont deshalb die Dialektik der Erfahrung vor dem Wort Gottes, ihre Begründung außerhalb ihrer im Wort Gottes selbst. Barth „säubert" den Begriff der Erfahrung im dogmatischen Denken (1932:177f.). Diese „Begriffstaufe" ist keine Argumentation, die den Begriff ‚Erfahrung' als unmöglich erweist und dann ersetzt oder radikal neu bestimmt. Sondern sie ist die dialektische Bewegung, einen allgemeinen Begriff von Erfahrung aufzunehmen, ihn aber nicht aus sich zu verstehen, indem gleichzeitig die Externität des Erfahrungsgrundes ausgesagt wird. Unausgesprochen ereignen sich in diesem Denkprozeß Gericht und Gnade des Wortes Gottes am Erfahrungsbegriff und den falschen Erwartungen, die an ihn geknüpft sind. Barth interpretiert Luthers Aussagen über die Unerfahrbarkeit des Glaubens in diesem Sinne (s. § 3.3.2.b). Dies hat Anhalt an Luther, der, wie gezeigt wurde (s. § 14.1.8), die Unerfahrbarkeit des Glaubens mehr und mehr als Erfahrung von Sünde und Zorn präzisiert.

19.2 Die Welthaftigkeit des Wortes und die Erfahrung der Welt

Barths dialektisches Denken macht den Erfahrungsbegriff also nicht obsolet. Aber während Luther betont, daß das Wort *erfahren* werden müsse, betont Barth, *das Wort* müsse erfahren werden, und wendet sich kritisch gegen eine ungebrochene Aufnahme des Erfahrungsbegriffes durch die Theologie. Trotz des Konsenses zwischen Barth und Luther bleibt zu fragen, ob Barth nicht Luthers Erfahrungsbegriff nur teilweise rezipiert.

Hier sei nochmal an Ebelings Kritik erinnert, Barth übergehe das Gesetz bei Luther, sofern es Sünde provoziere, überführe und scheitern lasse, und könne so auch nicht die Lebenserfahrung berücksichtigen (s. § 6.2.2). In der Tat kritisiert Barth den *usus theologicus legis*, wie Luther ihn darstellt. Er kennt nicht das Wort, das Gott dem Menschen überläßt, damit dieser es mißbrauche und an ihm scheitere. Allerdings meine ich nicht — wie Ebeling (s. § 6.2.1.a) —, daß bei Luther das Gesetz der Inbegriff aller Wirklichkeitserfahrung sei (vgl. § 22.2), und daß Barth zur Welterfahrung schweige, weil er das Gesetz nicht als vorlaufenden Gegensatz zum Evangelium rezipiere.

19.2.1 Erfahrung des Wortes, sowohl als Gesetz als auch als Evangelium, bedeutet bei Luther zugleich, sich selbst und die Welt zu erfahren. Denn die Welt ist durch das Wort, näherhin das fleischgewordene Wort, geschaffen, gerichtet und gerettet. Indem das Wort Fleisch geworden ist, soll das Geschöpf es erkennen. Es erkennen heißt also, die Welt und mich selbst erkennen als die, deren Tod und Leben sich im Wort entscheiden. Diese Erkenntnis ist zum einen Erfahrung im Sinne der Offenbarung: ein Ereignis durch das Wort, das der Sünder von sich aus ohne das Wort nicht herbeiführen kann. Sie ist zum zweiten aber Erfahrung im Sinne eines leiblichen Sehens, Fühlens und Beobachtens. Das, was erfahren wird, ist sinnlich evident vorhanden, ob es nun Güter, Ereignisse, Personen sind,[18] oder in einem

[18] S. § 9.2, § 10.4.5, § 10.5, § 17.

selbst Willensregungen und Leidenschaften.[19] Analog zur Gerechtigkeit, die durch den Glauben nicht ‚meine' eigene wird, sondern gerade im Wort außerhalb meiner aufgehoben bleibt, ist auch die Erfahrungserkenntnis durch das Wort nicht als eine zu verstehen, die durch das Wort angestoßen und schließlich angeeignet wird. Das hat seinen Grund in dem unhintergehbaren Zugleich von Sündenerfahrung und Glaube: ‚Ich' erfahre mich als Sünder, der nicht aus der Erkenntnis leben will, außerhalb seiner im Wort Gottes gegründet zu sein, sondern aus der eigenen Vernunfterkenntnis. Die spekulative Erkenntnis maßt sich den Stellenwert der Erfahrung an. Sünde erfahren bedeutet zugleich die Anerkenntnis, daß nicht ich, sondern der Heilige Geist für mich festhält, daß ich von Gott erkannt bin.

Das heißt, Wort Gottes und Erfahrung sind gleichursprünglich (vgl. § 17.2.2.b). Das Wort zu verstehen ist nicht möglich, ohne in seinem Sinn sich selbst und die Welt zu erfahren, und die Erfahrung durch Sinne und Vernunft gibt nichts ohne das Wort zu erkennen. Der Glaube erkennt die Welt nicht in sich, sondern außerhalb ihrer im Wort, umgekehrt nötigt ihn das Wort, die Welt als die zu erkennen, als die sie vom Wort angesprochen wird. Indem Gesetz und Evangelium auf weltliche Ereignisse bezogen gepredigt werden, ereignet sich in der Erfahrung eine Art *communicatio idiomatum* zwischen Wort Gottes und sinnlich erfaßbarer Welt. Luther sagt dafür, die Drohung bzw. Verheißung Gottes „erfülle" sich, oder die Erfahrung „beweise" die Schrift, sie „stimme" mit ihr „überein", Gott erweise sich als wahrhaftig und treu in seinem Wort usw. Deshalb zieht der Glaube aus der Erfahrung den Schluß, sich für die Zukunft auf das Wort zu verlassen und weitere Erfahrungen in ihm zu erwarten.

19.2.2 Wo Luther von Selbst- und Welterfahrung spricht, redet Barth in *KD* I/1 von der „Welthaftigkeit" des Wortes Gottes. Er expliziert sie zweifach: Mit 1. Kor 1,18ff. bedeutet das welthafte Wort für ihn das „Wort vom Kreuz". Welthaft ist das Wort im „gekreuzigten Christus" (173). Er fügt hinzu, der von der Sünde beherrschte „Kosmos" sei der „Ort" der Offenbarung und als solcher eine „Gestalt des Wortes Gottes" (172). Gemeint ist die gefallene Welt, sofern sie dazu bestimmt ist, die Offenbarung zu erkennen.

Daß das Wort Gottes Welt und Mensch selbst zu einem Gegenstand der Erfahrung macht, läßt Barth in *KD* I/1 unbeachtet. Ihm ist alles daran gelegen darzustellen, daß Gott selbst sich im Wort offenbart. Allerdings wäre seine Vorgehensweise verkannt, wollte man ihr vorwerfen, sie sei welt- und

[19] S. §§ 9.1, 16.2–16.3.

menschabgewandt. Was zur Dialektik des Erfahrungsaktes festgestellt wurde, gilt auch für Welt und Mensch: Sie können nicht an sich wahrgenommen werden, sondern allein im Wort Gottes. Daß das Wort Fleisch annimmt, bedeutet, daß es das Fleisch der Welt und meiner selbst annimmt. Welt und Mensch können gar nicht in sich, sondern allein in Jesus Christus als dem Wort Gottes wahrgenommen werden. Auch für Luther ist dies die grundlegende Glaubenserkenntnis. Wo er von Welt- oder Selbsterfahrung spricht, bringt er diese Erkenntnis zur Geltung. So heißt Sünde erfahren z.B., Gottes Wort recht geben und sehen, daß der Sünder dies von sich aus nicht tut. Barth zieht es vor, Welt und Mensch nicht eigens zu thematisieren, um so den Kern aller theologischen Erkenntnis klar zur Geltung kommen zu lassen — angesichts theologischer Bemühungen, die dies nicht tun und die klare Erkenntnis vermissen lassen. In Barths Vorgehen liegt eine Polemik beschlossen. In ihm schlägt sich unausgesprochen nieder, daß über alle Versuche, Gott in der Natur und Geschichte und im menschlichen Bewußtsein zu suchen, das Gericht und die Gnade des Wortes ergehen.

Die Unausdrücklichkeit ist allerdings nicht zwingend und hat auch ihren Preis, da sie es unterläßt, das Verhältnis von Wort und Welt explizit zu bestimmen. Luther bestimmt es so, daß er, indem die Welt zu erfahren und in das Wort versetzt zu werden identisch sind, das Wort und die Erfahrung voneinander unterscheidet. Gottes Gnade und Güte sind frei, sie hängen nicht von der Erfahrung ab, und gerade im Glauben daran kommt es zur Erfahrung. Nur indem Maria erfährt, in das Lob Gottes versetzt zu werden, erfährt und behält sie auch irdische Güter. Würde ihre Seele an die Erfahrung von Gütern gebunden sein, wäre die Erfahrung zugleich das Gericht, Maria würde an die von ihr vergötzte Endlichkeit preisgegeben und mit ihr zugrunde gehen. In dieser Verhältnisbestimmung waltet der eschatologische Vorbehalt: Das Sein in Christus fordert nicht notwendig den Fortbestand und das Sosein ‚dieses Lebens'. Aber umgekehrt gilt, daß dieses Leben samt seiner Güter, wenn es denn ist, in Jesus Christus mitgesetzt ist. Die Erfahrung dieses Lebens kann deshalb nur darin bestehen, es in Christus wahrzunehmen; es zu „haben, als hätte man es nicht" (1.Kor 7,29–31).

§ 20 Hans Michael Müller

20.1 Die Vorordnung der Erfahrung

Müllers Interpretation hat ihren Kern darin, daß er die Erfahrung in ihrer Kontingenz der Lehre vorordnet (vgl. §§ 4.1 und 4.4.a). Wie Holl sieht er in ihr das Ursprüngliche, das wahrhaft Wirkliche. Die Theologie verweist auf sie. Ihre Konturen zeichnet Müller allerdings anders als Holl (s. § 4.4.b). Holl versteht unter religiöser Erfahrung, daß das Gefühl, sittlich leben zu sollen, im Gewissen aufbricht. Müller ist hier weniger präzise. Ob nun sittliches Sollen oder Sinnfrage: Mit ‚Erfahrung' sieht er bei Luther „alltägliche" Widerfahrnisse bezeichnet, „Wechselfälle", die nicht ausgedacht, sondern „konkret" und „wirklich" sind. Das erweist sich darin, daß sie in eine existenzielle Krise führen, weil es dem Denken und Handeln nicht möglich ist, sie zu lösen. Unverdrängbar lasten sie auf der Seele und nehmen ihr allen Mut und Antrieb zum Leben. Sie entziehen sich allen Versuchen, sie durch eine geordnete Lehre zu beschönigen oder wegzudenken. Die Lehre kann auf diese Erfahrungen nur verweisen, sie aber nicht vermitteln. Ebensowenig kann sie sie verarbeiten: Auch der Glaube als neue Gewißheit wird nicht durch die Lehre begründet und herbeigeführt. So ist also die Erfahrung umfassend das Kriterium der Theologie.

20.2 Gesetz und Erfahrung

Zuerst soll nun das Verhältnis von Gesetz und Erfahrung, wie Müller es darstellt, im Vergleich mit Luthers Aussagen überprüft werden (vgl. §§ 8.3.3, 10.3.3 und 13.1.1). Schon im Referat ist aufgewiesen worden, daß Müller ‚Gesetz' formalistisch interpretiert (s. § 4.1.2). Was absolut ist, entscheidet sich daran, was jeweils der unvertretbar einzelne als absolut erfährt, woran er zerbricht und verzweifelt. Müller ist bestrebt, die Gesetzeserfahrung als eine allgemeine, der menschlichen Existenz immer schon eingestiftete Erfahrung auszuweisen. Dabei unterscheidet er Gott in seinem Gesetz nicht von der formal gedachten absoluten Forderung. Die Frage, ob und wie eine jeweils absolute Forderung in Gott begründet sei, stellt sich für Müller nicht. Er nimmt ihre jeweils konkrete Gestalt als gegeben hin. Ist sie doch die kontingente Erfahrung, von der auszugehen ist.

Müller scheint dafür einen Anhalt an Luther zu haben. Beschreibt nicht Luther die Zornerfahrung als übermächtiges Ereignis, das ‚mich' bedroht und demgegenüber ich ohnmächtig bin (s. §§ 10.4.5.a und 10.5)? In ihr kommt doch zutage, daß die Existenz in Wahrheit (nicht in ihrer Selbsttäuschung) von dem bestimmt wird, was außerhalb ihrer ist! Aber die Übereinstimmung ist nur scheinbar, weil bei Luther das Gesetz nicht in weltlichen Ereignissen enthalten ist. Es ist zusammen mit ihnen zu vernehmen als Gottes Wort. Gott teilt es, die Welt betreffend, dem Menschen mit und macht sie und ihn selbst sich erfahrbar. Schrift und Erfahrung, in dieser sachlichen Folge, sind unhintergehbar. Diese Formel bringt Gottes Freiheit in seinem Wort zur Geltung. Sie erlaubt es nicht, Gott mit einem Stück Welt zu verwechseln (vgl. §§ 10.4.5.a und 10.7.3). Das bedeutet aber für die welthafte Erfahrung, daß sie nicht ohne das Wort Erfahrung des Scheiterns sein kann. Einzig relevant für die Theologie ist das Scheitern vor Gott, das durch das Gesetz geschieht. Zwar können welthafte Ereignisse Gestalten des Gesetzes werden, aber nicht so, daß in ihnen das Gesetz als ein strukturelles Implikat entdeckt wird.

Das aber ist bei Müller der Fall. Das Gesetz fällt bei ihm mit Vernunft und Erfahrung zusammen: Es ist die vernünftig erkannte Weltordnung, die kontingent als unbedingte Forderung erfahren wird und einen scheitern läßt (vgl. §§ 10.5.2.c und 10.5.6.c). ‚Gesetz' bezeichnet also das gemeinsame Merkmal einer Gruppe von Erfahrungen: daß ein kontingentes Ereignis mich ratlos macht und in Verzweiflung treibt. Zwar unterscheidet Müller zwischen den Klugheitsregeln und ihrer kontingenten Erfahrung als Gesetz. Aber es bleibt offen, ob und wie in dieser Erfahrung noch einmal ‚Gott' und ‚Kontingenz' zu unterscheiden sind. Konsequent zu Ende gedacht dürfte es bei Müller diese Unterscheidung nicht mehr geben, weil er ‚Gesetz' nicht als eigene Realität, sondern als vernünftigen Begriff für eine Gruppe von Erfahrungen auffaßt.

20.3 Evangelium und Erfahrung

Müller versteht das Gesetz als Täuschung. Gott wirkt also nicht wahrhaftig in ihm. Deshalb ist das Urteil, daß ‚Gott' bei Müller ein Indikator für kontingente Erfahrungen der Verzweiflung ist, nur unter Vorbehalt auszusprechen. Aber da er, was das Evangelium betrifft, Lehre und Erfahrung genauso ins Verhältnis setzt (s. §§ 4.3.2 und 4.3.3), kann das genannte Problem seiner Interpretation hier noch einmal eingehend erörtert werden.

20.3.1 Was es auch sei, das jeweils unsere Existenz an ihr Ende führt und in Verzweiflung stürzt: Das Evangelium verheißt im Gegensatz dazu Leben und Gewißheit. Es ist in seiner Struktur dem Gesetz gleich, sofern es als „Verheißung" sich darin erfüllt, der „Offenbarung" als einer Erfahrung zu weichen (s. § 4.3.2). Wo es zur Glaubensentscheidung kommt, das Herz durch sie wieder „froh und frei" wird und neuen „Halt" hat (s. § 4.3.3), da stellt sich auch die Erkenntnis ein, daß das Gesetz eine Täuschung gewesen sei (s. §§ 4.1.2 und 4.2.4): Der Mensch muß gar nicht durch seine Erfüllung das Leben gewinnen, sondern wenn er dieser Täuschung aufgesessen ist und erfährt, daß das Gesetz unerfüllbar ist, dann ist ihm verheißen, daß er von außerhalb seiner, um Christi willen, gewiß sein kann und von der absoluten Forderung entlastet ist.

Daß das Gesetz eine Täuschung und der zornige Gott ein falsches Gottesbild sei, trifft für Luther nicht zu. Müller verkennt, daß das Gesetz Gottes Wort ist und nur deshalb keine Macht mehr hat, weil es von Jesus Christus erfüllt wird. Er harmonisiert das Verhältnis der beiden Erfahrungen im Sinne eines Erkenntnisfortschritts: Die neue Erfahrung der Gewißheit wird möglich, weil sie mit der Einsicht verbunden ist, sich mit dem Gesetz geirrt zu haben. Darauf ist zurückzukommen (s. § 20.5). Analog der für das Gesetz aufgewiesenen Weise geht Müller dabei von der Erfahrung im Gegensatz zur Lehre aus: Die Erfahrung, in der die Verheißung in Erfüllung geht, tritt an die Stelle der Verheißung. Genau das ist bei Luther nicht der Fall. Vielmehr ist umgekehrt die Erfahrung nur wirklich, indem sie aus sich heraus in das Wort versetzt ist und außerhalb ihrer existiert (vgl. § 17.2.8).[20] Müller rezipiert dies nicht in eins damit, daß bei ihm das ‚Wort Gottes' kein Gewicht hat. Zwar behauptet er, das Evangelium sei Gottes Wort, doch fällt dies in seiner Bedeutung mit derjenigen von ‚Lehre' zusammen: Wie Gottes Handeln mit der Erfahrung identisch ist, so sein Wort mit der Lehre, die erst in der Erfahrung wirklich wird. Zwischen der Verheißung Gottes und der Vernunft, die ihre Erwartungen an ihren Erfahrungen ausrichtet, macht Müller also keinen Unterschied. Daß damit das Zentrum von Luthers Theologie verfehlt ist, ist an ausgewählten Interpretationen schon angedeutet worden (s. § 14.6.2).

20.3.2 Wie unstimmig Müllers Auffassung ist, zeigt sich, wenn man betrachtet, wie er diese Erfahrung charakterisiert: Er nimmt den Gedanken Luthers auf, Christi fremde Gerechtigkeit sei das Kriterium der Geisterfahrungen (1929:122), und seine Heiligkeit werde nicht zur persönlichen Quali-

[20] Karl Barth hat 1929 Müllers Buch besprochen und dabei umgekehrt an der Scheidung von Verheißung und Erfahrung moniert, er „verstehe (logisch und sachlich) nicht, was ‚Verheißung' bedeutet, wenn sie nicht Verheißung der Erfüllung" sei und „also die Wirklichkeit der Offenbarung und des Glaubens" voraussetze (1929b:565).

tät des Menschen (125), ja: „Christus selbst ... ist je und je unsere wirkliche Gewißheit, wie er in Gläubigkeit unsere grundsätzliche ist“ (125f.). Diese letzte Aussage enthält aber die entscheidende Ungereimtheit: Aus Müllers Trennung von Lehre und Erfahrung folgt doch, daß die Vergebung der Sünde um Christi willen den Zweck hat, die Glaubenserfahrung zu ermöglichen, und erst in dieser Erfahrung wirklich wird. Aber wie kann im Glauben, der als ‚meine‘ Erfahrung wirklich ist, Christus selbst und sein Kreuzestod repräsentiert sein? Christi Gerechtigkeit müßte, wenn sie mit der Glaubenserfahrung identisch ist, selbst in ihr enthalten sein. Dies ist offensichtlich unmöglich, Müllers strikte Trennung der Verheißung von der Erfahrung der Offenbarung deshalb nicht haltbar.

Damit ist ein soteriologisches Problem berührt, dessen Müller gar nicht ansichtig wird, das aber sein Verweis auf den Opfertod Christi und die fremde Gerechtigkeit impliziert: Wie kommen Jesu Tod und Leben in unserem zur Geltung? Wie läßt sich jeweils uneingeschränkt aussagen, daß wir Tod und Leben erfahren, zugleich aber in Christus sterben und leben? Luther redet an dieser Stelle von der Erfahrung als dem Versetztwerden dieses Lebens in das Wort Gottes, das jenes Leben verheißt. Die Erfahrung im Sinne ‚meines‘ neu affizierten Gewissens vermag das Gerechtsein in Christus nur so zu erfassen, daß sie nicht in sich selbst real ist, sondern darin, daß sie außerhalb ihrer in Gottes Wort gründet (vgl. §§ 15.2.6 und 16.3.12).

20.3.3 Dieses Problem enthält ein weiteres: Wie ist in der Erfahrung der Gewißheit die Welt von Gott zu unterscheiden? Kann Gott nur in Abhängigkeit von der Erfahrung der Lebensgewißheit, kann er nur als ihr Inbegriff zur Sprache gebracht werden? Müller ist in diesem Sinn an der Erfahrung orientiert. Die Evangeliumserfahrung ist für ihn nämlich insofern von Interesse, als sie dazu beiträgt, die vorausgegangene Gesetzeserfahrung zu meistern. Nach dem geurteilt, wie Müller diese Erfahrung schildert, muß gesagt werden: Christi Kreuzestod für uns, daß wir in ihm vor Gott gerecht und seiner Barmherzigkeit gewiß sind, ist nicht zu unterscheiden von der weltbezogenen Lebensgewißheit, die der Glaube mit sich bringt. Müllers Interesse an der Erfahrung konzentriert sich auf die Frage, wie jemand, dessen Umgang mit der Welt in eine radikale Krise geraten ist, aus dieser Krise wieder herausfindet, wie ein in seinem Lebensmut Gebrochener wieder zu psychischer Stabilität gelangt.

Bei allem Mitgefühl für die Bedrängnis von Lebenskrisen — muß der Glaube hier nicht Gott und Welt unterscheiden, damit nicht die Welt zum Götzen wird? Davon ist bei Müller nichts zu erkennen. Er differenziert nicht innerhalb der Glaubenserfahrung. Anders Luther, für den diese auch den Umgang mit der Welt umfaßt (s. § 17). Er kommt auf die Welterfahrung, auch wenn sie allgemein wahrzunehmen ist, vom Wort Gottes her zu sprechen, das nicht aus Erfahrungen induziert wird, sondern ihnen vorangeht und dazu führt, Erfahrungen zu erwarten und dann wahrzunehmen.[21] Gegen Müller ist also zur Geltung zu bringen, daß das Evangelium der Erfahrung vorgängig ist und nicht in ihr aufgeht, daß also die Erfahrung, auch als kontingent aufgefaßte, keine Bedingung des Evangeliums ist. Denn ist das Wort der Erfahrung vorgeordnet und offenbart sich Gott in ihm, dann ist deutlich, daß Gott nicht in Abhängigkeit von der Welt zur Sprache kommt, sondern umgekehrt diese als sein Werk. Daß die Welt Gottes Werk ist, ist nicht aus der sinnlich und rational erfaßten Erfahrung zu erkennen, sondern aus Gottes Wort.

Es ist deshalb auch das Kriterium der Welterfahrung. Nur durch das Wort kann erkannt werden, daß und wie die Welt an Gottes eschatologischem Werk teilhat. Indem Müller aber das Wort Gottes nicht der Erfahrung vorordnet, unterscheidet er auch nicht Gott und Welt im eschatologischen Sinn: Die Welt ist nur als auf seine Neuschöpfung und jenes Leben hin angeredete zu erfahren. Gott spricht sein Wort, das die Welt schafft, richtet und rettet. Deshalb werden in ihr Sünde und Zorn (s. §§ 9 und 10) und das Versetztwerden in das Wort erfahren (s. §§ 15.2 und 16.3). Gleiches gilt für den Empfang von Gütern und das Geschehen der Liebe (s. § 17). So gründet der Umgang mit der Welt in dem Angeredetsein durch das Wort. Auf die Welt läßt sich der Glaube nur so ein, daß er zugleich das Wort hört und passiv vor Gott existiert. Was er in der Welt erfährt, untersteht nicht seinem Urteil und seiner Verfügung, sondern dem Gericht und der Verheißung Gottes. Sich auf die Welt einzulassen ist also um des Wortes willen unabdingbar. Aber da das Wort nicht in der Welt aufgeht, unterscheidet sich auch der Glaube von dem, was er in der Welt erfährt. Er steht in ihr nicht auf dem Spiel, unterliegt nicht der Bedingung dessen, was in ihr erfahrbar wird.

20.4 Die Kontingenz der Erfahrung

Indem der Glaube sein Kriterium nicht in der Erfahrung, sondern im Wort hat, wird dieses Leben mit seinen Erfahrungen wahrhaft kontingent: Aus ihrem unverhofften Kommen und Gehen ist keine Notwendigkeit herauszulesen, kein Sinn, der, einmal erkannt, zum Ausgangspunkt des Handelns

[21] Vgl. Gerhard Sauters Interpretation von Luthers Erfahrungsbegriff, s. § 14.1.7.

und Wünschens würde. Sondern der Glaube läßt sich auf die Kontingenz ein, weil sie die Offenheit der Welt für Gottes freies Handeln anzeigt. So werden also die Erfahrungen nicht zum Ausgangspunkt, rational oder intuitiv den Grund der Welt zu erschließen. Sondern der Glaube nimmt sie, wie sie kommen als den nicht weiter zu hinterfragenden Ort, darin zum Ausdruck zu kommen und Gestalt zu gewinnen: als Glaube. An dieser Stelle ist zu würdigen, daß Müller den Aspekt der Kontingenz in der Erfahrung unterstrichen und auf Aussagen Luthers aufmerksam gemacht hat, nach denen von der Lehre und Rede weg auf die Erfahrung verwiesen wird. Zu Recht spricht er davon, daß bei Luther die Erfahrung, in der Gottes Handeln Gestalt gewinnt, kontingent ist und sich nicht methodisch herbeiführen läßt.[22] Denn mit ‚Erfahrung' ist bei Luther ein kontingentes Ereignis gemeint. Der Verweis auf die Erfahrung stellt sicher, daß der Mensch den Glauben nicht als *habitus* verfügbar hat, ihn aber auch nicht rational oder moralisch erwerben kann. Seine Funktion läßt sich also von Luthers scholastikkritischer Theologie her erschließen. Dabei kommt die Erfahrung nur im Kontext des Wortes Gottes zur Sprache. Sie verweist letztlich darauf, daß das Heil *extra nos* ist und nur als zugesagtes im Durchbruch gegen die Sünde vom Glauben empfangen werden kann (vgl. zur Mühlen 1972:131).

Es ist deutlich, daß in Müllers Rekonstruktion die Motive der Kontingenz und der Passivität, die die Erfahrung bei Luther auszeichnen, eine entscheidende Rolle spielen. Nur übersieht er eben, daß Luther zugleich im Wort Gottes den Grund und Gegenstand der Erfahrung sieht. Nun ist aber mit Gottes Wort, das jedermann klar, deutlich und einfach sagt, woran sich der Glaube zu halten hat, alles gesagt. Nichts kommt da hinzu. Und doch ist der Glaube, obwohl er nichts weiter ist als die Anerkennung des Wortes, nicht verfügbar, sondern eine kontingente Erfahrung. Dadurch, daß das Wort und die Erfahrung gleichursprünglich sind, kommt zum Ausdruck: Wenn die Erfahrung des Glaubens eintritt, so bleibt es bei der gegenseitigen Unabhängigkeit von Wort Gottes und Erfahrung: Diese ist nicht, auch nicht nachträglich aus dem Wort zwingend ableitbar. Das gleiche Wort kann auch ungehört verhallen. Der Vernunft wird nicht einsichtig, warum und wie es aus dem Wort zur Erfahrung gekommen ist. Sondern der Glaube bekennt, daß dies das Werk des Geistes ist, das Gott aus freiem Entschluß und deshalb als kontingente Erfahrung verwirklicht. Indem in der Aussage, daß die Erfahrung das Wort Gottes zum Inhalt habe, Wort und Erfahrung unter-

[22] So hat Karl Barth Müllers Lutherbuch gewürdigt (1929b:561f.).

schieden werden, ist die Kontingenz und Passivität der Erfahrung wirklich gewahrt, zugleich aber ihr Inhalt eindeutig.

20.5 Die zeitliche Folge der Erfahrungen

Es ist diskutiert worden, was die Erfahrung des Gesetzes und was diejenige des Evangeliums ist, und daß Gesetz und Evangelium als Gottes Wort diese Erfahrungen konstituieren. So kann nun zum Schluß der Zusammenhang in Blick genommen und auf die durch die Rezeption gestellte Frage eingegangen werden (s. § 4.4.b), wie denn das zeitliche Nacheinander der Gesetzes- und der Evangeliumserfahrung bei Luther zu beurteilen sei.

20.5.1 Zunächst ist Barth recht zu geben, daß Luther die Dialektik und das spannungsvolle ‚Zugleich' zweier widersprüchlicher Erfahrungen zum Ausdruck bringen will (s. §§ 19.1.2 und 19.1.3). Allererst durch die Simultanität werden die Eigenschaften des Wortes und des Glaubens erkennbar. In dieser Weise läßt sich umschreiben, wie Luther von der Anfechtung spricht (vgl. §§ 11.4, 11.5 und 14.4.5). Das Gesetz erfährt der Sünder um des Glaubens willen, daß das Evangelium dem Gesetz die Macht nimmt. Dies ist gerade dann wahr und wirklich, wenn das Gesetz erfahren wird. Das Evangelium ist aus sich und nicht unter der Bedingung entsprechender Erfahrung wahr und gültig, und nur so führt es auch zur Erfahrung eines neu affizierten Gewissens. In ihr kommt momentan im Menschen selbst zur Geltung, daß er, der sich als verurteilten Sünder erfährt, *vor Gott* kraft der Zusage des Evangeliums *ewig* ein anderer ist. Auch wenn das Sein vor Gott ewig: allem zeitlichen Wandel entnommen, ist, so hat es doch die unverstellte Erfahrung der Sünde im Leben dieser Zeit bei sich. Denn vor Gott ist dieses der Sünde und dem Tod preisgegebene Leben erfaßt und neu geschaffen. In der Erfahrung wird ein zeitlicher Moment dieses Lebens für den, der in ihm steht, spürbar vom ewigen Leben vor Gott erfüllt — eben durch die Entdeckung, daß er nicht in sich ewig sein oder werden muß, sondern es bereits ohne Ansehung seiner erfahrbaren Wirklichkeit außerhalb seiner in Gottes Wort ist. Keinesfalls geht also die Erfahrung in ihrer Momenthaftigkeit auf. Denn Erfahrung bedeutet, daß ein Geschöpf dieses Lebens in einem Moment aus sich heraus in das ewige Leben versetzt wird mit der Erkenntnis, ewig von Gott angeredet zu sein.

20.5.2 Es ist also nicht möglich, isoliert in dem Nacheinander und in dem sinnlich–welthaften Element der Erfahrung die Erfahrung des Glaubens zu erfassen. Denn diese ist aller räumlich–zeitlichen Kausalität entnommen und stellt sich passiv und kontingent ein: Wenn Gott den Menschen in der Welt durch sein Wort anredet. Aber dies vollzieht sich als Folge von Erfahrungen. So ist etwa das Nacheinander der Erfahrung des Gesetzes und des Evangeliums durchaus bei Luther zu belegen, z.B. in *Das Magnificat* (s. § 13.2.8; Müller 1929:172). Doch der Zusammenhang dieser Schrift zeigt einmal, daß sich die Erfahrung der Nichtigkeit und diejenige des schöpferischen Werkes Gottes nicht unterscheiden: Auch die Erfahrung der Nichtigkeit geht dem Glauben nicht voraus, sondern kommt aus ihm. Marias Geisterfahrung, ihr Lob, ist der Glaube. Diesen vollzieht sie aber schon in der Erfahrung der Niedrigkeit, indem sie sich auf Gott verläßt und sein Werk zuversichtlich erwartet. In welcher Erfahrung auch immer bleibt sie gleicherweise im Glauben. Denn sie lebt nicht aus der jeweiligen Erfahrung und einer auf sie gegründeten Selbstbeurteilung, sondern aus dem Wort Gottes, auf dessen Güte sie über die Erfahrung hinaus traut. So haben beide Erfahrungen die Erwartung in sich, um des Wortes Gottes willen könne auch das Gegenteil erfahren werden, was nicht besser oder schlechter wäre, da Gottes Wort unverlierbar ist.

Vergleichbares ist zu dem Verhältnis von Gesetz und Evangelium in der *Vorlesung über den Galaterbrief* von 1531 zu sagen (s. § 7.2.e). Hier finden sich Aussagen, daß die Erfahrung der Sünde dem Evangelium vorangehe und auf dessen Ergreifen vorbereite (s. §§ 10.4.2, 14.5.3 und 17.1.4). Aber zugleich zeigt sich, daß stets an Christus Glaubende das Gesetz erfahren und in dieser Erfahrung ermahnt werden, das Evangelium zu ergreifen (s. §§ 9.1.5 und 10.4.1).

Müller betont, daß die zeitliche Folge der Erfahrung der Sünde und des Geistes notwendig ist, weil das Evangelium nur zu erkennen ist, wenn auch die Sünde erkannt wird. Daß Christus „für mich" gestorben ist, verlangt nach der Erkenntnis des Ich. Zudem sieht er, daß es nicht im Moment der Gesetzeserfahrung selbst, sondern im Glauben wirklich zur Sündenerfahrung kommt. Daß also nur im nachhinein, außerhalb ihrer vom Evangelium her, die zeitliche Folge der Momente zu überblicken und allererst als Erfahrung namhaft zu machen ist, zeigt, daß der in der Erfahrung Begriffene nicht schon der Erkenntnis des Glaubens mächtig ist. Sie ist den zeitlichen Momenten entnommen. Deshalb ist es irreführend, nur diese Folge der Gesetzes- und Evangeliumserfahrung bei Luther zu sehen. Denn es gilt ja auch umgekehrt, daß gerade der geistliche Mensch Kreuz und Anfechtung und sich selbst als Fleisch zu erfahren hat (vgl. §§ 11.5 und 9.1.2). Im Wechsel der Erfahrungen kommt an den Tag, daß der Mensch das Neugeschaffensein nicht hat und besitzt. Er muß, weil er es als Sünder verkennt, stets neu darauf stoßen, daß es außerhalb seiner in Gottes Wort ist. Glaubenserkenntnis gibt es nur in dieser nicht zu vollendenden Abfolge von Erfahrungen, in der sich, wie Karl Barth meint, die dialektische Erkenntnis des Wortes Gottes entfaltet.

20.5.3 In dieser Dialektik entfaltet sich, daß Gottes Wort ‚zugleich' Gesetz und Evangelium, der Mensch ‚zugleich' Sünder und Gerechter ist. Die Simultanität ist die Grundfigur der Theologie Luthers. In ihrer Unbegreiflichkeit kommt für den Glauben Gottes Gottheit, die Wunderhaftigkeit seines Handelns an den Tag. Gott ist ‚verborgen unter seinem Gegenteil'. Müller hingegen sieht, weil er allein von der Erfahrung als des ‚mir' Erschlossenen her denkt, in der Verborgenheit Gottes eine Frist, die durch die Erfahrung der Gewißheit abgelöst wird: Gott ist solange verborgen, bis die Erfahrung des Glaubens diejenige der Sünde überwindet (s. §§ 13.1.1 und 14.2.4). Wie bereits gezeigt wurde, bleibt in dieser Sicht das spezifische Gepräge der Gewißheitserfahrung unberücksichtigt: Sie gründet darin, daß Gott mitten in der Erfahrung der Sünde und des Zorns das Leben und die Gerechtigkeit zuspricht. Diese müssen nicht durch Werke hergestellt und auch nicht durch Erfahrungen verifiziert werden, sondern sind verborgen wirklich, auf Gottes Weise, die höher ist als alle Erfahrung und Vernunft, ohne diese für falsch zu erklären. Das Wort bezieht sich auf die erfahrene Sünde und sagt: Das Gegenteil ist vor Gott wahr und wirklich. In der Erfahrung versteht der Sünder, worauf das Wort Bezug nimmt. Wegen der Erfahrung des Gegenteils ergreift er es aber nur in seiner Wortgestalt, etwa der „Definition" (s. § 14.6.2) oder der proklamierenden Predigt, und läßt es damit zugleich Gottes Wort bleiben, sofern seine Erfahrung noch nicht mit ihm übereinstimmt.

§ 21 Walther von Loewenich

Die vorliegende Arbeit stimmt in ihrer Systematik mit Walther von Loewenichs These, die *theologia crucis* sei das Prinzip der Theologie Luthers, überein. Von Loewenich hat den Bezugspunkt von Luthers Erfahrungsbegriff erkannt und dargestellt, wie sich das Kreuz und die Erfahrung zueinander verhalten. Zu erinnern ist an die dabei leitende Problemformulierung (vgl. § 5.1.3):

> „Wie ist es möglich, dem Glauben noch Wirklichkeitscharakter zuzusprechen, wenn der *Deus crucifixus* das große Nein zur Wirklichkeit bedeutet?" (55.)

Das Nein des Kreuzes zur Wirklichkeit ereignet sich nach von Loewenich in der eigenen, „existentiellen" Erfahrung, im „Leben unter dem Kreuz", mit dem ‚ich' in das „Geschehen" des Kreuzes Christi „hineingezogen" werde (149). Er stellt das Leben unter dem Kreuz u.a. als gewandelten Umgang mit dem gewöhnlich aktivierten Erkenntnisvermögen dar: An die Stelle der „natürlichen Erfahrung" als Wahrnehmung Gottes trete der Glaube und die „Glaubenserfahrung", in der der Glaube wirklich werde, ohne durch empirische Gegebenheiten verursacht zu sein.

21.1 Ist das Kreuz das „Nein zur Wirklichkeit"?

Von Loewenich interpretiert den Erfahrungsbegriff ausgehend von der These, das Kreuz sei das „Nein zur Wirklichkeit". Deshalb ist zunächst diese These und ihre Durchführung zu überprüfen.

21.1.1 Er stützt sich für sie auf Aussagen Luthers, die von der Unerfahrbarkeit oder Verborgenheit Gottes im Kreuz reden,[23] und interpretiert ‚Erfahrung' als das natürliche Erkenntnisvermögen, das in diesen Aussagen zugunsten der Erkenntnisweise des Glaubens verneint werde. Es trifft zu, daß Luther den Glauben im Sinne der Hoffnung und des Vertrauens auf das bloße Wort von der Erfahrung abgrenzt. Bis in seine Spätzeit hinein hält er daran fest (s. §§ 14.1.8 und 14.3.4). Allerdings präzisiert er dies je länger je deutlicher von der Rechtfertigungslehre her: Nach der *Vorlesung über den Römerbrief* ist Gott, der Gott des Evangeliums, unerfahrbar, insofern ich seine Gnade nicht als meine eigene Gerechtigkeit erfahre (s. § 14.1.3.c). Nach der *Vorlesung über den Galaterbrief* von 1531 wendet Luther diesen

[23] Vgl. §§ 14.1.2, 14.1.3.b, 14.2.1.a und 14.2.4.

Gedanken dahin, daß die Externität der Gerechtigkeit davon entlastet, die Gerechtigkeit in der „sinnlich erfaßbaren Person" zu suchen (s. § 14.5.3.c). Darin, daß Gott in seinem Evangelium unerfahrbar ist, sieht Luther also einen Trost des Gewissens. Genausogut kann der Glaubende aber durch die Unerfahrbarkeit des ewigen Lebens angefochten werden, da er nicht aus der Erfahrung die Gewißheit gewinnen kann, daß Sünde und Zorn vor Gott keinen Bestand haben (s. § 14.1.6).

Luther ordnet die Aussage, Gott sei unerfahrbar, in die Rechtfertigungstheologie ein und interpretiert sie in diesem Kontext: Der Glaube ist deshalb von der Erfahrung geschieden, weil sie Sünde und Zorn zum Gegenstand hat. Die Erfahrung von Sünde und Zorn ist die Situation, in der erkannt wird, daß und wie Gott in seiner Gnade „unsichtbar", „unerfahrbar" und zu „erhoffen" ist und warum der Glaube sich nicht auf die Erfahrung stützen kann.

21.1.2 Wenn von Loewenich meint, Luther grenze den Glauben von der Erfahrung ab, dann wird diese Pointe der Kreuzestheologie Luthers nicht recht deutlich: Daß er den Glauben nicht von der Erfahrung abgrenzt, sondern ihn in der Erfahrung seines Gegenteils konturiert. Luther hat zunächst betont, daß das Kreuz das Erfahrenwollen richtet und an seine Stelle den Glauben setzt. Aber mehr und mehr rückt in den Vordergrund, daß der Glaube an den Gott, der sich im Kreuz Jesu Christi offenbart, notwendig die Welt- und Selbsterfahrung bei sich hat. Denn Jesus Christus erfährt das Kreuz in der gefallenen und dem Gericht verfallenen Welt und um ihrer willen. Sein Kreuz kann nur erkannt werden, wo auch das erkannt wird, was von ihm betroffen ist. Daß Gott unerfahrbar ist in dem allgemeinen Sinn, den Sinnen nicht zugänglich zu sein wie die geschaffene Welt, bleibt zwar vorausgesetzt. Aber es ist nicht eigens von Interesse, sondern wird in der Rechtfertigungstheologie präzisiert.

Nun zeigt der Vergleich der Zitate (und damit auch Themen), die in dieser Arbeit und bei von Loewenich berücksichtigt werden, daß er auf die Verwendung des Erfahrungsbegriffes für Sünde und Zorn, Leiden und Anfechtung (vgl. §§ 9–13) nicht zu sprechen kommt. Der Begriff des Gesetzes fehlt. Zwar meint er, das neue Leben entstehe „an der Erfahrung des alten", der Glaube entzünde sich „an einer gegenteiligen Erfahrung" (98). Aber dies festzustellen führt ihn nicht dazu, Erfahrung im Sinne von Widerfahrnissen zu interpretieren. ‚Erfahrung des Gesetzes' ist bei Luther aber das, was von Loewenich das „Hineingezogenwerden in das Geschehen, das sich uns im Kreuz Christi offenbart", nennt (105). Dieses Geschehen, diese Geschichte sind die Erfahrungen des Christen. Diese Erfahrungen sind das Ereignis des Kreuzes Christi.

Auch in dem Kapitel „Das Leben unter dem Kreuz“ (148–196), in dem es um das „Hineingezogenwerden“ in das Kreuzesgeschehen geht, verhandelt von Loewenich nichts, was in die angedeutete Richtung führte.

a. Das Leben unter dem Kreuz umreißt von Loewenich zum einen mit dem Stichwort „Leidensnachfolge“ (156–166).

> „Gott wirkt sein *opus alienum*, wenn er uns ins Leiden schickt. Er zielt aber dabei ab auf sein *opus proprium* ... Damit sind wir schon auf die Frage nach dem ... Zweck dieser Leiden gekommen. Er ist aber kein anderer als der, den Glauben zu entfalten und zur Kraft zu bringen. Gewiß kennt Luther auch ein Leiden, das Strafe für die Sünde ist, aber charakteristisch für die *theologia crucis* ist gerade die Zusammengehörigkeit von Leiden und Glaube“ (158).

Gewiß: Das Leiden ist dazu da, um den Glauben zu entfalten. Allerdings scheint mir von Loewenich diesen Gedanken zu überzeichnen, wenn er im „Leiden“ eine Alternative zu „Sünde“ und „Strafe“ sieht. Denn bei Luther wird im Leiden die Sünde gerichtet. Daß das Leiden durch seinen Zweck definiert sei, vom Glauben überwunden zu werden, könnte auch mißverstanden werden. Dadurch könnte es selbst nahezu zum Verschwinden gebracht und nur als Anlaß für den Glauben gesehen werden. Oder kündigt sich eine Berücksichtigung der Erfahrung des Gesetzes an, wenn von Loewenich meint, in der „Leidensnachfolge“ vollziehe sich das „Sterben des alten Menschen“ (163)? Doch er versteht unter dem alten Menschen den „empirischen Menschen“, der als solcher *homo carnalis* sei (154). Das Sterben des alten Menschen vollzieht sich also nach von Loewenich in der Glaubensentscheidung, mit der sich der Mensch in Gegensatz zur natürlichen Erfahrung begibt.

b. Auch in den Ausführungen zu „*tentatio*“ (182–191), die von Loewenich als ein weiteres „inhaltliches Moment“ (183) des Christenstandes unter dem Kreuz bespricht, ergibt sich das gleiche Bild: Die Anfechtung, die am Kreuz entstehe, sei ein „Ärgernis“ und die „Störung jeder ruhenden Gotteserkenntnis, die nicht in der Bewegung des Glaubens stehen will“. „Anfechtung hält den Glauben in Bewegung“, und zwar in derjenigen, „daß er immer von neuem vom *Deus absconditus* zum *Deus revelatus*, vom *opus alienum* zum *opus proprium* durchstößt“. Wie das Leiden ist auch die Anfechtung für von Loewenich „im Glauben zu überwinden“ (184f.). Zwar konstatiert er, die Anfechtung, in der Gott als „*deus absconditus*“ sein „*opus alienum*“

treibe, sei Gottes „Zorn“. Doch scheinen bei ihm Zorn und Gnade nicht unterscheidbar zu sein. Denn er spricht von „Gottverlassenheit“ (186) und Verborgenheit allein im Blick auf den *deus revelatus*. Sie besagen, daß der *deus revelatus* nicht der natürlichen Erfahrung offenbar sei. Dies solle der Erkenntnis dienen, daß der barmherzige Gott nicht der *Erfahrung*, sondern nur dem blinden *Glauben* zugänglich sei. So stoße man durchs *opus alienum* hindurch zum *opus proprium* vor. Müßte aber nicht von Luther her gesagt werden, daß Gott in Sünde und Zorn anwesend ist?

21.1.3 Der Mangel der Interpretation von Loewenichs ist ein Symptom für das Mißverständnis, das Kreuz sei pauschal das „Nein zur Wirklichkeit“ und etabliere an ihrer Stelle die wahre Wirklichkeit. Wie von Loewenich dieses Nein erläutert, hat gezeigt, daß er im Kreuz ein kritisches und das einzige Prinzip der Theologie sieht. Es ist nicht nur so, daß Gott nur vom Kreuz her erkannt werden könne. Nein, allererst mit dem Kreuz Christi „ist die Wirklichkeit Gottes in die Weltwirklichkeit hineingebrochen. Beide Wirklichkeiten stehen miteinander in Kampf“ (153). In dieser dualistischen Perspektive wird das Gericht, das im Kreuz über die Welt ergeht, zugespitzt: Mit dem Gericht vergeht die Welt als falsche Wirklichkeit und Gott, die wahre Wirklichkeit, kommt. Dabei wird nicht wahrgenommen, daß das Kreuz Christi in der Schöpfung Gottes, der gefallenen, aufgerichtet ist, um sie durch das Gericht hindurch neu zu schaffen und zu retten. Gäbe der Mensch vor dem Kreuz sich selbst preis, indem er alle seine Erfahrung preisgäbe, er gäbe die Welt als Schöpfung preis. Gott wäre ursprünglich weltlos, die Welt gottlos.

Diese Engführung der *theologia crucis* lenkt den Blick noch einmal auf Luthers Theologie und die Bedeutung des Kreuzes in ihr. Dabei zeigt sich, daß das Kreuz zwar das Gericht über die Welt ist, aber nicht für sich genommen als solches zur Geltung kommt. Vielmehr kommt es, indem Jesus Christus am Kreuz an unsrer Statt gerichtet wird, zur Erkenntnis des Gesetzes: Gott deckt die Sünde auf und läßt sie scheitern. Dabei ist das Gesetz schon da, es ist in der Schöpfung, auch die Heiden haben es. Gott handelt in ihm bereits. Doch dieses Handeln ist nicht aus dem Gesetz in Isolation vom Kreuz Christi zu erkennen, sondern allein von ihm her. Hier endet die Blindheit des Werkgerechten für seine Sünde und für sein Scheitern am Gesetz. Das Gesetz ist nur im nachhinein, nur indirekt zu erkennen. Es schafft Erfahrung. Damit ist auch gesagt: Es schafft Geschichte, in deren Verlauf sich die zu erkennende Wirklichkeit des Gesetzes allererst herausstellt. Diese Wirklichkeit ist das Kreuz: die Sünde, die der Sohn Gottes für die Sünder bekennt, weil diese selbst für sie blind sind. Die Geschichte findet bei uns statt und dann noch einmal außer uns, am Kreuz, und an ihm so, daß wir sie erfahren. Daß Gott das Gericht über die Sünde nicht direkt, sondern an Christus vollzieht, verneint also nicht die Erfahrung. Vielmehr erweist Gott im Kreuz Christi seine gnädige Geduld und gewährt dem Sünder Zeit und Raum zur Erfahrung des Gesetzes.

21.2 Die Erfahrbarkeit des Glaubens im subjektiven Akt

So scharf von Loewenich auch den Gegensatz des Glaubens zur Erfahrung hervorhebt, veranlaßt ihn der Erfahrungsbegriff im Zusammenhang des Glaubens, aufzulisten, inwiefern der Glaube Erfahrung ist und was diese Erfahrung von der natürlichen unterscheidet. Im anfänglichen Referat sind hierzu Fragen notiert worden (s. § 5.5.a und b), die nun aufzunehmen sind. Mit Verweis auf Luther selbst kann nun deutlicher erkannt werden, wo von Loewenichs Darstellung weiterzuführen ist.

21.2.1 In der zitierten Problemformulierung fragt von Loewenich nach dem „Wirklichkeitscharakter“ des Glaubens. Der Glaube gebe den „Anspruch auf Realität“ nicht preis. Verneinte er lediglich die Realität, wäre er „religiöser Nihilismus“ (55). Es verwundert, daß von Loewenich nicht eigens begründet, warum das Kreuz den Anspruch auf Realität erhebt, wenn es die Wirklichkeit verneint. Er scheint diese Frage nicht zu stellen. Es hat den Anschein, daß er den Anspruch auf Realität vor dem Forum „natürlicher Erfahrung“ erhebt: Die Ausdrücke „Subjektsbeziehung“, „existenzielles Moment“ oder „Affizierung des Ich“ sind theologisch unspezifisch. Mag die Erfahrung des Glaubens immer auch im allgemeinen Sinn eine Affizierung des Ich sein, so ist dies doch nur eine notwendige, nicht aber hinreichende Bedingung für sie. Denn Luther geht es in der Erfahrung darum, wie dieses Leben vor Gott wirklich ist. So ist von Gott, also vom Kreuz her der Anspruch auf Realität zu begründen. Damit wird aber auch der Begriff der Realität und der Erfahrung in Bewegung versetzt.

21.2.2 Von Loewenich hingegen scheint mir diese Bewegung, in die der Glaube selbst gerät, nicht ausreichend zu erfassen. Denn die Frage, inwiefern der Glaube doch eine Erfahrung ist, stellt er in einer Außenperspektive auf den Glauben. Er grenzt den Glauben definitorisch von der Erfahrung ab. Er setzt ihn zu ihr ins Verhältnis. Darüber vernachlässigt er, dies als unabschließbare existentielle Bewegung darzustellen. So verortet er die Erfahrung, daß das Evangelium das Gewissen affiziert, nicht in der Gesetzeserfahrung. Damit blendet er aus, daß der Glaube unausgesetzt von der Erfahrung angefochten wird. Diese Situation ist für Luthers Reden von Erfahrung viel aufschlußreicher als die Frage, wie sich der Glaube zum gewöhnlichen Verständnis von Erfahrung verhält. Die Situation der Anfechtung macht einmal deutlich, daß der Glaube mit Erfahrung zu tun hat: Evident und unleugbar ist ihm sein Gegenteil vor Augen. Daran profiliert sich dann, was er selbst ist, was seine Erfahrung ist und welchen Stellenwert die Erfahrung überhaupt in ihm hat.

Das ist im Gegenüber zu von Loewenichs Ausführungen zu veranschaulichen. Er hat recht, wenn er meint, Luther habe bezüglich des Glaubens mit ‚Erfahrung' zum Ausdruck gebracht, daß der Glaube Wirklichkeit beanspruche und sich in ihr durchsetze. Dies muß aber auf die Wirklichkeit des Gesetzes bezogen und im Horizont der Aussagen, daß Gott unerfahrbar sei, konkretisiert werden: Gottes Gerechtigkeit setzt sich gegen die Sünde durch. Sie ist wirklicher als die Sünde, aber nicht auf die Weise, daß die Erfahrung der Gerechtigkeit diejenige der Sünde ablöst, sondern so, daß sie in Gestalt des Evangeliums der Erfahrung entgegengesetzt wird. Nicht die Gerechtigkeit wird erfahren, sondern daß die Verheißung das Gewissen in der Erfahrung der Sünde bedingungslos von ihr freispricht, es von dieser Erfahrung abkehrt und aus sich heraus in Gottes Wort versetzt. Dabei bleibt die Erfahrung der Sünde weiterhin bestehen. Ja, der Glaube leugnet sie nicht nur nicht, sondern allererst er stellt sich ihr — zugleich damit, daß er nicht in ihr seinen Grund nimmt, sondern außerhalb ihrer und gegen sie im Wort. Immer neu erfährt er die Sünde, und immer neu wird diese durch den Zuspruch des Evangeliums außer Kraft gesetzt.

Nur in dieser unüberholbaren Simultanität, sowohl was den einzelnen Moment als auch den Fortgang der Zeit betrifft, läßt sich bestimmen, welche Bedeutung die Erfahrung hat: Diejenige der Sünde ist zwar unleugbar präsent. Sie hat aber keine Macht über das Gewissen, weil sie mit Gottes eschatologischer Erfassung der Wirklichkeit zusammentrifft. Im Angesicht der Sündenerfahrung kommt es zur Erfahrung des Gewissens, durch das Evangelium affiziert zu werden. Hier muß, wie es von Loewenich tut, gesagt werden, daß diese Erfahrung keine empirischen Gründe hat. Von Loewenich deutet auch ihre Dialektik an, wenn er meint, in ihr werde der Glaube nicht faßbar, sondern sie folge aus dem unfaßbaren Glauben, sei also nur von ihm her und zu ihm hin. Denn diese Erfahrung habe nicht in ‚mir', sondern im Heiligen Geist ihren Grund. Dieser Verweis ist noch dadurch zu unterstreichen, daß diese Erfahrung habituell nicht festzuhalten ist, sondern sich immer neu einstellen muß.

21.2.3 Mit dieser Bewegung ist von Loewenichs Interpretation noch an einem weiteren Punkt zu vertiefen: Wenn das Kreuz die *abnegatio nostri* ist, kann es kein Ich mehr geben, das den Glauben erfährt. Von Loewenich scheint dies insofern zu beachten, als er vom Heiligen Geist als dem Urheber des Glaubens und der Glaubenserfahrung als der „*nova vita*" spricht. Aber er durchkreuzt diese Einsicht mit der Unterscheidung, der Glaube grenze sich von „gegenständlicher Erfahrung", nicht aber von „existenzieller" ab. Nach dieser Interpretation vernimmt das Ich im Wort Gottes etwas, das es existentiell angeht. Der Glaube ist dann die Antwort des schon vorgängig konstituierten Ich, das mit ihm seine existentielle Betroffenheit kundgibt. Diese Ungereimtheit scheint mir die Konsequenz daraus zu sein, daß von Loewenich vor dem Forum allgemeiner Erfahrung von der Erfahrung des Glaubens spricht.

Doch wer die Sünde erfährt und vor Gott bekennt, droht zu verzweifeln, weil es keinen Ausweg aus Sünde und Zorn gibt. Diese Erfahrung der Sünde wird bei Luther nicht durch die des Heiligen Geistes verdrängt. Geisterfahrungen stellen sich nur dort ein, wo die Nichtigkeit des Sünders vor Gott erfahren wird: Das gilt für das Magnificat Marias (s. § 15.1.7), aber auch für die unaussprechlichen Seufzer im Kreuz (s. §§ 15.2.3 und 15.2.4). In diesem Kontext kommt die Erfahrung des Geistes als Wunder zur Geltung. Luther spricht passivisch von einem Erhobenwerden in das Lob Gottes (s. § 15.1.7.c). Nicht ich von mir aus, sondern der Geist erhebt mich. Der Geist tritt an die Stelle des Sünders. In der Geisterfahrung ist das neugeschaffne Ich anfangsweise, auf seine verheißene Zukunft verweisend, da. Es ist außerhalb meiner in Jesus Christus. Daß diese Neuschöpfung verheißen ist, kommt in den Seufzern des Geistes vielleicht noch deutlicher zum Ausdruck: Jenseits meiner selbst seufzt der Geist für mich, wo ich als Sünder nicht mehr seufzen kann. Luther beschreibt die Geisterfahrung als einen Vorgang, in dem ‚ich' an die Grenze der Erfahrung geführt werde. Ich kann diese Grenze nicht überschreiten, aber den Geist an meiner Stelle jenseits dieser Grenze, der Todesgrenze, für mich eintreten lassen. Die Erfahrung hört auf, Erfahrung zu sein.

Von Loewenich geht auf diese Dialektik der Erfahrung nicht ein, sondern begnügt sich mit der Feststellung, daß es zur Erfahrung im Sinne der „Subjektsbeziehung" kommt, daß das Ich „existenziell in Mitleidenschaft gezogen" und „affiziert" ist. Das trifft zu und auch dies, daß das Ich hier aus seiner „betrachtenden Haltung“ herausgerissen und „in die Entscheidung hineingestoßen“ wird. Aber diese existenzialistische Sprache bleibt nur an der Oberfläche. Zwar ist die Entscheidung mein Akt. Aber in ihr ereignet sich die Umkehr durch den Geist. Sich zu entscheiden ist die Konsequenz daraus, daß ich zwar ein Sünder bin, aber im Wort Gottes aus Gnade meine Gerechtigkeit entschieden ist. Keine weitere Bedingung kann und muß erfüllt werden, die Entscheidung ist durch das Wort bedingt. Ähnlich ist auch der Affektbegriff nicht in seiner subjektiven Seite von Interesse, sondern sofern sich in ihm ereignet, aus sich heraus in das Wort Gottes versetzt zu werden.[24]

Die Dialektik der Geisterfahrung, daß sie aufhört, Erfahrung zu sein, hat bei Luther auch den Grund, daß ihr die Hoffnung eingestiftet ist und sie über sich hinausführt. Die Erfahrung ist, insofern man in ihr in das Wort versetzt wird, von der Hoffnung und Erwartung durchdrungen und damit über sich selbst hinaus. Alle Erfahrung begründet keinen Besitz oder *habitus*. Denn sie ist nur so, daß ich zugleich aus mir heraus in das Wort versetzt werde, daß ich über nichts, auch nicht über meinen Akt, selbst verfügen kann und will, sondern alles in die Erwartung des Handelns Gottes stelle. Dieses Versetztwerden aus sich heraus in das Wort Gottes ist der Ausweis, daß der Heilige Geist am Werk ist.

21.3 Der Glaube und die Erfahrung der Welt

21.3.1 Das Urteil, der Glaube habe mit „gegenständlicher Erfahrung“ nichts zu tun, führt in der Darstellung der Geisterfahrung die Feder von Loewenichs. Doch trifft dies bei Luther weder für die Erfahrung des Gegenteils zu — geht es dabei doch um Ereignisse der privaten und politischen Geschichte — noch für die Erfahrung des Evangeliums. Luther kennt hier die Erfahrung von persönlichen Gewissensaffekten (womit von Loewenichs „Erfahrungslinie“ zu tun hat), aber auch diejenige von Gütern und Geschichtsereignissen, die allerdings, wie an Maria anschaulich wird, nur in Verbindung mit der Erfahrung von Gewissensaffekten das sind, was sie sind. In der schiefen Alternative zwischen „gegenständlicher“ und „existenzieller“ Erfahrung wirkt sich die mißverstandene Unterscheidung von Gott und Welt aus. Von Loewenich geht nicht darauf ein, daß die Geschichte die verborgene Geschichte des Kreuzes ist.

[24] Dies ist bereits an Ulrich Köpfs Darstellung moniert worden (s. § 15.1.7.c).

21.3.2 Sie stellt sich bei Luther so dar: Der Glaube erhebt Anspruch auf die Realität, sofern Gottes Wort ihn erhebt: Dieses will den Menschen und die Welt als Schöpfung verwirklichen. Deshalb kommt der Glaube nicht umhin, die Welt zu erfahren. Diese Erfahrung läßt sich nicht einfach beschreiben, da sie sowohl darin besteht, die Welt zu erfahren, als auch darin, Gottes Wort zu hören. Ein einziger Akt muß zweifach zur Sprache kommen (s. § 17.2.2.b). Man könnte auch sagen, der Glaube vollzieht die Erfahrung der Welt als Hören auf Gottes Wort. In der Erfahrung nimmt er teil an der Bewegung des Wortes in die Welt und an seiner Ankunft in ihr. Gottes Wort deckt dabei die Sünde auf und verheißt die Rettung der Welt durch das Gericht hindurch. Das Wort macht die Welt nicht in der Erfahrung eindeutig und endgültig. Es bringt die Kluft zwischen Gott und Welt an den Tag und stellt sie unter die Verheißung.

Für die gegenständlichen Erfahrungen ist also konstitutiv, daß sie mit der Erfahrung der Sünde und des Gerichts verbunden sind. Dann werden sie annehmbar als freie Gaben Gottes, die auch das Geschöpf in Freiheit entgegennimmt. Indem mit den Erfahrungen der Güter die Geisterfahrung einhergeht, kommt in ihnen zur Geltung, daß das Geschöpf in der Verheißung verwurzelt ist und nicht von den erfahrenen Gütern an sich leben kann. Nur weil das Geschöpf nicht aus den Erfahrungen selbst lebt, sie nicht zu seinem Besitz macht, sondern sie in der Verfügung des freien Handelns Gottes läßt, erfährt es sie auch. Aber da der Mensch Sünder ist, muß sich dies allererst gegen die sündige Vereinnahmung des Erfahrenen durchsetzen. So verfällt das, was als Gottes Werk zu erfahren wäre, der alten Welt des alten Menschen. Alles was geschieht ist der Vergänglichkeit der alten Welt preisgegeben, ist dabei aber eingefaßt in die Verheißung der neuen Welt. Es ist gerade in seinem Verfall an die vernichtende Macht der Sünde offen für das kommende Reich Gottes. In der Geisterfahrung wird es in die Erwartung dieses Reiches gestellt. Bei Luther kommt auf diese Weise zur Geltung, wie sich der Christ nach der Sicht des Paulus zu dieser vergehenden Welt verhält: Er „hat, als hätte er nicht" (1. Kor 7,29–31).

§ 22 Gerhard Ebeling

22.1 Die zu überprüfenden Thesen

22.1.1 Ebeling sieht durch Luthers Reden von Erfahrung einen Bezug auf die allgemeine Erfahrung des Lebens und der Wirklichkeit angezeigt. Er folgert daraus, daß sich die Theologie an der Erfahrung als ihrem „Ernstfall" zu bewähren habe. In diesem Sinn mißt Ebeling der ‚Erfahrung des Lebens' prinzipielle Bedeutung für die Theologie bei.[25] Umgekehrt bedeutet dies, daß die Erfahrung erst durch die Theologie zur wahren Erfahrung wird. Im Glauben an das Evangelium komme es zur „Erfahrung mit der Erfahrung". So versteht Ebeling Luthers Theologie als Weiterführung und kritische Klärung der Erfahrung. Und im Anschluß an Luther sieht er die Aufgabe der Theologie darin, die Grenze zu benennen, auf die jedwede Erfahrung stößt, diese Grenze zu überschreiten und jenseits ihrer die Erfahrung im Glauben zur Ganzheit zu führen.[26]

Ist für Luther die allgemeine Welt- und Lebenserfahrung das Bewährungsfeld der Theologie? Welche Bedeutung hat die welthafte Erfahrung für den Glauben (s. § 6.5.a)?

22.1.2 An der Erfahrung bewährt sich die Theologie, indem sie selbst auf eine Erfahrung mit dieser Erfahrung zielt. Zu dieser Erfahrung mit der Erfahrung komme es bei Luther durch die Schrift. Die Schrift überliefere Erfahrungen mit der Erfahrung und löse dadurch erneut solche Erfahrungen aus.

Welche Bedeutung hat die Schrift für die Erfahrung — und die Erfahrung für die Schrift (s. § 6.5.b)?

22.2 Die Lebenserfahrung ist die Erfahrung des Gesetzes

22.2.1 Daß die Lebenserfahrung die Gesetzeserfahrung sei, ist für Ebeling der Ausgangspunkt seiner auf Erfahrung bezogenen Theologie. Wo Luther von der Erfahrung des Gesetzes spricht, meint Ebeling, es gehe allgemein um das Leben als Gegenstand der Erfahrung. Dies ist nun zu überprüfen:

---

[25] Vgl. §§ 8.3.3, 10.4.1, 11.1, 13.2.3, 14.4.3.c, 16.3.8 und 17.1.5.

[26] „Die bekannten reformatorischen Exklusivaussagen sind zwar auch für das Erfahrungsverständnis richtungweisend. Jedoch muß ebenfalls umgekehrt der Erfahrungsbezug den rechten theologischen Gebrauch jener Exklusivaussagen sicherstellen" (1975:12).

22.2 Die Lebenserfahrung ist die Erfahrung des Gesetzes

In der *Vorlesung über den Galaterbrief* (s. § 10.4.1) hat die ,Erfahrung' die Anfechtung durch das Gesetz zum Gegenstand. Gott läßt die Sehnsucht nach der Gerechtigkeit aus Werken scheitern an den Geboten, die unerfüllt bleiben. Das ist ein „Ernstfall" — nach Ebeling ein Ernstfall des ,Lebens'. Luther spricht aber in einem anderen Kontext von diesem Ernstfall. Mir scheint, es geht ihm um das ,Ich', das mit einem Mal von Gott gestellt wird und nun ,vor Gott' steht. Dieser Ernstfall ist in der Lebenserfahrung verortet. Doch diese wird im Kontext nicht eigens angesprochen. Deshalb erscheint es fraglich, ob das ,Leben' der Horizont ist, vor dem die Anfechtung in Erscheinung treten und benannt werden kann. Auch in der *Vorlesung über den Römerbrief* (s. § 13.2.3) bezeichnet ,Erfahrung' die Anfechtung. Es geht um den Moment der Erkenntnis, Gottes Willen (nach dem Wortlaut von Joh 21,18) zu widerstreben, ihm gegen sich selbst recht zu geben und ihn so zu erleiden. Gewiß ist das mit welthaften Ereignissen verbunden. Aber daran entzündet sich nicht die Anfechtungserfahrung, sondern am ausgesprochenen Willen Gottes. Die welthaften Ereignisse sind die Gestalt, in der jener Wille unausweichlich wird. So läßt sich auch die Aussage in der *Vorlesung über die Stufenpsalmen* (s. § 14.4.3.c) verstehen: Tod und Krankheit sind in der Auslegung des Psalms als Anfechtung benennbar. Wie der Sünder am Gesetz scheitert, so scheitert er an Tod und Krankheit mit seiner Illusion, Gott im Fleisch zu finden. Insofern sind Tod und Krankheit Gestalten des Gesetzes als des ausgesprochenen Urteils Gottes.

Ebeling nimmt also Luthers Reden von der Anfechtungserfahrung auf. Aber er setzt bei deren Lebens- und Wirklichkeitsgestalt an, die er allgemein beschreibt, um sie in einem zweiten Schritt durch das Evangelium als Gesetzeserfahrung zu interpretieren. Er sieht in der Anfechtung eine allgemeine Erfahrung und denkt wie Hans Michael Müller an existentielle Krisen (s. §§ 4.2 und 20.1), an „Nichtigkeits- und Ohnmachtserfahrung[en]" (s. § 16.3.8). Indem er allgemein und theologisch unspezifisch von der Gesetzeserfahrung spricht, will er betonen, daß Gott schon vor seiner wahrhaften Erkenntnis Herr über den Sünder ist — gerade darin, daß er den Sünder scheitern läßt, ohne daß dieser es merkt.

Doch für solche Gedankengänge sieht er (zunächst) davon ab, daß Luther als Ausleger der Schrift spricht. Luther kann allererst mit Rücksicht auf das Gesetz, das als Gottes Wort zu Gehör kommt, von Anfechtung reden. Er erkennt bei den Ungläubigen das Gesetz wieder, das ihm die Schrift im Gegenüber zum Evangelium zeigt.

22.2.2 Nun veranlassen Ebeling insbesondere Luthers Aussagen zum natürlichen Gesetz dazu, bei der allgemeinen Lebenserfahrung anzusetzen.[27]

Wo Luther sich auf Erfahrungen außerhalb des Glaubens bezieht — seien es seine eigenen Erfahrungen als Mönch, seien es historische und alltägliche —, da geht es um die noch unerkannte Wirksamkeit des Gesetzes. An solchen Aussagen läßt sich sehen, in welcher Weise sich Ebeling auf Luther beruft, inwieweit aber Luther auch noch etwas anderes sagt.

Luther verweist z.B. in *De servo arbitrio* auf die Erfahrung, ungewiß zu sein, ob ich aufgrund meiner Werke gerecht bin (s. § 10.3.2), auf die Erfahrung des Glücks der Gottlosen (s. § 11.2.4) und die Erfahrung, daß eigene Vorhaben fehlschlagen (s. § 10.5.4, vgl. § 10.5.5); eine Variante davon ist in der *Vorlesung über die Stufenpsalmen* die Erfahrung, als Staatsmann erfolglos zu sein (s. § 10.5.3). Der Argumentation mit heidnischer Erfahrung entspricht z.B. im *Großen Katechismus* der Verweis auf historische und alltägliche Ereignisse, die vor aller Augen sind (s. § 10.5.2).

Wenn Luther hier von der unerkannten Wirksamkeit des Gesetzes spricht, so tut er dies nicht aus Sicht der Heiden oder Werkgerechten, von deren Erfahrung er redet. Sind sie doch verblendet für die Erfahrung des Gesetzes. Er führt die natürliche Erfahrung nicht als Situation an, in der alle stehen und nun auf deren Klärung angewiesen sind. Luther bezieht sich vielmehr in der Auslegung einer Schriftstelle auf einfache, allgemein beobachtbare und unbestreitbare Phänomene. Er nimmt sie als Erfahrungen der Schrift in den Blick. In ihnen leuchtet auf, wie Gott verborgen und unentrinnbar seinen gefallenen Geschöpfen mit dem Gesetz nahe ist, das er in der Schrift ausspricht. Zu diesem Aufleuchten kommt es im Glauben und als dessen Erfahrung — nicht unbedingt für die, die unter dem Gesetz sind.

Nun sagt auch Ebeling, daß das Gesetz erst in der Erfahrung mit der Erfahrung erkennbar wird. Aber er folgert aus Luthers Verweis auf Erfahrungen außerhalb des Glaubens, daß die unerleuchtete Erfahrung die wirkliche Erfahrung des Gesetzes sei. Diese Erfahrung wird nicht grundsätzlich anders, wenn sie durch das Evangelium als Erfahrung des Gesetzes präzisiert wird. Daß Luther aber in der Schriftauslegung diese Erfahrung benennt, darf wohl als Zäsur für sie angesehen werden: Gewiß sind es seine Erfahrungen als Mönch, die in der Begegnung mit dem Evangelium noch einmal wichtig werden. Im Rückblick erschließen sie sich ihm als Erfahrungen des Gesetzes. Aber hat er nicht für diesen Rückblick einen neuen Standort, von dem

[27] Gelder (1992:118) kommt zu dem Urteil, Ebeling bemühe sich hier, die Ansprechbarkeit jedes Menschen auf die christliche Verkündigung zu belegen. Sie sieht in diesem Bemühen gar „eines der Hauptanliegen des gesamten Theologietreibens Gerhard Ebelings".

aus er allererst und wahrhaftig das Vergangene als Gesetz erfährt? Daher scheint es mir angebracht zu sein, die These Ebelings, die Lebenserfahrung sei die Gesetzeserfahrung, zu präzisieren: Für den Glauben kann das Gesetz Gestalt im Leben annehmen und so erfahren werden. Das Leben ist aber nicht schon an sich Erfahrung des Gesetzes.

Dies ist auch zu Ebelings These zu sagen, Barth blende die Welterfahrung aus, weil er die Gesetzeserfahrung bei Luther in ihrem Zweischritt von Vorgang und Erkenntnis nicht rezipiere.[28] Nicht nur das Gesetz, sondern auch das Evangelium nimmt bei Luther Gestalt an in welthaften Erfahrungen. Gewiß ist bei Barth zu fragen, warum er so wenig von der welthaften Erfahrung spricht. Aber immerhin verweist er auf diese (s. § 3.3.1.a), wenn er auch nicht im einzelnen Luthers Aussagen dazu auswertet. Mir scheint, daß Barth alles daran liegt, die Erfahrung des Glaubens von ihrem Grund her darzustellen. In dieser Konzentration liegt eine Kritik an den Versuchen, die Erfahrung anthropologisch darzustellen und damit allgemein plausibel zu machen. Auch für Luther werden Erfahrungen nur in der Schriftauslegung sprechend. In ihnen gestaltet das Wort die gefallene Schöpfung sich gleich und wird als schaffendes, richtendes und rettendes Wort sinnlich faßbar (vgl. § 19.2.2).

22.3 Das Gesetz erfahren in den Konsequenzen des Empirismus

22.3.1 Daß eine solche Präzisierung hilfreich wäre, mag an einem weiteren Punkt der Interpretation Ebelings deutlich werden. Er folgert ja aus der genannten These, daß die Theologie als Kritik am Erfahrungsverständnis des Empirismus durchzuführen sei. Diese Folgerung ist m.E. in gewisser Weise möglich. Wenn Ebeling etwa meint (s. § 6.1.2.b), Normen und Werte würden in dem Maße zerstört, in dem man sie „machen“ wolle, dann berührt sich das mit der Gesetzeserfahrung, die Luther dort entdeckt, wo ein Mächtiger in seinem Allmachtswillen scheitert (s. § 10.5.3). „Erfahrung“ bezieht sich bei Luther auch auf das Sinnfällige. In der Auslegung des Wortes Gottes wird das Sinnfällige recht erfahren. Dies hat die Verkündigung dann dem falschen Umgang mit dem Sinnfälligen (im Unglauben) gegenüberzustellen. Ebelings besonderen Beitrag könnte man darin sehen, eine Sprache zu entwickeln, die bereits im außertheologischen Reden von Erfahrung die Wirkung und Bedeutung der theologischen Erfahrungsrede aufspürt.

Allerdings bleibt zu fragen, ob Luther von der allgemeinen Erfahrung ausgeht und ob die Bewährung an ihr das *Kriterium* der Theologie sein

[28] S. dazu §§ 6.2.2 und 19.2.

kann; ob die Theologie also als Kulturkritik zu treiben ist und dazu anleiten soll, die allgemeine Erfahrung gründlich zu erfahren. Mir scheint, daß dies nur eine Folgerung aus dem theologischen Reden von Erfahrung sein kann, nicht aber dessen Kriterium. Wenn sich die Theologie allein daran ausrichtete, würde sie sich nur noch in ihrem Sinn für die allgemeine Erfahrung darstellen. Manches, was zu ihrer Sache gehörte, bliebe ohne entscheidendes Gewicht. Das scheint an dem Problem auf, das Ebelings kulturkritisches Programm der Theologie zu lösen aufgibt:

22.3.2 Indem die Gesetzeserfahrung mit der Lebenserfahrung gleichgesetzt wird, knüpft die Theologie für ihr eigenes Reden von Erfahrung an einem anderweitig geprägten Erfahrungsbegriff an. Diesen beansprucht sie zu erweitern und zu vollenden. Damit aber erscheint es so, als wäre die Glaubenserfahrung ein Fortschritt für die Erfahrung des Unglaubens. Auch wenn die Erfahrung des Unglaubens in der Perspektive des Glaubens kritisch geklärt wird, geht der Glaube doch in gewissem Sinne von der Erfahrung des Unglaubens aus. Indem er sich an ihr bewährt, wie Ebeling sagt, knüpft er in gewisser Weise bei ihr an, bei ihren Beweggründen und Zielen.

An mehreren Stellen schien es so, als wiesen Ebelings Formulierungen in diese Richtung. Sie können dann dem Mißverständnis Vorschub leisten, ‚Gott' sei immer schon (wenn auch verworren) Gegenstand und Ziel der natürlichen Erfahrung der Welt. ‚Gott' erscheint dann als eine Instanz, die die Suche und Sehnsucht des Menschen in seiner Welterfahrung *letztlich* — wenngleich ganz anders als erwartet — ans Ziel führt.

22.3.3 Nun unterstreicht Ebeling aber immer wieder, daß Gott sich solcher Nutzbarmachung verweigert (s. § 6.1.2.a und b).

Im Anschluß an Luthers *Enarratio Psalmi LI* etwa sieht er in der *cognitio Dei et hominis* das *subiectum theologiae* (1971:255). Gott ist nach Luther immer der rechtfertigende und rettende Gott, der dem verlorenen Menschen anklagend begegnet. Der Mensch ist Sünder. In seinem Mund und Herzen hat ‚Gott' einen radikal verkehrten Sinn. So muß Gott im externen Wort begegnen, in Gesetz und Evangelium. Solche Zusammenhänge stehen hinter Ebelings Versicherung: Enthalte die *cognitio* einen Bezug zur Erfahrung, so sei sie doch gegen ein Verstehen nach dem Urteil der menschlichen *ratio* abzugrenzen (257, vgl. § 8.3.3). Dies ist zu unterstreichen. Mit Gottes Wort, unterschieden in Gesetz und Evangelium, wird der Standort des Menschen vor Gott neu. Daher scheint es mir dann aber mißverständlich zu sein, zu sagen, daß die Glaubenserfahrung die Lebenserfahrung fundamental erfahre und dabei überschreite, weiterführe und zurechtbringe. Weil das Evangelium den Sünder aus sich heraus in Gottes Wort und Handeln versetzt, kann auch erst jetzt: im Gegenüber zum Evangelium, die Erfahrung des Gesetzes zur Sprache kommen.

Noch an einem zweiten Beispiel soll das genannte Problem verdeutlicht werden. In der *Dogmatik* meint Ebeling, daß der „Ort des Lebens im Glauben" (1982a:109f.) neu bestimmt werde. Leben im Glauben sei Versetztwerden außerhalb seiner selbst. Das neue Leben des Glaubenden sei nicht dessen eigenes Leben, sondern sein Teilhaben an dem Leben, das in Christus erschienen ist. Wenn jedoch der Glaube seinen Grund und Gegenstand nicht in diesem Leben hat, dann erscheint es fraglich, ob es weiterführt, ihn als fundamentale Erfahrung „des" Lebens zu bezeichnen. Dann ist doch „Leben" und „Erfahrung" hier und da jeweils ganz anders in den Blick genommen. Deshalb kann es dann auch zu Mißverständnissen führen, wenn „das Leben" und „die Erfahrung" als gemeinsamer Bezugspunkt sowohl des Glaubens als auch des Unglaubens bezeichnet werden.

22.3.4 So stellt sich der Eindruck ein, daß Ebeling auf zwei Ebenen argumentiert. Zum einen begibt er sich auf die Ebene der allgemeinen Lebenserfahrung und benennt in ihr Phänomene, die bedrängen und ungeklärt bleiben. Bereits aus dieser Sicht erscheint das Evangelium als hilfreich und klärend. Ebeling betont aber auch, daß der Glaube kontingent in das Leben komme durch das *verbum externum* des Evangeliums; und daß die Erfahrung des Glaubens in der allgemeinen Lebenserfahrung nicht vorauszusehen und verrechenbar sei.

Wie passen die beiden Argumentationsebenen der Lebenserfahrung und des Evangeliums zusammen? Ebeling will sie mit der Unterscheidung von Gesetz und Evangelium verknüpfen. Da er aber im Rekurs auf Luthers Aussagen zum „natürlichen Gesetz" die Lebenserfahrung mit der Gesetzeserfahrung gleichsetzt,[29] bleibt der Eindruck zweier Argumentationsebenen bestehen.

22.4 Die Grundsituation als Gegenstand der Erfahrung

22.4.1 Es wurde bisher bei Ebeling beobachtet, wie er die allgemeine und die geistliche Erfahrung zu vermitteln sucht. Beide interpretiert er so, daß sie auf die je andere Erfahrung hin offen erscheinen. Das wird auch

[29]Vgl. dazu die Zitate in § 6.2.

daran deutlich, daß er für beide einen gemeinsamen Gegenstand angibt, und daran, wie er ihn beschreibt. Er sieht ihn in der „Situation des Menschen in der Welt vor Gott“ (1978:101, vgl. § 6.2.3.a). Ebeling nennt dies (in einer sowohl allgemein als auch theologisch verständlichen Sprache) die „Grundsituation“, die allen Situationen zugrunde liege, in denen sich der Mensch nur irgend vorfindet. Entsprechend legt er allgemeine Erfahrungen auf diese Grundsituation hin aus und sucht umgekehrt die Grundsituation in allgemeinen Erfahrungen auf. Das bedeutet konkret, daß er in welthaften Erfahrungen Symptome der Grundsituation aufspürt, die er dann in der Begegnung mit dem Evangelium theologisch als Gesetz namhaft macht. Entscheidendes Symptom ist die Sprache als Medium des Angegangenseins durch die Wirklichkeit. Sie verweist bereits auf Gott als Instanz, die den Menschen in allem wahrhaft angeht. Die Grundsituation, nämlich ‚vor Gott‘ zu sein, ist also in der weltlichen Erfahrung unausgesprochen angelegt. Im Evangelium kommt sie zur Sprache. Deshalb bezeichnet Ebeling Gott als Geheimnis der Wirklichkeit, als eine Instanz, um die es in aller Erfahrung verworren und implizit geht.

22.4.2 An das, was zum Verhältnis von Gesetz und natürlicher Erfahrung erörtert wurde, ist hier zu erinnern: Es ist wohl ein Unterschied, ob vom Gesetz in der Auslegung der Schrift oder ob von ihm als ein Wirkelement in aller Erfahrung geredet wird. Ebeling sieht die Grundsituation in der allgemeinen Welterfahrung immer schon angelegt. Andeutungsweise ist diese auf jene als ihren Grund hin offen. Doch allererst in der Schrift wird ausgesprochen, wie Gott zu Mensch und Welt steht (und umgekehrt), und erst dadurch wird dieses Verhältnis gestiftet. Gottes Wort, Gesetz und Evangelium, versetzt die Wirklichkeit in dieses Verhältnis. Es erscheint zweifelhaft, ob daraus zu folgern ist, daß das Gesetz etwas in der Wirklichkeit bereits Enthaltenes und namenlos Erfahrenes nur noch benennt. Der Mönch Luther, die heidnischen Staatsleute und die Werkgerechten erfahren nicht das, was der bekehrte Reformator erfährt. Gewiß sind die Menschen außerhalb des Glaubens bereits unter der Herrschaft des Wortes Gottes. Aber nicht so, daß ihre Erfahrungen auf das Gesetz hin durchsichtig sind.

Damit ist noch nicht abschließend beantwortet, welche Bedeutung denn die Welt und ihre Erfahrung nun für den Glauben haben. Auf diese Frage ist später noch einmal einzugehen. Sie stellt sich nämlich auch in der Begegnung mit dem Evangelium. Denn das Evangelium prägt ja die Erfahrung der Welt in der Weise, die der Welt wirklich gerecht wird.

22.5 Die Bedeutung der Schrift für die Erfahrung

22.5.1 Das Thema Evangelium und Erfahrung verhandelt Ebeling, wenn er Luthers Formel ‚Schrift und Erfahrung' interpretiert. Er sieht die Schrift auf die Erfahrung hingeordnet. Die Schrift wolle sich an der Erfahrung bewähren, indem sie den Glauben als die ‚Erfahrung mit der Erfahrung' auslöse. Wie bei der Gesetzeserfahrung setzt Ebeling also auch beim Evangelium den Akzent auf die Erfahrung. Als ‚Erfahrung mit der Erfahrung' will die Schrift zur Sprache kommen und so allererst Gottes Wort sein. Die ‚Erfahrung mit der Erfahrung' auszulösen ist das soteriologische Ereignis, auf das die Schrift zielt.

22.5.2 Nun könnte man m.E. für Luther dies durchaus sagen. Ebeling verweist hier zu Recht auf das Gebet. Im Gebet tritt der Sünder in rechter Weise Gott, sich selbst und den verwirrenden Stimmen des Gewissens gegenüber — eine Möglichkeit, die ihm die Schrift eröffnet (vgl. §§ 15.2.6.c und 16.3.12.b und c). Dennoch muß die Auskunft, das Wort sei Überlieferung von Erfahrungen und ziele darauf ab, geistliche Erfahrung zu erschließen, näher bestimmt werden, um nicht mißverständlich zu sein. Denn wenn Ebeling die Schrift als Überlieferung von Erfahrung charakterisiert, bringt er Luthers Aussagen, das Leben und die Gerechtigkeit vor Gott seien nicht erfahrbar (s. §§ 14.1–14.3), nicht ausdrücklich zur Geltung. Er richtet alles Augenmerk darauf, was diese Aussagen auslösen und wie sie die vortheologisch beschriebene Erfahrung verändern. Dies zu tun, ist möglich. Aber damit ist die Glaubens- oder Geisterfahrung nur in ihren Folgen, nicht aber schon in ihrer Dialektik von Erfahrung und Unerfahrbarkeit dargestellt (vgl. § 15.2, v.a. die Zusammenfassung § 15.2.6). Von der Glaubenserfahrung läßt sich nur als von einer Erfahrung reden, die zugleich aufhört, Erfahrung zu sein. Ebeling deutet dies nur an.

Das gilt auch für die Interpreten, die Ebelings Verhältnisbestimmung von Schrift und Erfahrung folgen. Köpf meint sogar, die Aussagen, der Glaube sei unerfahrbar, spielten für Luther nur eine untergeordnete Rolle: Unter Luthers „zahlreichen Äußerungen" fänden sich „auch immer wieder negative Wertungen der Erfahrung". Aber „neben solchen Aussagen" überwögen „bei weitem die positiven Bewertungen" (1982:114,15f.25).

Die Geisterfahrung hört zugleich auf, Erfahrung zu sein. Das hat seinen Grund darin, daß das Wort unanschaulich und wunderbar Gottes Wort ist. Gott selbst verifiziert es auf verborgene, nicht in der Erfahrung zu fassende Weise (s. § 14.6.3). Deshalb kann für die Erfahrung gesagt werden, daß sie das Wort nicht repräsentiert, sondern aus ihm folgt. Der Glaube kommt zur Erfahrung im Sichverlassen auf Gottes unerfahrbaren, neuschaffenden Blick (s. § 22.3.1.c). Erfahrungen des Glaubens sind vielleicht am ehesten als Bewegung zu beschreiben: Sie sind Affekte und Ereignisse, die vom Wort herkommen, aber auch nicht bei sich bleiben, sondern sich im Wort geborgen und verborgen wissen. Denn was das Wort dem Menschen und der Welt als Sein zusagt, das bleibt unter dem Gegenteil verborgen und wird noch erhofft. Das Wort spricht die Erfahrungswelt auf etwas an, was sie nicht enthält oder in sich aufnehmen kann. Seine Zusage ist ein unableitbares Wunder. So versetzt das Wort die Erfahrungswelt in die Spannung zwischen diesem und jenem Leben. Die Welt vor Gott und die erfahrene Welt treten in der geistlichen Erfahrung auseinander, obwohl sie identisch sind. Diese Identität zu verbürgen traut der Glaube dem Wort zu.

22.5.3 Nun äußert sich ja auch Ebeling in dieser Weise und meint, im Glauben werde der Mensch durch das Wort in ein neues Leben versetzt (s.o. §§ 22.3.3 und 6.3). Allerdings beschreibt er nicht ausdrücklich, wie das Wort zu einer unvergleichlichen Erfahrung führt, die z.B. dialektisch dargestellt werden kann. Ebelings Perspektive ist anders. Indem er den Glauben als ‚Erfahrung mit der Erfahrung' bezeichnet, ordnet er ihn der Lebenserfahrung zu. Allein in deren Horizont will er die Glaubenserfahrung zur Sprache bringen. Damit wird aber nicht deutlich, daß es um eine Erfahrung *sui generis* geht, unvergleichlich mit aller Erfahrung.

22.5.4 Die Dialektik der Glaubenserfahrung als Erfahrung der Schrift wird etwa in der Auslegung des Magnificats anschaulich (s. § 15.1.7). Gewiß ist für Luther das Magnificat eine affekthafte Erfahrung. Aber in ihr tritt das Wort Gottes an die Stelle aller Erfahrung, sofern sie die Bedingung für Marias Leben vor Gott sein soll; in ihr kehrt sich die Perspektive um: Maria spricht nicht mehr aus ihrer Sicht, sondern im Geist aus derjenigen Gottes. Das kann sie nicht mehr als ihre eigene Erfahrung aussagen, sondern muß im Passiv vom Wirken des Geistes an ihrer Stelle reden. Die Sprache gerät hier an ihre Grenze. Maria spricht von etwas, was jenseits ihrer ist. Ihre Erfahrung ist mehr, als Worte fassen können. Mit dieser Erfahrung setzt sich das äußere Wort durch. Das kommt dadurch zum Ausdruck, daß Maria hinter das Lob als dem Aussprechen des Wortes zurücktritt.

Ebeling redet an dieser Stelle davon, daß das Wort eine Situation erschließe, die allen Situationen in der Welt zugrunde liege und der Entdeckung harre. Sobald sie erschlossen ist, sind damit auch diese welthaften Situationen geklärt. Es ist deutlich, daß Ebeling dadurch die Relevanz des Wortes für die Lebensbewältigung wahren will. Doch scheint mir Luthers Reden von Erfahrung nicht ausschließlich unter diesem Blickwinkel auswertbar. Die Auskunft, daß das Wort die Grundsituation aller Situationen entdecke und erschließe, bedarf der Erläuterung. Denn die Erschließung geschieht ja so, daß das Wort eine neue, im weltlichen Leben unverrechenbare Situation schafft und Maria aus ihrer Erfahrungswelt in sie versetzt. Dies aber macht Ebeling in den genannten Wendungen an Luthers Erfahrungsbegriff nicht explizit deutlich. Er beschreibt nicht, wie die Erfahrung — das ‚Ich erfahre' — durch das ‚Gott hat mich erkannt' aufgebrochen wird.

22.6 Das welthafte Leben und die Erfahrung Gottes

22.6.1 Wenn dies erkannt ist, dann ist noch einmal zu fragen, welche Bedeutung denn die ‚Welt' in dieser Erfahrung des Wortes habe. Wie Ebeling diese Frage beantwortet, wird an seinem Verständnis der Grundsituation deutlich. In der Welt zu sein und sich zu fragen, was in der Welt über die eigene Identität entscheide und wie dem zu entsprechen sei: das ist die Ausgangssituation der Erfahrung. Darauf ist dann Gott die (überraschende und kritische) Antwort, die eine klärende Erfahrung mit der Erfahrung freisetzt. Gott entpuppt sich als das Geheimnis aller Welterfahrung. Für Luther ist aber die Grundsituation das Verhältnis, in das Gott durch sein Wort versetzt. Ebeling verweist mit Recht darauf, daß dies in der Welt geschieht. In das Verhältnis, das Gott stiftet, versetzt zu werden, nimmt in diesem Leben welthafte Konturen an: natürliche, leibliche, zwischenmenschliche. Gleichursprünglich mit dem Wort und als seine andere Gestalt lassen sich „Erfahrungen" welthafter Art benennen, in und mit denen es wirksam ist. Hier läßt sich dann in der Tat von einem „Lebens-" oder „Erfahrungsbezug" sprechen. (Und hier stellt Ebeling auch mit Recht die Frage, warum denn Karl Barth diesen Bezug ausblende.)

22.6.2 Doch wenn Luther von Welterfahrung spricht, dann immer von einem Wort der Schrift her. Das heißt für die Welterfahrung, daß sie nicht an sich schon Erfahrung ist, die den Glauben angeht. Zum zweiten markiert Luther so einen Unterschied zwischen der Erfahrung und dem Wort: Gottes angesagtes Handeln ist nicht durch die Erfahrung bestimmter Ereignisse faßbar. Der Glaube anerkennt diese Freiheit Gottes — in Luthers Worten: seine Verborgenheit. Gottes Handeln wird in weltlichen Gegebenheiten so erfahren, daß diese Gegebenheiten in einen verborgenen Zusammenhang gestellt und somit für eine Zukunft geöffnet werden, die in ihnen noch nicht entborgen werden kann. Für Luther ist also die Welterfahrung nicht wie bei Ebeling Ausgangspunkt und Horizont für die Erfahrung Gottes. Er bringt sie nicht an sich zur Sprache, um dann in einem zweiten Schritt ‚Gott' klärend auf sie zu beziehen.

Zudem scheint es ihm auch nicht um *die* Welterfahrung als eine Ganzheit, sondern ganz vereinzelt um Erfahrungen zu gehen. Verweist er doch nur eklektisch und schlaglichtartig (etwa in den unter 22.2.2 genannten Schriften) auf die welthafte Erfahrung. Dieser Verweis hat seinen Sinn in der Schriftauslegung. Luther legt die Schrift zunächst nach ihrem inneren Sinn aus, stellt unvermittelt Erfahrungen daneben und identifiziert ohne Umschweife deren Evidenz mit der Unverrückbarkeit Gottes in seinem Wort. So betrachtet er von der Schrift aus und als Hinweis auf diese einzelne Erfahrungen, ohne andere Erfahrungen aufzunehmen.[30]

22.6.3 In diesen Aussagen sind drei Dinge entscheidend:

a. Luther wird von der Schrift her auf eine welthafte Erfahrung aufmerksam. Mit der Erfahrung zeigt Luther, daß Gott, wie er sich in der Schrift offenbart, sinnlich und wirklich gegenwärtig ist. Niemand kann ihm entgehen.

b. Luther argumentiert also nicht um der Erfahrung, sondern um des Glaubens an das Wort willen: Was in der Erfahrung unabweisbar da ist, das ist Gott, wie er sich in der Schrift offenbart. Die Erfahrung stimmt mit der Schrift überein, ersetzt sie aber nicht. Vielmehr kommt diese weiterhin eigens zu Gehör — und gerade dies bleibt konstitutiv für die Erfahrung. Denn Gottes Handeln zu erfahren ist nicht schon mit der Erfahrung der Welt gegeben. Es ist mehr, als die Welt zu erfahren gibt. Gottes Erkenntnis der Welt geht nicht in der Erfahrung auf. Daran hat die Erfahrung teil — sofern sie Versetztwerden in das Wort ist. Schrift und Erfahrung sind also irreduzibel und als Zweiheit unhintergehbar.

c. Als drittes ist an diesen Aussagen zu beachten, daß die Bewegung von der Schrift zur Erfahrung zur Schrift in diesen Aussagen selbst geschieht. Sie muß immer wieder geschehen, weil — wie Luther an seinen Gegnern sieht — die Erkenntnis von der Sünde beherrscht ist. Der Sünder ist aus sich heraus eben nicht dazu fähig, das Naheliegende und längst Gegenwärtige zu erfahren. Seine Blindheit muß erleuchtet werden durch Gottes Urteil, das er ihm in der Schrift mitteilt.

---

[30] Vgl. zu einem solchen Nebeneinander WATR 1,423: „*In natura experientia est causa, cur audiamus, et praecedit assensum; in theologia autem experientia sequitur assensum non praecedit.*"

22.6.4 Hält man sich vor Augen, wie Luther von der Schrift her Erfahrung benennt, die wieder auf die Schrift verweist, und daß dies die einzige Weise ist, in der er die Welt und das Leben in den Blick nimmt, dann bekommen ‚Welt‘ und ‚Leben‘ ein anderes Gewicht als bei Ebeling. Für Ebeling sind die Welt und das Leben die Ausgangssituation, in der sich der Mensch als Erfahrungswesen vorfindet. Welt und Leben bedrängen in der Erfahrung und machen die Aufgabe dringlich, sie recht zu bewältigen. Diese Bewältigung wird möglich, sobald die Schrift die Grundsituation des Lebens in der Welt erschließt. Bei Luther kommen Welt und Leben in der genannten Bewegung von der Schrift zur Erfahrung zur Schrift in den Blick. Sie kommen gleichursprünglich mit der Schrift zur Sprache. Von welthaften Erfahrungen des Glaubens läßt sich so reden, daß sie zugleich aufgrund des Wortes als Erfahrungen des Handelns Gottes ausgesagt werden, analog zur *communicatio idiomatum* der zwei Naturen Christi (vgl. §§ 10.4.5.a und 17.2.2.b).Welt und Leben sind in der genannten Bewegung die jeweilige Erfahrung, in der der Mensch entdeckt, es mit Gottes Handeln zu tun zu haben, in der sich also Gottes Blick auf seine Kreatur gegen die Sünde durchsetzt. Im Augenblick der Erfahrung wird das erfahrene Leben in Gottes Wort versetzt. Zugespitzt ließe sich sagen, daß Welt und Leben für den Glauben dieses Versetztwerden und die stets neue Erwartung des Handelns Gottes *sind*.

22.7 Was „Erfahrung“ im Glauben bedeutet

Es wurde schon mehrfach angedeutet, daß der Kontext, in dem Luther von Erfahrung spricht, deren Begriff selbst prägt. Charakteristisch für Ebeling ist, daß er Luthers Worttheologie im Bezug auf einen allgemeinen Erfahrungsbegriff nachzuzeichnen versucht.

Er nennt als Merkmale der Erfahrung: Sie habe einen Lebensbezug, sei also ein Lebensakt. Sie sei auf Gedächtnis angewiesen, auf Geschichtserfahrung. Sie beziehe sich auf die Wirklichkeit, auf bestimmte und kontingente Einzelfälle. Sie sei ein Wahrnehmungsvorgang äußerer oder innerer Art (1975:16-20). In der religiösen Erfahrung werde diese Erfahrung vertieft und radikalisiert: „Der *Lebensbezug* konzentriert sich in der religiösen Erfahrung auf das, was über das Leben letztlich entscheidet; der *Geschichtsbezug* auf das, was als unbedingt Angehendes in Anspruch nimmt; der *Wirklichkeitsbezug* auf das, was das Einzelne mit dem Ganzen verbindet und versöhnt; der *Wahrnehmungsbezug* endlich auf das, was von außen kommend ins Innerste trifft“ (20).

Ebeling setzt wie auch Karl Holl, Hans Michael Müller und Walther von Loewenich einen allgemeinen Erfahrungsbegriff voraus. Er geht aber über deren Interpretationen hinaus, wenn er die Erfahrung und damit die Neuzeit (die sich ja programmatisch auf ‚Erfahrung' beruft) kritisch durchdringen und erweitern will. Es wurde schon bemerkt, daß bei diesem Vorgehen etwas zurücktritt: Ebeling beschreibt nicht ausdrücklich die Merkmale, die die Erfahrung im Glauben für Luther gewinnt (vgl. § 19.1.4). Diese Merkmale sollen nun abschließend zusammengestellt und mit dem verglichen werden, was Ebeling unter Erfahrung versteht.

22.7.1 „Erfahrung" bedeutet, daß das Ich mit einem Gegenstand in Berührung kommt. Das setzt auch Ebeling voraus. Für die Erfahrung des Glaubens ist nun charakteristisch, daß das Ich, da es der Sünde verfallen ist, zu ihr nicht fähig ist. Es muß für diese Erfahrung dem Wort Gottes gegen sich selbst recht geben. Darum ist mit ‚Erfahrung' eine Veränderung gemeint: Gott, den der Unglaube nur spekulativ, damit aber nur von fern und gar nicht erfaßt, wird nun so gegenwärtig, daß ‚ich' mit ihm in Berührung komme. Ebeling nennt dies die „Erschließung" der Grundsituation.

a. Kurz gesagt: Erfahrung ist Offenbarung. Das gilt einmal für die Erfahrung des Gesetzes. Weil sie Erfahrung des *Sünders* ist, gestaltet sie sich als Ernüchterung seiner Illusion. Nicht von sich aus kann der Sünder zu ihr kommen. Sie muß sich von außen her in ihm ereignen. Ihm stößt etwas zu, das er nicht von der Hand weisen kann. Da das Gesetz der Inhalt der Erfahrung ist, geht es in ihr um ein kontingentes Widerfahrnis, um eines, das unkontrollierbar betrifft. Dies ist die Gestalt, die Gottes Handeln in diesem Leben annimmt. Der Glaube lebt aus solcher Erfahrung, also im Erleiden der Wahrheit (vgl. § 13.2).

Das ist vornehmlich eine Gewissenserfahrung. D.h. im Urteil Gottes entscheidet sich, was wahr und wirklich ist. Das betont auch Ebeling. Allerdings sieht er das Gewissen in das weltliche Leben eingebettet. Dort muß sich klären, wer wahrhaft Anspruch auf das Gewisssen hat, was also wahrhaft über es entscheidet. So geht Ebeling nicht von der zu erleidenden Kontingenz der Gewissenserfahrung aus, sondern davon, daß in aller Erfahrung das Gewissen getroffen und auf eine Entscheidung hingedrängt wird.

b. Bei der Erfahrung des Evangeliums ist vor allem das Element der Ekstase von Bedeutung: Wen Gott anredet, der wird mit dem, was er in und außer sich erfährt, erfaßt und in das Wort versetzt. In dieser Ekstase hört die Erfahrung der Welt und meiner selbst auf, eine Bedingung für das zu sein, was ich vor Gott als wahr und wirklich gelten lasse.

Zusammengefaßt bezeichnet ‚Erfahrung‘ also das Erleiden und das Versetztwerden aus sich und der Erfahrung selbst heraus. Ein Ereignis tritt ein, erfaßt mich und wendet mich aus mir heraus dem Wort zu. Diese Erfahrung ist keine Leistung des Ich und begründet auch keinen Besitz. Sie macht umgekehrt den Erfahrenden zum Gegenstand dessen, was er erfährt. In diesem Erfahrungsbegriff kommt ein entscheidender Zug der Theologie Luthers zur Geltung, die, wie zur Mühlen urteilt, dem „habitualen Verständnis“ der Gerechtigkeit wehrt und deren „Externität“ wahrt. In der Erfahrung wird deren Subjekt nicht auf-, sondern abgebaut und in die „Haltung des Empfangens“ gestellt (1972:131).

22.7.2 Auch wenn Ebeling auf das Leiden zu sprechen kommt und vom Versetztwerden des Sünders in das äußere Wort redet: Er macht es für die Beschreibung der Erfahrung selbst nicht fruchtbar. Der Erfahrungsbegriff selbst gerät aber in Bewegung, wenn nicht länger das ‚Ich erfahre etwas‘ Bedingung der Wahrheit ist, sondern umgekehrt das ‚Gott hat mich erkannt‘. Doch ‚Erfahrung‘ im neuzeitlichen Sinn: daß das Ich in seinem Erkennen zum Kriterium des Erkannten wird (vgl. § 1.1), scheint Ebelings Erfahrungsverständnis zu leiten. Für ihn heißt Erfahrung nicht vorrangig, die Wahrheit zu erleiden in dem Sinn, daß sich die Perspektive umkehrt und die erfahrene Welt in die Erwartung Gottes versetzt wird. Sondern er stellt die Begegnung mit dem Evangelium so dar, daß das Ich von einer oberflächlichen zu einer vertieften Erfahrung seines Daseins in der Welt fortschreitet.

22.7.3 Wie Holl so stellt auch Ebeling die Abfolge von Gesetz und Evangelium als Fortschritt der Gewissenserfahrung dar — wenn es auch kein sittlicher ist und wenn er auch durch das äußere Wort ausgelöst wird. Das Gewissen (oder das Ich) kommt zu sich selbst, integriert eine Krisenerfahrung und gewinnt dadurch an Reife. Diesen Fortschritt zeigt Ebeling an, wenn er sagt, der Glaube *bewähre* sich vor dem Forum der Erfahrung (1975:6). Nun läßt sich durchaus sagen, daß sich die Geisterfahrung an der Erfahrung des Gesetzes bewährt, sofern sie neue Affekte im Gewissen schafft, die an die Stelle der Affekte unter dem Gesetz treten. Mit gewissem Recht nennt Ebeling dies eine ‚Erfahrung mit der Erfahrung‘. Doch wäre es hilfreich, nicht allein von der ‚Bewährung‘ des Glaubens in der Erfahrung zu sprechen. Diese Aussage ließe sich ja auch so mißverstehen, als bilde der Sünder unter dem Gesetz das Forum, vor dem sich das Evangelium zu bewähre habe. Dagegen ließe sich hervorheben, daß die ‚Bewährung‘ dialektisch zu beschreiben ist: als Bewährung, die aufhört Bewährung zu sein. Am Gesetz bewähren kann sich das Evangelium nur so, daß es sich eben nicht vor diesem Forum zu bewähren hat. An der Erfahrung des Gesetzes bewährt sich das Evangelium, indem es den Sünder aus ihr in das Wort versetzt, das Gott bewährt — und nicht die Erfahrung.

22.7.4 Doch bei der Rede der Bewährung hat Ebeling insofern recht, als er von zwei Erfahrungen des Glaubens spricht, die im Widerspruch zueinander stehen (s. § 16.3.12.d). Charakteristisch ist für ihn, daß er sie in die Reihenfolge von Verwirrung und Klärung, Oberflächlichkeit und Vertiefung, Unglaube und Glaube bringt, wenn er meint, daß sich der Glaube an der Lebenserfahrung „bewähre". In anderer Weise haben auch Karl Holl und Hans Michael Müller Gesetz und Evangelium gleichsam in *einen* Erzählfaden eingesponnen. Dabei kann aber leicht aus dem Blick geraten, daß Gesetz und Evangelium miteinander unverrechenbar und deshalb unüberholbar ‚zugleich' bleiben. Für den Glaubenden tritt das Evangelium nicht an die Stelle des Gesetzes. Er kommt über das Zugleich von Gericht und Neuschöpfung nicht hinaus. Das zeigt sich an ihm selbst in seiner Erfahrung so, daß er in ein altes und ein neues Ich auseinandertritt. Er ist nicht länger das konstante Subjekt seiner Erfahrung. Er steht nun in der Geisterfahrung: Der Geist tritt für ihn ein, so daß das Subjekt dieser Erfahrung nur im Hin und Her zwischen altem und neuem, verborgenem Ich zu finden ist.

§ 23 Schrift und Erfahrung — ein Resümee

In dieser Arbeit ging es nicht primär darum, Luthers Reden von Erfahrung in seine Zeit zu stellen oder sein Verhältnis zur Tradition zu bestimmen. Vielmehr wurde bei der Rezeption dieses Jahrhunderts eingesetzt. Denn Luthers Erfahrungsbegriff sollte in einem gegenwärtigen Interesse dargestellt werden. Ziel der Untersuchung war es, zu bestimmen, wie der Begriff ‚Erfahrung' theologisch charakteristisch zu gebrauchen ist. In einem Resümee sollen nun markante Richtpunkte dafür zusammengestellt werden. Was gibt Luthers Erfahrungsbegriff einer anderen Generation von Christen zu denken — und zu erfahren?

23.1 Schrift und Erfahrung

Zuerst und zuletzt: Daß es zu theologisch relevanter Erfahrung nur im Hören auf die Schrift kommt. Mit der Formel ‚Schrift und Erfahrung' ist Luthers Begriffsbildung am bündigsten überschrieben.

23.1.1 In dieser Formel ist die *Schrift* die entscheidende Größe. Ihr Gepräge muß erfaßt sein, weil davon auch dasjenige der Erfahrung abhängt. „Die Schrift ist eine Sammlung von Erfahrungen, die zu entsprechenden Erfahrungen anregt." So dürfte die Auskunft lauten, die nicht nur bei einer Reihe von Lutherinterpreten Zustimmung findet. Dabei bleibt aber unklar, was Erfahrung ist, weil unklar bleibt, was die Schrift ist. Für Luther ist die Schrift Wort Gottes. Gewiß ein von Menschen bezeugtes Wort. Aber es wird von ihnen so bezeugt, daß sie es nicht als ihr eigenes Wort weitergeben. Sie bezeugen es als das Wort, das sie nicht selbst erzeugt, sondern empfangen haben; ein Wort, hinter das sie nicht zurückkönnen und dem sie zustimmen. Deshalb nötigt und befreit es sie, es auszusprechen und aufzuschreiben. Es ist immer ein Wort, das ihnen fremd und unbegreiflich bleibt — ein Grund, es aufzuschreiben. Gott selbst und Gott allein wacht über sein Wort, daß er es tut (Jer 1,12).

23.1.2 Gott teilt in seinem Wort die Wahrheit Gottes und des Menschen mit. Diese Wahrheit hat sich in Jesus Christus ereignet: in seiner Menschwerdung, seinem Kreuz und seiner Auferstehung. Jesus Christus macht die Wahrheit am Kreuz offenbar. Er tritt in menschliche Erfahrung ein. Er erfährt „furtrefflich", was alle Menschen erfahren sollen: das Gericht und das neue Leben, das Gott im Gericht schafft. Christus erfährt Gott so, wie wir ihn erfahren sollen: als Richter der Sünde, der aber das Gericht auf sich nimmt und so neues Leben im Tod schafft. Die Wahrheit Gottes und des Menschen, die Christus erfährt, wird in der Schrift mitgeteilt. Sie wird dort so klar und deutlich ausgesprochen, daß sie sich Anerkennung verschaffen und die Welt und das Leben sich gleichgestalten kann.

23.1.3 Gottes Wort ergeht als Gesetz und Evangelium. Es spricht das Urteil über den Sünder, der Gott nicht glaubt und deshalb mit sich selbst und der Welt um sich falsch umgeht. Aber zugleich ergeht es noch einmal anders als die Verheißung des neuen Lebens. Die Verheißung setzt das Gesetz voraus. Sie wird in der Erfahrung des Gesetzes als der Erfahrung ihres Gegenteils laut. Nur so kann deutlich werden, daß das Evangelium Gnade ist: unableitbares Wunder, das Gott zusagt und tut. Der Glaube anerkennt, daß das neue Leben vor Gott zugesagtes Leben bleibt.

23.2 Erkennen, wie ich erkannt bin

Das Wort schafft sich Anerkennung und gestaltet sich Welt und Mensch gleich. Dies geschieht in der Erfahrung.

23.2.1 Das bedeutet für die Erfahrung zum einen, daß es in ihr darum geht, der Erfahrung Jesu Christi gleichförmig zu werden. Er, der Sohn Gottes, ist das Haupt einer neuen Menschheit, die durch das Wort von ihm Erfahrungen in der Welt macht. Der gekreuzigte Christus tritt in ihre Erfahrung ein. Was er erfährt, erfährt er ‚für sie'. Deshalb erfahren sie nun zum einen, dem Gericht verfallen zu sein, um zum andern dann den fröhlichen Wechsel und Streit zwischen den rettenden Eigenschaften der Person Jesu Christi und den eigenen Eigenschaften zu erfahren.

23.2.2 Daß das Wort sich Anerkennung verschafft in der Erfahrung, bedeutet für diese zum zweiten, daß sie Offenbarung ist. In ihr wird offenbar, was ansonsten nicht zugänglich ist. Alle sollen erfahren, daß sie begnadete Sünder sind, können es aber nicht. Deshalb gibt Gott dies seinem Sohn am Kreuz „furtrefflich" zu erfahren und in seiner Nachfolge allen, die an ihn glauben. Zu dieser Erfahrung kommt es also im Hören auf die Schrift und in der Kraft des Geistes. Nicht der Mensch selbst mit seinem Willen, die Welt sich in der Erfahrung anzueignen, ist das Subjekt dieser Erfahrung, sondern der gekreuzigte und auferweckte Christus; der Gott, der die Menschen in der Erfahrung Christus gleichförmig macht.

23.2.3 Das bedeutet für die *Erfahrung* also näherhin, daß in ihr ein Wandel der Sichtweise stattfindet: Nicht länger bin ich es, der eine Erfahrung macht, mit dieser Erkenntnisleistung das Leben meistert und damit sich selbst gewinnt. Sondern umgekehrt sehe ich etwas (vornehmlich mich selbst) so, wie Gott es beurteilt, ohne diese Erkenntnis noch einmal selbsttätig aufzubauen. Ich fange also mit Gottes Sichtweise an, ohne sie selbst nachzuschaffen und ohne andere Sichtweisen zu berücksichtigen. Sie ist einfach da in Gestalt des in der Schrift bezeugten Wortes Gottes.

‚Erfahrung' bezeichnet, da der Mensch in der Sünde lebt, die Umkehr. In ihr kehrt sich der Sünder davon ab, sich selbst und die Welt zu beurteilen oder sich dem Urteil anderer anzuschließen. Er kehrt sich Gott zu, um von ihm beurteilt zu werden und sich unter seine Verheißung zu stellen. Es geht ihm nun darum, zu „erkennen, wie ich erkannt bin" (1.Kor 13,12). Diese Erfahrung ist keine Leistung. Zu ihr läßt sich nicht aus der natürlichen Welterfahrung heraus fortschreiten. Sie wird erlitten, wenn sie sich plötzlich und unerwartet ereignet. In ihr wird das Ich aus sich heraus in das fremde Wort Gottes, Urteil und Verheißung versetzt. Weil es Gottes Wort ist und bleibt, läßt es sich nur durch Erfahrung erkennen. D.h. Erfahrung ereignet sich aktuell. Sie läßt sich nicht habituell aneignen und zur persönlichen Fähigkeit machen. Sie kommt unerwartet und wird erlitten. Erfahrung ist womöglich schwierig und selten, wie Luther sagt. Sie stellt sich ein.

23.3 Erfahrung, die aufhört, Erfahrung zu sein

Das Wort bringt den Sünder zu einer Erfahrung, zu der er nicht fähig ist. Das kann nicht einfach, sondern nur *dialektisch* beschrieben werden: als eine Erfahrung, die aufhört, Erfahrung zu sein.

23.3.1 Das bedeutet für das Ich als *Erfahrungssubjekt*: ‚Ich' erfahre zwar etwas. Es ist ‚meine' Erfahrung. Aber ich bekenne sie als Akt des Heiligen Geistes in mir und jenseits meiner. Denn ich werde aus den selbstgemachten Urteilen und Verheißungen heraus in Gottes fremdes Wort versetzt. Das Wort tritt nun an die Stelle eigener oder fremder Urteile und Verheißungen. ‚Meine Erfahrung' ist also dialektisch zu verstehen. Weder kann ich die Erfahrung auf ‚mich' zurückführen — muß ich mich doch als Sünder im Widerwillen gegen diese Erfahrung bekennen —, noch ist sie mir äußerlich. ‚Ich' und ‚mein' lassen sich nicht mehr einfach, sondern nur zweifach beschreiben. Ich spreche von ‚mir' nur noch im Bekenntnis, daß der Heilige Geist an meine Stelle tritt, ohne daß er und ich zu einer Einheit verschmelzen. Die Duplizität von ‚Ich' und ‚Geist' ist irreduzibel. Das Verhältnis beider ließe sich in Analogie zu den Naturen Jesu Christi als *communicatio idiomatum* beschreiben.

23.3.2 In diesem Sinn dialektisch zu beschreiben sind auch die neuen *Affekte*, in die das Herz oder Gewissen des Glaubenden versetzt wird. ‚Ich' nehme das Wort in Anspruch, das ich nach meiner Selbsterfahrung weder zu sprechen bereit noch fähig bin. Ich nehme es gegen und für mich selbst in Anspruch. In dieser von mir aus gesehen grundlosen und unmöglichen Inanspruchnahme gerät das Gewissen in eine heilsame Krise: Es wird vor dem Gesetz unsicher, traurig, gefangen in sich selbst und verzweifelt, um durch das Evangelium von all dem freigesprochen und also gewiß, heiter, frei und gelassen zu werden.

Gottes Wort wird zweifach in Anspruch genommen. Zum einen darin, dem Gesetz recht zu geben und sich selbst als Sünder unter Gottes Zorn zu bekennen. Dies ist ein Gewissensgespräch. Es ist der Affekt der Reue. Allerdings kann dieser Affekt vom Sünder pervertiert werden, wenn er werkgerecht bleibt, statt auf das Evangelium zu hören. Wo er dies tut, da kann er zum zweiten dem Urteil, dem er sich ausgesetzt sieht, widersprechen und damit auch den Sinn des Urteils jenseits von ihm erfassen. Er bekommt den Affekt der Gewißheit. Dieser Affekt gewinnt unterschiedliche Gestalt: Als erste ist das Gebet zu nennen, in dem sich der Sünder Gott anvertraut und auf ihn hofft. Aber dann tritt dieser Affekt auch nach außen: in der Predigt etwa. Diese erwächst aus den Affekten, die das Gewissen des Sünders im Hören auf das Wort gewinnt. In ihr bezeugt ein Erfahrener das Wort gegenüber anderen: den Feinden des Evangeliums und den Angefochtenen, den Vermessenen und den Verzweifelten. Schließlich gestaltet sich dieser Affekt noch in einem besonderen Umgang mit den Gütern und Ereignissen dieses Lebens und im Umgang mit dem Nächsten.

23.4 Erfahrung der Welt

Die Erfahrung im Hören auf die Schrift ist also immer auch Erfahrung der Welt: ein Ereignis in und an ihr, ein Sichverhalten zu ihr. Denn Gottes Urteil und Verheißung ergehen über mich und die Welt, setzen mich und die Welt in Bewegung. Erfahre ich, in dieses Wort Gottes versetzt zu werden, dann wird dabei auch die angesprochene Welt vom Wort diesem gleichgestaltet. Gottes Wort schafft, was es sagt. Es setzt etwas ihm Entsprechendes ins Dasein. Dies geschieht allerdings verborgen. Der Glaube verläßt sich darauf und erhofft es. Das bedeutet, daß es für ihn nur anfangsweise und punktuell zu der Erfahrung kommt, daß Wort und Erfahrung übereinstimmen.

23.4.1 So erfährt der Glaube *Güter und Ereignisse* auf seine Weise: Vor dem Gesetz werden sie zu Gestalten des Zorns dort, wo sie ausbleiben oder vernichtet werden; zu Gestalten der Versuchung derer, die blind für die freie Güte des Schöpfers sind und ihr Herz an das hängen, was er besitzen. Das Gesetz sieht der Glaube dort am Werk, wo ein Mensch in seiner Werkgerechtigkeit scheitert: Wo er erfolglos nach geistigen und materiellen Gütern strebt und darüber verzweifelt. In der Verzweiflung verstrickt er sich noch tiefer in sein Streben. So sperrt er sich selbst ein, gibt der Sünde Macht über sich. Sofern er sich aber auf das Evangelium verläßt, erfährt er Güter und erfährt sie neu: im Sinne eines „Habens, als hätte man nicht“ (1.Kor 7,29): Er nimmt die Güter dankbar in Empfang. In ihnen schafft sich das Wort eine Gestalt. Aber er nimmt sie nicht in Besitz und macht sie nicht zur Bedingung des Lobes Gottes. Er „erleidet“ sie. Er erfährt sie und läßt zugleich zu, daß Gott sie wieder nimmt und dann des gleichen Lobes und Vertrauens würdig ist wie in der Erfahrung. Gerade dadurch, daß sich der Glaube nicht an die Güter klammert, erfährt er sie. Er gewinnt ein freies und gelassenes Verhältnis zu ihnen.

23.4.2 Ähnliches gilt für den Umgang mit den Mitmenschen: Durch das Gesetz kommt es zur Erfahrung der Lieblosigkeit. Der Sünder will die Gebote halten, um sich so Anerkennung vor Gott und den Mitmenschen zu verschaffen. So treiben die Gebote ihn dorthin, sich selbst im Tun zu suchen und nicht den Mitmenschen. Das vom Evangelium her erkannte Gesetz gibt das als Sünde zu erfahren, der nicht zu entrinnen ist. Wo aber das Gewissen sich vom Evangelium freisprechen läßt und gewiß wird, da kommt es auch zur Erfahrung der Liebe: zum spontanen Tun im Interesse des Nächsten ohne Skrupel oder Hochmut im Blick auf sich selbst.

23.5 Erfahrung ist offen für das noch nicht Erfahrbare

Auch wenn das Wort Gestalt gewinnt und Ereignisse schafft, die mit ihm übereinstimmen, so kommt es doch nicht zum Verstummen. Gottes Zorn bzw. Güte und weltliche Ereignisse bleiben unterschieden, auch wenn sie in der Erfahrung aktuell übereinstimmen. Entsprechend werden die Affekte des Gewissens zu keinem *habitus*, sondern ereignen sich aktuell im Hören auf die Schrift. So bleibt selbst in der Erfahrung ein Unterschied zwischen Wort und Erfahrung. In der Erfahrung ereignet sich immer auch, daß die Welt in das Wort versetzt wird, das mehr sagt, als erfahrbar ist, und noch aussteht. Gottes Wort ist *eschatologisch*. Es wird zwar in diesem Leben mitgeteilt, spricht mich und die Welt aber auf das hin an, was wir vor Gott in jenem Leben sind. Das Gericht mit der ewigen Entfernung von Gott kündigt sich in aller Lebensminderung an: in Krankheit, Erfolglosigkeit, Krieg und Tod. Die Fülle und Güte des Lebens vor Gott kündigt sich in der Erfahrung von Gütern an, ohne doch in ihr aufzugehen. Gleiches gilt für den neuen Menschen, der ich in den Affekten der Schrift schon bin, ohne über die Erfahrung, ein Sünder zu sein, hinauszukommen. Das neue Leben bleibt ein verheißenes, von der Erfahrung unterschiedenes Leben. Ich stimme der Verheißung zu, ohne sie durch Erfahrung zu verifizieren. Aber in dieser Zustimmung komme ich zu Erfahrungen der Gnade und Güte Gottes in Gütern und Affekten. Der Glaube ist frei und gelassen in dem, was er erfährt, weil er darauf vertraut, daß Gottes Gedanken nicht unsere Gedanken und seine Wege nicht unsere Wege sind (Jes 55,8). Er legt Gott nicht auf Erwartungen fest, die sich aus natürlichen Erfahrungen speisen, sondern bewahrt in seiner Freiheit und Gelassenheit, daß die Welt offen ist für das, was Gott ihr verheißt: ihre Neuschöpfung durch das Gericht hindurch.

Erfahrung hat also nicht einfach den Sinn, reif zu werden in der Erfahrung der Welt und seiner selbst. Danach zu streben bedeutet ja, eines Tages als Meister des Lebens dastehen, die Aufgabe der Erfahrung erschöpfend lösen und abschließen zu wollen. Es gehört zur Erfahrung im Glauben, dieses Streben aufzubrechen. Erfahren und reif im Glauben ist der, der erkennt, daß dies unmöglich ist. Der Wille zur Erfahrung ist nämlich von der Sünde durchdrungen. Niemand kann von diesem Willen wirklich wurzelhaft frei werden. So bleibt Erfahrung immer heilsame, erschütternde Erfahrung, die unterbricht und für unfaßbar Neues öffnet, wo wir in ihr in die Perspektive Gottes eintauchen.

So ist die Lebensform der Christenheit, ihre Art und Weise, sich durch Erfahrung in der Welt zu orientieren: Unablässig die Schrift zu hören und zu lesen und sich auf Erfahrungen einzulassen, in denen sie selbst und die Welt für die Erwartung Gottes geöffnet werden.

Literaturverzeichnis

Quellen und Übersetzungen

Dionysios Areopagita. „De mystica theologia.“ *MPG*, Bd. III. Paris 1857. 997 A–1064 A.

Erasmus, Desiderius. *Diatribe sive collatio de libero arbitrio*, hg. Johann von Walter. 2. Aufl. 1935 [¹1910]. Leipzig: Deichert. (Quellenschriften zur Geschichte des Protestantismus, Heft 8.)

Gerson, Johannes. *De mystica theologia*, ed. André Combes. Lugano 1958. (Thesaurus mundi 8.)

Luther, Martin. *Werke: Kritische Gesamtausgabe*. Weimar 1883ff. (*WA*).

—. 1983. *Freiheit und Lebensgestaltung: Ausgewählte Texte*. Im Auftrage der Luther–Gesellschaft hg. und teilw. neu übers. von Karl–Heinz zur Mühlen. Göttingen: Vandenhoeck & Ruprecht. (KVR 1493.)

—. 1984. *Wider den Löwener Theologen Latomus*, übers. von Robert Frick. 3. Aufl. [¹1953]. München: Chr. Kaiser. (Martin Luther, Ausgewählte Werke, Ergänzungsreihe Bd. 6.)

—. 1986. *Daß der freie Wille nichts sei: Antwort D. Martin Luthers an Erasmus von Rotterdam*, übers. von Bruno Jordahn. 3. Aufl. [¹1954]. München: Chr. Kaiser. (Martin Luther, Ausgewählte Werke, Ergänzungsreihe Bd. 1.)

Sonstige Literatur

Althaus, Paul. 1962. *Die Theologie Martin Luthers*. Gütersloh: Verlagshaus Gerd Mohn.

Barth, Hans Martin. 1980. „Erfahrung, die der Glaube bringt.“ *WPKG*, 69, 567–579.

Barth, Karl. 1929a. „Das Wort Gottes als Aufgabe der Theologie.“ *Das Wort Gottes und die Theologie: Gesammelte Vorträge*. Zollikon: Verlag der Evangelischen Buchhandlung. 156–178.

—. 1929b. „Bemerkungen zu Hans Michael Müllers Lutherbuch.“ *Zwischen den Zeiten*, 7. Jahrg., 561–570.

—. 1932. *Die kirchliche Dogmatik*, Bd. I/1. Zürich: Theologischer Verlag.

Bayer, Oswald. 1988. „Oratio, Meditatio, Tentatio. Eine Besinnung auf Luthers Theologieverständnis.“ *LuJ*, 55, 7–59.

Bollnow, Otto Friedrich. 1974. „Was ist Erfahrung?“ *Erfahrung und Erfahrungswissenschaft*, hg. Rolf E. Vente. Stuttgart–Berlin–Köln–Mainz: Kohlhammer. 19–29.

Busch, Eberhard. 1976. *Karl Barths Lebenslauf: Nach seinen Briefen und autobiographischen Texten*. München: Chr. Kaiser.

Ebeling, Gerhard. 1942. *Evangelische Evangelienauslegung: Eine Untersuchung zu Luthers Hermeneutik*. München: Chr. Kaiser. (FGLP 1.) [Nachdruck Darmstadt: Wissenschaftliche Buchgesellschaft, 1962.]

—. 1951. „Die Anfänge von Luthers Hermeneutik.“ *ZThK*, 48, 172–230.

—. 1964. „‚Sola scriptura‘ und das Problem der Tradition.“ *Wort Gottes und Tradition: Studien zu einer Hermeneutik der Konfessionen*. Göttingen: Vandenhoeck & Ruprecht. 91–143.

—. 1971. *Lutherstudien I*. Tübingen: J.C.B. Mohr (Paul Siebeck).

—. 1975. „Die Klage über das Erfahrungsdefizit in der Theologie als Frage nach ihrer Sache.“ *Wort und Glaube III: Beiträge zur Fundamentaltheologie, Soteriologie und Ekklesiologie*. Tübingen: J.C.B. Mohr (Paul Siebeck). 3–28.

—. 1978. „Schrift und Erfahrung als Quelle theologischer Aussagen.“ *ZThK*, 75, 99–116.

—. 1982a–c. *Dogmatik des christlichen Glaubens*, Bd. I–III. 2. durchg. Aufl. [¹1979]. Tübingen: J.C.B. Mohr (Paul Siebeck).

—. 1982d. *Lutherstudien II/2: Disputatio de homine. Zweiter Teil: Die philosophische Definition des Menschen. Kommentar zu These 1–19*. Tübingen: J.C.B. Mohr (Paul Siebeck).

—. 1985. *Lutherstudien III: Begriffsuntersuchungen — Textinterpretationen — Wirkungsgeschichtliches*. Tübingen: J.C.B. Mohr (Paul Siebeck).

—. 1989. *Lutherstudien II/3: Disputatio de homine. Dritter Teil: Die theologische Definition des Menschen. Kommentar zu These 20–24*. Tübingen: J.C.B. Mohr (Paul Siebeck).

Frick, Robert. 1984. Siehe Luther, Martin.

Gelder, Katrin. 1992. *Glaube und Erfahrung: Eine kritische Auseinandersetzung mit Gerhard Ebelings „Dogmatik des christlichen Glaubens“ im Kontext der gegenwärtigen evangelisch-theologischen Diskussion*. Neukirchen: Neukirchener Verlag. (Neukirchener Beiträge zur systematischen Theologie, Bd. 11.)

Grane, Leif. 1975. *Modus loquendi theologicus: Luthers Kampf um die Erneuerung der Theologie (1515–1518)*. Leiden: E.J. Brill. (Acta Theologica Danica 12.)

Grisebach, Eberhard. 1928a. *Gegenwart, eine kritische Ethik*. Halle: Niemeyer.

—. 1928b. „Philosophie und Theologie: Fragen, Antworten und Thesen zum Abschluß der Vorlesung ‚Grundprobleme der Ethik‘.“ *ThBl*, 7. Jg., Sp. 222–224.

Grosse, Sven. 1994. *Heilsungewißheit und Scrupulositas im späten Mittelalter: Studien zu Johannes Gerson und Gattungen der Frömmigkeitstheologie seiner Zeit*. Tübingen: J.C.B. Mohr (Paul Siebeck). (BHTh 85.)

Hermann, Rudolf. 1958. *Von der Klarheit der Heiligen Schrift: Untersuchungen und Erörterungen über Luthers Lehre von der Schrift in De servo arbitrio*. Berlin: Evangelische Verlagsanstalt.

Herms, Eilert. 1978. *Theologie — eine Erfahrungswissenschaft*. München: Chr. Kaiser. (TEH NF 199.)

Hirsch, Emanuel. 1954. *Lutherstudien*, Bd. I. Gütersloh: Bertelsmann.

Holl, Karl. 1923. *Gesammelte Aufsätze zur Kirchengeschichte*, Bd. III. 2. und 3. Aufl. [1 1921]. Tübingen: J.C.B. Mohr (Paul Siebeck).

Jacob, Günter. 1929. *Der Gewissensbegriff in der Theologie Luthers*. Tübingen: J.C.B. Mohr (Paul Siebeck). (BHTh 4.)

Joest, Wilfried. 1967. *Ontologie der Person bei Luther*. Göttingen: Vandenhoeck & Ruprecht

Jordahn, Bruno. 1986. Siehe Luther, Martin.

Jüngel, Eberhard. 1981. *Zur Freiheit eines Christenmenschen: Eine Erinnerung an Luthers Schrift*. 2. Aufl. [1 1978]. München: Chr. Kaiser.

Kambartel, Friedrich. 1972. „Erfahrung". *HWP*, Bd. II. Darmstadt: Wissenschaftliche Buchgesellschaft. Sp. 609–617.

Knittermeyer, Hinrich. 1928. „Zur Ethik der Gegenwart." *ThBl*, 7. Jg., Sp. 212–222.

Köpf, Ulrich. 1980a. *Religiöse Erfahrung in der Theologie Bernhards von Clairvaux*. Tübingen: J.C.B. Mohr (Paul Siebeck). (BHTh 61.)

—. 1980b. „Wesen und Funktion religiöser Erfahrung. — Überlegungen im Anschluß an Bernhard von Clairvaux." *NZSyTh*, 22, 150–165.

—. 1982. „Erfahrung. III/1. Mittelalter und Reformationszeit.“ *TRE*, Bd. X. Berlin — New York: de Gruyter. 109–116.

Korsch, Dietrich. 1988. „Erfahrung.“ *WBC*, Gütersloh: Verlagshaus Gerd Mohn. 298f.

Lange, Dietz. 1984. *Erfahrung und die Glaubwürdigkeit des Glaubens*. Tübingen: J.C.B. Mohr (Paul Siebeck).

Løgstrup, Knud Eiler. 1958. „Grisebach, Eberhard.“ *RGG*, Bd. 2. Tübingen: J.C.B. Mohr (Paul Siebeck). Sp. 1879.

Loewenich, Walther von. 1954. *Luthers Theologia crucis*. 4. Aufl. [[1]1929]. München: Chr. Kaiser.

Metzger, Günther. 1964. *Gelebter Glaube: Die Formierung reformatorischen Denkens in Luthers erster Psalmenvorlesung, dargestellt am Begriff des Affekts*. Göttingen: Vandenhoeck & Ruprecht. (Forschungen zur Kirchen- und Dogmengeschichte Bd. 14.)

zur Mühlen, Karl–Heinz. 1972. *Nos extra nos: Luthers Theologie zwischen Mystik und Scholastik*. Tübingen: J.C.B. Mohr (Paul Siebeck). (BHTh 46.)

—. 1977. „Affekt. II. Theologiegeschichtliche Aspekte.“ *TRE*, Bd. I. Berlin — New York: de Gruyter. 599–612.

—. 1980. *Reformatorische Vernunftkritik und neuzeitliches Denken: Dargestellt am Werk M. Luthers und Fr. Gogartens*. Tübingen: J.C.B. Mohr (Paul Siebeck). (BHTh 59.)

—. 1983. Siehe Luther, Martin.

—. 1991. „Luther. II. Theologie.“ *TRE*, Bd. XXI. Berlin — New York: de Gruyter. 530–567.

Nicol, Martin. 1984. *Meditation bei Luther*. Göttingen: Vandenhoeck & Ruprecht. (Forschungen zur Kirchen- und Dogmengeschichte Bd. 34.)

Oberman, Heiko Augustinus. 1967. „Simul gemitus et raptus: Luther und die Mystik.“ *Kirche, Mystik, Heiligung und das Natürliche bei Luther: Vorträge des Dritten Internationalen Kongresses für Lutherforschung Järvenpää, Finnland, 11.- 16. August 1966*, hg. Ivar Asheim. Göttingen: Vandenhoeck & Ruprecht. 20–59.

Ozment, Steven. 1969. *Homo spiritualis: A Comparative Study of the Anthropology of Johannes Tauler, Jean Gerson and Martin Luther (1509–16) in the Context of their Theological Thought*. Leiden: E.J. Brill. (Studies in Medieval and Reformation Thought 6.)

Pannenberg, Wolfhart. 1973. „Eschatologie und Sinnerfahrung.“ *KuD*, 19, 39–52.

—. 1963. „Dogmatische Thesen zur Lehre von der Offenbarung“. *Offenbarung als Geschichte*, hg. W. Pannenberg. 2. Aufl. Göttingen: Vandenhoeck & Ruprecht. 91- 114.

Prenter, Regin. 1954. *Spiritus creator: Studien zu Luthers Theologie*. München: Chr. Kaiser. (FGLP, 10. R., Bd. VI.)

Sauter, Gerhard. 1972. *Erwartung und Erfahrung: Predigten, Vorträge und Aufsätze*. München: Chr. Kaiser. (Theologische Bücherei Bd. 47.)

—; (u.a.). 1973. *Wissenschaftstheoretische Kritik der Theologie: Die Theologie und die neuere wissenschaftstheoretische Diskussion: Materialien — Analysen — Entwürfe*. München: Chr. Kaiser.

—. 1988. *In der Freiheit des Geistes: Theologische Studien*. Göttingen: Vandenhoeck & Ruprecht.

—. 1989. *Rechtfertigung als Grundbegriff evangelischer Theologie: Eine Textsammlung*, eingel. und hg. von Gerhard Sauter. München: Chr. Kaiser. (Theologische Bücherei 78.)

Schmidt, Martin Anton. 1982. „Die Zeit der Scholastik.“ *Hdb. d. Dogmen- u. Theologiegeschichte I: Die Lehrentwicklung im Rahmen der Katholizität*, hg. Carl Andresen. Göttingen: Vandenhoeck & Ruprecht. 567–754.

Schwarz, Reinhard. 1962. *Fides, Spes und Caritas beim jungen Luther: Unter besonderer Berücksichtigung der mittelalterlichen Tradition*. Berlin: de Gruyter. (AKG 34.)

—. 1968. Vorgeschichte der reformatorischen Bußtheologie. Berlin: de Gruyter. (AKG 41.)

—. 1986. *Luther*. Göttingen: Vandenhoeck & Ruprecht. (Die Kirche in ihrer Geschichte: ein Handbuch, hg. Bernd Moeller, Lfg. I, Bd. 3.)

Seeberg, Reinhold. 1931. *Die religiösen Grundgedanken des jungen Luther und ihr Verhältnis zu dem Ockamismus und der deutschen Mystik*. Berlin — Leipzig: de Gruyter. (Greifswalder Studien zur Lutherforschung und neuzeitlichen Geistesgeschichte 6.)

—. 1933. *Lehrbuch der Dogmengeschichte*, Bd. IV/1. 4. Aufl. [Nachdruck Darmstadt: Wissenschaftliche Buchgesellschaft, 1974].

Tillich, Paul. 1955. *Systematische Theologie I*. Stuttgart: Evangelisches Verlagswerk.

Track, Joachim. 1982. „Erfahrung. III/2. Neuzeit." *TRE*, Bd. 10, Berlin–New York: de Gruyter. 116–128.

Wallmann, Johannes. 1978. „Karl Holl und seine Schule". *ZThK*, Beih. 4. 1–33.

von Walter, Johann. 1935. Siehe Erasmus, Desiderius.

Wolf, Ernst. 1954. „Vom Problem des Gewissens in reformatorischer Sicht". *Peregrinatio: Studien zur reformatorischen Theologie und zum Kirchenproblem*. München: Chr. Kaiser. 81–112.

Zengel, Jörg. 1981. *‚Erfahrung' und ‚Erlebnis': Studien zur Genese der Theologie Karl Barths*. Frankfurt–Bern: Peter Lang. (Europäische Hochschulschriften: Reihe 23, Theologie; Bd. 163.)

Zur Person des Autors. Sebastian Degkwitz wurde 1965 in Schweinfurt geboren. Nach Erlangung der Allgemeinen Hochschulreife 1984 Studium der Evangelischen Theologie von 1985 bis 1992 in München, Zürich und Bonn. 1992 Kirchliche Abschlußprüfung in der Evangelisch-Lutherischen Kirche in Bayern. Promotionsstipendium von 1992 bis 1995. Zweieinhalbjähriger Vorbereitungsdienst (Vikariat) in Lindenberg im Allgäu und Theologische Anstellungsprüfung. Seit 1997 Pfarrer z.A. in Eichstätt.

BEITRÄGE ZUR THEOLOGISCHEN URTEILSBILDUNG

Herausgegeben von Prof. Dr. Gerhard Sauter

Band 1 Rainer Fischer: Die Kunst des Bibellesens. Theologische Ästhetik am Beispiel des Schriftverständnisses. 1996.

Band 2 Karin Ulrich-Eschemann: Biblische Geschichten und ethisches Lernen. Analysen – Beispiele – Perspektiven. 1996.

Band 3 Gerhard Sauter (Hrsg.): Mitarbeiter des Zeitgeistes? Die Auseinandersetzung über die Zeitgemäßheit als Kriterium kirchlichen Handelns und die Kriterien theologischer Entscheidungen in der Reformierten Kirche Ungarns 1967-1992. Eine Dokumentation erstellt von Zoltán Balog, herausgegeben von Gerhard Sauter. 1997.

Band 4 Martin Bock: "Ihr aber, wer sagt ihr, daß ich sei?" (Mk 8, 29) Christologische Fragestellungen im christlich-jüdischen Gespräch nach 1945. 1997.

Band 5 Werner Göllner: Die politische Existenz der Gemeinde. Eine theologische Ethik des Politischen am Beispiel Alfred de Quervains. 1997.

Band 6 Sebastian Degkwitz: Wort Gottes und Erfahrung. Luthers Erfahrungsbegriff und seine Rezeption im 20. Jahrhundert. 1998.

Peter Lang · Europäischer Verlag der Wissenschaften

Reinhard Wunderlich / Bernd Feininger (Hg.)

Zugänge zu Martin Luther

Ringvorlesung an der Pädagogischen Hochschule Freiburg zum Lutherjahr 1996

Gesammelt als Festschrift für Dietrich von Heymann

Frankfurt/M., Berlin, Bern, New York, Paris, Wien, 1997.
XII, 352 S., zahlr. Abb.
Übergänge. Studien zur Evangelischen und Katholischen Theologie/Religionspädagogik. Herausgegeben von Reinhard Wunderlich und Bernd Feininger. Bd. 1
ISBN 3-631-31464-7 · br. DM 69.–*

Die Ring-Vorlesung zum Luther-Jahr der Pädagogischen Hochschule Freiburg wurde von Prof. Dr. von Heymann initiiert und vom Institut für Evangelische und Katholische Theologie getragen. Der allen Vorträgen gemeinsame Akzent liegt auf der Frage nach der Lebendigkeit Luthers und der Reformation für die heutige Theologie und Religionspädagogik, für den christlichen Glauben im „Übergangsfeld" von Schule und Bildung. Die Vielfalt der reformatorischen Thematik vermag die interdisziplinäre Zusammenarbeit an einer Pädagogischen Hochschule zu demonstrieren und eröffnet in dieser Zusammenstellung einen kulturell übergreifenden Zugang zu Martin Luther.

Aus dem Inhalt: Szenen aus Luthers Leben · Luther und die Musik · Martin Luther und die deutsche Sprache · Reformation im Spiegel des Theaters · Melanchthon in Freiburg · Luther und die Bibel · Reformation und Mystik · Reformation, Schule, Unterricht, Glaube und Bildung · Flugblätter der Reformationszeit

Frankfurt/M · Berlin · Bern · New York · Paris · Wien
Auslieferung: Verlag Peter Lang AG
Jupiterstr. 15, CH-3000 Bern 15
Telefax (004131) 9402131
*inklusive Mehrwertsteuer
Preisänderungen vorbehalten